TAG

IND
BUS

North Midlands and North Wales Volume

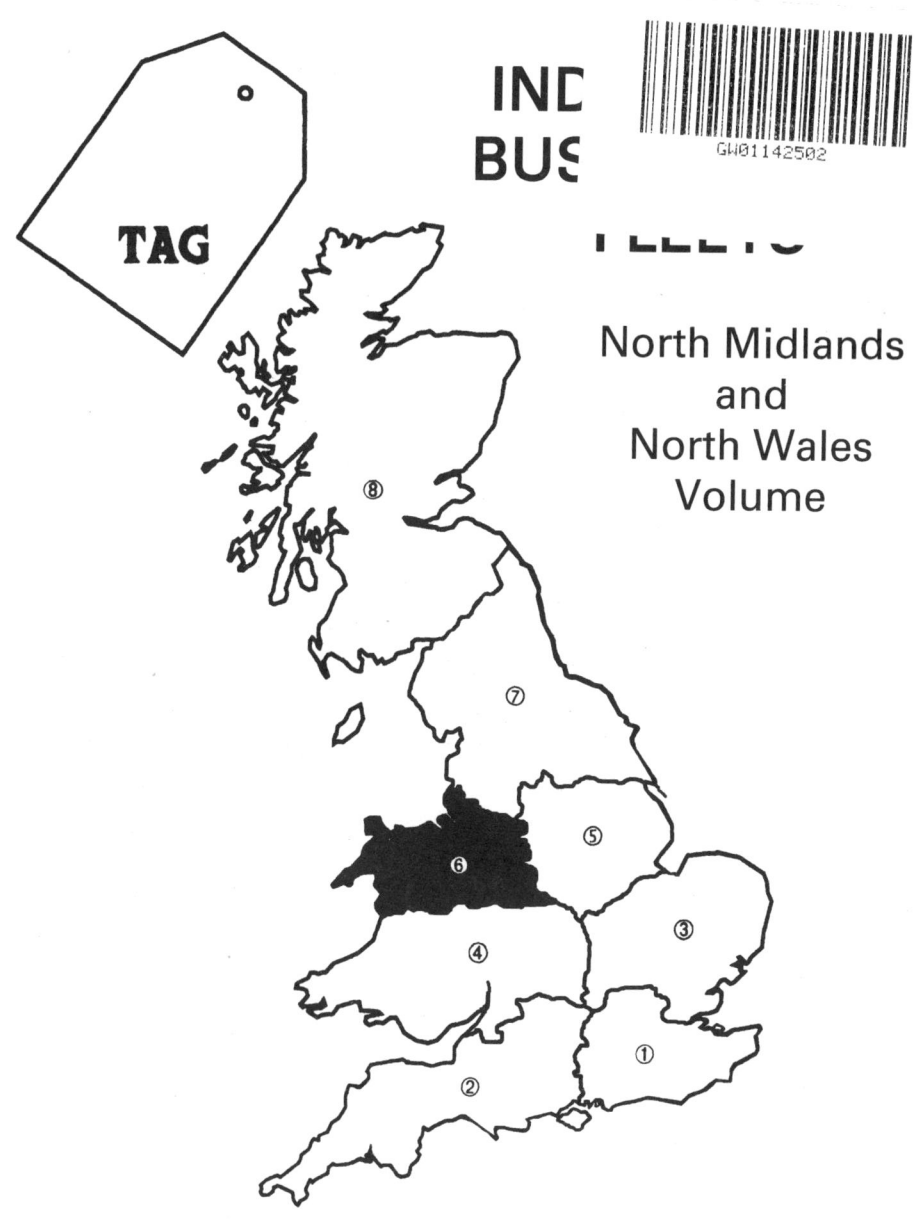

PRINTED IN ENGLAND BY CPI BATH
FOR TAG PUBLICATIONS   WEST EWELL   SURREY   KT19 9SH

All rights reserved.No part of this book may be reproduced or
transmitted in any form or means including an information storage
and retrieval system without prior permission from the publishers.

ISBN 1-871115 65 5   COPYRIGHT TAG PUBLICATIONS 2005

INTRODUCTION

Welcome to the latest TAG, the first in our new series of independent operator's fleets. (66:Ron)

Having done a poll of what our standing order customers wanted, we've decided to concentrate mainly on the PCV side and possibly issue a separate non-PCV & Preserved book, covering the whole country, if time allows. Talking of which, our apologies for the late arrival of this book, the wealth of information now open to us means that we're able to check and double-check each individual entry and have done so, hence the longer production time but we hope that it's worth the wait. We've been able to massively reconstruct several of the fleets included by taking out expired vehicles which have not seen the road in a very long time and indeed are unlikely to do so again in most cases. Several of the fleets have "Preserved" vehicles attributed to them and in some cases, these see normal service on a daily basis but are regarded as semi-preserved by their owners.

For those of you that don't know, the major operator groups are now covered in our three Major Operator Series A-E, F-M & N-Z volumes. These can then be updated on as little as a yearly basis if vast changes take place and the need arises and will mean you not having to wait three years for an update in a particular area.

Thanks for cooperation go to the DVLA, ABBCI, Simon Blake, Paul Emery, Bill Harris, Roy Naylor, Roger Storr, the Olmec Heads and the operators who have contributed answers to sometimes daft questions.

                                      A.N. & Andrew N. Goddard
                                      36 Poole Road,
December 2005   West Ewell,
                                        Surrey,
E-Mail: tagpubs.transport@virgin.net   KT19 9SH.

CONTENTS

```
INTRODUCTION.....................................................3
FLEET LISTS......................................................5
OTHER VEHICLES IN CHESHIRE.....................................130
OTHER VEHICLES IN GREATER MANCHESTER...........................131
OTHER VEHICLES IN MERSEYSIDE...................................135
OTHER VEHICLES IN NORTH WALES..................................137
OTHER VEHICLES IN SHROPSHIRE...................................139
OTHER VEHICLES IN STAFFORDSHIRE................................140
INDEX OF ABBREVIATIONS USED IN THIS PUBLICATION................141
LOCATION INDEX.................................................142
REGISTRATION INDEX.............................................145
TRADING NAME INDEX.............................................164
OTHER BOOKS AVAILABLE FROM THE PUBLISHERS......................166
```

RIBBLE ENTHUSIAST'S CLUB

Keep up to to date with all the changes in this book:
   Join the Ribble Enthusiast's Club....

Our monthly bulletin includes changes to many major and minor operators in the area along historical information on the company

Visits to operators and sites of interest throughout the area take place on a monthly basis

Full details, including a free sample News Bulletin can be obtained by sending a 9" x 6.5" SAE to
The Honorary Secretary   Mr C McKernan,
            36 Wales Road, Waterfoot, Rossendale, Lancs BB4 9SU

1919 TAXI & MINIBUS CO LTD/W.S. CURRIE/K. LEE/M. LEE/M.S. TAYLOR

Depot:36 Lower Bents Lane,BREDBURY,Greater Manchester.

DJZ 1919	Mercedes-Benz 413CDI	Concept C16F		New 01
OLZ 1919	Mercedes-Benz 412D	Concept C16F		New 99
K533 TBV	DAF 400	Dormobile B10FL		Lancashire CC 01
K536 TBV	DAF 400	Dormobile B10FL		Lancashire CC 01
L892 CJW	Renault Master	MinO B12FL		Stockport BC 203 02
L932 DOH	Renault Master	MinO B12FL		Stockport BC 204 02
L933 DOH	Renault Master	MinO B12FL		Stockport BC 202 02
L934 DOH	Renault Master	MinO B12FL		Stockport BC 205 02
L 58 ENC	Renault Master	MinO B8FL		Cheshire Dial-a-Ride 01
L811 ENC	Renault Master	MinO B12FL		Stockport BC 201 02
L134 GBA	DAF 400	Concept C16F		Cocks,Bredbury 00
M292 WSX	Iveco 40-10	Mellor B13FL		Non-PSV(Edinburgh) 03
M293 WSX	Iveco 40-10	Mellor B13FL		Non-PSV(Edinburgh) 03
P131 HBG	Mercedes-Benz 412D	Concept C16F		New 96
P248 PYW	Mercedes-Benz 412D	MacNellie B8F		Metropolitan Police 05
P287 PYW	Mercedes-Benz 412D	MacNellie B8F		Metropolitan Police 05
P 42 XGG	Mercedes-Benz 612D	Crest C16F		Non-PSV(Harrow) 04
R 29 BYG	LDV Convoy	Concept C16F		Minibus,Bushey Heath 02
R852 DCA	Mercedes-Benz 308D	Concept C14F		New 97
R509 MJU	Mercedes-Benz 410D	Mellor B15FL		WMSNT,Birmingham 05
R527 MJU	Mercedes-Benz 410D	Mellor B15FL		Non-PSV 05
S617 UUG	LDV Convoy	Concept C16F		Minibus,Bushey Heath 02
T210 WWY	Volkswagen LT46	Advanced B16FL		Non-PSV 05
V477 RDN	LDV Convoy	Concept C16F		Hodgson,Barnard Castle 05
X848 BVN	Iveco 50C11	Mellor B16FL		Non-PSV(TLS) 04
X609 DJA	Mercedes-Benz 311CDI	? C16F		Non-PSV 04
Y623 KNC	LDV Convoy	Concept C16F		Hansen,Edgeley 03
Y624 KNC	LDV Convoy	Concept C16F		New 01
BU02 XON	LDV Convoy	Concept C16F		Cropper,Kirkstall 05
ML02 PLU	LDV Convoy	Concept C16F		Cropper,Kirkstall 05
BF52 JFG	LDV Convoy	Concept C16F		New 02
BF52 JFJ	LDV Convoy	Concept C16F		New 02
BF52 JFK	LDV Convoy	Concept C16F		New 02
BF52 JFV	LDV Convoy	Concept C16F		New 02
PO54 MFX	LDV Convoy	Concept C16F		Non-PSV 05

DJZ 1919*Y202 SNB(12/04) & OLZ 1919*V914 MFM(9/05)

2   A1A LTD

Depot:373 Cleveland Street,BIRKENHEAD,Merseyside.

1	T111 JBA	Mercedes-Benz O814D	Plaxton B32F	New 99
2	Y 11 JBA	Mercedes-Benz O814D	Plaxton DP33F	New 01
3	M 13 BUS	Mercedes-Benz 609D	Buscraft B17F	New 95
17	S111 JBA	LDV Convoy	Concept C16F	Non-PSV(Van) 01
18	AIA 9000	LDV Convoy	LDV B16F	Non-PSV(Kenning) 00
42	S 42 FWY	Optare Solo M850	B29F	New 98
43	YN53 SVY	Optare Solo M850	B29F	New 03
44	YN53 SVZ	Optare Solo M850	B29F	New 03
45	YJ05 XMX	Optare Solo M780	B24F	New 05
46	YJ05 XNX	Optare Solo M780	B24F	New 05
50	P450 SWX	Optare MR15	B29F	New 97
52	SG52 VFP	Dennis Dart SLF	Plaxton B29F	New 02
53	KP51 UFJ	Dennis Dart SLF	Plaxton B29F	New 02
54	KP51 SXX	Dennis Dart SLF	Plaxton B29F	on loan Dawson
57	W 11 JBA	Dennis Dart SLF	Plaxton B29F	New 00
58	SA52 MYR	Dennis Dart SLF	Plaxton B29F	New 03
59	SA52 MYS	Dennis Dart SLF	Plaxton B29F	New 03

AIA 9000*P518 SDM(12/03) & S111 JBA*S840 BFA(2/04)

3   A2B TRAVEL (UK) LTD

Depot:Unit 5,Prenton Way,North Cheshire Trading Estate,PRENTON,Merseyside.

```
MHX  58X   MAN SR280              C49FT               Picken,Birmingham 03
A 2  BDO   Dennis Javelin         Plaxton C53F        Elizabethan,Walsall 00
A 2  BEO   Mercedes-Benz 814D     ACL C33F            New 93
A 2  BTO   Dennis Javelin         Berkhof C53F        Hillier,Foxham 03
A 2  BXO   MAN 11.190             Caetano C32FT       Brown,Helperby 01
E835 EUT   Mercedes-Benz L307D    Yeates C8F          Angel,Tottenham 94
F477 PAE   Mercedes-Benz 407D     MM C16F             Hunter,Woodchurch 99
H794 HEM   Mercedes-Benz 408D     MM C15F             New 91
M971 RKJ   Ford Transit           DC B8FL             Kent County Council 02
M969 TKL   Ford Transit           DC B8FL             Kent County Council 02
M590 XMB   Iveco 49-10            Mellor B8FL         Telford Integrated Tpt 02
P481 MDM   Iveco 49-10            Frank Guy DP16FL    Wirral Council S2209 04
P482 MDM   Iveco 49-10            Frank Guy DP16FL    Wirral Council E2218 04
R233 CJW   LDV Convoy             Cunliffe B8FL       Solihull DC 02
R258 CJW   LDV Convoy             Cunliffe B8FL       Solihull DC 02
R989 UOK   LDV Convoy             Cunliffe B8FL       Solihull DC 02
X924 AEN   LDV Convoy             Concept C16F        New 00
X926 AEN   LDV Convoy             Concept C16F        New 00
X927 AEN   LDV Convoy             Concept C16F        New 00
X928 AEN   LDV Convoy             Concept C16F        New 00
X929 AEN   LDV Convoy             Concept C16F        New 00
X945 AEN   LDV Convoy             Concept C16F        New 00
X946 AEN   LDV Convoy             Concept C16F        New 00
```

MHX 58X*687 DCH(8/03) & MHX 58X(1/97), A2 BDO*L31 ORC(9/01),
A2 BEO*L177 PDO(12/97), A2 BTO*N857 XMO(2/04) &
A2 BXO*L23 CAY(2/05) & A2 BTO(2/04) & L23 CAY(8/03)

4   ABC COACH LTD

Depot:1 Invar Road Business Park,Moorside Road,SWINTON,Greater Manchester.

```
P172 AJU   Mercedes-Benz 412D     Frank Guy B13FL     WMSNT,Birmingham 04
P174 AJU   Mercedes-Benz 412D     Frank Guy B13FL     Taylor,Stourport 05
P181 AJU   Mercedes-Benz 412D     Frank Guy B13FL     WMSNT,Birmingham 04
P959 KOF   LDV Convoy             LDV B16F            Non-PSV 99
SG52 VFO   Mercedes-Benz O814D    Plaxton C29F        New 02
YX54 BHV   Mercedes-Benz 1223L    Ferqui C39F         New 04
YN05 UVA   Mercedes-Benz O814D    Plaxton C33F        New 05
MX55 EUW   Mercedes-Benz 413CDI   ? C16F              New 05
```

P174 AJU*C18 BUS(1/05) & P174 AJU(4/04)

5   ACE PRIVATE HIRE LTD.t/a M & H TRAVEL

Depot:Unit 4,Froxmer Street,GORTON,Greater Manchester.

```
FJZ 9714   Dennis Javelin         Duple C57F          County,Heaton Chapel 05
MUI 7124   Dennis Javelin         Plaxton C53F        County,Heaton Chapel 05
F625 CWJ   Auwaerter N122/3       CH57/20CT           Heyfordian,Bicester 05
L371 BBC   Mercedes-Benz 711D     WMB C20F            Jackson,Baguley 03
L242 CCK   Volvo B6               Alexander DP40F     County,Heaton Chapel 05
L254 CCK   Volvo B6               Alexander DP40F     County,Heaton Chapel 05
L979 UAH   Volvo B10M-62          Plaxton C49F        Reeve,Scarning 03
N807 NHS   Volvo B10M-62          Jonckheere C53F     Jackson,Baguley 02
P502 HNE   LDV Convoy             Olympus C16F        Bardsley,Bredbury 01
P897 PMB   Mercedes-Benz 512D     Concept C14F        Ringway,Carrington 01
W207 EAG   Volvo B10M-62          Plaxton C48FT       Wallace Arnold(NH) 04
Y 2  HMC   Dennis R               Plaxton C34FT       Bennett,Hayes End 04
PG02 YWA   Volvo B12M             Jonckheere C51FT    Park,Hamilton 05
FD54 ENE   Iveco 150E             Vehixel B67FL       New 05
FJ55 KMZ   Iveco 150E             Vehixel B67FL       New 05
FJ55 KNA   Iveco 150E             Vehixel B67FL       New 05
```

```
FJZ 9714*F170 XLJ(2/05) & JIL 5070(11/97) & F170 XLJ(6/96),
MUI 7124*J15 WSB(7/04) & GSU 305(6/03) & J15 WSB(11/97),
F625 CWJ*6595 KV(9/04) & NIW 2235(8/93) & F625 CWJ(11/92) &
PG02 YWA*LSK 830(10/04)
```

6   ACE TRAVEL (NORTH WEST) LTD

Depot:Nelsons Business Centre,Long Lane,AINTREE,Merseyside.

```
479  BOC    Leyland PSU3B/4R      Duple C51F      A Midlands North 1514 00
SMK 723F    AEC Routemaster       PR H40/32R      S London RML2723 04
DKC 300L    Leyland AN68/1R       AR H43/32F      Preserved 04
CLV  41X    Dennis DDA156         EL H51/37F      Lloyd,Bagillt 04
FUM 484Y    Leyland ONLXB/1R      ECW H40/32F     Cass,Moreton 05
A725 THV    MCW Metrobus DR101    H41/28D         Cass,Moreton 05
A632 WDT    Leyland ONLXB/1R      ECW H45/32F     Yorkshire Traction 632 05
B960 ODU    Leyland ONLXB/1R      ECW CH42/28F    S Midland Red Sth 14933 04
B 85 SWX    Leyland TRCTL11/3RH   Plaxton C53F    Cherry,Bootle 03
C208 GTU    Leyland ONLXB/1R      ECW H42/27F     A North West 3118 04
E138 SAT    Dennis DD1014         EL H45/31F      Smith & Lewis,Prenton 05
F772 EKM    MCW Metrobus DR132    H46/31F         Cherry,Bootle 04
G106 FJW    MCW Metrobus DR102    H43/30F         West Midlands 3106 04
G112 FJW    MCW Metrobus DR102    H43/30F         West Midlands 3112 05
G120 FJW    MCW Metrobus DR102    H43/30F         West Midlands 3120 04
P853 UCA    Marshall Minibus      B26F            Smith & Lewis,Prenton 05
R107 VLX    Marshall Minibus      B26F            Smith & Lewis,Prenton 05
```

OTHER VEHICLE OWNED BY THE COMPANY
* * * * * * *
```
240  AJB    AEC Regent V          PR H41/32F      Preserved(1962)
```

```
479 BOC*AJA 360L(6/87reb) & P853 UCA*A10 AVN(8/05)
```

7   AIRPORT PARKING & HOTELS (MANCHESTER) LTD

Depot:Bradnor Road,SHARSTON,Greater Manchester.

```
YR02 PYF    Mercedes-Benz 311CDI  Excel C13F      New 02
YR02 PYG    Mercedes-Benz 311CDI  Excel C13F      New 02
YR02 RBZ    Mercedes-Benz 614D    Excel C20F      New 02
BU53 ZXE    Mercedes-Benz O814D   Mellor C29F     New 04
BX04 NAU    Mercedes-Benz O814D   Mellor C29F     New 04
```

8   ALs COACHES LTD

Depot:400 Cleveland Street,BIRKENHEAD,Merseyside.

```
 1  SN53 ETJ   Dennis Dart SLF       Plaxton B29F     New 03
19  A  9 ALS   Leyland ONLXB/1R      ECW CH42/27F     Crosville W. EOG205 90
20  A 13 ALS   Leyland ONTL11/2RS    ECW H45/28F      Thamesway 4504 91
21  A 14 ALS   Leyland ONTL11/2RS    ECW H45/28F      Thamesway 4507 91
22  A 16 ALS   Leyland ONLXB/1R      ECW CH42/27F     Crosville W. EOG206 90
23  A 17 ALS   Leyland ONLXB/1R      ECW CH42/27F     Crosville W. EOG207 90
25  VU52 UEG   Dennis Dart SLF       Plaxton B29F     New 02
28  VU52 UEH   Dennis Dart SLF       Plaxton B29F     New 02
33  VU52 UEJ   Dennis Dart SLF       Plaxton B29F     New 02
34  VU52 UEK   Dennis Dart SLF       Plaxton B29F     New 02
35  N 17 ALS   DAF DE02LTSB220       Ikarus B49F      New 96
36  DG02 WYB   Dennis Dart SLF       Plaxton B26F     New 02
37  N100 ALS   Volvo B6LE            Wright DP35F     Ralphs,Langley 97
38  N900 ALS   Volvo B6LE            Wright DP35F     Ralphs,Langley 97
39  R 14 ALS   Optare Excel L1150    B41F             New 97
40  R 15 ALS   Optare Excel L1150    B41F             New 97
42  ALZ 1221   Van Hool T815         C53F             Windmill,Copford 98
```

```
43   ALZ 4161   Van Hool T815           C49FT              Windmill,Copford 98
48   ALZ 3102   Van Hool T815           C49FT              Warrington C7 94
49   ALZ 2928   Leyland RT              Leyland C53F       West Riding 49 89
50   ALZ 3561   Van Hool T815           C49FT              Warrington C6 95
53   Y301 KNB   Dennis Dart SLF         Alexander B29F     New 01
57   B553 ATX   Leyland ONLXB/1R        EL H43/31F         Cardiff 553 00
59   Y302 KNB   Dennis Dart SLF         Alexander B29F     New 01
60   C560 GWO   Leyland ONLXB/1R        EL H43/27F         Cardiff 560 99
62   C562 GWO   Leyland ONLXB/1R        EL H43/27F         Cardiff 562 99
87   W187 CDN   DAF DE02GSSB220         Ikarus B44F        New 00
173  R173 GNW   DAF DE33WSSB3000        Ikarus C53F        London,Northfleet 03
174  R174 GNW   DAF DE33WSSB3000        Ikarus C53F        London,Northfleet 03
202  E202 WBG   Leyland ONCL10/1RZ      NC H45/30F         A North West 202 01
203  E203 WBG   Leyland ONCL10/1RZ      NC H45/30F         A North West 203 01
204  E204 WBG   Leyland ONCL10/1RZ      NC H45/30F         A North West 204 01
205  E205 WBG   Leyland ONCL10/1RZ      NC H45/30F         A North West 205 01
206  E206 WBG   Leyland ONCL10/1RZ      NC H45/30F         A North West 206 01
207  E207 WBG   Leyland ONCL10/1RZ      NC H45/30F         A North West 207 01
208  E208 WBG   Leyland ONCL10/1RZ      NC H45/30F         A North West 208 01
209  E209 WBG   Leyland ONCL10/1RZ      NC H45/30F         A North West 209 01
210  E210 WBG   Leyland ONCL10/1RZ      NC H45/30F         A North West 210 01
212  E212 WBG   Leyland ONCL10/1RZ      NC H45/30F         A North West 212 01
719  P719 RWU   DAF DE33WSSB3000        Van Hool C49FT     London,Northfleet 03
777  P777 ALS   DAF DE33WSSB3000        Ikarus C49FT       Harris,West Thurrock 01
794  M794 PRS   Volvo B10M-55           Alexander DP48F    B Lancashire 437 04
795  M795 PRS   Volvo B10M-55           Alexander DP48F    B Lancashire 438 04
796  M796 PRS   Volvo B10M-55           Alexander DP48F    B Lancashire 439 04
797  M797 PRS   Volvo B10M-55           Alexander DP48F    B Lancashire 440 04
798  M798 PRS   Volvo B10M-55           Alexander DP48F    B Lancashire 441 04
803  F803 NGU   Leyland ONCL10/1RZ      Leyland H47/31F    GA Metrobus 803 03
808  H808 AGX   Leyland ON2R            Leyland H47/31F    GA Metrobus 808 03
809  H809 AGX   Leyland ON2R            Leyland H47/31F    GA Metrobus 809 03
810  H810 AGX   Leyland ON2R            Leyland H47/31F    GA Metrobus 810 03
811  H811 AGX   Leyland ON2R            Leyland H47/31F    GA Metrobus 811 03
812  J812 GGW   Leyland ON2R            Leyland H47/31F    GA Metrobus 812 03
813  J813 GGW   Leyland ON2R            Leyland H47/31F    GA Metrobus 812 03
888  P888 ALS   DAF DE33WSSB3000        Ikarus C49FT       Harris,West Thurrock 01
     T192 KDM   Volvo Olympian          NC H47/27D         Kenneally,Waterfrd(I) 05
     T241 KDM   Volvo Olympian          NC H47/ ?F         Kenneally,Waterfrd(I) 05
     V141 EJR   DAF DE33WSSB3000        Van Hool C44FT     A North East 141 04
     DK05 FWB   Dennis Dart SLF         Plaxton B29F       New 05
```

ALZ 1221*C769 WKS(12/98) & BAZ 4772(3/97) & C384 AAD(12/95) &
    TJF 757(10/95), ALZ 2928*A10 ALS(3/99) & E49 TYG(1/92),
ALZ 3102*H7 CLW(3/99), ALZ 3561*H6 CLW(3/99),
ALZ 4161*C426 VAY(1/98) & 196 COY(5/97) & C426 VAY(2/87),
A9 ALS*C205 GTU(1/92), A13 ALS*B692 BPU(1/92), A14 ALS*B695 BPU(1/92),
A16 ALS*C206 GTU(1/92), A17 ALS*C207 GTU(1/92), N17 ALS*N31 FWU(9/97),
N100 ALS*N902 NNR(10/97), N900 ALS*N901 NNR(10/97),
P777 ALS*P701 NHJ(11/01), P888 ALS*P702 NHJ(11/01),
T192 KDM*99W 11(4/05) & T241 KDM*99WD 11(5/05)

9   M. ANDERSON.t/a JST INTERNATIONAL

Depot:c/o Paragon,The Garage,SPATH,Staffordshire.

```
KAZ 4133   MAN SR280            C53FT              Gilligan,Crewe 05
A503 WGF   Volvo B10M-61        Plaxton C57F       Paragon,Stramshall 05
E 91 YWB   Mercedes-Benz 709D   Alexander B25F     Solus,Fazeley 05
N 17 CCL   Scania K113TRB       Irizar C49FT       Courtney,Bracknell 05
```

KAZ 4133*B536 GNV(3/00), A503 WGF*2290 PK(4/02) & A503 WGF(3/93) &
N17 CCL*N850 DKU(2/03)

10   A.N. ANDREW

Depot: Helandy Garage, Rhewl Road, MOSTYN, Flintshire.

```
LIL 2063   DAF SB2305DHS585    Plaxton C53F    Bibby,Ingleton 03
LIL 9239   Volvo B10M-61       Plaxton C50FT   Lloyd,Bagillt 01
MIL 7104   Volvo B10M-61       Plaxton C51FT   Lloyd,Bagillt 01
VIA 2220   Leyland TRCTL11/2R  Plaxton C53F    Bassett,Tittensor 98
N409 HVT   Mercedes-Benz 709D  Plaxton C25F    F PMT 50067 03
```

LIL 2063*H550 YCX(9/04) & BIB 5491(6/03) & H550 YCX(12/93),
LIL 9239*PJI 7756(10/01) & NRV 961Y(12/93) & MOI 7000(5/93) &
       LFO 900Y(4/87),
MIL 7104*LBZ 4322(11/96) & YSU 990(7/94) & B620 AMD(9/90) &
VIA 2220*XBF 423X(2/98)

11   ARVONIA COACHES LTD

Depot: Arvonia Garage, The Square, LLANRUG, Gwynedd.

```
367  ARV   Mercedes-Benz 412D       Onyx C16F    Russell,Strathaven 02
P 2  ARV   EOS E180Z                C48FT        New 97
W 2  ARV   Kassbohrer S315GTHD      C44FT        New 00
YN51 XMM   Auwaerter N516SHD        C44FT        New 02
YR52 ZKK   Auwaerter N316SHD        C44FT        New 02
YN04 AVV   Auwaerter N516SHD        C44FT        New 04
YN05 BVV   Auwaerter N516SHD        C44FT        New 05
```

367 ARV*R797 FSX(7/04)

12   G. & A. ASHTON

Depot: Watery Lane, ST. HELENS, Merseyside.

```
F 68 AWM   Duple 425            C55F            New 89
H726 GPG   Duple 425            C53FT           New 90
M662 GJF   Toyota HZB50R        Caetano C21F    New 94
GA02 ASH   Scania K124EB6       Irizar C49FT    New 02
SA02 ASH   Scania K124EB6       Irizar C49FT    New 02
SA04 ASH   Scania K124EB6       Irizar C46FT    New 04
YJ04 BOV   DAF DE40XSSB4000     Van Hool C51FT  on loan Arriva
```

13   N. ASTLEY. t/a METRO TRAVEL OF BOLTON

Depots: Starkie Road Service Station, Tonge Moor, BOLTON, Greater Manchester &
        c/o Walsh, Hall Moss BP, Bull Hill, Bolton Road, DARWEN, Lancashire.

```
JIL 7651   DAF SB3000WS601      Caetano C53F    Ward,Alresford 05
P 31 RYV   LDV Convoy           LDV B16F        LB Islington 337 04
T723 JHE   Scania L94IB         Irizar C49FT    Romsey Coaches 05
V237 MNM   LDV Convoy           LDV B16F        Non-PSV(National) 04
```

JIL 7651*L706 CNR(6/02)

14   ATLANTIC EXECUTIVE TRAVEL LTD

Depot: Bradshaw Street Garage, 34 Bradshaw St, HEYWOOD, Greater Manchester.

```
X817 HCT   Mercedes-Benz 1223L   Ferqui C35F     New 01
Y 15 CCL   MAN 18.350            Auwaerter C53F  City Circle,Kensington 05
Y546 HWE   Mercedes-Benz 814D    Excel C24F      New 01
FY02 WHB   Mercedes-Benz 413CDI  Ferqui C16F     New 02
FY52 LEU   Mercedes-Benz 1223L   Ferqui C39F     New 02
```

15   B & B TRAVEL LTD/W.V. LUMLEY.t/a BBT CANNON TRAVEL

Depots:Unit 13,Garston Industrial Estate,Blackburne Street &
       Unit 41,Garston Ind Estate,Brunswick Street,GARSTON,Merseyside.

```
RJI 8721    Volvo B10M-60          Van Hool C51FT    Maye,Astley 05
XIW 9187    Van Hool TD824         CH55/20CT         Tracks,Brookland 04
XJI 4396    Van Hool TD824         CH55/20CT         Griffiths,Walkden 02
YSU  916    Volvo B10M-61          Ikarus C49FT      Howe,Waddington 98
 83  TWC    Volvo B10M-61          Plaxton C57F      Mitchell,Broxburn 98
ACM 757X    Leyland AN68D/1R       AR H43/32F        Walsh,Widnes 04
A123 HLV    Leyland AN68D/1R       AR H43/32F        Preserved 04
B694 BPU    Leyland ONTL11/2RS     ECW CH45/28F      Crichton,Low Fell 03
E245 RBE    Mercedes-Benz 609D     Coachcraft C19F   Staines,Clacton-on-Sea 02
F886 NAR    Mercedes-Benz 609D     Advanced C21F     Hamer,Roydon 01
L968 JFU    Mercedes-Benz 814D     ACL C33F          Winson,Loughborough 78 04
R722 FOJ    Mercedes-Benz O814D    CVC C24F          ABC,Salford 05
```
~~~~~~
RJI 8721*F348 JSU(4/94),
XIW 9187*B6 PPC(4/00) & MSU 586Y(5/98) & LXR 958(5/98) & MSU 586Y(9/83),
XJI 4396*D572 NNS(2/99) & C359 KGG(8/86), YSU 916*E891 VWL(3/02),
 83 TWC*PMA 117Y(7/85), B694 BPU*A4 HWD(12/01) & B694 BPU(10/98) &
L968 JFU*L6 PSW(10/04) & L968 JFU(8/02) & L6 PSW(9/01) & L968 JFU(3/97)
~~~~~~

16   D. BALL

Depot:Pilkingtons Complex,Burtonhead Road,ST. HELENS,Merseyside.

```
SIL 6349    Auwaerter N122/3       CH55/18CT         Provence,St Albans 05
UJT  631    Kassbohrer S228DT      CH54/20CT         Impact,Carlisle 99
TPB 194X    Leyland TRCTL11/3R     Plaxton C51F      Chivers,Stratton-Fosse 85
HSB 948Y    Leyland ONTL11/2R      ECW CH45/28F      Holmeswood Coaches 00
HSB 949Y    Leyland ONTL11/2R      ECW CH45/28F      Holmeswood Coaches 00
K 55 TOP    Dennis Javelin         Plaxton C49FT     James,Tetbury 98
P208 RUU    Mercedes-Benz O814D    ACL C25F          James,Llangeitho 03
T  2 DBC    MAN 18.310             Marcopolo C53F    New 99
```
~~~~~~
SIL 6349*E100 VWA(4/01) & 244 SYA(1/98) & E100 VWA(1/94),
UJT 631*E853 HPC(4/96), HSB 948Y*YSU 865(8/97) & GKE 443Y(10/90),
HSB 949Y*YSU 866(6/97) & GKE 444Y(10/90),
K55 TOP*K30 ARJ(11/97) & K55 TOP(6/97) &
P208 RUU*164 EWN(10/03) & P208 RUU(3/02)
~~~~~~

17   A.,A. & R.A. BAMBER.t/a ANTHONYs TRAVEL

Depot:8 Cormorant Drive,Picow Farm Estate,RUNCORN,Cheshire.

```
ANT 856T    Auwaerter N516SHD      C44FT             Kerfoot-Davies,Trefnant 03
K 22 ANT    Auwaerter N116/2       C48FT             MCH,Uxbridge 02
K555 ANT    Kassbohrer S250        C35FT             Hopes,Leigh on Sea 02
L111 ANT    Mercedes-Benz O814D    Robin Hood C33F   Hilton,Newton-l-Willows 02
M333 ANT    Mercedes-Benz O814D    ACL C25F          MCH,Uxbridge 03
P 30 ANT    Auwaerter N316SHD      C44FT             Parry,Cheslyn Hay 05
R 40 ANT    Scania K113CRB         Berkhof C30FT     Go-Goodwins,Eccles 04
S 70 ANT    LDV Convoy             Jaycas C16F       New 98
S 80 ANT    LDV Convoy             Jaycas C16F       New 98
W 10 ANT    LDV Convoy             Concept C16F      New 00
AB02 ANT    Mercedes-Benz 413CDI   Olympus C16F      New 02
DB02 ANT    Auwaerter N316SHD      C44FT             Parry,Cheslyn Hay 04
YM52 TPO    Optare Solo M850       B29F              operated for Cheshire CC
RB53 ANT    Mercedes-Benz 413CDI   Olympus C12F      New 03
MV54 EEN    Dennis Dart SLF        Plaxton B29F      New 05
JB05 ANT    Auwaerter N316SHD      C49FT             New 05
```
~~~~~~
ANT 856T*T855 JWB(7/03),
K22 ANT*R268 THL(11/02) & 7 MCH(4/02) & R268 THL(7/00),
K555 ANT*S369 FTL(9/02), L111 ANT*X677 MCE(4/02), M333 ANT*W607 KFE(6/03),

P30 ANT*YR02 UNN(1/05),
R40 ANT*R615 GNB(11/04) & C1 ECB(10/04) & HSK 845(3/03) & R84 RBY(11/02) &
DB02 ANT*YR02 UMM(3/04)

18 G. BARLOW & SONS LTD

Depot:19 Union Street West, OLDHAM, Greater Manchester.

R178 TKU	Dennis Javelin	Plaxton C57F	New 97
T647 JWB	Dennis Javelin	Plaxton C57F	New 99
W645 MKY	Dennis Javelin	Plaxton C53F	New 00
Y753 NAY	MAN 11.220	Caetano C35F	New 01
FN02 RXJ	Dennis Javelin	Caetano C53F	New 02
FN04 FSK	MAN 14.280	Caetano C39F	New 04

19 BARRATTs COACHES LTD

Depot:48 London Road, NANTWICH, Cheshire.

FSU 802	Volvo B10M-61	Van Hool C49FT	Watson, Blyth 87
FSU 804	Volvo B10M-60	Plaxton C57F	Harrison, Morecambe 03
SJI 1885	Volvo B10M-61	Plaxton C57F	Paterson &, Kilbirnie 01
TIW 9024	Volvo B10M-61	Van Hool C49FT	Bushell, Burton-on-Trent 05
VIA 4511	Leyland TRCTL11/3R	Plaxton C55F	Lowdon, Sunniside 98
VPR 938	Leyland TRCTL11/3R	Plaxton C57F	Taylor, Meppershall 98
XEL 587	Auwaerter N122/3	CH57/20CT	Prentice, West Calder 05
8002 KV	Volvo B10M-60	Plaxton C49FT	Risk, Plymouth 03
821 FTA	Volvo B10M-46	Van Hool C38FT	Milligan, Mauchline 03
B 3 BCL	Leyland TRCTL11/3RH	Plaxton C53F	London & Country TPL85 98
B 4 BCL	Volvo B10M-60	Plaxton C53F	Davies, Ellesmere 02
F623 CWJ	Auwaerter N122/3	CH57/20CT	TRS, Leicester 04
M 1 BCL	Volvo B10M-62	Jonckheere C49FT	Bebb, Llantwit Fardre 01

FSU 802*A642 UGD(1/88),
FSU 804*G372 REG(10/03) & 1359 UP(10/03) & G372 REG(8/01),
SJI 1885*E591 UHS(1/02),
VIA 4511*FFV 582Y(6/90) & LSB 83(2/90),
VPR 938*KGS 487Y(8/99) & CGS 1X(3/98) & KGS 487Y(5/95),
XEL 587*G430 JSG(5/05) & YSV 607(3/05) & MBZ 1758(3/96) & G555 TSN(3/95),
8002 KV*G546 LWU(7/03),
821 FTA*MIL 2978(8/04) & E998 CGA(2/01) & JAZ 9854(2/01) &
       E998 CGA(3/96) & 4143 AT(11/94) & E477 WUS(4/89),
B3 BCL*B285 KPF(9/98), B4 BCL*G517 EFX(12/02),
F623 CWJ*TRS 332(12/03) & F623 CWJ(2/02) & M1 BCL*S71 UBO(3/01)

20 T.W. BEAUMONT. t/a CASTLE COACHES

Depot:Drayton Manor Business Park, Coleshill Road, FAZELEY, Staffordshire.

OIL 3927	DAF SB2300DHTD585	Plaxton C57F	Hillier, Foxham 03
E998 DGS	Van Hool T815	C49FT	Patterson, Seahouses 02
E131 PLJ	Dennis Javelin	Plaxton C53F	Skinner, Saltby 04
N564 CHE	Dennis Javelin	Plaxton C51FT	Eagles, Mold 05

OIL 3927*D302 XCX(4/98), E998 DGS*697 BYU(6/02) & E998 DGS(9/98) &
N564 CHE*ESU 350(7/02) & N564 CHE(4/97)

21 E.A. BECK.t/a E.A. BECK SPECIALIST TRANSPORT SERVICES

Depot:21 Carsthorne Road,Carr Lane Industrial Estate,HOYLAKE,Merseyside.

```
K113 TTY   Mercedes-Benz 508D   ACS B16FL        South Tyneside Council 00
L487 DKM   Ford Transit         Dormobile B16FL  East Sussex Council 00
L551 JFS   Mercedes-Benz 609D   Heggie B12FL     Non-PSV(Edinburgh) 00
L 36 LSG   Mercedes-Benz 609D   Heggie B12FL     Non-PSV(Edinburgh) 00
M926 WUG   LDV 400              Mellor B8FL      Bradford Council 01
N263 HBX   Renault Master       Cymric B12FL     City of Liverpool 01
N132 YEF   Iveco 45-10          Mellor B16FL     Non-PSV(TLS) 99
P933 CUX   Mercedes-Benz 308D   UVG B12FL        Telford Integrated M933 04
P125 TUG   LDV Convoy           ? B8FL           Bradford MB Council 02
R776 GVC   Ford Transit         Mellor B8FL      Non-PSV(Leamington Spa) 01
T956 LBV   Renault Master       ? B8FL           Non-PSV 02
T958 LBV   Renault Master       ? B8FL           Non-PSV 02
```

22 BELLE VUE (M/C) LTD.t/a BELLE VUE COACH HIRE

Depot:Discovery Bus. Park,Crossley Road,HEATON CHAPEL,Greater Manchester.

```
PIL 8615   Volvo B10M-61        Duple C53FL        County,Heaton Chapel 05
RIL 2650   Volvo B10M-61        Plaxton C53DL      County,Heaton Chapel 05
SAZ 9157   Volvo B10M-61        Plaxton C49FL      County,Heaton Chapel 05
VIL 7107   Volvo B10M-62        Caetano C49FTL     County,Heaton Chapel 05
XIL 4365   Volvo B10M-62        Caetano C53F       County,Heaton Chapel 05
YIL 2804   Volvo B10M-62        Caetano C49FTL     County,Heaton Chapel 05
K709 KGU   Dennis Dart          Plaxton B35F       Excel,Leigh-on-Sea 04
L 73 NSX   Dennis Javelin       Caetano C53F       Wilson,Strathaven 03
L268 ULX   Dennis Dart          Plaxton B35F       Rehill,Birstall 03
R577 NFX   Volvo B10M-62        Plaxton C49FT      Courtesy,Chadderton 04
Y836 NAY   Iveco 391E           Beulas C48FT       D Coaches,Morriston 04
Y783 WHH   Mercedes-Benz O814D  Plaxton B27F       Reays,Wigton 05
MH04 HCK   Iveco 150E24         Vehixel B67FL      New 04
FD54 EMX   Iveco 150E24         Vehixel B67FL      New 05
FD54 ENC   Iveco 150E24         Vehixel B67FL      New 05
```

PIL 8615*B178 PEY(7/99) & WSV 550(8/98) & 6709 PO(9/97) & B782 AMA(6/88),
RIL 2650*991 FAA(6/99) & D761 COS(12/93) & LSK 481(10/93) &
       D574 MVR(2/93),
SAZ 9157*B192 BPP(1/98) & NMC 785(7/89) & B873 BMT(9/85),
VIL 7107*R300 STL(10/02), XIL 4365*99W 1(8/03), YIL 2804*98CN 1(4/04),
L268 ULX*L2 NCP(12/93) & R577 NFX*A3 XCL(10/00) & R577 NFX(1/98)

23 B.A. BENNETT.t/a BENNETTs OF WARRINGTON

Depot:The Garage,Athlone Road,Longford,WARRINGTON,Cheshire.

```
PAZ 5463   Mercedes-Benz 709D   Alexander B25F     Walsh,Widnes 04
476  CEL   Volvo B10M-60        Plaxton C50FT      Cherry,Bootle 00
G513 VYE   Dennis Dart          Duple DP28F        Cityspeed,West Bromwich 02
H 87 MOB   Dennis Dart          Carlyle B28F       A North West 1133 02
H102 MOB   Dennis Dart          Carlyle B25F       Thandi,Smethwick 04
H104 MOB   Dennis Dart          Carlyle B25F       Rossendale 82 05
H130 MOB   Dennis Dart          Carlyle B25F       Rossendale 90 05
H131 MOB   Dennis Dart          Carlyle B25F       Rossendale 91 05
H101 VFV   Dennis Dart          Carlyle B36F       Rossendale 101 05
H103 VFV   Dennis Dart          Carlyle B36F       Rossendale 103 05
J633 KCU   Dennis Dart          Wright B40F        Cooper,Dukinfield DW7 05
J944 MFT   Dennis Dart          Wright B40F        Cooper,Dukinfield DW2 05
N481 NBV   Volvo B10M-62        Jonckheere C49FT   Hilton,Newton-l-Willows 02
```

PAZ 5463*E93 YWB(4/02), 476 CEL*K19 AMB(11/00) & N481 NBV*96CW 1(2/02)

24   G.G. BENNETT.t/a GILBERTs OF RHYL

Depots:Royal Welsh Avenue,Kinmel Park,Abergele Road,BODELWYDDAN &
       Denbigh Industrial Estate,DENBIGH,Denbighshire.

```
GIB 1020    Volvo B10M-61         Plaxton C57F     Meredith,Malpas 01
GIB 1555    Mercedes-Benz 709D    ? C26F           Non-PSV(Van) 97
F423 GAT    Mercedes-Benz 811D    RB B31F          East Yorkshire 423 00
K  6  BUS   Mercedes-Benz 811D    Dormobile B33F   Jones,Rhosllanerchrugog 02
```

GIB 1020*RCA 83Y(8/02) & 884 MMB(10/01) & GIB 1555*F769 VJX(6/97)
----

25 BENNETTs TRAVEL CRANBERRY LTD.t/a CRANBERRY COMMERCIALS

Depot:Plot E,Moorfields Industrial Estate,COTES HEATH,Staffordshire.

```
DXI 1454    Leyland TRCTL11/3R    Plaxton C57F     Bassetts,Tittensor 03
HIL 8286    Volvo B10M-61         MMCI B68F        Dunn-Line,Nottingham 04
JIL 7424    Volvo B10M-61         Caetano C53F     Dunn-Line,Nottingham 02
KIW 8609    Volvo B10M-61         MMCI B68F        Dunn-Line,Nottingham 04
KSU  411    Volvo B10M-61         Caetano C53F     D & G,Kingstone 25 03
MIL 4418    Leyland PSU5C/4R      Duple C57F       Bassetts,Tittensor 03
MUI 7251    Volvo B10M-61         EL H44/30D       Forrest,Aiintree 04
NIB 3264    Leyland PSU3E/4R      Alexander B53F   Western Buses 647 00
NIL 8662    Mercedes-Benz 811D    Optare C29F      Robinson,Burbage 03
SDZ 6287    Leyland PSU3E/4R      Alexander B53F   Western Buses 653 00
SIL 6427    Scania K113CRB        Van Hool C53F    Hurst &,Goose Green 01
VOI 6874    Volvo B10M-61         Plaxton C53F     Bugden,Swadlincote 15 03
VOV  723    Volvo B10M-61         Berkhof C53F     Buchanan,Cheadle 01
2583   KP   Volvo B10M-61         Caetano C53FT    Dunn-Line,Nottingham 02
5457   NF   Volvo B10M-61         Van Hool C53F    Wainfleet,Nuneaton 03
ECS 889V    Leyland FE30AGR       NC H44/31F       Derby 53 95
XJG 812V    Leyland PSU5C/4R      Duple C59F       Lucas,Kingsley 92
A  6  BNT   Volvo B10M-62         Van Hool C53FT   Glen,Port Glasgow 03
A  7  BNT   DAF DE33WSSB3000      Ikarus C53F      Hurst &,Goose Green 01
A 10  BNT   EOS E180Z             C52FT            Owens,Oswestry 02
A 12  BNT   Volvo B10M-60         Plaxton C46FT    Dunn-Line,Nottingham 02
A 13  BNT   Volvo B10M-60         Plaxton C51FT    Cleverly,Cwmbran 98
A 14  BNT   Mercedes-Benz 814D    ACL C33F         Perruzza,Kendal 99
A 15  BNT   Volvo B10M-60         LCB B57FL        West Glamorgan CC 01
A 16  BNT   Mercedes-Benz 814D    Plaxton C33F     Scragg,Bucknall 03
A 17  BNT   Volvo B10M-60         Plaxton C57F     Shaw Hadwin,Carnforth 01
A 18  BNT   Volvo B10M-60         Plaxton C57F     Shaw Hadwin,Carnforth 00
A 19  BNT   Mercedes-Benz 811D    Mellor B31F      Phoenix,Blackpool 805 98
A 20  BNT   Leyland RT            Leyland C53FT    Daybird,Killamarsh 97
A754  DUY   Bedford YNT           Wright C53F      Eltenton,Nuneaton 92
T 48  JBA   Dennis Dart SLF       Plaxton B29F     New 99
MX53  FDJ   Optare Solo M920      B33F             Mistral(Hire Fleet) 04
```

DXI 1454*XGS 764X(4/05), HIL 8286*C122 ORM(7/92reb),
JIL 7424*D184 DWP(12/94) & 24 PAE(?/93) & D507 WNV(6/92),
KIW 8609*B576 NJF(8/99reb), KSU 411*C347 LVV(5/88),
MIL 4418*LVS 423V(4/05), MUI 7251*B867 XYR(4/03reb),
NIB 3264*GCS 47V(4/05), NIL 8662*E199 UWT(10/97), SDZ 6287*GCS 53V(4/05),
SIL 6427*G270 RHG(4/00) & 90D 8271(5/97), VOI 6874*YNN 29Y(8/89),
2583 KP*C45 OTV(10/88),
5457 NF*ODS 464Y(4/03) & MIW 5792(2/03) & ODS 464Y(11/98) &
       FHJ 565(8/98) & ODS 464Y(1/84),
A6 BNT*M274 TSB(6/05) & BAZ 7912(2/03) & M274 TSB(12/00),
A7 BNT*N69 FWU(4/05), A10 BNT*DXI 1454(4/05) & K153 DNT(4/03),
A12 BNT*MIL 4418(4/05) & K386 DWN(8/00) & J4 SWT(10/97),
A13 BNT*SDZ 6287(4/05) & G118 XRE(1/95), A14 BNT*M562 TJL(5/05),
A15 BNT*L501 YRY(5/05),
A16 BNT*L355 MKU(5/05) & 4493 VT(8/03) & L355 MKU(6/99),
A17 BNT*H571 ECW(5/05) & YFG 333(3/00) & H539 SEO(3/98),
A18 BNT*H572 ECW(5/05) & XDL 521(3/00) & H538 SEO(12/97),
A19 BNT*N295 DWE(5/05), A754 DUY*RPP 514(10/87) &
A20 BNT*NIB 3264(4/05) & E67 NVT(10/04) & 2335 PL(6/93) & E42 JRF(?/90)

26   BIRCH TRAVEL LTD

Depot:Newtown Garage,BASCHURCH,Shropshire.

```
SIL 1610     Kassbohrer S215HD    C49FT          Pan Europe,Friern Barnt 99
TIW 2367     DAF MB200DKTL600     Plaxton C53F   Brown,Trench 05
VIL 9897     Bedford YNV          Plaxton C57F   Goldstraw,Leek 21 03
D128 SHE     Bedford YNV          Caetano C57F   Bodman & Heath,Worton 01
~~~~~~~~~~~~~~~~~~~~~~~~~~~~~~~~~~~~~~~~~~~~~~~~~~~~~~~~~~~~~~~~~~~~~~~~~~~~
SIL 1610*D841 XPJ(12/99),
TIW 2367*KWS 298X(12/03) & 927 DAF(5/88) & TND 416X(8/86),
VIL 9897*C354 FBO(6/03) & BAZ 7117(6/03) & C354 FBO(1/00) &
D128 SHE*YSU 987(2/01) & D128 SHE(4/99)
~~~~~~~~~~~~~~~~~~~~~~~~~~~~~~~~~~~~~~~~~~~~~~~~~~~~~~~~~~~~~~~~~~~~~~~~~~~~
```

27   D.J. & C. BIRLEY.t/a ROYTON MINIBUSES

Address:22 Albert Street,ROYTON,Greater Manchester.

```
J994 PDH     DAF 400              Cunliffe B8FL    Dudley MBC 00
M648 XKF     Iveco 49-10          Mellor B16FL     City of Liverpool 04
P466 CTN     Renault Master       O&H B9F          North East Ambulance 05
P630 HOF     LDV Convoy           LDV B16F         Royal Mail 6780055 03
P714 HOF     LDV Convoy           LDV B16F         Royal Mail 6780056 01
P661 JKN     LDV Convoy           LDV B16F         Non-PSV 99
P850 RDM     LDV Convoy           LDV B16F         Royal Mail 6780297 02
~~~~~~~~~~~~~~~~~~~~~~~~~~~~~~~~~~~~~~~~~~~~~~~~~~~~~~~~~~~~~~~~~~~~~~~~~~~~
~~~~~~~~~~~~~~~~~~~~~~~~~~~~~~~~~~~~~~~~~~~~~~~~~~~~~~~~~~~~~~~~~~~~~~~~~~~~
```

BLUEBIRD COACHES LTD/M.T.G. & M. DUNSTAN.t/a BLUEBIRD BUS & COACH

Depot:Alexander House,Greengate,MIDDLETON,Greater Manchester.

```
 1    270  BLU    MAN 11.190           Optare B40F      Trent 805 05
 2    T  2 BLU    Dennis Dart SLF      Wright B39F      New 99
 3    MX54 BLU    Dennis Dart SLF      SCC B37F         New 04
 4    W  4 BLU    Dennis Dart SLF      Plaxton B40F     Bullock,Cheadle 04
 5    W  5 BLU    Dennis Dart SLF      EL B37F          New 00
 6    W  6 BLU    Dennis Dart SLF      EL B37F          New 00
 7    X  7 BLU    Dennis Dart SLF      EL B37F          New 00
 8    Y  8 BLU    Dennis Dart SLF      EL B37F          New 01
 9    MD02 BLU    Dennis Dart SLF      EL B37F          New 02
10    MV54 BLU    Dennis Dart SLF      Plaxton B38F     New 04
11    MW54 BLU    Dennis Dart SLF      Plaxton B38F     New 04
12    AJ54 AMJ    Dennis Dart SLF      Plaxton B38F     New 04
13    P 13 BLU    Dennis Dart SLF      EL B44F          Dunn-Line,Nottingham 00
14    P 14 BLU    Dennis Dart SLF      EL B44F          Dunn-Line,Nottingham 00
15    MA02 BLU    Dennis Dart SLF      SCC B37F         New 02
16    MB02 BLU    Dennis Dart SLF      SCC B37F         New 02
17    W 17 BLU    Dennis Dart SLF      Plaxton B29F     Thames,Wallingford 02
18    MV54 EEO    Dennis Dart SLF      Plaxton B29F     New 05
21    196  BLU    Dennis Dart SLF      Plaxton B29F     Transbus(Demonstr.) 03
22    MC02 BLU    Dennis Dart SLF      Plaxton B29F     New 02
23    ME52 BLU    Dennis Dart SLF      Plaxton B29F     New 02
24    MF03 BLU    Dennis Dart SLF      Plaxton B29F     New 03
25    MG53 BLU    Dennis Dart SLF      Plaxton B29F     New 03
26    MH53 BLU    Dennis Dart SLF      Plaxton B29F     New 03
27    MP04 BLU    Dennis Dart SLF      Plaxton B29F     New 04
28    AA05 BLU    Dennis Dart SLF      Plaxton B29F     New 05
29    BB05 BLU    Dennis Dart SLF      Plaxton B29F     New 05
30    CC05 BLU    Dennis Dart SLF      Plaxton B29F     New 05
31    MJ53 BLU    MAN 14.220           East Lancs B40F  New 04
32    MK53 BLU    MAN 14.220           East Lancs B40F  New 03
33    ML53 BLU    MAN 14.220           East Lancs B40F  New 03
34    MM53 BLU    MAN 14.220           East Lancs B40F  New 03
40    R 40 BLU    Dennis Dart SLF      Marshall B36F    Tanner,St Helens 86 05
43    T 73 JBA    Dennis Dart SLF      Plaxton B29F     Royds,Rochdale 03
44    V944 DNB    Dennis Dart SLF      Plaxton B29F     Royds,Rochdale 03
45    T 79 JBA    Dennis Dart SLF      Plaxton B29F     Royds,Rochdale 03
```

```
46   V946 DNB   Dennis Dart SLF    Plaxton B29F      Royds,Rochdale 03
55   S 5  BLU   Dennis Dart SLF    Wright B39F       New 99
56   S 6  BLU   Dennis Dart SLF    Wright B39F       New 99
70   M910 OVR   Dennis Javelin     Auwaerter C53F    Stephenson,Workington 03
```

196 BLU*SN51 UCE(8/03), 270 BLU*M805 PRA(4/05),
M910 OVR*270 BLU(4/05) & M910 OVR(4/04) & L8 TVL(6/03) & M910 OVR(12/01),
P13 BLU*P351 EAU(10/00), P14 BLU*P352 EAU(10/00), R40 BLU*R416 XFL(9/05),
W4 BLU*W107 RNC(8/04) & W17 BLU*W552 YAP(11/02)

29   BOLTON SCHOOL SERVICES LTD.t/a BSS COACHES

Depot:Bolton School,Chorley New Road,BOLTON,Greater Manchester.

```
C  3  BSS   DAF SB3000WS601         Van Hool C55F    Eastbourne 02
C  5  BSS   EOS E180Z               C49FT            Arriva(Hire Fleet) 05
C  6  BSS   DAF SB2305DHTD585       Plaxton C53F     Hill,Westhoughton 95
C  7  BSS   DAF SB2305DHS585        Plaxton C53F     Hill,Westhoughton 95
C  8  BSS   DAF SB3000DKV601        Van Hool C51FT   Eavesway,Ashton-Makrfld 99
C  9  BSS   DAF SB2305DHS585        Van Hool C53F    Hill,Westhoughton 95
C 16  BSS   MAN 11.190              Berkhof C35F     Law,Mexborough 05
BJ03  JUK   Mercedes-Benz 413CDI    Excel C16F       New 03
```

C3 BSS*M573 RCP(3/02), C5 BSS*R82 GNW(3/05), C6 BSS*G21 KVH(5/99),
C7 BSS*H510 YCX(5/99), C8 BSS*A18 WFC(5/99) & G268 EHD(5/94),
C9 BSS*K511 RJX(5/99) & C16 BSS*M964 YWE(10/05) & M2 LLT(5/05)

30   BOULTONs OF SHROPSHIRE LTD

Depot:Sunnyside,CARDINGTON,Shropshire.

```
GJI 5040    Bova FHD12-290          C39DTL           Sandwell MBC 96
E746 JAY    Dennis Javelin          Plaxton C53F     Snowdon,Easington Col. 92
E749 NSE    Dennis Javelin          Plaxton C53F     Ipswich Travel 342 93
E536 PRU    Dennis Javelin          Plaxton C53F     Tillingbourne,Cranleigh 91
E467 VNT    Mercedes-Benz 811D      Optare B33F      New 87
E402 YNT    Mercedes-Benz 811D      Optare C29F      Boulton & Bowen,Clive 96
F527 BUX    Mercedes-Benz 811D      Optare B27F      New 88
K265 FUV    Dennis Javelin          Plaxton C57F     Chambers,Stevenage 02
S577 ACT    Mercedes-Benz 0814D     ACL C29F         Thurlby,Aldershot 01
S559 SMJ    Mercedes-Benz 0814D     ACL C29F         Browne,Yiewsley 02
T345 FWR    Optare Solo M850        B29F             New 99
T274 MAW    Bova FHD12-340          C49FT            New 99
X849 HEE    Mercedes-Benz 0814D     ACL C29F         New 00
Y365 JUJ    Mercedes-Benz 0814D     C51FT            New 01
YE03 VSP    Bova FHD12-340          C49FT            New 03
FX53 JWC    Mercedes-Benz 0814D     ACL C29F         New 03
YJ04 GYP    Bova FHD12-340          C53FL            New 04
```

           OTHER VEHICLES OWNED BY THE COMPANY
                   * * * * * *
```
HVJ 203     Bedford OB              Duple C29F       Preserved(1951)
KNT 780     Leyland PSU1/16         Burlingham C37C  Preserved(1954)
```

GJI 5040*G960 PFK(7/96) & K265 FUV*K2 CRC(3/02)

3/ L.F. BOWEN LTD.t/a APPLEBYs COACH TRAVEL(*) & YORKs COACHES(+)

Depots:Boundary Road,BESSINGBY, 22 Julian St,GRIMSBY, George St,LINCOLN, South Rd Industrial Estate,NORTH SOMERCOATES,Lincolnshire(all*), Short Lane,COGENHOE,Northamptonshire(+) & Lichfield Road Industrial Estate,TAMWORTH,Staffordshire.

```
ESK  896+ MAN 18.310          Noge C49FT            New 98
ESK  897+ Volvo B10M-62       Plaxton C48F          Wallace Arnold 04
FSV  305+ Kassbohrer S215HR   C53F                  York,Cogenhoe 97
HSK  511+ Volvo B10M-60       Van Hool C49FT        York,Cogenhoe 97
KPR  698* MAN 24.400          Noge C49FT            Hopes,Leigh-on-Sea 00
LUI 1525+ MAN 18.310          Noge C49FT            Moseley,Shepshed 03
MUI 1393+ Bova FHD12-290      C49FT                 New 93
NUI 1589* Scania K113TRB      Irizar C49FT          Applebys 00
OUI 3916+ Scania K113CRB      Irizar C49FT          New 94
OUI 4659+ Scania K113CRB      Irizar C49FT          New 94
OUI 4797+ Scania K113CRB      Irizar C49FT          New 94
SYK  901+ Auwaerter N116/3    C48FT                 Parrys,Cheslyn Hay 99
TVY  659+ MAN 18.310          Noge C49FT            New 98
UFC  221+ Volvo B10M-62       Plaxton C48F          Wallace Arnold 04
VHM  847+ Kassbohrer S215HD   C49FT                 York,Cogenhoe 97
XEA  745+ MAN 18.310          Noge C49FT            New 98
XHO  856+ MAN 24.400          Marcopolo C49FT       New 99
XVY  392+ Volvo B10M-62       Plaxton C48F          Wallace Arnold 04
YIL 1840+ Bova FHD12-290      C49FT                 New 93
YJI 6038+ Toyota HDB30R       Caetano C18F          New 92
YJI 8597+ Toyota HDB30R       Caetano C18F          New 92
846  FHA+ Kassbohrer S215HD   C49FT                 York,Cogenhoe 97
405  MDV+ MAN 18.310          Noge C49FT            New 99
M116 MBD+ LDV 400             Deansgate C16F        York,Cogenhoe 97
M316 VET  Scania K113CRB      Irizar C49FT          New 95
M317 VET  Scania K113CRB      Irizar C49FT          New 95
M318 VET  Scania K113CRB      Irizar C49FT          New 95
M319 VET  Scania K113CRB      Irizar C49FT          New 95
N811 DKU  Scania K113CRB      Irizar C49FT          New 96
N812 DKU  Scania K113CRB      Irizar C49FT          New 96
N813 DKU  Scania K113CRB      Irizar C49FT          New 96
N814 DKU  Scania K113CRB      Irizar C49FT          New 96
N815 DKU  Scania K113CRB      Irizar C49FT          New 96
N539 OFE* Scania K113CRB      Irizar C49FT          Applebys 00
N135 OFW* Scania K113CRB      Irizar C49FT          Applebys 00
P148 GHE  Scania K113CRB      Irizar C49FT          New 97
P149 GHE  Scania K113CRB      Irizar C49FT          New 97
P117 ORP+ LDV Convoy          Coachliners C16F      York,Cogenhoe 97
P388 WVL* Scania K113CRB      Irizar C49FT          Applebys 00
R253 EJV* Scania K113TRB      Irizar C49FT          Applebys 00
R862 MFE* Scania K124IB4      Irizar C49FT          Applebys 00
R863 MFE* Scania K113TRB      Irizar C49FT          Applebys 00
R633 VNN  MAN 18.310          Noge C49FT            New 98
R637 VNN  MAN 18.310          Noge C49FT            New 98
R645 VNN  MAN 18.310          Noge C49FT            New 98
T849 JFU* Scania K124IB6      Irizar C49FT          Applebys 00
T486 JJV* Scania K124IB6      Irizar C49FT          Applebys 00
T814 RTL* Scania K124IB6      Irizar C49FT          Applebys 00
T193 SUT  MAN 18.310          Noge C49FT            New 99
T194 SUT  MAN 18.310          Noge C49FT            New 99
V359 POB  Toyota BB50R        Caetano C22F          New 00
W751 AAY+ MAN 24.400          Marcopolo C49FT       New 00
W752 AAY  MAN 18.350          Marcopolo C49FT       New 00
W753 AAY  MAN 18.350          Marcopolo C49FT       New 00
W822 BOM  Toyota BB50R        Caetano C22F          New 00
W606 FUM  Volvo B10M-62       Plaxton C48FT         Jeffs,Helmdon 04
W799 KVL* Scania K124IB6      Irizar C49FT          Applebys 00
W816 XEE* Scania K124IB6      Irizar C49FT          Applebys 00
X662 NWY  Volvo B10M-62       Plaxton C48FT         Wallace Arnold 04
Y664 NAY+ MAN 24.400          Marcopolo C49FT       New 01
FN02 HGG  MAN 18.310          Noge C49FT            New 02
FN02 HGJ  MAN 18.310          Noge C49FT            New 02
```

```
FN02 HGK    MAN 18.310          Noge C49FT            New 02
FN02 HGM    MAN 18.310          Noge C49FT            New 02
FN02 HGU+   Dennis Javelin      Marcopolo C48FT       New 02
FN02 HGX+   Dennis Javelin      Marcopolo C48FT       New 02
FN02 HGY+   Dennis Javelin      Marcopolo C48FT       New 02
YN54 APY*   Scania K114EB4      Irizar C39FT          New 04
YN54 APZ*   Scania K114EB4      Irizar C49FT          New 04
YN05 HFM    Scania K114IB4      Irizar C49FT          New 05
YN05 HFO    Scania K114IB4      Irizar C49FT          New 05
YN05 HFP    Scania K114IB4      Irizar C49FT          New 05
```

31 **JEFFS COACHES GROUP LTD**(Associated Company)

Depots:6-8 Balmer Cut,Buckingham Ind. Park,BUCKINGHAM,Buckinghamshire,
       High St,GREENS NORTON & Old Station Yard,HELMDON,Northamptonshire &
              Supergas Industrial Estate,Downs Road,WITNEY,Oxfordshire.

```
ECZ 9144    Bova FHD12-290      C49FT                 Bowen,Tamworth 05
ESU  635    Volvo B10M-60       Caetano C53F          New 90
FNZ 7729    Volvo B10M-62       Jonckheere C53F       Park,Hamilton 02
FSV  720    Volvo B10M-60       Caetano C49FT         New 92
GLZ 6557    Bova FHD12-290      C49FT                 Bowen,Tamworth 05
LLZ 5719    Volvo B10M-62       Jonckheere C53F       Park,Hamilton 02
LUI 7871    Volvo B10M-61       Plaxton C53F          Bowen,Tamworth 05
NKZ 2490    Volvo B10M-62       Caetano C49FT         New 98
NUI 4181    Volvo B10M-62       Caetano C49FT         New 97
NUI 7726    Volvo B10M-62       Jonckheere C49FT      Park,Hamilton 02
OUI 2298    Bova FHD12-290      C49FT                 Bowen,Tamworth 05
OUI 3914    Volvo B10M-61       Van Hool C53F         Bowen,Tamworth 05
OUI 3918    Volvo B10M-61       Plaxton C53F          Bowen,Tamworth 05
OUI 3920    Volvo B10M-61       Plaxton C53F          Bowen,Tamworth 05
TGY  698    Volvo B10M-60       Caetano C49FT         Wilson,Carnwath 97
VBW  846    Volvo B10M-60       Caetano C49FT         New 92
VKX  510    Volvo B10M-62       Plaxton C53F          Bus Eireann VP65 02
VNP  893    Volvo B10M-60       Caetano C53F          New 90
VXT  571    Volvo B10M-62       Caetano C49FT         New 94
WPX  852    Toyota HZB50R       Caetano C21F          Holmeswood Coaches 02
XIL 5299    Bova FHD12-290      C49FT                 Bowen,Tamworth 05
XWG  254    Volvo B10M-60       Jonckheere C53F       GA City of Oxford 44 02
YIL 7713    Volvo B10M-62       Jonckheere C53F       Volvo(Hire Fleet) 03
YSV  815    Volvo B10M-60       Caetano C53F          New 90
3493  CD    Volvo B10M-60       Jonckheere C53F       GA City of Oxford 43 02
5615  RO    Volvo B10M-60       Caetano C53F          New 90
 802 AOJ    Volvo B10M-60       Jonckheere C53F       GA City of Oxford 41 02
 112 AXN    Volvo B10M-60       Jonckheere C53F       GA City of Oxford 42 02
 938 HNM    Volvo B10M-62       Caetano C49FT         New 94
 279 JJO    Volvo B10M-60       Caetano C49FT         New 92
 195 JOH    Volvo B10M-60       Caetano C49FT         Wilson,Carnwath 97
 872 KMY    Volvo B10M-60       Caetano C53F          New 90
 647 PJO    Volvo B10M-60       Caetano C49FT         New 92
 147 VKN    Volvo B10M-60       Caetano C53F          New 90
 487 VYA    Volvo B10M-62       Caetano C49FT         New 94
VVV  66S    Iveco CC80E         Indcar C29F           New 99
SCK 225X    Leyland ONLXB/1R    ECW CH42/28F          B Lancashire 2125 02
SCK 226X    Leyland ONLXBT/1R   ECW H45/32F           B Lancashire 2126 02
TPD 118X    Leyland ONTL11/1R   Roe H43/29F           City of Oxford 978 99
VJO 204X    Leyland ONLXB/1R    ECW H47/28D           City of Oxford 204 00
WWL 209X    Leyland ONLXB/1R    ECW H47/28D           City of Oxford 209 99
WWL 211X    Leyland ONLXB/1R    ECW H47/28D           City of Oxford 211 99
DBV 137Y    Leyland ONLXB/1R    ECW H45/32F           B Lancashire 2137 02
PGE 859Y    Volvo B10M-61       Van Hool C51F         Dereham Coachways 04
C649 LJR    Leyland ONCL10/1RV  ECW H45/32F           GA North East 3649 05
C660 LJR    Leyland ONCL10/1RV  ECW H45/32F           GA North East 3660 05
E741 DJO    Volvo B10M-61       Plaxton C53F          Dore,Leafield 93
F480 AKC    Mercedes-Benz 609D  North West C24F       Windrush Valley,Witney 89
J520 LRY    Dennis Javelin      Caetano C53F          New 91
J521 LRY    Dennis Javelin      Caetano C53F          New 91
J471 NJU    Toyota HDB30R       Caetano C21F          New 92
K  97 UFP   Dennis Javelin      Caetano C57F          New 93
```

```
K 98 UFP   Dennis Javelin            Caetano C57F      New 93
L408 GDC   Volvo B6                  Plaxton B40F      GA North East 8408 05
M412 BEY   Mercedes-Benz 811D        ARB B33F          on loan Pickford,Chippenhm
M799 EUS   Mercedes-Benz 811D        WS B33F           on loan Pickford,Chippenhm
M849 LFP   Volvo B10M-62             Caetano C53F      New 95
M850 LFP   Volvo B10M-62             Caetano C53F      New 95
M505 VJO   Dennis Dart               Marshall B36D     GA City of Oxford T5 04
M517 VJO   Dennis Dart               Marshall B36D     GA City of Oxford 517 04
N253 PGD   Mercedes-Benz 811D        UVG B33F          on loan Pickford,Chippenhm
N789 SJU   Volvo B10M-62             Caetano C53F      on loan Caetano
W607 FUM   Volvo B10M-62             Plaxton C48FT     Wallace Arnold 03
W633 FUM   Volvo B10M-62             Plaxton C48FT     Wallace Arnold 03
W635 FUM   Volvo B10M-62             Plaxton C48FT     Wallace Arnold 03
W636 FUM   Volvo B10M-62             Plaxton C48FT     Wallace Arnold 03
X391 RBD   Volvo B10M-62             Caetano C51F      Last Passive,Dublin(I) 04
Y805 YBC   Iveco 391E                Beulas C51FT      New 01
Y806 YBC   Iveco 391E                Beulas C51FT      New 01
Y807 YBC   Iveco 391E                Beulas C51FT      New 01
Y808 YBC   Iveco 391E                Beulas C49FT      New 01
Y809 YBC   Iveco 391E                Beulas C49FT      New 01
FE51 RHO   Iveco 391E                Beulas C51FT      New 01
```
~~~~~~
ECZ 9144*J405 AWF(2/01), ESK 896*R634 VNN(8/02),
ESK 897*W603 FUM(5/05) & 7820 WA(1/04) & W603 FUM(7/01),
ESU 635*G908 WAY(6/01), FNZ 7729*T729 UOS(5/05) & KSK 981(11/01),
FSV 305*E86 LVV(5/94), FSV 720*J476 NJU(10/00), GLZ 6557*H621 FUT(1/01),
HSK 511*G791 YND(4/96) & WSV 528(4/96) & G880 VNA(9/92),
KPR 698*S604 VAY(5/04), LLZ 5719*T719 UOS(5/05) & HSK 650(11/01),
LUI 1525*R636 VNN(5/01),
LUI 7871*XEA 745(7/02) & A20 MCW(4/95) & E607 VNW(10/92),
MUI 1393*K297 GDT(6/03), NKZ 2490*R490 UFP(5/05), NUI 1589*P75 UJV(1/05),
NUI 4181*P181 ANR(5/04), NUI 7726*T726 UOS(5/05) & LSK 835(11/01),
OUI 2298*K298 GDT(2/05),
OUI 3914*ESK 897(5/05) & E619 CDS(4/94) & LSK 839(11/93) & E655 UNE(5/92),
OUI 3916*L405 LHE(6/05), OUI 3918*UFC 221(5/05) & E70 LVV(9/89),
OUI 3920*XVY 392(5/05) & B196 MAO(4/95) & LIB 3766(3/94) & B711 PEC(7/88),
OUI 4659*L407 LHE(8/05), OUI 4797*L408 LHE(8/05), SYK 901*N566 AWJ(5/02),
TGY 698*J475 NJU(12/00), TVY 659*T192 SUT(5/04), UFC 221*W615 FUM(5/05),
VBW 846*J472 NJU(2/99), VHM 847*F992 MTW(5/91),
VKX 510*R620 BAY(3/04) & 97D 45867(10/02), VNP 893*G911 WAY(12/01),
VXT 571*L38 CAY(12/01), WPX 852*M844 LFP(6/02), XEA 745*R638 VNN(8/02),
XHO 856*T183 SUT(5/04), XIL 5299*K299 GDT(2/05), XVY 392*W604 FUM(5/05),
XWG 254*M630 FNS(6/02), YIL 1840*K296 GDT(9/04),
YIL 7713*T713 UOS(6/05) & HSK 644(11/01), YJI 6038*K713 RNR(2/00),
YJI 8597*K714 RNR(2/00), YSV 815*G907 WAY(12/01), 3493 CD*M629 FNS(6/02),
5615 RO*G909 WAY(12/01), 802 AOJ*M627 FNS(6/02), 112 AXN*M628 FNS(6/02),
846 FHA*K121 OCT(4/96), 938 HNM*L39 CAY(12/01), 279 JJO*J477 NJU(6/01),
195 JOH*J473 NJU(6/00), 872 KMY*G912 WAY(12/01), 405 MDV*T191 SUT(4/04),
647 PJO*J474 NJU(12/99), 147 VKN*G912 WAY(12/01), 487 VYA*L35 CAY(12/01),
VVV 66S*T865 JBC(5/04),
PGE 859Y*SIL 3924(9/05) & PGE 859Y(12/00) & 2154 K(5/90) & 4143 AT(2/89) &
              NYS 53Y(11/85), E741 DJO*6504 CD(6/93) & E665 UNE(7/92),
N789 SJU*8399 RU(5/04) & N789 SJU(4/02),
X662 NWY*8665 WA(3/04) & X662 NWY(9/01) & X391 RBD*00D 95920(8/04)
~~~~~~

32   R.M. & G.M.L. BOYDON.t/a M. BOYDON & SONS

Depot:Ashbourne Road,WINKHILL,Staffordshire.

```
GIL 1909   Leyland TRCTL11/3R        Plaxton C57F      Wrekin,Oakengates 9 99
GIL 2195   Leyland TRCTL11/3R        Plaxton C57F      Wrekin,Oakengates 25 00
HAZ 2958   Leyland TRCTL11/3ARZ      Plaxton C57F      Hodson,Gisburn 02
JIL 3123   Duple 425                 C55FT             Garratt,Leicester 03
NUI 2418   Volvo B10M-60             Van Hool C49FL    Windmill,Morley 04
RIB 4323   DAF SB2305DHTD585         Plaxton C57F      White,Bramley 04
RIB 8034   Duple 425                 C55FT             Adams,Handley 01
TIB 2865   Dennis Javelin            Plaxton C57F      Hellyers,Fareham 04
TJI 4822   Volvo B10M-60             Jonckheere C55F   Lewis,Hindley 05
```

```
TOI  6161   Toyota HZB50R          Caetano C16F     BTI,Heathrow 4 03
VIB  6165   Leyland TRCTL11/3R     Plaxton C49F     Gelsthorpe,Mansfield 95
XIL  7989   Toyota HB31R           Caetano C18F     Elite,Stockport 99
YIL  2271   Mercedes-Benz 814D     ACL C29F         Home James,Speke 05
YXI  3048   Leyland TRCL10/3ARZM   Plaxton C53F     Gath,Dewsbury 05
556  DHO    DAF SB2300DHTD585      Plaxton C53FTL   Ron,Ashington 00
GSU   7T    Duple 425              C57F             Heyfordian,Bicester 02
J 3  ERN    Duple 425              C55FT            Young,Ross-on-Wye 04
~~~~~~~~~~~~~~~~~~~~~~~~~~~~~~~~~~~~~~~~~~~~~~~~~~~~~~~~~~~~~~~~~~~~~~~~~~~~~
GIL 1909*A834 PPP(1/92), GIL 2195*XCD 138Y(3/91),
HAZ 2958*F775 GNA(10/97), JIL 3123*C294 HRN(3/94),
NUI 4218*H178 DVM(5/04), RIB 4323*E651 EEO(3/92), RIB 8034*G275 ELJ(6/01),
TIB 2865*G284 BEL(12/04), TJI 4822*F772 OJH(2/04),
TOI 6161*N904 TAY(2/04),
VIB 6165*SWN 885Y(8/95) & 540 CCY(8/93) & BAJ 632Y(7/89),
XIL 7989*TOI 6161(2/04) & G946 VBC(9/98), YIL 2271*N990 FWT(3/04),
YXI 3048*J720 KBC(11/96), 556 DHO*B697 VCX(3/88),
GSU 7T*G648 YVS(7/02) & 1435 VZ(7/02) & G648 YVS(4/94) &
J3 ERN*VJI 8203(3/00) & J3 ERN(2/00)
~~~~~~~~~~~~~~~~~~~~~~~~~~~~~~~~~~~~~~~~~~~~~~~~~~~~~~~~~~~~~~~~~~~~~~~~~~~~~
```

33   BRADLEY FOLD TRAVEL LTD

Depot:Radcliffe Moor Road,Bradley Fold,BOLTON,Greater Manchester.

```
RIL  9865   DAF MB230DKVL615       Duple C49FT      Keeber,Leicester 05
TIL  5930   Bedford YMP            Plaxton C35F     Pratt,Moreton Valance 05
FEW  227Y   DAF MB200DKFL600       Plaxton C53F     Whippet,Fenstanton 05
B348 YSL    Leyland TRCTL11/3R     Plaxton C53F     Reynolds,Watford 05
~~~~~~~~~~~~~~~~~~~~~~~~~~~~~~~~~~~~~~~~~~~~~~~~~~~~~~~~~~~~~~~~~~~~~~~~~~~~~
RIL 9865*C604 FWW(8/00) & A2 YET(10/97) & C645 LVH(5/92),
TIL 5930*B504 MDC(7/04) & B348 YSL*439 UG(6/98) & B422 CMC(4/89)
~~~~~~~~~~~~~~~~~~~~~~~~~~~~~~~~~~~~~~~~~~~~~~~~~~~~~~~~~~~~~~~~~~~~~~~~~~~~~
```

34   K.G. BRADSHAW.t/a CAMBRACO TRAVEL

Depot:North Mersey Business Centre,Woodward Road,KIRKBY,Merseyside.

```
BIW  7176   Volvo B10M-61          Van Hool C53F    Furlong,Kirkby 03
1839  LJ    Volvo B10M-61          Van Hool C48FT   Dalybus,Goose Green 04
C795 GHD    DAF SB2300DHTD585      Plaxton C53F     Russell &,Kirkby 03
T209 WGK    LDV Convoy             LDV B16F         Non-PSV 02
~~~~~~~~~~~~~~~~~~~~~~~~~~~~~~~~~~~~~~~~~~~~~~~~~~~~~~~~~~~~~~~~~~~~~~~~~~~~~
BIW 7176*WSV 501(3/02) & BIW 7176(5/98) & STT 609X(6/86) &
1839 LJ*BKH 300X(2/93)
~~~~~~~~~~~~~~~~~~~~~~~~~~~~~~~~~~~~~~~~~~~~~~~~~~~~~~~~~~~~~~~~~~~~~~~~~~~~~
```

35   J.E. BRADY.t/a JIM BRADY TRAVEL

Address:25 Juddfield Street,ST HELENS,Merseyside.

```
E979 KCK    Freight Rover Sherpa   Cunliffe B12FL   Lancashire CC 40233 99
K315 OKF    DAF 400                Cunliffe B12FL   Sefton BC 1519 03
M817 UMB    Iveco 49-10            Mellor B16FL     Telford Integrated M887 02
M618 XMB    Iveco 49-10            WS B16FL         Telford Integrated M889 02
P464 VVL    LDV Convoy             LDV B16F         Non-PSV 02
~~~~~~~~~~~~~~~~~~~~~~~~~~~~~~~~~~~~~~~~~~~~~~~~~~~~~~~~~~~~~~~~~~~~~~~~~~~~~
```

36   K. BROMWICH & D.V. WOOD.t/a TRAVEL WOOD

Depot:21b Cobbett Road,Burntwood Business Park,BURNTWOOD,Staffordshire.

```
G429 FKG    Renault Master         Cymric B16FL     Price,Halesowen 02
K987 VVH    Ford Transit           Mellor B14FL     Bradford Community Tpt 98
M458 KON    LDV 400                ? B16F           Moseley,Rugeley 03
M991 RKJ    Ford Transit           DC B6FL          Kent CC 04
M780 WAK    DAF 400                ACL C16FL        Williams,Kerry 02
```

```
N716 SOP   LDV 400        A Line C16F          Owen,Knighton 01
P930 EST   LDV Convoy     LDV B16F             McDonnel,Penkridge 05
P289 KAV   LDV Convoy     Marshall B16F        Non-PSV(Global) 00
P562 PRE   LDV Convoy     Cunliffe B10FL       Staffordshire CC 05
P796 VYS   LDV Convoy     Stewart B16FL        City of Glasgow 02
P815 VYS   LDV Convoy     Stewart B16FL        City of Glasgow 02
P820 VYS   LDV Convoy     Stewart B16FL        City of Glasgow 02
R146 XAW   LDV Convoy     LDV B16F             Non-PSV(Burnt Tree) 05
Y356 UOE   LDV Convoy     LDV B16F             New 01
```

37   A.T. BROWN (COACHES) LTD

Depots:Unit 22,Hadley Park Industrial Estate,Hadley Park Road,HADLEY
        Unit E,Horton Enterprise Park,Hortonwood 50,TELFORD &
                            81 Trench Road,TRENCH,Shropshire.

```
NIW 4120   Dennis Javelin          Caetano C51FT    Nu-Venture,Aylesford 97
SJI 5028   Dennis Javelin          Berkhof C53F     Volvo(Hire Fleet) 05
TIW 2363   DAF SB2305DHTD585       Plaxton C57F     Heath,Wem 02
TIW 2364   DAF SB2305DHTD585       Plaxton C53F     Martley,Portlaoise(Ire) 00
C771 MVH   DAF SB2300DHTD585       Plaxton C53F     Gray,Hoyland Common 04
H175 EJF   DAF SB3000DKV601        Caetano C53F     Reliant,Heather 03
H  11 PSV  DAF SB2305DHS585        Plaxton C53F     Bennett,Gloucester 02
H523 YCX   DAF SB2305DHS585        Van Hool C53F    Amber,Rayleigh 04
J434 NCP   DAF SB2305DHS585        Van Hool C53F    Tai,Batley 04
K440 DVT   Mercedes-Benz 814D      ACL C33F         Bassetts,Tittensor 03
K589 VBC   DAF SB3000DKS601        Caetano C55F     Bennett &,Gloucester 05
K424 WUT   DAF SB2700DHS585        Caetano C53F     Bennett &,Gloucester 05
N  76 FWU  DAF DE33WSSB3000        Ikarus C53F      Cropper,Kirkstall 05
P891 FMO   Dennis Javelin          Berkhof C53F     Ians,Nuneaton 05
R222 XDY   Dennis Javelin          Berkhof C53F     Baker,Enstone 05
T574 ARM   Mercedes-Benz O814D     Plaxton C33F     Armstrong,Gilsland 04
```
NIW 4120*G92 SKR(2/93), SJI 5028*J20 BCK(4/98),
TIW 2363*G980 KJX(8/02), TIW 2364*H197 TCP(11/01),
H175 EJF*REL 527(4/03) & H175 EJF(3/95),
H523 YCX*B10 MBT(9/02) & H523 YCX(5/01),
K589 VBC*PRP 3V(1/00) & K589 VBC(12/96), K424 WUT*K10 PSW(7/95) &
P891 FMO*B4 CEC(12/04) & P891 FMO(5/99)

38   D. & J.M. BROWN.t/a BROWNs COACHES

Depot:8 Greenfield Farm Industrial Estate,Back Lane,CONGLETON,Cheshire.

```
SIL 7473   Optare MR15             B32F             F Edinburgh 1533 03
YSV  908   Van Hool T815           C49FT            Vision,Ipswich 97
465  FBC   Auwaerter N122/3        CH55/20CT        Cannon,Garston 96
B834 CDM   Leyland TRCTL11/3R      Duple C53F       Attain,Birmingham 01
E807 MOU   Mercedes-Benz 811D      Optare DP33F     All-Ways,Darwen 05
F969 RSE   Volvo B10M-60           Duple C57F       S Bluebird Buses 555 01
```
SIL 7473*L723 JKS(10/03), 465 FBC*A105 MWT(2/87),
YSV 908*88TN 1224(5/96) & YSV 908(1/91) & KOU 480X(11/88) &
F969 RSE*GSU 950(3/01) & DDZ 8844(5/98) & F27 LTO(6/90)

39   T.H.McK. BROWN.t/a GROSVENOR EXECUTIVE TRAVEL

Depot:Crossley Bus. Park,Crossley Road,HEATON CHAPEL,Greater Manchester.

```
P208 LDA   Ford Transit            Cunliffe DP12FL  Walsall Borough Council 05
P209 LDA   Ford Transit            Cunliffe DP12FL  Walsall Borough Council 05
P213 LDA   Ford Transit            Cunliffe B12FL   Walsall Borough Council 05
P214 LDA   Ford Transit            Cunliffe B12FL   Walsall Borough Council 05
P215 LDA   Ford Transit            Cunliffe B12FL   Walsall Borough Council 05
```

40   BRYN MELYN LTD

Depot:Unit G5,Gardden IE,Tatham Road,RUABON,Wrexham.

```
LUI 5798    Dennis DDA1026         EL CH43/25F      A North West 630 01
PIL 9338    MAN 11.190             Optare B42F      Chambers,Bures 02
SIW 8268    Mercedes-Benz 709D     ARB B25F         A Midlands North 1285 04
TIL 9872    MAN 11.190             Optare B42F      Chambers,Bures 02
UIL 4706    Leyland LX112          B47F             Brighton & Hove 187 01
F631 BKD    Dennis DDA1026         EL CH43/25F      Bleasdale,Liverpool 03
F201 OPD    Dennis DDA1020         EL H51/33F       London & Country DD1 98
R669 UCC    Mercedes-Benz 814D     Marshall B33F    New 97
S908 JCC    Mercedes-Benz O814D    Marshall B32F    New 98
BX54 VTM    BMC 1100FE             B60F             New 05
BX54 VUB    BMC 1100FE             B60F             New 04
BX54 VUC    BMC 1100FE             B60F             New 04
BX54 VUD    BMC 1100FE             B60F             New 04
BX54 VUF    BMC 1100FE             B60F             New 04
```
LUI 5798*F630 BKD(4/02), PIL 9338*N701 FLN(2/03), SIW 8268*P385 FEA(4/05),
TIL 9872*M508 ALP(1/03) & UIL 4706*E447 FWV(9/01)

41   BU-VAL BUSES LTD

Depot:Unit 5,Paragon IE,Smithy Bridge Rd,SMITHY BRIDGE,Greater Manchester.

```
H537 XGK    Dennis Dart            Plaxton B28F     Bell,South Hylton 02
H835 XGK    Dennis Dart            Plaxton B28F     Bell,South Hylton 02
K149 LGO    Dennis Dart            Plaxton B28F     GA London DR149 03
K243 PAG    Dennis Dart            Plaxton B28F     Metroline DR143 03
K247 PAG    Dennis Dart            Plaxton B28F     Metroline DR147 03
K248 PAG    Dennis Dart            Plaxton B28F     Metroline DR148 03
M933 FTN    Optare MR13            B25F             GA North East 393 04
M935 FTN    Optare MR13            B25F             GA North East 395 04
P550 JEG    Marshall Minibus       B26F             South West,Wincanton 43 04
P403 KAV    Marshall Minibus       B26F             Buzy Bus,Blackburn 04
P690 NAV    Marshall Minibus       B26F             South West,Wincanton 44 04
P980 PTM    Marshall Minibus       B29F             Universitybus,Hatfield 04
P851 UCA    Marshall Minibus       B29F             Smith & Lewis,Prenton 05
R219 AOR    Iveco 59-12            Marshall B27F    Jacobs,Horton Heath 01
R101 VLX    Marshall Minibus       B26F             Smith & Lewis,Prenton 05
R104 VLX    Marshall Minibus       B26F             Smith & Lewis,Prenton 05
R113 VLX    Marshall Minibus       B26F             Smith & Lewis,Prenton 05
R801 WJA    Iveco 59-12            Mellor B27F      Dawson(Hire Fleet) 02
R805 WJA    Iveco 59-12            Mellor B27F      Dawson(Hire Fleet) 02
R807 WJA    Dennis Dart SLF        UVG B38F         Dawson(Hire Fleet) 02
S933 SVM    Iveco 59-12            Mellor B27F      Dawson(Hire Fleet) 02
T580 JTD    Dennis Dart SLF        Plaxton B28F     Stones,Leigh 03
W984 WDS    Dennis Dart SLF        Plaxton B29F     Voel,Dyserth 05
MX54 FWE    Dennis Dart SLF        SCC B28F         New 04
MX54 FWF    Dennis Dart SLF        SCC B28F         New 04
```
P851 UCA*A9 AVN(8/05), R101 VLX*R7 STM(8/03) & R101 VLX(3/02) &
T580 JTD*M1 BUS(3/03)

42   R. BULLOCK & CO (TRANSPORT) LTD

Depots:Demmings Road Industrial Estate,Brookfield Road &
       Commercial Garage,Stockport Road,CHEADLE,Greater Manchester.

```
BUI 1484    Leyland TRCLXCT/3RZ    Plaxton C51FT    New 86
E928 KYR    Leyland ONLXB/1RH      NC H40/30F       A North West 3175 01
F 52 ENF    Leyland TRBL10/3ARZA   ARB B55F         A North West 1772 03
F682 SRN    Leyland TRCL10/3RZA    Plaxton C51FT    Ambassador,Cheadle 04
F231 YTJ    Leyland ONCL10/1RZ     AR H45/30F       A North West 231 01
F232 YTJ    Leyland ONCL10/1RZ     AR H45/30F       A North West 232 01
F237 YTJ    Leyland ONCL10/1RZ     AR H45/30F       A North West 237 01
```

22

F238 YTJ	Leyland ONCL10/1RZ	AR H45/30F	A North West 238 01	
F239 YTJ	Leyland ONCL10/1RZ	AR H45/30F	A North West 239 01	
G423 SNF	Leyland TRBTL11/2RP	Duple B55F	New 90	
J200 BUL	Leyland TRCL10/3ARZM	Plaxton C57F	New 92	
L 10 BUL	Leyland ON2R	EL H45/31F	New 93	
L 20 BUL	Leyland ON2R	EL H45/31F	New 93	
L 42 DBC	Toyota HZB50R	Caetano C18F	Hertz,Heathrow 22 98	
M788 NBA	Volvo Olympian	EL H45/30F	New 94	
M789 NBA	Volvo Olympian	EL H45/30F	New 95	
M790 NBA	Volvo Olympian	EL H45/30F	New 94	
N621 XBU	Volvo B10M-62	Caetano C55F	New 96	
P480 HBA	Volvo B10M-62	Van Hool C51FT	New 96	
P482 HBA	Volvo B10M-62	Caetano C53F	New 97	
P483 HBA	Volvo Olympian	NC H47/30F	New 96	
P484 HBA	Volvo Olympian	NC H47/30F	New 96	
P485 HBA	Volvo Olympian	NC H47/30F	New 96	
P486 HBA	Volvo Olympian	NC H47/30F	New 96	
R290 CVM	DAF DE02RSDB250	Optare H50/27F	New 98	
R291 CVM	DAF DE02RSDB250	Optare H50/27F	New 98	
R292 CVM	Volvo B10M-62	Caetano C53FT	New 98	
R293 CVM	Volvo B10M-62	Caetano C53FT	New 98	
S957 URJ	Volvo Olympian	NC H47/30F	New 99	
S958 URJ	Volvo Olympian	NC H47/30F	New 99	
S959 URJ	Volvo Olympian	NC H47/30F	New 99	
S960 URJ	Volvo Olympian	NC H47/30F	New 99	
T 68 FBN	Volvo B10M-62	Caetano C53F	New 99	
T 69 FBN	Volvo B10M-62	Caetano C49FT	New 99	
W663 PTD	Volvo B10M-62	Caetano C53F	New 00	
W664 PTD	Volvo B10M-62	Caetano C53F	New 00	
W671 PTD	Dennis Trident	EL H51/31F	New 00	
W672 PTD	Dennis Trident	EL H51/31F	New 00	
W673 PTD	Dennis Trident	EL H51/31F	New 00	
W674 PTD	Dennis Trident	EL H51/31F	New 00	
W675 PTD	Scania N113DRB	EL H47/31F	New 00	
W676 PTD	Scania N113DRB	EL H47/31F	New 00	
W677 PTD	Scania N113DRB	EL H47/31F	New 00	
W678 PTD	Scania N113DRB	EL H47/31F	New 00	
X939 NBU	Dennis Trident	EL H51/31F	New 00	
MK02 VUL	Volvo B10M-62	Caetano C51FT	New 02	
ML02 RWF	Volvo B10M-62	Caetano C51FT	New 02	
FJ03 VNC	Volvo B12M	Caetano C53F	New 03	
FJ03 VND	Volvo B12M	Caetano C53F	New 03	
MX04 MYW	Scania N94UD	EL H47/33F	New 04	
MX04 MYY	Scania N94UD	EL H47/33F	New 04	
MX05 OFP	Scania K124EB6	Irizar C53FT	New 05	
MX05 OFR	Scania K124EB6	Irizar C53FT	New 05	
YN05 GZX	Scania N94UB	B42F	New 05	
YN05 GZY	Scania N94UB	B42F	New 05	
YN05 GZZ	Scania N94UB	B42F	New 05	
FJ55 KMV	Iveco 150E	Vehixel B67FL	New 05	
FJ55 KMX	Iveco 150E	Vehixel B67FL	New 05	

~~~~~~

OTHER VEHICLES OWNED BY THE COMPANY
* * * * * * *

GFW 496	Foden PVSC6	Plaxton FC37F	Preserved(1950)	
LMA 284	Foden PVSC6	Lawton C35F	Preserved(1949)	

~~~~~~

BUI 1484*C33 EVM(11/92reb)

~~~~~~

43 K. BURKE.t/a BRIDLEWAY TRAVEL & METRO TAXIS

Depots:c/o Belle Vue,Discovery Business Park,Crossley Rd,HEATON CHAPEL &
487 Gorton Road,REDDISH,Greater Manchester.

B 10 MTC	DAF SB3000DKV601	Van Hool C53F	Fulcher,Stockport 05	
F314 NSP	Dennis Javelin	Duple C53FT	Day,Kilnhurst 54 04	
W327 EON	Renault Master	Advanced B16F	R & J,Pontrefract 04	
AE53 ZPD	LDV Convoy	LDV B16F	Non-PSV 05	

```
B10 MTC*E357 EVH(4/98) & TIA 5734(2/98) & E357 EVH(4/91) &
F314 NSP*USU 662(8/99) & F314 NSP(4/90)
```

44   T.A. BUSHELL t/a TERRYs

Depot:c/o CFH,Francis House,Shobnall St,BURTON-UPON-TRENT,Staffordshire.

```
A 12 TBT    Volvo B10M-60           Jonckheere C51FT    Gain,Wibsey 93
A 13 TBT    Auwaerter N316SHD       C49FT               New 02
A 14 TBT    Volvo B10M-62           Van Hool C49FT      Barratt,Nantwich 05
A 17 TBT    Mercedes-Benz 412D      Crest C16F          Harrison,Adwick-le-St 01
```
```
A12 TBT*F910 YNV(4/98), A14 TBT*T208 KDM(9/05) & T9 BCL(5/05) &
A17 TBT*P975 VGP(4/01)
```

45   BUTTERS COACHES LTD

Depot:Village Road,CHILDS ERCALL,Shropshire.

```
RIL 9707    DAF MB200DKFL600        Jonckheere C51FT    Copeland,Meir 96
SIL 1701    DAF SB2300DHS585        Van Hool C53F       Shaw & Duffelen,Maxey 99
7506 LZ     Leyland B50             Van Hool C53F       Thomas,West Ewell 96
F327 COV    Dennis Javelin          Duple C57F          Cobholm,Great Yarmouth 97
G999 SJR    Volvo B10M-60           Van Hool C53F       Jewitt,Humshaugh 98
K115 TCP    DAF SB3000DKVF601       Van Hool C51FT      Ferris,Nantgarw 00
P 54 HNT    Dennis Javelin          UVG C41F            MOD 02
P894 PWW    DAF DE33WSSB3000        Van Hool C49FT      Longstaff,Amble 02
V728 LWU    LDV Convoy              Concept C16F        Whitegate Travel 05
GU52 HHE    Optare Solo M850        B29F                Nostalgiabus,Mitcham 03
```
```
RIL 9707*C672 YRF(12/99) & MIB 516(10/96) & C101 VUY(2/94) &
         DSK 566(1/94) & C910 UUY(2/91), SIL 1701*D279 XCX(12/99),
7506 LZ*C171 WPA(9/94) & 1311 VY(5/94),
G999 SJR*TJI 8785(4/98) & G999 SJR(11/95) & P54 HNT*P413 AUJ(11/02)
```

46   BYLEY STORES & GARAGE LTD

Depot:Middlewich Road,BYLEY,Cheshire.

```
OCC  765    Duple 425               C59F                Lewis,Greenwich 99
PSV  456    Duple 425               C53FT               Moore,Davenport 97
 62  BYL    Bova FLD12-250          C57F                Sanders,Holt 59 99
FG52 WRO    MAN 18.310              Caetano C53F        New 02
```
```
OCC 765*D380 BMV(7/00) & 686 CXV(10/98) & D500 NYS(10/93),
PSV 456*G409 YAY(3/99) &
62 BYL*C954 VAY(1/00) & 259 VYC(5/98) & C954 VAY(4/94)
```

47   CARADOC COACHES LTD

Depot:Bank House,WALL,Shropshire.

```
474  CUH    Leyland TRCTL11/3R      Plaxton C57F        Russell,Wall 02
D 68 VDV    Volvo B10M-61           Plaxton C49FT       Evans,Tregaron 01
J 45 MFP    Toyota HDB30R           Caetano C21F        Minsterley,Stiperstones 03
T489 TUP    LDV Convoy              LDV B16F            Non-PSV(Willhire) 02
V224 FAL    LDV Convoy              LDV B16F            Taylor,Leintwardine 03
AK52 LWE    LDV Convoy              LDV B16F            Non-PSV(Hertz) 04
```
```
474 CUH*A852 VHB(2/88) & D68 VDV*LIL 6356(12/98) & D710 MWX(11/95)
```

48   C.P. CARR.t/a BLUE LINE TRAVEL

Depot:Sefton Lane Industrial Estate,Sefton Lane,MAGHULL,Merseyside.

```
YJI 5584   Mercedes-Benz 609D    Wright C24F      ? 00
F285 LCN   Mercedes-Benz 609D    Cunliffe C20FL   Non-PSV(Formby) 96
H272 AAL   Ford Transit          Mellor B12FL     Nottingham City Council 00
M951 OBU   Iveco 59-12           WS B24FL         Manchester City Council 04
R475 YDT   Scania L94IB          Irizar C49FT     Bus Eireann SI18 02
T233 MBA   Mercedes-Benz 410D    Concept C16F     New 99
T407 OWA   Scania L94IB          Irizar C49FT     Bus Eireann SI42 03
BV04 AFA   Mercedes-Benz O814D   Frank Guy C22FL  Royal Mail 3755001 05
```
R475 YDT*98D 41108(5/02) & T407 OWA*99D 55043(3/03)

49   F.G. CARLESS.t/a ACCESS TRAVEL

Depot:c/o Bell,Hawkshead Quarry,Leek Old Road,SUTTON LANE END,Cheshire.

```
M264 MOJ   LDV 400          DC B14FL         Non-PSV 00
P510 HNE   LDV Convoy       Olympus C14FL    Non-PSV(TLS) 99
T159 JUJ   LDV Convoy       LDV B16F         on loan from Burnt Tree
PJ53 VNW   LDV Convoy       ? C16FL          Non-PSV 04
```

50   M.A. CARVER.t/a CARVERs

Depot:Plot 10a,Indigo Road,Oil Sites Road,ELLESMERE PORT,Cheshire.

```
EXI 6387   Bova FHD12-340        C51FT            Patterson,Seahouses 04
LIW 1336   DAF MB200DKFL600      Plaxton C53F     Accord,Chichester 01
PDZ 4202   Volvo B10M-60         Plaxton C53F     Byley Garage 05
J310 REL   Volvo B10M-60         Plaxton C49FT    Hall,Coventry 04
```
EXI 6387*L425 OWF(3/02), LIW 1336*A616 ATV(10/90) &
PDZ 4202*H905 AHS(12/93)

51   A.A. & N.K. CASS.t/a CASS COACHES

Depot:Unit 22,Tarran Industrial Estate,Tarran Way West,MORETON,Merseyside.

```
BAZ 6851   Volvo B10M-60           Van Hool C53F     Shearings 851 97
YJI 6040   Volvo B10M-62           Jonckheere C53FT  Abbott,Blackpool 01
ANA 627Y   Leyland AN68D/1R        NC H43/32F        GM Buses South 4627 97
C  4  SSU  Volvo B10M-60           Van Hool C49FT    Coward,Blackpool 02
C174 YBA   Leyland ONLXB/1R        NC H43/30F        S GM Buses South 15174 05
D212 MKK   Scania K92CRS           EL H55/37F        Carr,Maghull 04
W237 TRX   Kassbohrer S315GTHD     C49FT             Reliant,Heather 03
```
BAZ 6851*G851 RNC(2/94), YJI 6040*M337 KRY(8/03), C4 SSU*L910 NWW(9/02) &
W237 TRX*3262 MW(3/03)

52   A. CAWLEY.t/a PEOPLEs BUS

Depot:Heysham Road,NETHERTON,Merseyside.

```
0019  VBV  19Y   Leyland AN68C/1R          EL H43/31F    Blackburn 19 02
0028  A 28 JBV   Leyland AN68D/1R          EL H43/31F    Blackburn 28 02
0701  JIL 8216   LN NL116HLXCT/1R          B52F          Bullock,Cheadle 01
0702  J 51 GCX   DAF SB220LC550            Ikarus B48F   Nelson,Wickford 03
0703  S163 UAL   Optare Excel L1150        B40F          Trent 163 04
0801  NUI 4247   Leyland TNLXB/2RR         LD H44/29F    McColls,Balloch 03
0802  NUI 4249   MCW Metrobus DR132        H46/31F       Napier P.,Liverpool 05
0803  A876 SUL   Leyland TNTL11/2RR        LD H44/32F    McColls,Balloch 03
```

```
JIL 8216*A301 JFA(7/96), NUI 4247*NUW 604Y(2/04),
NUI 4249*E746 SKR(11/05) & J51 GCX*BIL 4710(9/03) & J51 GCX(1/03)
```

53   M.G. CHALLINOR.t/a CHALLINOR TRAVEL

Depot:c/o Linwood Plant,Nelson IE,West Avenue,TALKE,Staffordshire.

```
MIW 2418   DAF MB230LB615        Van Hool C51FT    Wing,Sleaford 96 01
PJI 5628   DAF SB3000DKV601      Van Hool C55F     Cattermole,Bristol 99
421  CKH   Leyland TRCTL11/3ARZ  Plaxton C53F      Wallace Arnold(NH) 00
A536 YHE   Scania K112CRS        Van Hool C49FT    Powells,Hellaby 03
P124 GHE   Scania K113CRB        Irizar C49FT      Romsey Coaches 03
```
```
MIW 2418*F271 RJX(3/93),
PJI 5628*E352 EVH(12/97) & PJI 5628(8/96) & E352 EVH(3/93),
421 CKH*794 EYD(10/97) & F349 JAT(8/97) & IIL 7073(7/95) &
        F772 GNA(6/93) & A536 YHE*240 HYU(2/03) & A536 YHE(12/87)
```

54   CHASE COACHES LTD

Depot:Unit 1,No Name Road,CHASETOWN,Staffordshire.

```
  2  OJD 858R   LN 10351A/2R              B44F          London Buses LS58 92
  3  AYR 309T   LN 10351A/2R              B42F          Eastbourne 20 90
  4  YYE 274T   LN 10351A/2R              B44F          Eastbourne 18 90
  5  AYR 339T   LN 10351A/2R              B40F          Eastbourne 21 90
  9  BYW 365V   LN 10351A/2R              B44F          London Buses LS365 90
 10  BYW 418V   LN 10351A/2R              B42F          London Buses LS418 90
 11  THX 260S   LN 10351A/2R              B44F          London Buses LS260 90
 19  PSU 969    Dennis Dart SLF           UVG B40F      A North West 1704 00
 20  TOF 690S   LN 11351A/1R              B52F          Midland Red North 990 97
 22  YPL 448T   LN 10351B/1R              B41F          London & Cnty. SNB448 97
 27  PSU 988    Dennis Dart SLF           UVG B40F      London,Northfleet 01
 28  PSU 989    Dennis Dart SLF           UVG B40F      London,Northfleet 01
 30  YBJ 403    DAF SB220LT550            Ikarus B49F   Delta,Kirkby-Ashfield 96
 31  THX 160S   LN 10351A/2R              B38F          London Buses LS160 92
 33  BYW 382V   LN 10351A/2R              B44F          Parfitt,Rhymney Bdge 95
 35  BYW 357V   LN 10351A/2R              B44F          Parfitt,Rhymney Bdge 95
 37  CHH 210T   LN 10351B/1R              B44F          Ribble 312 97
 38  EPD 508V   LN 10351B/1R              B41F          London & Cnty. SNB508 97
 40  THX 209S   LN 10351A/2R              B42F          London Buses LS209 90
 41  BPL 478T   LN 10351B/1R              B41F          London & Cnty. SNB478 97
 42  THX 193S   LN 10351A/2R              B40D          London Buses LS193 90
 43  OJD 868R   LN 10351A/2R              B44F          Eastbourne 17 91
 44  OJD 870R   LN 10351A/2R              B36D          Crowther,Morley 90
 48  TEL 493R   LN 11351A/1R              B48F          Wilts & Dorset 3727 94
 50  THX 149S   LN 10351A/2R              B44F          Parfitt,Rhymney Bdge 93
 52  THX 266S   LN 10351A/2R              B44F          Parfitt,Rhymney Bdge 93
 53  THX 264S   LN 10351A/2R              B44F          Parfitt,Rhymney Bdge 93
 55  AYR 317T   LN 10351A/2R              B44F          Parfitt,Rhymney Bdge 93
 56  AYR 330T   LN 10351A/2R              B44F          Parfitt,Rhymney Bdge 93
 57  AYR 343T   LN 10351A/2R              B44F          Parfitt,Rhymney Bdge 93
 62  BYW 366V   LN 10351A/2R              B42F          Parfitt,Rhymney Bdge 95
 63  TRN 809V   LN 10351B/1R              B44F          Ribble 809 95
 64  FSV 428    LN 10351B/1R              B42F          Ribble 808 95
253  PSU 906    Kassbohrer S215HD         C49FT         Anderson,Bermondsey 98
269  PSU 987    Volvo B10M-62             Van Hool C49FT   Park,Hamilton 99
270  PSU 954    Volvo B10M-62             Van Hool C49FT   Park,Hamilton 99
```
```
FSV 428*TRN 808V(6/03), PSU 906*K50 TCC(4/98) & K125 OCT(4/94),
PSU 954*N415 PYS(11/99) & KSK 980(10/98), PSU 969*S407 JUA(4/02),
PSU 987*N474 PYS(3/99) & KSK 951(11/98) & LSK 544(3/97),
PSU 988*S406 JUA(4/02), PSU 989*S402 JUA(4/02), YBJ 403*M835 RCP(3/96) &
BYW 418V*MRP 5V(2/03) & BYW 418V(3/93)
```

55   J. CHERRY/HELMS COACHES LTD.t/a AINTREE COACHLINE

Depots:Hooton Park Stables,Rivacre Road,Hooton Lane,EASTHAM &
       Sefton Lane Industrial Estate,Sefton Lane,MAGHULL,Merseyside.

```
HKF 151     Volvo B10M-62         Plaxton C50F       Wallace Arnold 99
XSL 596A    AEC Routemaster       PR H36/28R         S London RM1289 03
ALD 978B    AEC Routemaster       PR H36/28R         A London RM1978 04
JFR   7W    Leyland ONLXB/1R      ECW H45/32F        B Lancashire 2107 03
JFR   8W    Leyland ONLXB/1R      ECW H45/32F        B Lancashire 2108 03
MTV 313W    Leyland FE30AGR       NC H43/30F         A Fox County 4313 04
B962 WRN    Leyland ONLXB/1R      ECW H45/32F        A North West 3062 04
E916 KYR    Leyland ONLXB/1RH     NC H43/30F         A North West 3174 01
F442 AKB    Leyland ONCL10/2RZ    NC H51/34F         Forrest,Aintree 04
F458 BKF    Leyland ONCL10/2RZ    NC H51/34F         A North West 3167 01
G638 BPH    Volvo B10M-50         NC H45/35F         A West Yorkshire 767 05
G619 CEF    Leyland LX2R          B49F               Black Prince,Morley 05
G302 UYK    Leyland ONCL10/1RZ    Leyland H47/31F    UK & North,Gorton 280 04
G761 UYT    Leyland ONCL10/1RZ    NC H45/30F         A North East 7284 05
J370 YWX    Leyland LX2R          B49F               A Yorkshire 370 05
N401 ARA    Dennis Arrow          NC H43/36F         Nottingham 401 05
N402 ARA    Dennis Arrow          NC H44/36F         Nottingham 402 05
N403 ARA    Dennis Arrow          NC H49/35F         Nottingham 403 05
N404 ARA    Dennis Arrow          NC H49/35F         Nottingham 404 05
N414 JBV    Volvo Olympian        NC H43/30F         GA London NV14 04
N415 JBV    Volvo Olympian        NC H43/30F         GA London NV15 04
N419 JBV    Volvo Olympian        NC H47/30F         GA London NV19 04
N421 JBV    Volvo Olympian        NC H47/30F         GA London NV21 04
N422 JBV    Volvo Olympian        NC H47/30F         GA London NV22 05
P 5  ACL    Dennis Lance          NC H49/35F         New 96
R 55 ACL    Dennis Arrow          EL H49/35F         New 98
W 5  ACL    Dennis Trident        EL H51/36F         New 00
W100 ACL    Iveco 391E            Beulas C49FT       Allan,Gorebridge 02
X 5  ACL    Iveco 391E            Beulas C51FT       New 00
GB03 ACL    Volvo B12B            Plaxton C53F       New 03
UK03 ACL    Volvo B12B            Plaxton C53F       New 03
GB04 ACL    Iveco 397E            Beulas C51FT       New 04
UK05 ACL    Iveco 391E            Beulas C51FT       New 04
```
~~~~~~
                      OTHER VEHICLES OWNED BY THE COMPANY
                              * * * * * * *
```
ROC 300R    Foden 6LXB            NC H43/33F         Preserved(1977)
TUB 250R    Foden O4B             NC H43/31F         Preserved(1977)
```
~~~~~~
HKF 151*P331 VWR(6/05), XSL 596A*289 CLT(11/90), N401 ARA*N396 WVO(4/96),
N402 ARA*N397 WVO(5/96), N415 JBV*WLT 815(2/04) & N415 JBV(1/96),
N421 JBV*N424 JBV(2/96), N422 JBV*N416 JBV(2/96),
W100 ACL*W503 PSH(8/04) & B11 DWA(2/02) & GB04 ACL*K100 ACL(1/05)
~~~~~~

56   CHESTER CITY TRANSPORT LTD

Depot:Station Road,CHESTER,Cheshire.

```
 1   B201 EFM   Leyland ONLXB/1R     NC CH43/30F       New 85
 2   B202 EFM   Leyland ONLXB/1R     NC CH43/30F       New 85
 3   B203 EFM   Leyland ONLXB/1R     NC H43/30F        New 85
 4   B204 EFM   Leyland ONLXB/1R     NC H43/30F        New 85
 5   VRA 124Y   Leyland ONLXB/1R     NC H43/28F        Derby 124 87
 6   VRA 125Y   Leyland ONLXB/1R     NC H43/28F        Derby 125 87
 9   F209 JMB   LD ONCL10/2RZ        NC CH45/32F       New 89
10   F210 JMB   LD ONCL10/2RZ        NC CH45/32F       New 89
11   F882 VSJ   LD ONCL10/1RZ        Leyland H47/31F   A1(McKinnon) 91
12   A976 OST   Leyland ONLXB/1RH    AR H45/30F        Highland Scot. J358 91
13   C378 CAS   Leyland ONLXB/1RH    AR H45/30F        Highland Scot. J378 91
14   C379 CAS   Leyland ONLXB/1RH    AR H45/30F        Highland Scot. J379 91
15   C380 CAS   Leyland ONLXB/1RH    AR H45/30F        Highland Scot. J380 91
                        * * * * * * *
```

27

```
51-66  Dennis Dart   Plaxton B35F   New 91-4
       J51-4,155 EDM,K56-9 LLG,L160,61/2 PDM,L63/4 SFM,M165/6 XMA.
       51         53         55         57         59         61         63         65
       52         54         56         58         60         62         64         66
                                    * * * * * * *
       67  N459 EEY   Dennis Dart         Plaxton B40F    Jones,Pwllheli 98
       79  BCB 613V   Leyland FE30AGR     NC H43/32F      GM Buses 6960 90
       81  R 81 EMB   Scania L113CRL      Wright B42F     New 97
       82  R 82 EMB   Scania L113CRL      Wright B42F     New 97
       83  R 83 EMB   Scania L113CRL      Wright B42F     New 97
       84  R 84 EMB   Scania L113CRL      Wright B42F     New 97
       85  R 85 EMB   Scania L113CRL      Wright B42F     New 97
       86  R 86 EMB   Scania L113CRL      Wright B42F     New 97
                                    * * * * * * *
87-94  BMC 1100   B40F   New 03/4
       BU53 PNE/F/J-L/N/O/V.
       87(PNE)            89(PNJ)            91(PNL)            93(PNO)            94(PNV)
       88(PNF)            90(PNK)            92(PNN)
                                    * * * * * * *
       105  HMA 105X   Dennis DD121B       NC H43/29F      New 82
       109  KLG 109Y   Dennis DDA150       NC H43/29F      New 82
       111  A111 UCA   Dennis DDA170       NC H43/29F      New 83
       131  A105 KRN   Dennis DDA158       EL H45/33F      Hyndburn 105 90
       135  JSL 282X   Dennis DDA139       EL H50/33F      Brighton 41 91
       247  P407 KAV   Marshall Minibus    B29F            Frimley,Aldershot 02
       248  P401 KAV   Marshall Minibus    B29F            Frimley,Aldershot 02
       249  P149 LMA   Marshall Minibus    B29F            New 96
       250  P150 LMA   Marshall Minibus    B29F            New 96
       341  P341 OEW   Dennis Dart SLF     Marshall B37F   Halton 79 04
       342  P342 OEW   Dennis Dart SLF     Marshall B37F   Halton 80 04
       343  P343 OEW   Dennis Dart SLF     Marshall B37F   Halton 81 04
       344  P344 OEW   Dennis Dart SLF     Marshall B37F   Halton 82 04
       363  YM52 TPU   Optare Solo M850    B29F            operated for Cheshire CC
       364  YM52 TPV   Optare Solo M850    B29F            operated for Cheshire CC
       365  YM52 TPX   Optare Solo M850    B29F            operated for Cheshire CC
       366  YM52 TPY   Optare Solo M850    B29F            operated for Cheshire CC
       368  V368 KLG   Dennis Dart SLF     Marshall B37F   New 99
       369  V369 KLG   Dennis Dart SLF     Marshall B37F   New 99
       370  V370 KLG   Dennis Dart SLF     Marshall B37F   New 99
       371  V371 KLG   Dennis Dart SLF     Marshall B37F   New 99
       372  V372 KLG   Dennis Dart SLF     Marshall B37F   New 99
       373  V373 KLG   Dennis Dart SLF     Marshall B37F   New 99
       374  V374 KLG   Dennis Dart SLF     Marshall B37F   New 99
       781  W781 NFG   Volkswagen LT46     Con B11FL       New 00
       782  W782 NFG   Volkswagen LT46     Con B11FL       New 00
       783  W783 NFG   Volkswagen LT46     Con B11FL       New 00
       784  W784 NFG   Volkswagen LT46     Con B11FL       New 00
       785  W785 NFG   Volkswagen LT46     Con B11FL       New 00
       980  UWW   2X   Leyland ONLXB/1R    Roe O47/29F     W. Yorkshire PTE 5002 87
       990  KFM 190T   Leyland FE30AGR     NC O43/16F      Bryn Melyn,Llangollen 99
       992  KFM 192T   Leyland FE30AGR     NC O43/16F      New 79
       995  SDM  95V   Leyland FE30AGR     NC O43/16F      New 80
       996  SDM  96V   Leyland FE30AGR     NC O43/29F      New 80
       997  SDM  97V   Leyland FE30AGR     NC O43/16F      New 80
       998  SDM  98V   Leyland FE30AGR     NC O43/16F      New 80
~~~~~~~~~~~~~~~~~~~~~~~~~~~~~~~~~~~~~~~~~~~~~~~~~~~~~~~~~~~~~~~~~~~~~~~~~~~~~
                      OTHER VEHICLES OWNED BY THE COMPANY
                                    * * * * * * *
       47   DFM 347H   Guy Arab V          NC H41/32F      Preserved
       855  F505 CBO   MCW MF150           B25F            Engineering Unit
       871  G771 WFC   Optare MR09         B23F            Crewbus
       873  G773 WFC   Optare MR09         B23F            Crewbus
       874  G774 WFC   Optare MR09         B23F            Crewbus
~~~~~~~~~~~~~~~~~~~~~~~~~~~~~~~~~~~~~~~~~~~~~~~~~~~~~~~~~~~~~~~~~~~~~~~~~~~~~
F505 CBO*F105 CWG(2/89)
~~~~~~~~~~~~~~~~~~~~~~~~~~~~~~~~~~~~~~~~~~~~~~~~~~~~~~~~~~~~~~~~~~~~~~~~~~~~~
```

57　　　　　　　　CHESTERs COACHES LTD

Depot:The Coach Station,Sharp Street,WALKDEN,Greater Manchester.

```
HC  8726    Volvo B10M-60           Jonckheere C53FT  Q Drive,Battersea 98
VOI 3339    Volvo B10M-60           Plaxton C53F      Thames Transit 15 99
VOI 4611    Volvo B10M-61           Plaxton C57F      Reynolds &,Bushey 97
WPT  456    Volvo B10M-60           Jonckheere C51FT  Peacock,Stockton-Tees 04
YIL 7729    Mercedes-Benz 709D      RB DP25F          Beattie,Renfrew 03
L807 FRD    MAN 11.190              Optare B40F       Reading 807 03
L834 MWT    MAN 11.190              Optare B40F       Aztecbird,Otley 04
M 21 UUA    Dennis Lance            Optare B47F       County,Heaton Chapel 05
Y 83 XBU    Mercedes-Benz O814D     CVC C24F          New 01
```

HC 8726*G260 YBA(9/99) & TIB 8575(5/98) & G979 LRP(8/93),
VOI 3339*H641 UWR(8/01), VOI 4611*D654 SRM(5/98),
WPT 456*L300 BVA(7/05) & KSV 361(5/01) & L300 BVA(11/96),
YIL 7729*F729 FDV(12/04) & L834 MWT*WPT 456(7/05) & L834 MWT(12/01)

58　J.E. CLAYTON/H.F. PARR.t/a ANDREWs TRAVEL & HARTLEY TRAVEL

Depots:Unit 1a,Brookfield Drive & Unit 17,Hartley Ave,AINTREE,Merseyside.

```
G759 MRR    Mercedes-Benz 709D      Crystals C20DL    Non-PSV(Liverpool) 02
G996 RKN    Volvo B10M-60           Caetano C49FT     Jones,Pwllheli 02
H610 LEF    Mercedes-Benz 609D      DC B13FL          Durham City Council 04
H501 UWF    Renault S56             RB B8FL           Rotherham MBC 99
J380 KCM    Mercedes-Benz 609D      Crystals C16FL    Wirral Community Tpt 00
J947 YAK    Iveco 49-10             Mellor C16FL      Sheffield City Council 02
K662 VNF    Mercedes-Benz 609D      MM C24F           Gallagher,Melling 02
L796 TFM    Iveco 49-10             Mellor B10FL      Cheshire County Council 04
M345 RCW    Ford Transit            Bedwas B12FL      Lancashire CC 40319 02
M346 RCW    Ford Transit            Bedwas B12FL      Lancashire CC 40320 03
M347 RCW    Ford Transit            Bedwas B12FL      Lancashire CC 40321 02
M 87 SRD    MAN 11.190              Berkhof C35F      Taylor,Sutton Scotney 05
M373 THG    Ford Transit            Bedwas B10FL      Lancashire CC 40323 02
R997 LRF    Mercedes-Benz 410D      Whitacre B12FL    Swadlincote Comm. Tpt 04
R111 TAY    Dennis Javelin          Auwaerter C49FT   Taylor,Sutton Scotney 05
T100 TAY    MAN 18.350              Auwaerter C49FT   Taylor,Sutton Scotney 05
MV53 ENX    Mercedes-Benz 413CDI    ? C16F            New 03
```

59　CLICK SERVICES LTD.t/a HOPPA SHOPPA & SUREWAY TRAVEL

Depot:Unit 3,Smethurst Lane IE,Pemberton,WIGAN,Greater Manchester.

```
H690 YGO    Optare MR03             B31F              Nuttall(Hire Fleet) 04
K362 SCN    Optare MR03             B26F              GA North East 362 04
K363 SCN    Optare MR03             B26F              GA North East 363 04
L602 FHN    Optare MR33             B25F              A North East 2602 04
L973 WTY    Optare MR03             B26F              GA North East 373 03
L974 WTY    Optare MR03             B26F              GA North East 374 03
L376 YFT    Optare MR13             B25F              GA North East 376 03
L378 YFT    Optare MR13             B25F              GA North East 378 03
L382 YFT    Optare MR13             B25F              GA North East 382 03
N811 CKA    Optare MR13             B27F              Ross,Featherstone 05
```

H690 YGO*TKU 717(10/03) & H690 YGO(1/03)

60   G. A. & K.M. CLOWES

Depot:Barrow Moor Farm,Barrow Moor,LONGNOR,Staffordshire.

```
ELZ 2972    Leyland 9.13R         Wright DP29F    Rowe,Muirkirk 99
NUI 4154    DAF MB200DKTL600      Plaxton C53F    Murfet,Arnold 03
RIB 1080    DAF SB2305DHS585      Duple C57F      Copeland,Brown Lees 05
RIB 3324    Auwaerter N216H       C49FT           Hardings,Huyton 00
RIB 3524    Auwaerter N216H       C49FT           Robin Hood,Rudyard 93
RIB 6277    DAF MB230DKVL615      Duple C51FT     Boseley,Widnes 03
RIB 8636    DAF MB230LB615        Duple C53F      Robin Hood,Rudyard 99
YXI 6366    DAF MB200DKTL600      Plaxton C53F    Happy Days,Woodseaves 95
VRY   1X    DAF MB200DKTL600      Smit C53F       Robin Hood,Rudyard 90
F395 DHL    Mercedes-Benz 709D    RB B16F         Creswell,Castleford 02
K867 ODY    Mercedes-Benz 709D    ARB B25F        S South 867 02
K617 UFR    Mercedes-Benz 709D    ARB B25F        S Busways 1513 02
L 24 LSG    Mercedes-Benz 709D    ARB B25F        F Southern National 746 04
M127 YCM    Mercedes-Benz 709D    ARB B29F        A North West 127 05
M129 YCM    Mercedes-Benz 709D    ARB B29F        A North West 129 05
N466 VOD    Mercedes-Benz 709D    ARB B23F        S North West 40446 05
YN51 MHM    Scania K114EB4        Irizar C49FT    Chambers,Moneymore(NI) 04
~~~~~~~~~~~~~~~~~~~~~~~~~~~~~~~~~~~~~~~~~~~~~~~~~~~~~~~~~~~~~~~~~~~~~~~~~~~~~~
ELZ 2972*F599 OYX(11/99) & DMS 351(7/93) & F599 OYX(1/93),
NUI 4154*JFL 699Y(1/04) & 8753 ET(10/89) & ECP 567Y(5/87),
RIB 1080*G997 KJX(6/05),
RIB 3324*YXI 6367(5/03) & E798 DMA(3/02) & NSU 160(2/00) &
         E815 XKD(2/96) & TOP 11(4/95) & E94 VWA(6/88),
RIB 3524*C718 JTL(3/92),
RIB 6277*C439 JCK(7/03) & DSV 663(11/00) & C439 JCK(7/91),
RIB 8636*F671 TRE(2/93) & YXI 6366*GTC 820X(10/95)
~~~~~~~~~~~~~~~~~~~~~~~~~~~~~~~~~~~~~~~~~~~~~~~~~~~~~~~~~~~~~~~~~~~~~~~~~~~~~~
```

61   CLYNNOG & TREFOR MOTOR COMPANY LTD

Depot:The Garage,TREFOR,Gwynedd.

```
HSU  548    Volvo B10M-62         Plaxton C48FT       Hansar(Hire Fleet) 04
JSU  986    Volvo B10M-62         Jonckheere C49FT    New 00
KSV  361    Volvo B10M-62         Van Hool C53F       Flights,Birmingham 01
SSU  632    Volvo B10M-61         Jonckheere C53FT    KMP,Llanberis 95
TIL 1894    Mercedes-Benz 811D    Carlyle B30F        Sault &,Sth Bermondsey 04
TJI 3141    Volvo B10M-60         Plaxton C53F        Turner,Maidstone 05
VIA 8311    Mercedes-Benz 709D    Dormobile B29F      Challinor,Bettws GG 04
XDL  304    Mercedes-Benz 709D    PMT B25F            S South 829 01
XSU  653    Volvo B12M            Van Hool C49FT      New 02
YSU  446    Volvo B10M-62         Jonckheere C53F     Collison,Stonehouse 98
151  WYB    Volvo B10M-61         Plaxton C49FT       Owen,Denbigh 98
RJE  40S    Mercedes-Benz 811D    Plaxton B31F        Nuttall,Penwortham 04
TRM  15S    Mercedes-Benz 709D    Carlyle B29F        Arvonia,Llanrug 04
WTG 351T    Bristol VRT/SL3/6LXB  AR H44/31F          Long & Evans,Abercraf 02
WTG 367T    Bristol VRT/SL3/6LXB  AR H44/31F          Long & Evans,Abercraf 02
DJB 866V    Volvo B58-56          Plaxton C53F        Tappin,Didcot 94
KBC   1V    Volvo B10M-60         Plaxton C53F        Roffey,Tonbridge 05
XJJ 660V    Bristol VRT/SL3/6LXB  ECW H43/31F         S South 7660 99
XJJ 664V    Bristol VRT/SL3/6LXB  ECW H43/31F         S South 7664 01
DBV  30W    Bristol VRT/SL3/6LXB  ECW H43/31F         B Lancashire 2030 01
LFJ 874W    Bristol VRT/SL3/6LXC  ECW H43/31F         S South 7446 99
URP 939W    Bristol VRT/SL3/6LXB  ECW H43/31F         S United Counties 939 02
EJC 518X    Bedford YNT           Plaxton C53F        Clarke,Penge 86
B110 SJA    Leyland ONLXB/1R      NC H43/30F          S GM Buses South 13110 04
C 88 CHM    Leyland ONLXB/1RH     ECW H42/30F         Focus,Much Hoole 04
C 89 CHM    Leyland ONLXB/1RH     ECW H42/30F         Focus,Much Hoole 04
C 96 CHM    Leyland ONLXB/1RH     ECW H42/30F         Focus,Much Hoole 04
C156 YBA    Leyland ONLXB/1R      NC H43/30F          S GM Buses South 13156 04
C158 YBA    Leyland ONLXB/1R      NC H43/30F          S GM Buses South 13158 04
G683 AAD    Mercedes-Benz 709D    PMT B25F            S South 823 01
H175 RBO    Optare MR01           B31F                Cardiff 175 00
K861 ODY    Mercedes-Benz 709D    ARB B25F            S South 861 02
K862 ODY    Mercedes-Benz 709D    ARB B25F            S South 862 02
```

```
K863 ODY   Mercedes-Benz 709D    ARB B25F         S South 863 02
K868 ODY   Mercedes-Benz 709D    ARB B25F         S South 868 02
K869 ODY   Mercedes-Benz 709D    ARB B25F         S South 869 02
R191 DNM   Mercedes-Benz O810D   Plaxton B27F     A Southern C. 1191 05
KN52 NFM   Dennis Dart SLF       Plaxton B37F     New 02
BJ03 OUD   Mercedes-Benz 1836RL  C49FT            New 03
```
~~~~~~
```
HSU 548*W202 EAG(9/05), JSU 986*W247 OCC(5/02),
KSV 361*P217 YGG(3/01) & KSK 954(11/99),
SSU 632*E246 AJC(10/95) & 7 CCH(9/95) & E77 AEY(3/95),
TIL 1894*J180 CRB(7/00),
TJI 3141*F202 GAW(3/95) & NIW 3546(12/94) & F976 HGE(1/93),
VIA 8311*K804 SFP(4/04), XDL 304*G679 AAD(7/04), XSU 653*CK02 WCP(7/05),
YSU 446*M93 HSU(3/00) & OFA 590(12/97) & M988 HHS(4/96) & KSK 983(11/95),
151 WYB*RME 974Y(10/86), RJE 40S*L435 CPJ(5/05), TRM 15S*J221 HDS(8/04),
WTG 351T*OIL 4473(2/02) & WTG 351T(9/00),
WTG 367T*OIL 5276(2/02) & WTG 367T(9/00),
DJB 866V*34 BCG(1/03) & DJB 866V(9/84),
KBC 1V*H848 AHS(7/05) & 432 CYA(10/97) & H848 AHS(3/95) &
EJC 518X*ESU 294(9/01) & BGS 299X(7/95)
```
~~~~~~

62   COACH OPTIONS LTD/D. KAY

Depot:Finlan Road,Stakehill Industrial Park,MIDDLETON,Greater Manchester.

```
P899 GCC   Mercedes-Benz 814D    Bradshaw C27F    Bradshaw,Heywood 03
S 11 BFC   Scania K124IB6        Irizar C32FT     New 98
Y148 HWE   Auwaerter N316SHD     C49FT            New 01
FE52 HFS   Iveco 397E            Beulas C49FT     Coach Europe(Demonstr.) 03
FD03 YOY   Iveco CC80E           Indcar C29F      Chauffeur,Chip. Sodbury 05
YK04 FWE   Bova FHD12-340        C53FT            New 04
YN05 HFD   Scania K114EB4        Irizar C49FT     New 05
```
~~~~~~

63   COACHIRE (MANCHESTER) LTD

Depot:26 Green Lane,HAZEL GROVE,Greater Manchester.

```
L 2  MTE   LDV Convoy            Concept C16F     Non-PSV(Van) 99
W 2  MTE   LDV Convoy            Concept C16F     New 00
W 3  MTE   LDV Convoy            Concept C16F     New 00
W 4  MTE   LDV Convoy            Concept C16F     New 00
PN05 CZH   LDV Convoy            ? C16F           New 05
PO55 GGK   LDV Convoy            ? C16F           New 05
```
L2 MTE*R654 KUA(11/99)
~~~~~~

64   The COACHMASTERS (ROCHDALE) LTD

Depot:Roeacre House,Fir Street,HEYWOOD,Greater Manchester.

```
B663 CET   Leyland ONLXB/1R      ECW H45/32F      Yorkshire Traction 663 05
B909 TVR   Dennis DDA1003        NC H43/32F       Travelspeed,Burnley 05
F238 RJX   DAF MB230LB615        Caetano C53F     Harker,Sudden 04
W 82 RRU   Volvo B10M-62         Plaxton C51FT    Dawson,Heywood 04
```
F238 RJX*ONT 6(9/01) & F238 RJX(6/00) & W82 RRU*A14 XEL(12/01)

65 M.A. COATES.t/a PRESTIGE TAXIS & WREXHAM TAXIS

Depot:46 Brook Street,WREXHAM.

```
P169 EUJ    LDV Convoy          LDV B16F        Non-PSV 98
T346 JLD    Iveco 49-10         Mellor B8FL     Welwyn & Hatfield DC 04
T347 JLD    Iveco 49-10         Mellor B8FL     Welwyn & Hatfield DC 04
T434 JLD    Iveco 49-10         Mellor B4FL     Welwyn & Hatfield DC 04
T435 JLD    Iveco 49-10         Mellor B8FL     Welwyn & Hatfield DC 04
```

66 J.J. COLCLOUGH.t/a JAY JAYs TRAVEL

Depot:c/o Nagington,Mossfield Road,ADDERLEY GREEN,Staffordshire.

```
R845 CVM    Mercedes-Benz 310D      CVC C16F    Non-PSV(Van) 02
W915 KBD    Mercedes-Benz 311CDI    CVC C16F    Non-PSV(Van) 04
X804 HNV    Mercedes-Benz 311CDI    CVC C16F    Non-PSV(Van) 04
BD02 ODK    LDV Convoy              LDV B16F    Non-PSV 05
```

67 L. COLEMAN.t/a A1 COACHES

Depot:Yard D,Triumph Trading Park,Speke Hall Road,SPEKE,Merseyside.

```
WJI 6162    MCW Metrobus DR102      H43/30F     A North West 772 00
MNC 519W    Leyland AN68A/1R        NC H43/32F  Coleman,Widnes 02
C750 OCN    MCW Metrobus DR102      H46/31F     Smith &,Prenton 12 04
C760 OCN    MCW Metrobus DR102      H46/31F     Smith &,Prenton 17 04
```
WJI 6162*ORJ 71W(4/98), C750 OCN*A12 AVN(10/04) & C750 OCN(8/02) &
C760 OCN*A17 AVN(10/04) & C760 OCN(8/02)

68 COLEMANs TRAVEL LTD/B. COLEMAN/J.M. COLEMAN

Depots:32 Moss Road & 193 Winchester Road,STRETFORD,Greater Manchester.

```
J995 PDH    DAF 400             Cunliffe B14FL      Dudley MBC 02
K356 RKE    Iveco 40-12         DC B8FL             McSweeney,Urmston 02
M598 LDB    LDV 400             Pathfinder B16FL    Beaumont,Urmston 05
M639 XKF    Iveco 49-10         Mellor B16FL        City of Liverpool 04
N803 WVM    LDV 400             ? B11FL             Non-PSV(Rochdale) 03
P 49 MRE    LDV 400             Cunliffe B10FL      Non-PSV 05
T878 MKL    LDV Convoy          LDV B16F            Britannia,Didsbury 04
X835 MFL    LDV Convoy          LDV B16F            Curtis,Baguley 05
```

69 R.H. COLLEY.t/a R & J TRAVEL

Depot:Benty Farm,School Lane,IRBY,Merseyside.

```
RIJ  397    Mercedes-Benz 410D      Concept C16F        Eurotaxis,Harry Stoke 04
RIL 1026    Mercedes-Benz 814D      Crystals C33F       Kirkby Lonsdale Minis 03
RIL 9658    Mercedes-Benz 609D      Onyx C24F           Burgundy,Bracknell 02
RIL 9659    Mercedes-Benz 709D      Plaxton C25F        F PMT 573 02
J639 VUJ    Ford Transit            Dormobile B16FL     Eckersley,Atherton 02
R975 MGB    LDV Convoy              Coachliners C16F    Williams,Llandrindod W. 05
R210 OWR    LDV Convoy              Concept C16F        Webster,Elton 05
X687 EJE    Mercedes-Benz O814D     Eurocoach C24F      Porter,Great Totham 05
```
RIJ 397*N541 BFY(3/04), RIL 1026*L89 EWO(4/99),
RIL 9658*B9 CCH(9/02) & M887 XFS(6/99) & RIL 9659*M573 SRE(3/02)

70 COMMUNITY MINIBUSES LTD

Depot:K-Street Centre,Kay Street,OPENSHAW,Greater Manchester.

```
M912 XKA   Mercedes-Benz 609D   DC DP16FL         GM Accessible Transport 04
N371 CKA   Iveco 49-10          Whitacre B16FL    New 96
R429 TKU   Iveco 49-10          Frank Guy B15FL   Non-PSV(Sixt Kenning) 02
R811 XBA   Iveco 49-10          MinO B16FL        New 97
R812 XBA   Iveco 49-10          MinO B16FL        New 97
R621 YWB   Iveco 49-10          Frank Guy B16FL   Non-PSV(Sixt Kenning) 02
S175 UBU   Iveco 49-10          Mellor B16FL      Non-PSV(TLS) 02
```

71 COMMUNITY TRANSPORT LTD.t/a SALFORD COMMUNITY TRANSPORT

Depot:1 Hope Street,Oldfield Road,SALFORD,Greater Manchester.

```
R754 YDB   Mercedes-Benz 410D     UVG B14FL     GM Accessible Transport 04
YV03 MVS   Optare Alero           B16F          New 03
YV03 MVT   Optare Alero           B16F          New 03
DK04 AEZ   Mercedes-Benz 411CDI   MinO B16FL    New 04
```

72 M.G. COOKSON

Depot:Hope Cottage,Hope Lane,HOPE,Powys.

```
FSU  803   Volvo B10M-61         Van Hool C53F    Dukes,Berry Hill 02
JUI 3995   Bedford YMP           Plaxton C35F     Rigby,Drighlington 04
MUI 7828   Volvo B10M-61         Van Hool C53F    Godward,South Woodham F 03
RJI 2717   DAF MB200DKTL600      Van Hool C53F    Fellows,Bradley 04
WDZ 4127   Leyland TRCTL11/3R    Van Hool C53F    Aldershot Coaches 04
EAC 876T   Bedford YMT           Plaxton C53F     Russell,Wall 02
LCW 731W   Leyland PSU5D/4R      Plaxton C57F     Bleasdale,Liverpool 02
A 10 APL   Toyota HDB30R         Caetano C21F     Bowen,Newtown 04
```
FSU 803*A643 UGD(1/88), JUI 3995*C470 JHS(7/99), MUI 7828*A37 DTV(3/03),
RJI 2717*HAS 914X(6/93) & 318 DHR(1/90) & XJS 971X(7/84) & 279 AUF(6/84) &
       XJS 971X(4/84), WDZ 4127*B88 AMH(3/97),
LCW 731W*XSU 910(4/91) & LHE 253W(4/90) & A10 APL*H390 CFT(3/01)

73 COPELANDs TOURS (STOKE ON TRENT) LTD

Depot:1009 Uttoxeter Road,MEIR,Staffordshire.

```
MIB 116   Mercedes-Benz 811D      WS B31F           Brighton & Hove 349 99
MIB 236   DAF MB230LT615          Van Hool C57F     Hurst &,Goose Green 02
MIB 246   DAF MB230LT615          Van Hool C57F     Hurst &,Goose Green 01
MIB 268   DAF MB200DKTL600        Van Hool C50FT    Smithson,Spixworth 96
MIB 278   DAF MB230LT615          Plaxton C53F      Brown,Builth Wells 03
MIB 279   DAF MB230DKFL615        Plaxton C53F      Stevensons 12 94
MIB 302   DAF MB200DKFL600        Plaxton C55F      Hunter,Moortown 96
MIB 346   Duple 425               C57F              Grimshaw,Burnley 94
MIB 394   Leyland TRCTL11/3R      Plaxton C50F      Red & White 917 99
MIB 516   DAF SB3000DKV601        Van Hool C51F     Cresswell,Moira 03
MIB 520   DAF MB200DKTL600        Plaxton C53FL     Buchanan,Cheadle 01
MIB 536   Leyland TRCTL11/3RH     Plaxton C70F      Thorn,Rayleigh 98
MIB 537   Leyland PSU3C/4R        Plaxton C53F      Tims Travel,Sheerness 99
MIB 542   Leyland TRCL10/3ARZM    Plaxton C53F      Coach Services,Thetford 02
MIB 614   Leyland TRCTL11/3R      Plaxton C53FL     Wessex 205 91
MIB 615   Bova FHD12-290          C34DTL            Nottingham City Council 03
MIB 746   Leyland TRCTL11/3RZ     Plaxton C53F      Eaglen,Morton 02
MIB 761   Leyland TRCTL11/3RZ     Plaxton C53F      Jones,Macclesfield 03
MIB 783   Mercedes-Benz 811D      WS B31F           Brighton & Hove 345 99
MIB 864   DAF MB200DKTL600        Jonckheere C55F   Slatepearl,Trentham 85
```

```
MIB  905   Van Hool T813          C40FT            Slatter &,Pontefract 01
MIB  970   Leyland TRCTL11/3R     Van Hool C52F    Sunbury,Shepperton 03
MIL 2172   DAF MB230DKFL615       Plaxton C57F     Parish,Hawarden 04
470  WYA   DAF MB230DKFL615       Duple C53FT      Read,Mansfld. Woodhouse 03
------------------------------------------------------------------------
                   OTHER VEHICLE OWNED BY THE COMPANY
                           * * * * * * *
EDJ  244J  AEC Swift              Marshall B44D    Preserved(1971)
------------------------------------------------------------------------
MIB 116*F49 XPR(8/99), MIB 236*SIL 6421(8/01) & K548 RJX(4/00),
MIB 246*SIL 6456(8/01) & K549 RJX(4/00),
MIB 268*FIL 7622(2/96) & KYC 729Y(8/89), MIB 278*E329 EVH(9/03),
MIB 279*D138 DFP(12/94) & LUY 742(2/93) & AAX 562A(4/92) & D626 YCX(5/91),
MIB 302*WSV 539(3/98) & ANA 459Y(3/87), MIB 346*F545 YCK(12/94),
MIB 394*CYJ 493Y(9/00) & 402 DCD(10/94) & 2880 CD(5/89) & XUF 532Y(8/87),
MIB 516*F240 RJX(10/03) & TIL 2405(1/03) & F240 RJX(9/00),
MIB 520*TUT 5X(8/01),
MIB 536*B592 XWW(4/99) & 82 EV(9/96) & B369 RJU(2/96) & FIL 3451(4/95) &
        B103 LJU(5/88),
MIB 537*GSK 664(4/99) & OVT 253P(12/92) & TFA 13(2/92) & MUS 103P(11/84),
MIB 542*JIL 3968(8/02) & F315 RMH(5/94),
MIB 614*FFA 270Y(3/91) & CIW 6752(2/91) & EAH 892Y(5/86),
MIB 615*F737 FRC(4/03),
MIB 746*D597 MVR(6/02) & A10 RHE(1/02) & D597 MVR(6/96),
MIB 761*NJI 1255(10/04) & TBZ 1102(3/02) & YUU 556(5/98) &
        8225 KH(10/97) & B76 XBU(1/97) & HIL 7747(3/96) & B88 WRJ(3/92),
MIB 783*F45 XPR(8/99), MIB 864*470 WYA(10/90) & YRF 754Y(4/84),
MIB 905*JWR 28Y(9/02) & CGV 159(3/01) & FDU 5Y(7/85),
MIB 970*NYS 58Y(8/03), MIL 2172*E909 EAY(5/96) & 470 WYA*E317 EVH(1/94)
------------------------------------------------------------------------

74             COURTESY COACHES LTD.t/a HEBBLE TRAVEL

Depot:Palm Business Centre,Stock Lane,CHADDERTON,Greater Manchester.

YCZ 4809   Volvo B10M-50          AR H47/37F       Tayside 93 05
YCZ 4810   Volvo B10M-50          AR H47/37F       Tayside 98 05
YCZ 4811   Volvo B10M-50          AR H47/37F       Redline,Penwortham 05
YCZ 4812   Scania N113DRB         AR H47/33F       Irvine,Law 05
YCZ 4813   Scania N113DRB         AR H47/33F       Lainton,Clayton 05
YCZ 4814   Scania N113DRB         EL H48/33F       Nottingham 350 05
S451 LGN   Mercedes-Benz 0814D    Plaxton B29F     Richmond,Epsom MB15 05
W211 EAG   Volvo B10M-62          Plaxton C49FT    Lainton,Clayton 05
YN54 WWA   Volvo B12B             Plaxton C49FT    New 05
YN05 HVU   Volvo B12M             Plaxton C49FT    New 05
YN05 VRZ   Volvo B12B             Plaxton C49FT    New 05
YX05 DXK   Volvo B12B             Plaxton C49FT    New 05
------------------------------------------------------------------------
YCZ 4809*G93 PES(7/05), YCZ 4810*G98 PES(7/05), YCZ 4811*G103 PES(7/05),
YCZ 4812*G368 RTO(7/05), YCZ 4813*G370 RTO(7/05) &
YCZ 4814*L350 MRR(11/05)
------------------------------------------------------------------------

75                      CRUSADE TRAVEL LTD

Depot:The Coach Yard,Pinfold Lane,PENKRIDGE,Staffordshire.

JJI  459   Mercedes-Benz 0814D    ACL C25F         Plaxton(Hire Fleet) 05
USU  907   Volvo B10M-62          Jonckheere C53F  Hilton,Newton-le-Willow 04
H397 ECK   Dennis Javelin         Plaxton C37F     Harrison,Morecambe 01
N472 MRN   Volvo B10M-62          Plaxton C41FT    Riggott,Kinsley 05
S735 RET   Mercedes-Benz 310D     WJW C16F         Non-PSV(Van) 01
Y843 XBN   Mercedes-Benz 313CDI   Central C16F     Non-PSV(Van) 04
------------------------------------------------------------------------
JJI 459*P377 HAY(7/05) & M11 JMJ(3/04) & A18 CLN(5/01) & L1 OND(3/00),
USU 907*M659 GJF(2/96), H397 ECK*8850 WU(7/00) & H131 FLD(10/95) &
N472 MRN*16 RED(9/00) & 44 SN(2/99) & N684 BEO(7/96)
------------------------------------------------------------------------
```

33

76 CUMFYBUS LTD

Depots:Ocean Mill Garage,Beaufort Rd,BIRKENHEAD, 480 Hawthorne Rd,BOOTLE,
        Units 40/42 Stephenson Way,FORMBY &
        r/o 55 Botanic Road,SOUTHPORT,Merseyside.

```
1    YS02 UCB    Optare Solo M850       B26F             New 02
2    YS02 UCC    Optare Solo M850       B26F             New 02
3    YS02 UCD    Optare Solo M850       B26F             New 02
5    YR02 YRU    Optare Alero           B14F             New 02
6    YR02 YRV    Optare Alero           B14F             New 02
7    YU02 GPV    Optare Alero           B12F             New 02
8    YU02 GPX    Optare Alero           B12F             New 02
9    YU02 GPY    Optare Alero           B12F             New 02
10   K580 MGT    Dennis Dart            Plaxton B32F     GA London DRL80 02
13   T520 SBX    Renault Master         Cymric C8FL      Non-PSV 99
16   TIL 2099    Optare Excel L1000     B34F             Rogers,Horden 03
21   MX53 FDF    Optare Solo M850       B29F             New 03
22   MX53 FDU    Optare Solo M850       B29F             New 03
23   MX53 FDY    Optare Solo M850       B29F             New 03
24   VU52 UEM    Optare Solo M850       B29F             New 02
25   H551 GKX    Leyland ON2R           LD H47/31F       Armchair,Brentford 03
26   H553 GKX    Leyland ON2R           LD H47/31F       Armchair,Brentford 03
27   H558 GKX    Leyland ON2R           LD H47/31F       Carousel,High Wycombe 03
28   H562 GKX    Leyland ON2R           LD H47/31F       Armchair,Brentford 03
32   MX04 VLU    Optare Solo M950       B33F             New 04
34   VU02 TTY    Optare Alero           B14F             Huyton Travel 33 03
35   YN03 UYA    Optare Alero           B13F             New 03
36   YN03 UYB    Optare Alero           B13F             New 03
37   YN03 UYC    Optare Alero           B13F             New 03
38   YN03 UYD    Optare Alero           B13F             New 03
39   YN03 UYE    Optare Alero           B13F             New 03
40   YN03 UYF    Optare Alero           B13F             New 03
41   YN04 XZM    Optare Alero           B13F             New 04
43   N202 LCK    Optare Excel L1070     B36F             Swanbrook,Cheltenham 04
44   N205 LCK    Optare Excel L1070     B36F             Swanbrook,Cheltenham 04
45   C 7  MFY    Volvo B10M-62          Plaxton C51FT    Dalybus,Standish 05
46   C 4  MFY    Volvo B10M-62          Plaxton C49FT    Dalybus,Standish 05
48   YS02 UCE    Optare Alero           B16F             Collins,Roch 05
49   E218 WBG    Leyland ONCL10/1RZ     AR H45/30F       Walsh,Middleton 05
50   L238 CCW    Volvo B6               AR DP40F         Dickson,Erskine 05
51   UJI 4522    Volvo B10M-61          Plaxton C49FT    Nesbit,Somerby 05
52   E216 WBG    Leyland ONCL10/1RZ     AR H45/30F       LQT,Dunstable 05
     J141 DUV    Dennis Dart            Plaxton B24F     Norbus,Kirkby 05
     J380 GKH    Dennis Dart            Plaxton B24F     Norbus,Kirkby 05
     L901 JRN    Dennis Dart            EL B34F          on loan Holt
     L907 JRN    Dennis Dart            EL B34F          on loan Holt
     L269 ULX    Dennis Dart            Plaxton B35F     Annis,Felling 05
```

TIL 2099*N330 EUG(9/00),
UJI 4522*B557 BPP(7/98) & UOI 880(3/97) & B557 BPP(7/90) & 593 FGF(6/90) &
    B901 SPR(1/87), C4 MFY*N40 SLK(6/05), C7 MFY*M721 KPD(6/05) &
L269 ULX*L5 NCP(12/93)

77 D & G COACH & BUS LTD.t/a CHOICE TRAVEL

Depots:Kents Green Lane,WINTERLEY,Cheshire(*),
        Mossfield Road,Adderley Green,LONGTON,Staffordshire &
        Planetary Road,WEDNESFIELD,West Midlands(+).

```
2    YN53 EMJ    Optare Solo M850  B27F              New 03
3    YN53 EMK    Optare Solo M850  B27F              New 03
4    YN53 EMV    Optare Solo M850  B27F              New 03
5    YN53 EMX    Optare Solo M850  B27F              New 03
6    FJZ 4196    Dennis Dart       East Lancs B31F   Rexquote,Norton Fitz. 03
7*   ENZ 4635    Dennis Dart       East Lancs B34F   GA London DEL3 03
8    LUI 9649    Dennis Dart       East Lancs DP33F  Metropolitan Police 02
9    DG52 TYT    Dennis Dart SLF   Plaxton B29F      New 02
```

```
10   CNZ 2250   Dennis Dart SLF   Plaxton B29F        New 04
11   CHZ 8960   Dennis Dart SLF   Plaxton B29F        New 04
12   DG52 TYU   Dennis Dart SLF   Plaxton B29F        New 02
14   DG52 TYS   Dennis Dart SLF   Plaxton B29F        New 02
15   DG52 TYP   Dennis Dart SLF   Plaxton B29F        New 02
16*  K864 PCN   Dennis Dart       Wright B40F         Liyell,Wednesfield 59 05
17*  K856 PCN   Dennis Dart       Wright B40F         Liyell,Wednesfield 61 05
18   EJZ 2291   MB 811D           Wright B33F         A Cymru MMM338 02
19   ENZ 2127   MB 709D           Plaxton B27F        Cooper,Dukinfield MB6 03
20   DJZ 9918   MB 709D           Alexander B23F      S North West 588 02
21*  JLZ 8845   MB 709D           Alexander B23F      EST,Llandow 02
22*  ANZ 9881   MB 709D           Wright B27F         A Midlands North 149 01
23   N941 MGG   MB 709D           Marshall B29F       McGill,Port Glasgow 05
24   GNZ 3471   MB 711D           Plaxton B27F        Green T.,Atherton 04
25   XIL 6914   MB 811D           Wright B33F         S Cheltenham & G. 311 03
26   ENZ 4634   MB 811D           Wright B31F         S Midland Red S 41522 03
27   N807 PDS   MB 811D           Marshall B33F       McGill,Port Glasgow 05
28*  G541 TBD   MB 811D           Wright B28F         Liyell,Wednesfield 64 05
29   DA51 XTC   Dennis Dart SLF   Plaxton B29F        New 02
30   DA51 XTD   Dennis Dart SLF   Plaxton B29F        New 02
31   DA51 XTE   Dennis Dart SLF   Plaxton B29F        New 02
32+  LUI 9582   MB 709D           Plaxton B27F        Cooper,Dukinfield MB1 02
33   LUI 9583   MB 709D           Plaxton B27F        Cooper,Dukinfield MB2 02
34   LUI 9633   MB 711D           Plaxton B27F        Gibson Direct,Renfrew 02
35   XIL 3143   MB 709D           Alexander B23F      S North West 580 03
36   LUI 9639   MB 709D           ARB B25F            A Fox County 1314 02
37   BHZ 8675   MB 709D           Plaxton B25F        Sassarini,Wemyss Bay 01
38   DNZ 3062   MB 709D           Alexander B25F      S East Midland 96 02
39   G737 NNS   MB 811D           Wright B29F         Liyell,Wednesfld 105 05
40   VIL 8577   MB 709D           Plaxton B27F        Cooper,Dukinfld MB10 02
41*  T133 ARE   MB 614D           Frank Guy DP14FL    F PMT 50003 04
42   VIL 8677   MB O814D          Marshall B31F       Thompson,South Bank 02
43   BHZ 8677   MB 709D           Plaxton B25F        Sassarini,Wemyss Bay 01
44*  T135 ARE   MB 614D           Mino DP14FL         F PMT 50005 04
45   XIL 2249   MB 709D           Alexander B25F      Hampson,Fleetwood 04
46   VIL 9477   MB 709D           Wright B27F         A Midlands North 148 02
47   N942 MGG   MB 709D           Marshall B29F       McGill,Port Glasgow 05
48   LLZ 2349   MB 709D           Plaxton B27F        Cooper,Dukinfld MB11 03
49*  YIL 3183   MB 811D           Plaxton B31F        J Line,Oldbury 04
50   YIL 2905   MB 709D           ARB B29F            A Midlands 1280 04
51   YIL 2862   MB 709D           ARB B29F            A Midlands 1281 04
52   XIL 6919   MB 811D           Wright B33F         S Cheltenham & G 1403 03
53   CKZ 5994   MB 709D           Wright B29F         A Midlands North 150 03
54   XIL 6907   MB 811D           Wright B33F         S Cheltenham & G 1416 03
55   YN03 ZWM   Optare Alero      B13F                New 03
56*  GNZ 3461   MB 811D           Wright B28F         MK Metro 63 04
57*  GNZ 3562   MB 811D           Wright B28F         MK Metro 69 04
58*  GNZ 3420   MB 811D           Wright B28F         MK Metro 68 04
59   GNZ 3406   MB 811D           Wright B31F         S Red & White 40317 04
60   LLZ 2452   MB 811D           Wright B31F         S Cheltenhm & G 41308 04
61   YJ54 BSX   Optare Solo M780  B23F                New 04
62   YJ54 BSY   Optare Solo M780  B23F                New 04
63   YJ54 BSZ   Optare Solo M780  B23F                New 04
64*  YJ54 ZYA   Optare Solo M850  B28F                New 05
65*  YJ54 ZYB   Optare Solo M850  B28F                New 05
66*  YJ54 ZYC   Optare Solo M850  B28F                New 05
67*  YJ54 ZYD   Optare Solo M850  B28F                New 05
68*  YJ54 ZYE   Optare Solo M850  B28F                New 05
69*  YJ54 ZYF   Optare Solo M850  B28F                New 05
70   YJ05 JXP   Optare Solo M850  B27F                New 05
71   YJ05 JXR   Optare Solo M850  B27F                New 05
72   YJ05 JXS   Optare Solo M850  B27F                New 05
73*  YX05 FFY   Volkswagen T30    Bluebird B13FL      New 05
74*  YX05 FNT   Volkswagen T30    Bluebird B13FL      New 05
75*  YJ54 UBD   Optare Solo M850  B28F                op for Cheshire CC
76*  OV02 YNG   Renault Master    Omni Nova B16F      op for Cheshire CC
77   N808 PDS   MB 811D           Marshall B33F       McGill,Port Glasgow 05
78*  L 37 OKV   MB 811D           Wright B33F         Lloyd,Bagillt 05
96   S390 HVV   MB O814D          Plaxton B31F        on loan Dawson
```

```
100+ GNZ 3561   Dennis Dart SLF    Plaxton B29F       Norbus,Kirkby 04
101+ GNZ 3462   Dennis Dart SLF    Plaxton B29F       Norbus,Kirkby 04
102+ S781 RNE   Dennis Dart SLF    Plaxton B41F       Dukes,Berry Hill 05
103+ T428 EBD   Dennis Dart SLF    Plaxton B39F       Probus,West Bromwich 05
104+ T429 EBD   Dennis Dart SLF    Plaxton B39F       Probus,West Bromwich 05
105+ M509 JRY   MB 811D            Alexander B33F     A&P Coaches,Erskine 05
106+ SL02 GYD   Dennis Dart SLF    Plaxton B29F       Shevill,Carluke 05
107+ SL02 GYE   Dennis Dart SLF    Plaxton B29F       Shevill,Carluke 05
108+ X702 UKS   Dennis Dart SLF    Plaxton B29F       Shevill,Carluke 05
109+ X706 UKS   Dennis Dart SLF    Plaxton B29F       Shevill,Carluke 05
110+ R110 VNT   MB O810D           Plaxton B27F       Liyell,Wednesfld 110 05
111+ R211 VNT   MB O810D           Plaxton B27F       Liyell,Wednesfld 111 05
112+ DE51 EWJ   Dennis Dart SLF    Plaxton B29F       Shevill,Carluke 05
114+ K405 FHJ   Dennis Dart        Plaxton B40F       A the Shires 3355 05
134+ P134 MEH   MB 709D            Plaxton B27F       Liyell,Wednesfield 34 05
140+ V940 EUJ   Volvo B7R          Plaxton C53F       Choice,Wednesfield 40 05
141+ R741 BUJ   Optare L1150       B39F               Liyell,Wednesfield 41 05
142+ R742 BUJ   Optare L1150       B39F               Liyell,Wednesfield 42 05
143+ R743 BUJ   Optare L1150       B39F               Liyell,Wednesfield 43 05
144+ R744 BUJ   Optare L1150       B39F               Liyell,Wednesfield 44 05
149+ X349 AUX   Optare Solo M850   B28F               Liyell,Wednesfield 49 05
152+ S  2 CLA   Optare L1150       B47F               Liyell,Wednesfield 52 05
153+ S  3 CLA   Optare L1150       B47F               Liyell,Wednesfield 53 05
154+ R987 EWU   Optare L1000       B33F               Liyell,Wednesfield 54 05
155+ G576 PRM   MB 709D            Alexander B23F     Liyell,Wednesfield 55 05
156+ G122 PGT   MB 811D            Alexander B28F     Liyell,Wednesfield 56 05
157+ V  3 JPT   Optare Solo M920   B37F               Liyell,Wednesfield 57 05
158+ G114 PGT   MB 811D            Alexander B28F     Liyell,Wednesfield 58 05
162+ YN53 ELV   Optare Solo M850   B29F               Liyell,Wednesfield 62 05
163+ YN53 SVT   Optare Solo M850   B29F               Liyell,Wednesfield 63 05
165+ G531 TBD   MB 811D            Wright B28F        Liyell,Wednesfield 65 05
166+ J203 JRP   MB 709D            Plaxton B27F       Liyell,Wednesfield 66 05
167+ J204 JRP   MB 709D            Plaxton B27F       Liyell,Wednesfield 67 05
168+ DX04 WVR   Optare Solo M920   B33F               Liyell,Wednesfield 68 05
169+ DX04 XMS   Optare Solo M920   B33F               Liyell,Wednesfield 69 05
170+ H171 DVM   Volvo B10M-60      Van Hool C49FT     Choice,Wednesfield 70 05
171+ DX05 OMB   Optare Solo M850   B29F               Liyell,Wednesfield 71 05
     T448 EBD   MB O814D           Plaxton B31F       on loan Dawson
   + KV51 KZD   MB O814D           Plaxton B33F       on loan Dawson
   + KV51 KZF   MB O814D           Plaxton B33F       on loan Dawson
```

OTHER VEHICLE OWNED BY THE COMPANY
* * * * * * *

```
206+ BWP 755M   Leyland PSU4B/4R   RV                 Towing Vehicle
```

ANZ 9881*J209 SRF(5/01), BHZ 8675*J933 WHJ(9/01), BHZ 8677*J935 WHJ(9/01),
CHZ 8960*DK54 KKZ(5/05), CKZ 5994*K150 BRF(2/05),
CNZ 2250*DK54 KKY(11/05), DJZ 9918*G188 PAO(1/03),
DNZ 3062*E96 YWB(9/02), EJZ 2291*L38 OKV(1/03), ENZ 2127*M728 MBU(7/03),
ENZ 4634*K422 ARW(11/03), ENZ 4635*L903 JRN(10/03),
FJZ 4196*N748 OYR(7/03), GNZ 3406*K317 YKG(4/05),
GNZ 3420*K197 JNV(12/04) & L702 YRP(9/04) & NDZ 7918(9/04),
GNZ 3461*K221 JNV(12/04) & NDZ 7933(9/04), GNZ 3462*V265 BNV(1/05),
GNZ 3471*L653 MYG(12/04), GNZ 3561*V260 BNV(1/05),
GNZ 3562*K223 JNV(12/04) & NDZ 7919(10/04), JLZ 8845*G977 ARV(10/02),
LLZ 2349*N322 YNC(3/03), LLZ 2452*K308 YKG(1/05), LUI 9582*L680 GNA(3/02),
LUI 9583*L681 GNA(3/02), LUI 9633*L655 MYG(4/02), LUI 9639*L314 AUT(4/02),
LUI 9649*N754 OYR(3/02), VIL 8577*N321 YNC(1/03), VIL 8677*V719 GGE(1/03),
VIL 9477*J208 SRF(1/03), XIL 2249*G297 TSL(3/04),
XIL 3143*G180 PAO(10/03), XIL 6907*J416 PRW(12/03),
XIL 6914*K311 YKG(11/03), XIL 6919*H403 MRW(12/03),
YIL 2862*M381 EFD(6/04), YIL 2905*M380 EFD(6/04),
YIL 3183*L952 MBH(7/04), BWP 755M*UCK 500(1/01) & RBO 194M(6/89reb),
G531 TBD*HDZ 2611(4/03), G541 TBD*HDZ 2604(4/03),
H171 DVM*16 RED(4/04) & H171 DVM(9/00) & CLZ 8319(7/99) & H171 DVM(3/99),
S390 HVV*J 101744(10/04) & S390 HVV(5/03),
S781 RNE*98D 70555(11/00) & S781 RNE(11/99) &
T448 EBD*J 101738(11/03) & T448 EBD(5/03)

78 DALYBUS LTD.t/a HURSTs COACHES & WIGAN COACHWAYS

Depot:Unit AW4,Bradley Hall TE,Bradley Lane,STANDISH,Greater Manchester.

```
1   M259 TAK   Scania K113TRB         Irizar C49FT      Abridge,Hadleigh 04
2   L530 EHD   EOS E180Z              C49FT             Roberts,Aberystwyth 05
3   826  THU   Volvo B10M-62          Jonckheere C53F   Sutherland,Edinburgh 02
4   N828 DKU   Scania K113CRB         Van Hool C46FT    Tellings-GM,Twickenhm 05
5   YIL  5907  Bova FHD12-290         C49FT             Zaks,Birmingham 39 04
6   XIL  7307  Volvo B10M-61          Van Hool C52F     Maye,Astley 02
7   DFC  586   DAF MB230LT615         Van Hool C49FT    Darlington FC 04
8   R622 VNN   MAN 24.400             Noge C49FT        Palmer,Normanton 05
9   SIL  6456  Volvo B10M-60          Plaxton C53F      Dawlish Coaches 01
10  N829 DKU   Scania K113CRB         Van Hool C46FT    Tellings-GM,Twickenhm 05
11  XIL  8148  Volvo B10M-60          JE C49FT          Hatton,St Helens 04
12  SRU  925   Volvo B10M-61          Van Hool C49FT    Collins,Cliffe 04
13  XIL  7308  Mercedes-Benz 814D     ACL C33F          Hillier,Foxham 99
14  FSU  343   DAF SB3000DKV601       Van Hool C49FT    Arriva(Hire Fleet) 03
15  M807 RCP   EOS E180Z              C49FT             Mattinson &,Hessay 05
    M307 BAV   Volvo B10M-62          Plaxton C52F      National Express V307 05
    N 21 ARC   DAF DE33WSSB3000       Plaxton C49FT     National Express D12 05
```
~~~~~~
                OTHER VEHICLE OWNED BY THE COMPANY
                        * * * * * *
        RBY 43L   Bedford VAL70   Plaxton C53F   Preserved(1973)
~~~~~~
DFC 586*G372 RHG(11/99) & EFC 221(6/97) & G266 EHD(2/93),
FSU 343*F627 OHD(2/93), SIL 6456*F996 HGE(9/01), SRU 925*E616 NBP(6/91),
XIL 7307*E633 UNE(11/03) & GIL 1685(2/00) & LSK 815(5/94) &
       E633 UNE(4/92), XIL 7308*L261 XMR(11/03),
XIL 8148*H746 JVM(6/05) & RRU 345(11/99) & H52 VNH(7/95),
YIL 5907*K25 BOM(6/05) & MDZ 3767(2/03) & KBZ 3618(12/02) &
       K812 EET(4/01), 826 THU*L953 NWW(10/98) &
R622 VNN*L3 AHP(5/05) & R622 VNN(9/99)
~~~~~~

79   P. DART.t/a FREEBIRD

Depot:Revers Garage,Revers Street,BURY,Greater Manchester.

```
RIL 1555    Volvo B10M-60          Plaxton C53FL     Hawkins,Dewsbury 03
YIL 1845    DAF SB2305DHS585       Van Hool C51FT    Mullen,Cramlington 03
YIL 1846    Volvo B10M-62          Van Hool C48FT    Elliott,Ash 04
J293 JNS    Ford Transit           Dormobile B12FL   Donnell,Tottington 02
L673 BFR    DAF 400                Concept C16FL     Barraclough,Stevenston 02
L 91 SMB    Mercedes-Benz 814L     North West C29F   Ringway,Carrington 98
M 85 TAK    Ford Transit           Crystals B16FL    Beech,Ramsbottom 03
N612 HFM    Mercedes-Benz 814L     Buscraft C35F     Ambassador,Yeadon 05
P450 ACT    Mercedes-Benz 814D     ACL C29F          Castleton,South Bank 04
P198 FGM    Dennis Javelin         Berkhof C51FT     Winrow,Heywood 04
R732 ECT    Mercedes-Benz O814D    ACL C29F          Castleton,South Bank 04
R286 JVK    LDV Convoy             Crest C16F        New 97
S195 FVK    LDV Convoy             Crest C16F        New 98
S612 VAY    Dennis Javelin         Marcopolo C53FT   Jones &,Cross Hands 04
W663 SJF    Iveco 391E             Beulas C48FT      D Coaches,Morriston 04
FJ55 KMY    Iveco 150E             Vehixel B67FL     New 05
FJ55 KNB    Iveco 150E             Vehixel B67FL     New 05
```
~~~~~~
RIL 1555*G515 EFX(5/02) & YNH 19W(2/98) & G515 EFX(10/92),
YIL 1845*D985 GSG(5/04) & LS 8411(1/93) & D619 YCX(4/90) &
YIL 1846*N438 XDV(5/04) & N753 CYA(11/98)
~~~~~~

80   B.E. DAVIES

Depot:Philwen,Pontybodkin Hill,LEESWOOD,Flintshire.

```
B234 FMB    DAF MB200DKFL600      Duple C53F          Huxley,Threapwood 01
C670 NMB    DAF MB200DKVL600      Duple C53F          Huxley,Threapwood 01
C  97 RVV   Kassbohrer S215HD     C53F                Lakeside,Ellesmere 04
D215 YCW    DAF MB230DKFL615      Van Hool C55F       Jones,Flint 03
F623 OHD    DAF MB230LB615        Van Hool C55F       Jones,Flint 04
```
~~~~~~
B234 FMB*HIL 3932(4/00) & B167 SRE(5/95) & MIB 580(5/95) & B583 BCX(2/89),
C670 NMB*ESK 882(6/00) & C459 NJX(6/95),
C97 RVV*405 MDV(4/04) & C97 RVV(9/89),
D215 YCW*294 DDM(9/03) & D215 YCW(4/93) &
F623 OHD*BDM 81(7/04) & F623 OHD(7/91)
~~~~~~

81   E.L. DAVIES.t/a GHA COACHES

Depots:Mill Garage,BETTWS GWERFIL GOCH,Denbighshire &
       Gatewen Industrial Estate,NEW BROUGHTON &
       The Garage,Southsea Road,Southsea,WREXHAM,Wrexham.

```
ASV  257    Volvo B10M-60         Van Hool C53F       Lothian 87 01
CIB 7866    Leyland TRCTL11/3R    Plaxton C49FT       Sargeant,Kington 95
ESU  735    Mercedes-Benz 814D    ACL C29F            Metroline(Brents) 02
FIL 7485    Volvo B10M-61         Van Hool C49FT      Gordon,Rotherham 98
HIL 7592    Volvo B10M-61         Duple C53F          A Cymru CVV592 00
HIL 7593    Volvo B10M-61         Duple C53F          Roberts,Ruthin 03
IIL 3506    Volvo B10M-61         Van Hool C53F       S Bluebird Buses 688 01
IIL 9169    Leyland TRCL10/3ARZM  Plaxton C53F        A Cymru 5009 03
LJI 8023    Volvo B10M-61         Plaxton C55F        Lakeside,Ellesmere 04
LSK  527    Dennis Javelin        Duple C35F          Hazell,Northlew 02
NIL 8657    Mercedes-Benz 709D    ARB B23F            S Thames Transit 40126 04
RHY  147    Volvo B10M-60         Van Hool C46FT      Shearings 476 00
TIL 7583    Mercedes-Benz 811D    RB DP25F            A Cymru MMM800 01
TIL 8034    Volvo B10M-61         EL DP51F            S Bluebird Buses 686 01
TIL 8035    Volvo B10M-61         EL DP51F            S Bluebird Buses 685 01
UAS  749    Leyland TRCTL11/2R    East Lancs B55F     A Midlands North 1737 03
UBZ 3362    Volvo B10M-61         Plaxton C57F        Tarhum,Nailsea 98
UYM  551    Mercedes-Benz 709D    ARB B23F            S Thames Transit 40128 04
WIB 1701    Bedford YNT           Plaxton C53F        Luker,Crondall 94
YLP  528    Volvo B10M-62         Jonckheere C51FT    Hanmer,Southsea 00
552  OHU    Leyland TRCTL11/3R    Plaxton C57F        S Midland Red South 90 99
SKL 683X    Bristol VRT/SL3/6LXB  ECW H43/31F         S South 7683 00
VAH 278X    Bristol VRT/SL3/6LXB  ECW H43/31F         S Cambus 788 00
VEX 299X    Bristol VRT/SL3/6LXB  ECW H43/31F         S Cambus 782 00
A  15 GHA   Volvo B10M-60         Plaxton C50F        S Cambus 429 02
A233 GHN    Leyland ONLXB/1R      ECW CH42/28F        A North East 7233 02
A548 HAC    Leyland ONLXB/1R      ECW H45/32F         S Red & White 828 00
A549 HAC    Leyland ONLXB/1R      ECW H45/32F         S Red & White 829 00
A  15 RBL   Volvo B10M-56         Van Hool DP64F      Red & White 745 99
A  20 RBL   Leyland TRBTL11/2RP   Plaxton B68F        S Red & White 920 00
B961 ODU    Leyland ONLXB/1R      ECW CH42/30F        S Thames Transit 961 02
B148 TRN    Leyland ONLXB/1R      ECW H45/32F         A North West 3048 05
B966 WRN    Leyland ONLXB/1R      ECW H45/32F         A Cymru 3066 03
C209 GTU    Leyland ONLXB/1R      ECW CH42/32F        A Cymru 3119 03
C330 HWJ    Leyland ONLXB/1R      ECW CH40/32F        S East Midland 330 03
D523 DSX    Leyland TRBTL11/2RH   Alexander B57F      Fleetlink(Hire Fleet) 01
E829 AWA    Leyland TRBTL11/2RP   Plaxton B54F        A Midlands North 1739 02
F811 FAO    Leyland ON6LXB/2RZ    AR H51/36F          S North West 14251 05
F724 FDV    Mercedes-Benz 709D    RB B25F             Thames Transit 64 98
G183 PAO    Mercedes-Benz 709D    Alexander B23F      Ribble 583 99
G410 YAY    Dennis Javelin        Plaxton C53F        Hanmer,Southsea 00
H  78 CFV   Mercedes-Benz 811D    Alexander B31F      Ribble 778 00
H738 TWB    Mercedes-Benz 811D    RB B33F             Chaloner,Moss 03
J730 KBC    Dennis Javelin        Plaxton C57F        Hanmer,Southsea 00
J609 WHJ    Mercedes-Benz 811D    Plaxton B28F        A London MD609 00
J612 WHJ    Mercedes-Benz 811D    Plaxton B28F        A London MD612 01
```

```
K129 DAO   Leyland ON2R              AR CH43/27F         S North West 14229 05
K130 DAO   Leyland ON2R              AR CH43/27F         S North West 14230 05
K131 DAO   Leyland ON2R              AR CH43/27F         S North West 14231 05
K772 DAO   Volvo B10M-55             Alexander DP48F     S North West 20772 05
K781 DAO   Volvo B10M-55             Alexander DP48F     S North West 20781 05
K659 NGB   Mercedes-Benz 709D        Dormobile B29F      Nuttall,Penwortham 96
L659 MYG   Mercedes-Benz 711D        Plaxton B27F        B Lancashire 708 03
M413 BEY   Mercedes-Benz 811D        ARB B33F            A Cymru 0173 02
M  5 GHA   Volvo B10M-62             Van Hool C46FT      Shearings 686 02
M  7 GHA   Mercedes-Benz 711D        ACL C24F            Frome Minibuses 04
M 10 GHA   Iveco 480                 WS B47F             Translinc,Lincoln 04
M463 JPA   Mercedes-Benz 709D        Plaxton B23F        A Cymru 0103 02
M206 SKE   Mercedes-Benz 709D        Plaxton B23F        A Cymru MMM706 01
M459 UUR   Mercedes-Benz 811D        Plaxton B31F        B Lancashire 759 03
M461 UUR   Mercedes-Benz 811D        Plaxton B31F        B Lancashire 761 03
N205 CUD   Mercedes-Benz 711D        Marshall DP28F      S Devon 510 01
N 21 FWU   DAF DE33WSSB3000          Van Hool C51FT      Hanmer,Southsea 00
N  2 GHA   Mercedes-Benz 709D        Marshall B27F       New 96
N  3 GHA   Mercedes-Benz 709D        Marshall B27F       New 96
N201 LCK   Optare Excel L1070        B36F                Dukes Travel,Berry Hill 02
N206 LCK   Optare Excel L1070        B36F                Dukes Travel,Berry Hill 02
N722 RDD   Mercedes-Benz 709D        ARB B25F            S Cheltenham & G. 40722 04
N724 RDD   Mercedes-Benz 709D        ARB B25F            S Cheltenham & G. 40724 04
N454 VOD   Mercedes-Benz 709D        Alexander B23F      B Lancashire 643 02
N458 VOD   Mercedes-Benz 709D        Alexander B23F      B Lancashire 649 02
P  3 GHA   Mercedes-Benz 0810D       Plaxton B27F        S Manchester 42548 05
P  4 GHA   Volvo Olympian            AR H45/27F          S North West 16644 05
P225 LKK   Mercedes-Benz 711D        Plaxton B27F        Caledonian,Glasgow 03
R  2 GHA   Mercedes-Benz 0814D       Plaxton B27F        A Fox County 1140 04
R  5 GHA   Mercedes-Benz 0814D       Plaxton C33F        New 98
S  6 GHA   Mercedes-Benz 0814D       Plaxton B27F        New 98
T811 JHN   Volvo B10M-62             Berkhof C51FT       Evobus(Hire Fleet) 05
V  7 GHA   Dennis Dart SLF           Plaxton B26F        New 99
V  8 GHA   Dennis Dart SLF           Plaxton B26F        New 99
W677 DDN   Optare Solo M920          B34F                Optare(Demonstrator) 01
X319 CBT   Optare Solo M850          B30F                Optare(Demonstrator) 02
X  9 GHA   Optare Solo M850          B27F                New 00
DA51 GHA   Dennis Trident            Plaxton H47/29F     Petes,West Bromwich 03
AA02 GHA   Optare Solo M850          B26F                New 02
AA52 GHA   Dennis Dart SLF           Plaxton B28F        New 02
BA52 GHA   Dennis Dart SLF           Plaxton B28F        New 02
ED03 GHA   Volvo B12M                Berkhof C51FT       New 03
AA53 GHA   Dennis Dart SLF           Plaxton B29F        New 03
CA53 GHA   Dennis Dart SLF           Plaxton B29F        New 03
AA04 GHA   DAF DE12BSSB120           Wright B39F         New 04
BA04 GHA   DAF DE12BSSB120           Wright B38F         New 04
CA04 GHA   DAF DE12BSSB120           Wright B38F         New 04
DA04 GHA   Volvo B7R                 Plaxton C70F        New 04
GA04 GHA   DAF DE12BSSB120           Wright B39F         New 04
NA04 GHA   Optare Solo M780SL        B21F                Optare(Demonstrator) 05
AA05 GHA   Scania K94IB4             Irizar C70F         New 05
BA05 GHA   Dennis Dart SLF           Plaxton DP29F       New 05
CA05 GHA   Dennis Dart SLF           Plaxton B29F        New 05
AA55 GHA   Optare Solo M850SL        B28F                New 05
------------------------------------------------------------------------------
                    OTHER VEHICLE OWNED BY THE COMPANY
                             * * * * * * *
DBX 548W   Bedford YMQ               Duple C45F          Jones,Minera 88
------------------------------------------------------------------------------
ASV 257*807 HLD(11/04) & K487 VVR(1/01), CIB 7866*ANA 109Y(2/92),
ESU 735*N254 WDO(1/05), FIL 7485*D849 KVE(9/89), HIL 7592*E179 FFT(3/92),
HIL 7593*E180 FFT(3/92),
IIL 3506*E931 XSB(2/93) & MIB 658(10/92) & E624 UNE(3/92),
IIL 9169*F714 ENE(1/94), LJI 8023*F384 MUT(9/89), LSK 527*E151 XHS(7/92),
NIL 8657*L326 YKV(10/04), RHY 147*K476 VVR(10/04),
TIL 7583*H301 FKL(3/01),
TIL 8034*WGB 646W(10/01) & VLT 154(3/01) & WGB 646W(10/94reb) &
          WLT 415(9/92) & NCS 121W(8/88),
```

```
TIL 8035*TOS 550X(10/01) & ESU 435(3/01) & TOS 550X(9/94) &
        FSU 737(9/92) & GGE 127X(4/88),
UAS 749*UJN 430Y(5/05) & FBZ 2514(9/91reb) & WPH 124Y(3/91),
UBZ 3362*E328 FLD(3/99), UYM 551*L328 YKV(9/04),
WIB 1701*CPE 344Y(2/95) & HSV 344(11/94) & WJH 274Y(11/88) &
        5226 PH(5/87) & VGM 246Y(6/83), YLP 528*M305 KRY(11/03),
552 OHU*A201 RHT(12/90), A15 GHA*J752 CWT(9/04),
A15 RBL*B947 ASU(1/96), A20 RBL*F604 CET(3/95),
J752 CWT*TSU 639(7/02) & J752 CWT(11/97), M5 GHA*M686 KVU(12/02),
M7 GHA*M349 XHY(5/04) & M30 ARJ(6/98), M10 GHA*M290 OUR(6/04),
P3 GHA*P548 PNE(6/05), P4 GHA*P274 VPN(10/05), R2 GHA*R140 LNR(12/04),
DA51 GHA*PO51 WNN(3/03), AA02 GHA*DF02 FVW(8/02),
DA04 GHA*FJ04 ESN(9/04) & NA04 GHA*YN04 XZB(2/05)
```

82   G.P. DAWSON.t/a GPD TRAVEL

Depot:Doctor Fold Lane,HEYWOOD,Greater Manchester.

```
N  3   GPD    Volvo B10M-62           Plaxton C50FT    Dorset Queen,E. Chaldon 02
P  5   GPD    Mercedes-Benz 412D      Crystals C15F    F Essex 102 02
P  6   GPD    Mercedes-Benz 412D      Crystals C15F    F Essex 103 02
P 10   GPD    Volvo B10M-62           Berkhof C49FT    Shaw,Coventry 03
S  8   GPD    Scania L94IB            Irizar C49FT     Bus Eireannn SI31 03
W211   YAP    Mercedes-Benz O814D     Plaxton C29F     National Express 1174 04
GD51   GPD    Mercedes-Benz O814D     Olympus C24F     New 02
YR02   ZZE    Scania K124EB4          Irizar C49FT     Woodside,Southey Green 05
FN52   HRL    Volvo B12M              Plaxton C49FT    Warburton,Heywood 05
```
```
N3 GPD*N211 HWX(5/02), P5 GPD*P437 OVW(11/02), P6 GPD*P438 OVW(11/02),
P10 GPD*P84 KOH(9/03) & 84 COV(10/01) & P84 KOH(12/97) &
S8 GPD*S356 SET(7/03) & 99D 4090(8/02)
```

83   DENBIGHSHIRE COUNTY COUNCIL

Depots:Kinmel Park Depot,BODELWYDDAN &
       Hen Lon Parcwr,Ruthin Industrial Estate,RUTHIN,Denbighshire.

```
HIL 5663       LN 10351/2R             B-D              Non-PSV(Coates Heath) 02
T980 TPT       Citroen Relay(3)        Rohill B12F      New 99
V260 NAY       Citroen Relay(3)        Rohill B12F      New 00
V261 NAY       Citroen Relay(3)        Rohill B12F      New 00
NU02 OSG       LDV Convoy              UVG B ?FL        New 02
```
```
HIL 5663*KSO 68P(2/92)
```

84   DOBSONs BUSES LTD/I.P. DOBSON/R.E. DOBSON

Depot:258-260 Manchester Road,LOSTOCK GRALAM &
              Wincham Park,Chapel Street,WINCHAM,Cheshire.

```
DWH 700W   Leyland FE30AGR       NC H43/32F        Stotts,Oldham 02
NNN 476W   Leyland AN68C/1R      Roe H46/34F       Bailey,Hucknall 00
BPA 370Y   DAF MB200DKTL600      Plaxton C57F      Lainton,Clayton 04
A695 HNB   Leyland AN68D/1R      NC H43/32F        Stotts,Oldham 03
A704 LNC   Leyland AN68D/1R      NC H43/32F        Stotts,Oldham 03
A735 NNA   Leyland AN68D/1R      NC H43/32F        Stotts,Oldham 03
A750 NNA   Leyland AN68D/1R      NC H43/32F        Stotts,Oldham 03
A622 THV   Leyland TNLXB/2RR     Leyland H44/29F   S North East 11022 04
B101 UAT   Dennis DDA903         AR H45/30F        Stotts,Oldham 04
G421 YAY   Dennis Javelin        Duple C57F        Chambers,Stevenage 02
J332 LVM   Talbot Pullman        B22F              New 91
L483 DOA   Talbot Pullman        B22F              New 93
L628 VCV   Mercedes-Benz 709D    Plaxton B25F      F Western National 6628 04
M561 SRE   Mercedes-Benz 709D    Marshall C29F     F PMT 562 03
N263 FMA   Iveco 59-12           Mellor C31F       New 96
```

85   P. DURBER.t/a PAULs

Depot:c/o Critchlow Transport,Sands Road,HARRISEAHEAD,Staffordshire.

```
LUI 7872    Volvo B10M-60        Van Hool C53F       Herrington,Alderholt 01
PJI 8326    Leyland PSU3F/5R     Plaxton C53F        Chambers,Stevenage 97
VIW 7407    Bedford YMP          Plaxton C39F        Anderson,Sheffield 02
K463 SSU    Volvo B10M-60        Jonckheere C53F     Craig,Campbeltown 00
L248 JBV    Volvo B10M-62        Jonckheere C49FT    Holdsworth,Gt Harwood 04
M731 KJU    Volvo B10M-62        Jonckheere C49FT    Gardiner,Spennymoor 03
N670 HSC    Volvo B10M-62        Jonckheere C49FT    Jeffs,Helmdon 03
```
~~~~~~
LUI 7872*G503 SVV(5/02) & PRP 3V(10/96) & G26 JNH(12/92),
PJI 8326*GPC 77V(6/93),
VIW 7407*C48 WPA(9/98) & 9958 PH(3/94) & C671 XRU(4/87),
K463 SSU*K100 WCM(12/97), M731 KJU*UFE 712(3/03) & M731 KJU(3/99) &
N670 HSC*LSK 479(2/99) & N681 GSC(4/98)
~~~~~~

86   J.F.,J.K. & W.P. EAGLES.t/a EAGLES & CRAWFORD

Depot:53 New Street,MOLD,Denbighshire.

```
OLG  1V     Dennis Javelin       Duple C57F          Astley,Bury 91
E700 YNS    Dennis Javelin       Plaxton C35F        Leask & Silver,Lerwick 98
G911 RPN    Dennis Javelin       Duple DP65F         Lainton,Clayton 04
L407 XMR    Dennis Javelin       Plaxton C57F        Edwards,Bwlchgwyn 01
P166 ANR    Toyota HZB50R        Caetano C21F        Hobson,Parsons Croft 02
P992 NKU    Dennis Javelin       Plaxton C53F        Sault &,Sth Bermondsey 03
P993 NKU    Dennis Javelin       Plaxton C53F        Sault &,Sth Bermondsey 03
LN51 TCV    LDV Convoy           Central C16F        Willars,Swinford 04
```
~~~~~~
OLG 1V*E756 HJF(7/01)
~~~~~~

87   EAVESWAY TRAVEL LTD

Depot:Bryn Side,Bryn Road,ASHTON-IN-MAKERFIELD,Greater Manchester.

```
P868 PWW    EOS E180Z            C49FT               New 97
P869 PWW    EOS E180Z            C49FT               New 97
P870 PWW    EOS E180Z            C49FT               New 97
R 35 GNW    DAF DE33WSSB3000     Van Hool C32FT      New 97
T120 AUA    EOS E180Z            C48FT               New 99
W195 CDN    DAF DE33WSSB3000     Van Hool C48FT      New 00
Y297 HUA    DAF DE33WSSB3000     Van Hool C48FT      New 01
Y298 HUA    DAF DE33WSSB3000     Van Hool C48FT      New 01
YD02 RCO    DAF DE40XSSB4000     Van Hool C32FT      New 02
YD02 RCU    DAF DE40XSSB4000     Van Hool C32FT      New 02
YJ03 PSX    DAF DE40XSSB4000     Van Hool C48FT      New 03
YJ03 PSY    DAF DE40XSSB4000     Van Hool C48FT      New 03
YJ03 PSZ    DAF DE40XSSB4000     Van Hool C48FT      New 03
YJ04 BJE    Van Hool T917        C54FT               New 04
YJ04 BJK    Van Hool T917        C54FT               New 04
YJ54 CKO    Van Hool T917        C36FT               New 04
YJ05 PVX    Van Hool T917        C54FT               New 05
YJ05 PVY    Van Hool T917        C54FT               New 05
```
~~~~~~
~~~~~~

88   W.H. ECKERSLEY.t/a E & F MINI COACHES

Depot:Bradshaw Street,ATHERTON,Greater Manchester.

```
ECZ 1586    Mercedes-Benz 609D   MM C26F             New 89
ECZ 3448    Toyota HB31R         Caetano C21F        Leather,Leigh 99
F323 SMD    Mercedes-Benz 609D   RB C23F             Motorvation,Netherfield 02
R190 LBC    Toyota BB50R         Caetano C21F        Perry & Holtby,Malton 05
```

ECZ 1586*F633 HVM(5/00) & ECZ 3448*F167 XLJ(5/00)

89   GEORGE EDWARDS & SON LTD

Depot:Berwyn,BWLCHGWYN,Wrexham.

```
YIW 4273    DAF SB220LC550      Optare DP48F    Lyles,Batley 05
L536 EHD    DAF SB3000DKVF601   Van Hool C51FT  First Edinburgh 2314 01
P  2  WAL   DAF DE02LTSB220     Ikarus B49F     Wall,Sharston 97
S403 JUA    DAF DE02GSSB220     Optare B49F     Montague,Northampton 98
YJ04 HHT    DAF DE40XSSB4000    Van Hool C49FT  Ellis,North Acton 04
```

YIW 4273*F849 YJX(3/01)

90   J.R. & A.P. EDWARDS.t/a JOHNs COACHES

Depot:North Western Road,Glan-y-Pwll,BLAENAU FFESTINIOG,Gwynedd.

```
FIL 8540    Volvo B58-61            Plaxton C50F    Day,Kilnhurst 31 04
JIB 1470    DAF MB230LB615          Plaxton C49FT   Ogden,St Helens 05
VAZ 2607    Leyland TRCTL11/3RH     Berkhof C53F    Ayling,Shipley 02
VJI 5882    Volvo B58-61            Plaxton C51F    Day,Kilnhurst 33 04
ANA 448Y    DAF MB200DKFL600        Plaxton C51F    Stott,Milnsbridge 03
ANA 449Y    DAF MB200DKFL600        Plaxton C51F    Stott,Milnsbridge 03
C461 JCP    DAF SB2300DHTD585       Plaxton C57F    Holgate,Bracknell 2 05
E285 OMG    Mercedes-Benz 609D      RB C23F         Aziz,Birmingham 00
G908 UPP    Mercedes-Benz 709D      RB B25F         Hawkes,Wuanarlwyd 05
H745 VHS    Mercedes-Benz 811D      Scott C25F      Porteous,Wigan 04
N671 TPF    Mercedes-Benz 709D      Plaxton B23F    A Cymru MMM771 01
```

FIL 8540*TGD 977R(6/89), JIB 1470*470 DOT(3/96) & E641 KCX(7/92),
VAZ 2607*C147 SPB(2/99), VJI 5882*AYW 787T(7/97),
ANA 448Y*NSV 894(3/03) & ANA 448Y(3/88),
ANA 449Y*CSV 807(3/03) & ANA 449Y(3/88) &
E285 OMG*AAZ 6218(1/00) & E285 OMG(8/96)

91   M.H. ELCOCK & SON LTD

Depots:The Maddocks,MADELEY &
        Smithfield Building,Springhill IE,WELLINGTON,Shropshire.

```
EIL  829    Volvo B10M-61           Plaxton C57F    Scoltock,Much Wenlock 02
EIL 1607    Volvo B10M-62           Plaxton C57F    Woodstone,Kidderminster 04
HIL 6584    Volvo B10M-62           Plaxton C53F    Woodstone,Kidderminster 04
OIW 7026    Volvo B10M-62           Plaxton C53F    Wrekin,Oakengates 6 02
OIW 7027    Volvo B10M-62           Plaxton C53F    Wrekin,Oakengates 7 02
1398  NT    Volvo B10M-62           Plaxton C49FT   Excelsior,Bournemouth 99
1577  NT    Volvo B10M-62           Plaxton C49FT   New 95
3408  NT    Volvo B10M-62           Plaxton C53F    New 95
3572  NT    Volvo B10M-62           Plaxton C39FT   Bassetts,Tittensor 03
JUX 103V    Ford R1114              Plaxton C53F    Excelsior,Wellington 84
ETA 978Y    Ford R1114              Duple C53F      Shropshire County Coun. 96
A  2 EXC    Volvo B10M-62           Plaxton C49FT   Excelsior,Bournemouth 04
A  4 XCL    Volvo B10M-62           Plaxton C53F    Excelsior,Bournemouth 04
F555 CAW    Volvo B10M-61           Plaxton C53F    New 89
G 93 RGG    Volvo B10M-60           Plaxton C53F    Jones,Market Drayton 97
M123 OUX    Mercedes-Benz 814D      Plaxton C33F    New 94
P287 ENT    Mercedes-Benz 814D      Plaxton C33F    New 97
P289 ENT    Volvo B10M-62           Plaxton C48FT   New 97
P770 FAW    Mercedes-Benz 412D      ACL C16F        New 97
R921 LAA    Volvo B10M-62           Plaxton C53F    Excelsior,Bournemouth 01
R922 LAA    Volvo B10M-62           Plaxton C53F    Excelsior,Bournemouth 01
R925 LAA    Volvo B10M-62           Plaxton C53F    Excelsior,Bournemouth 01
V 42 EUJ    Volvo B10M-62           Plaxton C53F    New 00
V200 OER    Mercedes-Benz 412D      ACL C16F        New 99
W199 TUJ    Volvo B10M-62           Plaxton C53F    New 00
```

```
W682 TUJ   Volvo B10M-62              Plaxton C53F       New 00
Y558 KUX   Dennis Dart SLF            Plaxton B31F       New 01
DN51 YAO   Mercedes-Benz O814D        Plaxton C33F       New 02
YS02 YYE   Mercedes-Benz O814D        Plaxton C33F       New 02
YN04 WTE   Volvo B12B                 Plaxton C49FT      New 04
SN54 KYK   Mercedes-Benz 413CDI       KVC C16F           New 05
YN05 UUX   Volvo B12B                 Plaxton C53F       New 05
```
EIL 829*C270 FBH(11/02), EIL 1607*R924 LAA(9/04) & A8 EXC(10/00),
HIL 6584*R923 LAA(7/04) & A9 EXC(10/00),
OIW 7026*N995 UPR(9/00) & A16 XEL(11/96) & N224 SPR(1/96),
OIW 7027*M494 NCG(10/00) & A16 EXC(11/96),
1398 NT*N652 THO(10/99) & A14 EXC(10/98), 1577 NT*M123 RAW(12/99),
3408 NT*M321 RAW(2/02), 3572 NT*P884 NRF(2/03), JUX 103V*JAW 84V(7/00),
A4 XCL*T992 FRU(1/03) & XEL 24(10/01),
F555 CAW*3408 NT(3/01) & F555 CAW(2/94),
G93 RGG*3572 NT(3/01) & G93 RGG(10/97), R921 LAA*A13 EXC(10/00),
R922 LAA*XEL 14(11/00) & R925 LAA*A12 EXC(10/00)

92   ELITE SERVICES LTD

Depot:Unit 6,Adswood IE,Adswood Road,STOCKPORT,Greater Manchester.

```
DSV  712   Volvo B10M-61        Jonckheere C51FT   Carsville,Urmston 05
IIL 2944   Scania K113CRB       Plaxton C49FT      Lavender &,Shareshill 97
OUI 3921   Scania K113TRB       Irizar C51FT       Bowen,Birmingham 04
OUI 3922   Scania K113TRB       Irizar C51FT       Bowen,Birmingham 04
OUI 3996   Scania K113TRB       Irizar C49FT       Stoneman,Nanpean 03
OUI 3997   Ayats A3E/BR1        CH57/18CT          New 00
E585 OEF   Scania K112CRB       Plaxton C53F       Carsville,Urmston 05
```

CARSVILLE COACHES LTD (Associated Company)

Depot:51a Higher Road,URMSTON,Greater Manchester.

```
DHZ 3261   Scania K113TRB       Irizar C49FT       Bell,Eastergate 05
HIL 6248   Scania K113CRB       Plaxton C49FT      Elite,Stockport 03
HIL 6411   Volvo B10M-61        Plaxton C49FT      Davies,New Broughton 96
SIL 1893   Scania K113TRB       Irizar C49FT       Bell,Eastergate 05
ANK 318X   Leyland TRCTL11/3R   Plaxton C53F       Spanish Speaking,Euston 89
B549 CHJ   Ford R1015           Plaxton C35F       Chester,Walkden 94
F700 CWJ   Scania K112CRS       Plaxton C51FT      Elite,Sale 05
G855 VAY   Volvo B10M-60        Duple C57F         Tarhum,Nailsea 99
```
DHZ 3261*VFW 721(12/02) & M433 GFE(1/99),
DSV 712*F655 GAW(10/03) & TGE 93(12/97) & F584 BAW(6/96),
HIL 6248*J16 DTS(5/00),
HIL 6411*B409 KCU(2/92) & VTY 226(12/87) & B835 KRY(3/86),
IIL 2944*F491 HWE(7/98) & 684 DYX(1/94) & KRO 718(11/93) &
         F901 NRJ(10/93) & YTP 749(5/92) & F769 GNA(12/90),
OUI 3921*N356 REE(7/05), OUI 3922*N734 RBE(7/05), OUI 3996*R455 YDT(8/05),
OUI 3997*W744 YBU(8/05), SIL 1893*N695 AHL(1/00) &
E585 OEF*3085 KX(12/03) & E585 OEF(2/03).

93   F. ELLIOTT.t/a MEMORY LANE COACHES

Depot:3 Ashton Road,GOLBORNE,Greater Manchester.

```
MLC   2P   Volvo B10M-48        Van Hool C30FT     Voel,Dyserth 05
MLC   3P   Volvo B10M-60        Van Hool C46FT     Shearings 458 00
MLC   9P   Volvo B10M-55        Van Hool C49FT     Marbill,Beith 04
C  1 MLC   Toyota HDB30R        Caetano C21F       Lewis,Coventry 01
```
            OTHER VEHICLES OWNED BY THE COMPANY
                      * * * * * * *
```
LAO  630   Albion FT39N         Duple C31F         Preserved(1951)
```

```
271    KTA    Bristol SUL4A          ECW C33F            Preserved(1962)
CDK 853C      AEC Reliance           Harrington C45F     Preserved(1965)
```
271 KTA*10558(3/87) & 31918(4/85) & 271 KTA(11/79),
MLC 2P*R913 GFF(9/05) & 4543 VC(3/00) & R766 DUM(8/97),
MLC 3P*K458 VVR(3/00), MLC 9P*T25 BWJ(8/05) & T232 KCS(12/99) &
C1 MLC*L57 YJF(12/01)

94   W.S. ELLISON LTD/GAVIN MURRAY LTD.t/a ELLISONs TRAVEL

Depot:Queens Garage,61 Boundary Road,ST HELENS,Merseyside.

```
FDJ   75     Auwaerter N516SHD      C36FT     New 04
GFF   405    Auwaerter N516SHD      C44FT     Parry,Cheslyn Hay 05
OJB   53     Auwaerter N516SHD      C36FT     New 03
ONU   77     Auwaerter N516SHD      C36FT     New 04
OXK   76     Auwaerter N516SHD      C44FT     Parry,Cheslyn Hay 05
74    YKP    Auwaerter N516SHD      C44FT     Parry,Cheslyn Hay 04
YE03  VSM    Bova FHD14-430         C59FT     New 03
YE03  VSN    Bova FHD14-430         C59FT     New 03
YN53  EWH    Auwaerter N316SHD      C61FT     New 03
YK04  FWF    Bova FHD12-340         C49FT     New 04
YK04  FWG    Bova FHD12-340         C49FT     New 04
YN04  AXF    Auwaerter N316SHD      C49FT     New 04
YN04  AXG    Auwaerter N316SHD      C61FT     New 04
YJ54  EXL    Bova FHD14-430         C59FT     New 05
YN54  JTX    Auwaerter N516SHD      C32FT     New 04
YJ05  XWO    Bova FHD12-340         C49FT     New 05
YJ05  XWP    Bova FHD12-340         C49FT     New 05
YJ05  XWR    Bova FHD12-340         C49FT     New 05
YJ05  XWS    Bova FHD12-340         C49FT     New 05
```
FDJ 75*YN04 AVM(4/05), GFF 405*YN03 AWW(3/05),
OJB 53*FDJ 75(4/05) & YN03 AUW(1/04), ONU 77*YN53 EXE(8/04),
OXK 76*YN03 AXA(3/05) & 74 YKP*YR02 UNF(7/04)

95   M.D. & C.M. ELLSE.t/a CHASE ACADEMY PARTNERS

Depot:St Johns Road,CANNOCK,Staffordshire.

```
OJI 8786    Dennis Javelin          Duple C53F          F Midland Red 21086 05
F985 EDS    Mercedes-Benz 811D      Alexander DP33F     Warke,Walsall 01
L516 DNX    Mercedes-Benz 709D      ARB B23F            Dublin Bus MA5 05
L258 VSU    Mercedes-Benz 709D      Dormobile B29F      Petes,West Bromwich 04
```
OJI 8786*E475 FWV(6/92) & L516 DNX*93D 8005(1/05)

96   EMMAs COACHES INTERNATIONAL LTD

Depots:Baker Street Garage & Marian Car & Bus Park,DOLGELLAU,Gwynedd.

```
LIL 2104    Bedford YMQ             Plaxton C45F        Benjamin,Llanrhystuyd 00
LUI 8310    Leyland TRCL10/3ARZ     Plaxton C49F        Christie,Alloa 01
RIB 7409    Scania K113CRB          Van Hool C51FT      Robin Hood,Rudyard 04
XBZ 7802    DAF SBR2300DHS570       VH CH57/16CT        Kings Ferry,Gillingham 02
KMA 402T    LN 11351A/1R            B49F                Roberts,Ruthin 02
N944 RBC    Toyota HZB50R           Caetano C21F        Luckett,Fareham 2106 03
Y458 EDA    Mercedes-Benz 413CDI    Advanced B16F       Airpark,Birmingham 03
```
LIL 2104*A817 XCA(2/95),
LUI 8310*E929 PFR(6/02) & HFH 202(5/98) & E212 RDW(6/90),
RIB 7409*K502 DVT(4/97), XBZ 7802*F845 YJX(1/01) &
N944 RBC*TSU 648(7/03) & N944 RBC(12/97)

97   O.G. EVANS.t/a EVANS LLANIESTYN

Depot:Nant Bach,LLANIESTYN,Gwynedd.

```
KIB 2352   MAN 11.190            Caetano C31FT   Nicholson,Hesleden 04
KIB 9059   Leyland TRCTL11/3R    Plaxton C55F    King-of-Road,Worthing 91
KIB 9308   Volvo B10M-60         Plaxton C53F    Phoenix,Witham 04
NUI 8671   Toyota HDB30R         Caetano C18F    Pye,Minsterley 04
NUI 8672   Toyota HDB30R         Caetano C21F    Bradshaw,Heywood 04
RAZ 2228   Leyland TRCTL11/3RZ   Plaxton C53F    Cutting &,Brockley 02
TIL 9773   Volvo B10M-61         Plaxton C51FT   Redline,Penwortham 05
M882 SKU   LDV 400               ACL C16F        Perkins,Telford 03
N976 WNE   LDV 400               Concept C16F    Crabtree,Bradford 04
N507 YNB   LDV 400               Concept C16F    Hutchinson,Gorton 03
```
KIB 2352*C10 NPT(4/05) & M575 JBC(9/01) & ROI 8235(3/99) & M575 JBC(2/98),
KIB 9059*A149 RMJ(7/88),
KIB 9308*F464 MCA(1/05) & SEL 853(9/00) & F725 JTU(4/95),
NUI 8671*KSU 490(5/05) & H173 EJF(6/94), NUI 8672*K706 RNR(4/05),
RAZ 2228*B492 UNB(9/97) &
TIL 9773*E940 XSW(8/05) & VVL 266(5/03) & E940 XSW(8/02) &
    TIW 2024(12/99) & SIA 929(4/96) & E569 UHS(6/95)

98   P.H. EVANS.t/a EVANS TAXIS & MINICOACHES

Depots:Crowholt Farm,Grimsditch Lane,LOWER WHITLEY,Cheshire &
        1 Dunham Grange,Delamer Road,ALTRINCHAM,Greater Manchester.

```
L802 LDP   LDV 400         LDV B16FL   Non-PSV 95
M954 PNC   LDV 400         LDV B16F    Non-PSV(Oldham) 96
R311 XNC   LDV Convoy      LDV B16F    Non-PSV 00
LG02 ZRN   LDV Convoy      LDV B16F    Non-PSV(Sixt Kenning) 04
```

R.D. & M.L. EVANS & L.A. RAWSON.t/a CLWYDIAN & PENTRE MOTORS

Depot:Station Road Garage,PENTRE LLANRHAEADR,Denbighshire.

```
MSV  372   Ford R1114            Duple C53F      New 83
ODM  101   Volvo B10M-61         Duple C57F      New 83
9284 UN    Bedford YNT           Duple C53F      Johnson,Hanslope 89
846  MBF   Bedford YMT           Plaxton C53F    New 79
UUX 841S   Bedford YMT           Plaxton C53F    Vagg,Knockin Heath 82
YRY 508T   Bedford YLQ           Plaxton C45F    Lester,Long Whatton 79
D700 STU   Leyland TRCTL11/3RZ   Plaxton C57F    New 87
F130 DMB   Fiat 49-10            Wright C25F     New 88
F721 KCA   Dennis Javelin        Duple C57F      New 89
G144 RCA   Dennis Javelin        Duple C57F      New 90
H712 BRG   Toyota HDB30R         Caetano C21F    Garnett,Tindale Crescnt 92
M829 VCA   Dennis Javelin        Caetano C57F    New 94
R 50 PCE   Dennis Javelin        Marcopolo C57F  New 97
Y  1 RDE   MAN 18.310            Marcopolo C57F  New 01
```
MSV 372*NCA 520Y(3/90), ODM 101*KCA 181Y(3/90), 9284 UN*XPP 283X(1/92) &
846 MBF*JMA 880T(3/90)

A1   S. EVANS.t/a EAZI BUS

Depot:Lairdside,Campbeltown Road,BIRKENHEAD,Merseyside.

```
R936 AMB   Mercedes-Benz O810D   Plaxton B31F    Go West,Kings Lynn 02
W116 MWG   LDV Convoy            LDV B16F        Non-PSV(Sixt Kenning) 05
W681 NTG   LDV Convoy            LDV B16F        Non-PSV(Northampton) 05
X683 ABN   LDV Convoy            LDV B16F        Non-PSV(TLS) 05
Y644 KNC   LDV Convoy            LDV B16F        Non-PSV(Sixt Kenning) 05
```

```
MX03 YCY    Optare Solo M850         B29F              on loan Mistral
MX03 YDA    Optare Solo M850         B29F              on loan Mistral
MX03 YDE    Optare Solo M850         B29F              on loan Mistral
```

D. FAIRBROTHER/FAIRBROTHERs LTD.t/a FAIRBROTHERs OF WARRINGTON

Depot:3g Bitz Yard,Lyncastle Way,Barley Castle IE,APPLETON THORN,Cheshire.

```
22   D822 UTF   Leyland ONLXB/1RH    ECW CH39/25F     A The Shires 5822 02
23   D823 UTF   Leyland ONLXB/1RH    ECW CH39/25F     A The Shires 5823 02
24   F307 JTY   Leyland ONCL10/2RZ   AR CH43/33F      A North East 7307 03
26   B447 WKE   Leyland ONTL11/2R    ECW CH45/26F     Burgundy,Bracknell 02
     B 74 PJA   Leyland ONLXB/1R     NC H43/30F       S GM Buses Sth 13074 05
     C201 DYE   Leyland ONTL11/2RH   EL CH49/23F      Carr,Maghull 04
     F635 BKD   Dennis DDA1026       EL H47/31F       Hayton,Burnage 04
     F455 BKF   Leyland ONCL10/2RZ   NC H51/34F       Thomas,Porth 05
     F459 BKF   Leyland ONCL10/2RZ   NC H51/34F       Thomas,Porth 05
     M702 RVS   MAN 11.190           Optare B45F      Morrow,Glasgow 04
```

B447 WKE*WSU 476(4/00) & B447 WKE(5/90) &
C201 DYE*WLT 649(9/03) & C201 DYE(1/92)

A3   A.G. FARREN.t/a AAB TRAVEL

Depot:Crossley Business Park,Crossley Rd,HEATON CHAPEL,Greater Manchester.

```
D 84 OVM    Mercedes-Benz 811D       North West C21F   King,Dukinfield 05
N681 YAV    Iveco 59-12              Marshall B27F     Hampson,Fleetwood 05
S539 UAW    LDV Convoy               LDV B16F          Non-PSV(Afford) 02
T196 UEB    LDV Convoy               LDV B16F          Orchard,Moston 03
W736 XCE    LDV Convoy               LDV B16F          Non-PSV(Kennings) 04
Y795 XEW    LDV Convoy               LDV B16F          Non-PSV(Sixt) 04
```

D84 OVM*MIB 970(8/01) & D84 OVM(10/89)

A4   B. FINCH.t/a F.E. FINCH COACHES

Depot:Moat House Street Garage,Higher Ince,WIGAN,Greater Manchester.

```
UJI 1758    Duple 425                C57F              Buffalo,Flitwick 58 01
WYV  27T    Leyland TNLXB/2RR        PR H44/32F        McColls,Balloch 03
WYV  57T    Leyland TNLXB/2RR        PR H44/28F        Sovereign 757 01
CUL  95V    Leyland TNLXB/2RR        PR H44/32F        Holmeswood Coaches 00
CUL 189V    Leyland TNLXB/2RR        PR H44/30F        McColls,Balloch 03
OHV 800Y    Leyland TNLXB/2RR        Leyland H44/32F   McColls,Balloch 03
A602 THV    Leyland TNLXB/2RR        Leyland H44/32F   Robinson,L. Buzzard 02
B189 BLG    Leyland ONLXB/1R         ECW H45/32F       A Kent E5388 02
B118 WUV    Leyland TNLXB/2RR        Leyland H44/29F   Andrews,Tideswell 05
```

OTHER VEHICLE OWNED BY THE COMPANY
* * * * * * *
```
MJA 893G    Leyland PD3/14           EL H38/32F        Preserved(1969)
```

UJI 1758*E207 EPB(3/96), WYV 27T*TXI 2251(11/03) & WYV 27T(3/03) &
CUL 189V*TXI 3769(1/04) & CUL 189V(1/03)

A5   FIRST HYDRO COMPANY LTD

Depots:Dinorwig Power Station,LLANBERIS &
                 Ffestiniog Power Station,TANYGRISIAU,Gwynedd.

```
HDZ 2602   Mercedes-Benz 811D    Wright B26F     Cheltenham & Glou. 1602 00
HDZ 2614   Mercedes-Benz 811D    Wright B26F     Cheltenham & Glou. 1614 00
K  6 FHC   Dennis Dart           Plaxton B37F    Trezise,Wigan 03
L  6 NCP   Dennis Dart           Plaxton B25D    Airlinks 1100 02
```
K6 FHC*WLT 395(7/04) & K595 MGT(1/94)

A6   J.H. & J.S. FLANAGAN.t/a JOHN FLANAGAN MINI COACH TRAVEL

Depot:Unit 1a,Stretton IE,Grappenhall Lane,APPLETON THORN,Cheshire.

```
6853 TU    Volvo B10M-60            JE C49FTL       Thames Transit 5 99
D864 AHG   Bedford YNV              Wright C51DL    Linley,Lymm 96
M510 RHG   Ford Transit             Bedwas B16FL    New 94
N794 ORY   Toyota HZB50R            Caetano C18F    Airlinks 1134 05
P323 ARU   Volvo B10M-62            Berkhof C49FT   Simpson,Rosehearty 04
R570 UOT   Dennis Javelin           UVG C47FTL      Kerfoot-D.,Prestatyn 02
S376 PGB   Mercedes-Benz 412D       Concept C16FL   Thompson,Earlestown 03
KE05 GTZ   Mercedes-Benz 413CDI     Plaxton C16FL   New 05
```
6853 TU*L212 GJO(4/02), D864 AHG*836 FUS(6/05) & D864 AHG(8/99) &
P323 ARU*YOI 890(10/04) & P323 ARU(10/03)

A7   FLEETCAR LTD

Depot:28-36 Pottery Fields,PRESCOT,Merseyside.

```
E183 MYM   Ford Transit         Dormobile B8FL      Non-PSV(Widnes) 97
G816 ODM   Iveco 49-10          Wright B8FL         Wirral Council S2190 97
J403 MUE   Iveco 49-10          Mellor B12FL        Warwickshire CC 99
L276 SEM   Iveco 59-12          Mellor B16FL        Liverpool City Council 02
L278 SEM   Iveco 59-12          Mellor B16FL        Liverpool City Council 02
L283 SEM   Iveco 49-10          Dormobile B16FL     Liverpool City Council 01
L284 SEM   Iveco 49-10          Dormobile B16FL     Liverpool City Council 01
L291 SEM   Iveco 49-10          WS B16FL            Liverpool City Council 02
M304 LOD   Ford Transit         DC B14F             Non-PSV 03
M209 XWY   LDV 400              LDV B8FL            Calderdale MB Council 03
M212 XWY   LDV 400              LDV B8FL            Calderdale MB Council 03
P511 GLV   Ford Transit         Mellor B14FL        New 96
T672 BDM   LDV Convoy           ? B16FL             Non-PSV 00
```

A8   D.J. FLETCHER.t/a B & D TRAVEL

Depot:Unit 9,Station Road Ind. Est.,Reddish,STOCKPORT,Greater Manchester.

```
ONL  122   Iveco 391E           Beulas C49FT        Rodger,Weldon 05
OUI 2342   Volvo B10M-62        Jonckheere C53F     Shearings 615 03
OUI 2343   Iveco 391E           Beulas C49FT        New 97
OUI 2344   Iveco CC80E          Indcar C29F         Star,Ossett 02
YN05 ASV   Iveco 397E           Beulas C53FT        New 05
```
ONL 122*P472 AYJ(12/01) & 22 WHT(5/00) & P156 FBC(1/98),
OUI 2342*M615 ORJ(3/05), OUI 2343*R506 SCH(3/05) & OUI 2344*T731 JUT(2/05)

A9   G.S. FLETCHER.t/a FLETCHERs COACHES

Depot:Hydraulic Engine House,Derby Road,BURTON-UPON-TRENT,Staffordshire.

```
FBZ 9239    DAF MB200DKFL600      Jonckheere C49FT  Swiftsure,Burton-Trent 98
SBZ 9346    DAF MB200DKFL600      Van Hool C48FT    Swiftsure,Burton-Trent 04
TIB 2387    Bedford YNV           Duple C52FT       Bamber,Runcorn 00
VDV  534    Leyland PSU5D/4R      Plaxton C51F      Phillips,Cradley Heath 92
LUA 257V    Ford R1114            Plaxton C53F      H & M,Chasetown 35 91
LRR 446W    Bedford YMT           Plaxton C53F      Derbyshire Police 94
OKY 822X    Leyland PSU5C/4R      Plaxton C57F      A Midland Red Nth 1500 00
B977 HNT    Bedford YNV           Duple C55F        NCB,Edstaston 02
D287 OAK    Mercedes-Benz 609D    Whittaker C24F    Sargent,Cardiff 91
E689 LBT    DAF MB230LB615        Van Hool C53F     Goodridge,Rawmarsh 04
H674 ATN    Toyota HB31R          Caetano C21F      Wilby,Hibaldstow 99
N792 ORY    Toyota HZB50R         Caetano C18F      Capital,West Drayton 00
T332 BNL    Mercedes-Benz 614D    Crest C24F        Costello,Dundee 04
```

FBZ 9239*A786 XGG(10/93) & XSV 892(10/92) & A375 UNH(1/92),
SBZ 9346*A359 JJU(7/99) & RJI 8683(3/99) & A359 JJU(3/94),
TIB 2387*E800 UNB(5/93), VDV 534*PNW 302W(1/86) &
E689 LBT*A6 YET(6/00) & E320 EVH(5/95)

C1   A.F. FORD.t/a FORDIES MINI-COACHES

Depot:33 Breck Road,WALLASEY,Merseyside.

```
F483 AKC    Mercedes-Benz 408D    North West C15F   Roberts,Runcorn 94
H642 FCM    Mercedes-Benz 408D    Crystals C15F     Roberts,Runcorn 98
H643 FCM    Mercedes-Benz 408D    Crystals C15F     Roberts,Runcorn 98
H 89 JJA    Mercedes-Benz 410D    Crystals C16F     Pennington,Haydock 96
H641 LCS    Mercedes-Benz 410D    Deansgate C16F    Mitchell Bus,Tooting 02
H273 WMA    Mercedes-Benz 410D    North West C15F   Colley,Irby 02
```

H89 JJA*H6 CJT(8/96) & H791 YDM(3/93),
H641 LCS*A1 BUT(11/92) & H670 AGD(5/92) &
H273 WMA*RIL 9657(9/02) & H273 WMA(7/00)

C2   P. GALLAGHER.t/a PG COACHES

Depot:17 Spencers Lane,MELLING,Merseyside.

```
F309 URU    Volvo B10M-61         Plaxton C53F      Plastow,Wheatley 98
L  6 TCC    Volvo B10M-62         Plaxton C53F      Rutherford,Glenfarg 03
P188 NAK    Mercedes-Benz 814D    Plaxton C32F      Kirkby(Demonstrator) 97
MU51 FHV    Mercedes-Benz 413CDI  Concept C16F      New 01
ML02 KCY    Mercedes-Benz O814D   Concept C24F      New 02
YN05 VSU    Mercedes-Benz O814D   Plaxton C33F      New 05
```

C3   R.P. GARRINGTON.t/a SHIRE TRAVEL

Depot:Cannock Chase Enterprise Centre,Rugeley Rd,HEDNESFORD,Staffordshire

```
HUI 9695    Scania L94IB          Irizar C49FT      Leons,Stafford 145 04
G846 VAY    Mercedes-Benz 609D    RB C25F           McDonnel,Penkridge 04
R582 DYG    Mercedes-Benz 614D    Crest C24F        Turner,Stourbridge 01
NK51 OKH    Mercedes-Benz 413CDI  Crest C16F        New 01
VO51 RLY    Mercedes-Benz 311CDI  ? C16F            Non-PSV 05
BD02 HCZ    Kassbohrer S315GTHD   C49FT             New 02
BU53 AXD    Kassbohrer S315GTHD   C49FT             Evobus(Demonstrator) 05
```

HUI 9695*S349 SET(10/05) & 99D 6031(8/02) &
G846 VAY*HUI 9695(10/05) & G846 VAY(10/03)

C4   A. GILLIGAN.t/a NOVA SCOTIA TRAVEL

Depot:Unit 3,Phoenix Centre,Road One,Winsford IE,WINSFORD,Cheshire.

```
HSR   38X   Volvo B55-10              AR H48/36F         Hilton,Newton-l-Willows 03
HSR   40X   Volvo B55-10              AR H48/36F         Hilton,Newton-l-Willows 04
HSR   50X   Volvo B55-10              AR H48/36F         Bennett,Warrington 05
F834  RVL   Mercedes-Benz 811D        Wright B26F        YT Lincolnshire 374 05
~~~~~~~~~~~~~~~~~~~~~~~~~~~~~~~~~~~~~~~~~~~~~~~~~~~~~~~~~~~~~~~~~~~~~~~~~~~~~~~~
F834 RVL*9962 R(12/01) & HDZ 2603(9/00)
~~~~~~~~~~~~~~~~~~~~~~~~~~~~~~~~~~~~~~~~~~~~~~~~~~~~~~~~~~~~~~~~~~~~~~~~~~~~~~~~
```

C5   GO-GOODWINs (TRAVEL) LTD

Depot:186 Old Wellington Rd,Lyntown Trading Est,ECCLES,Greater Manchester.

```
GUI   441   Volvo B10M-62             Berkhof C27FT      Gaw,Stewarton 04
WSV   541   Scania K93CRB             Plaxton C53F       Coniston,Bromley 01
WSV   550   Scania K93CRB             Plaxton C53F       Ruffle,Castle Hedingham 05
WSV   551   Scania K113CRB            Berkhof C51FT      Hardings,Huyton 03
WSV   552   Scania K113CRB            Berkhof C51FT      Hardings,Huyton 03
WSV   553   Scania K93CRB             Plaxton C53F       Coniston,Bromley 01
2809  PP    Scania K93CRB             Plaxton B57F       A Midlands North 1407 02
772   URB   Volvo B10M-62             Plaxton C49FT      KMP,Llanberis 05
YRF   321X  Volvo B10M-61             MCCI C55F          Dunn-Line,Nottingham 05
C 11  ECB   Scania K124IB4            Van Hool C48FT     Protours,Heswall PT29 05
R 77  WES   DAF DE33WSSB3000          Ikarus C55F        Eastbourne 903 04
KX05  AYM   Van Hool T917             C38FT              New 05
~~~~~~~~~~~~~~~~~~~~~~~~~~~~~~~~~~~~~~~~~~~~~~~~~~~~~~~~~~~~~~~~~~~~~~~~~~~~~~~~
                 OTHER VEHICLE OWNED BY THE COMPANY
                           * * * * * * *
477   AOP   AEC Reliance              Harrington C29F    Preserved(1960)
~~~~~~~~~~~~~~~~~~~~~~~~~~~~~~~~~~~~~~~~~~~~~~~~~~~~~~~~~~~~~~~~~~~~~~~~~~~~~~~~
GUI 441*P754 WOS(7/04) & CTO 5T(5/04) & P879 FMO(5/01) & P10 GEF(2/01) &
       P879 FMO(11/00), WSV 541*G881 VNA(6/01), WSV 550*J299 NNC(7/05),
WSV 551*M208 PAN(12/03), WSV 552*M207 PAN(12/03), WSV 553*G882 VNA(5/01),
2809 PP*F170 DET(9/02),
772 URB*P167 ALJ(10/00) & A7 XCL(9/00) & P167 ALJ(1/97),
YRF 321X*XWC 18(9/95reb) & WVT 887X(2/93), C11 ECB*R72 VVP(3/05) &
R 77 WES*R803 MDY(5/04)
~~~~~~~~~~~~~~~~~~~~~~~~~~~~~~~~~~~~~~~~~~~~~~~~~~~~~~~~~~~~~~~~~~~~~~~~~~~~~~~~
```

C6   G.A. GOLDSTRAW.t/a AIMEEs COACHES & TAXICO

Depots:The Yard,Brookhouse Industrial Estate,CHEADLE &
                   Unit 1,Sunny Hills Road,LEEK,Staffordshire.

```
  1   T245 ABF    LDV Convoy            LDV B16F           Non-PSV(Afford) 00
  7   W538 DWC    Renault Master        O & H B9FL         Non-PSV 03
 10   Y743 XHG    Renault Master        Mellor B16F        Non-PSV 03
 12   T242 ABF    LDV Convoy            LDV B16F           Non-PSV(Afford) 01
 15   J216 XKY    MB 709D               Alexander B25F     S Bluebird Buses 300 02
 18   M125 YCM    MB 709D               ARB B27F           A North West 125 02
 19   N354 OBC    MB 709D               ARB B27F           A Fox County 1354 03
 20   B  5 CCH    Leyland LBM6T/1RS     RB C29F            Cross Gates Coaches 03
 21   Y341 BWP    Optare Solo M850      B27F               Irvine,Law 05
 22   G231 LDW    Dennis Javelin        Plaxton C35F       Reynolds,Maerdy 02
 23   SIB 3258    Leyland LBM6T/2RA     WS B37F            A Midlands North 1148 02
 24   GAZ 6666    Dennis Javelin        Plaxton C53F       South Mimms Travel 02
      KAZ  777    MB 709D               Plaxton B23F       Pilkington,Accrington 04
      OIB 8606    LD TRCTL11/3R         Duple C53F         Booth,Fenton 02
      DFE 503X    Bedford YMQ           Plaxton C45F       Rubensaat &,Tamworth 03
      A105 RGE    Dennis Dorchester     Alexander B65F     Kent County Council 01
      F 90 GGC    MB 811D               Robin Hood C29F    Booth,Fenton 02
      K553 SRK    MB 709D               ARB B16FL          Thorpe,Wembley 02
      M365 KVR    MB 709D               ARB B27F           Dolan,Barrhead 04
      W424 HBX    Renault Master        Cymric C14F        Roberts,Burry Port 04
      BU04 CCF    BMC 1100              B60F               F London 68502 05
```

GAZ 6666*G303 RJA(3/02), KAZ 777*N68 GPU(8/04), OIB 8606*FTD 758W(8/91),
SIB 3258*E993 NMK(9/04), DFE 503X*ACH 53A(4/99) & DFE 503X(10/89),
B5 CCH*G794 UHU(9/99) & F24 TMP(8/89), G231 LDW*90KY 1635(6/97) &
K553 SRK*K2 FET(11/02)

C7   GRACEDOWN LTD.t/a HOLLINS TRAVEL

Depot:Brickhouse Farm,Griffe Lane,Unsworth,WHITEFIELD,Greater Manchester.

XPD 976	Volvo B10M-60	Plaxton C49FT	Yorks Euro,Boroughbrdge 01
M 70 JWH	Mercedes-Benz 811D	Bradshaw C24F	Bradshaw,Heywood 00
M423 PUY	Dennis Javelin	Plaxton C49FT	Speldhurst,Shefford 04
LV02 LLJ	Iveco 391E	Beulas C49FT	Pullmanor,Herne Hill 05
LV02 LLK	Iveco 391E	Beulas C49FT	Pullmanor,Herne Hill 05

XPD 976*J980 EUM(8/01) & A3 YET(5/99) & J931 WRF(12/98) & 8150 RU(11/96) &
      J434 HDS(3/95) &
M423 PUY*ODN 601(3/03) & M423 PUY(12/99) & M425 PUY(4/96)

C8   GREATER MANCHESTER METRO LTD

Tramshed:Queens Road,CHEETHAM,Greater Manchester.

1001	1006	1011	1015	1019	1023	2001	2005
1002	1007	1012	1016	1020	1024	2002	2006
1003	1008	1013	1017	1021	1025	2003	2007
1004	1009	1014	1018	1022	1026	2004	2008
1005	1010						

C9   GREEN TRIANGLE BUSES LTD/B & D COACHES LTD.t/a SOUTH LANCS TRAVEL

Depots:Units 22/3,Chanters Ind. Est.,Arley Way,ATHERTON &
        c/o Bullen,Mill Lane,Appley Bridge,WIGAN,Greater Manchester.

G644 BPH	Volvo B10M-50	NC H45/35F	A Midlands North 3644 03
G121 PGT	Mercedes-Benz 811D	Alexander B28F	HMB,Felling 98
J627 KCU	Dennis Dart	Wright B40F	GA North East 8027 00
J635 KCU	Dennis Dart	Wright B40F	GA North East 8035 00
J638 KCU	Dennis Dart	Wright B40F	GA North East 8038 00
K374 RTY	Dennis Dart	Wright B40F	GA North East 8074 00
K 2 SLT	Optare Solo M950	B33F	New 04
K 3 SLT	Optare Solo M950	B33F	New 04
K 40 SLT	Optare Solo M950	B33F	New 05
K 50 SLT	Optare Solo M950	B33F	New 05
L811 CJF	Mercedes-Benz 709D	Marshall B27F	Trent 41 05
L812 CJF	Mercedes-Benz 709D	Marshall B27F	Trent 42 05
L657 MYG	Mercedes-Benz 711D	Plaxton B27F	Gibson Direct,Renfrew 01
L610 OWB	MB OH1416	Wright B47F	Choice,Wednesfield 37 03
M166 LNC	Mercedes-Benz 709D	ARB B23F	A North West 166 02
M167 LNC	Mercedes-Benz 709D	ARB B23F	A North West 167 02
M 51 PRA	Volvo B10M-60	ARB DP47F	Trent 51 04
M 52 PRA	Volvo B10M-60	ARB DP47F	Trent 52 04
M 54 PRA	Volvo B10M-60	ARB DP47F	Trent 54 04
M 88 SLT	Dennis Dart SLF	Plaxton B29F	New 02
M 99 SLT	Dennis Dart SLF	Plaxton B29F	New 02
M455 TCH	Volvo B10M-60	ARB DP47F	Trent 55 04
N258 DUR	Mercedes-Benz 709D	Plaxton B27F	Petes,West Bromwich 99
N 31 EVT	MB OH1416	Wright B47F	Choice,Wednesfield 31 03
N 32 EVT	MB OH1416	Wright B47F	Choice,Wednesfield 32 03
N133 GRF	MB OH1416	Wright B47F	Choice,Wednesfield 33 03
N819 RFP	Mercedes-Benz 709D	Plaxton B29F	Trent 819 05
P347 ROO	Volvo Olympian	EL H51/32F	London Buses 347 03
R104 GNW	Dennis Dart SLF	UVG B38F	London Tran,Buntingford 02
S846 DGX	Volvo Olympian	EL H47/29F	GA Metrobus 846 04
S858 DGX	Volvo Olympian	EL H47/29F	GA Metrobus 858 04

```
S  24 SLT    Scania L94UB           Wright B44F        New 05
S  25 SLT    Scania L94UB           Wright B44F        New 05
S  26 SLT    Scania L94UB           Wright B44F        New 05
T731 DGD     Dennis Dart SLF        Marshall B43F      Arnott,Erskine 03
T  84 JBA    Dennis Dart SLF        Plaxton B44F       Anglian,Ellough 204 02
T  85 JBA    Dennis Dart SLF        Plaxton B44F       Anglian,Ellough 205 02
T  86 JBA    Dennis Dart SLF        Plaxton B44F       Anglian,Ellough 206 02
T  11 SLT    Dennis Dart SLF        Plaxton B28F       New 99
T973 TBA     Dennis Dart SLF        Plaxton B28F       Blue Bus,Bolton 10 05
T974 TBA     Dennis Dart SLF        Plaxton B28F       Blue Bus,Bolton 11 05
V928 FMS     Dennis Dart SLF        Alexander B40F     Blue Bus,Bolton 28 04
V  22 SLT    Dennis Dart SLF        Plaxton B28F       New 99
V  33 SLT    Dennis Dart SLF        Plaxton B28F       New 99
W  19 SLT    Mercedes-Benz O814D    Plaxton B27F       New 00
W  20 SLT    Mercedes-Benz O814D    Plaxton B27F       New 00
W  44 SLT    Dennis Dart SLF        Plaxton B28F       New 00
W  55 SLT    Dennis Dart SLF        Plaxton B28F       New 00
W187 YBN     Dennis Dart SLF        Plaxton B29F       Blue Bus,Bolton 12 05
X882 OBA     Dennis Dart SLF        Plaxton B29F       Blue Bus,Bolton 14 05
X883 OBA     Dennis Dart SLF        Plaxton B29F       Blue Bus,Bolton 0 05
X  80 SLT    Dennis Trident         EL H53/37F         New 02
Y  66 SLT    Dennis Dart SLF        Plaxton B28F       New 01
Y  77 SLT    Dennis Dart SLF        Plaxton B28F       New 01
```

OTHER VEHICLES OWNED BY THE COMPANY
* * * * * * *

```
BXI 2573     Bristol RELL6G         ARB B52F           Preserved(1984)
BXI 2598     Bristol RELL6G         ARB B52F           Preserved(1983)
WWN  191     AEC Reliance           Harrington C41F    Preserved(1960)
MMY 991C     AEC Reliance           Harrington C51F    Preserved(1965)
KHU 323P     Bristol LH6L           RV                 Towing Vehicle
AFB 597V     Bristol LH6L           ECW B43F           Preserved(1980)
```

T731 DGD*T500 CBC(3/03), T973 TBA*T10 BLU(2/05), T974 TBA*T11 BLU(2/05),
W187 YBN*W12 BLU(3/05), X882 OBA*X14 BLU(3/05) & X883 OBA*X13 LUE(3/05)

H. GRIFFITHS/A. GRIFFITHS.t/a GRIFFITHS COACHES & HEFIN GRIFFITHS

Depot:3 Elim Cottages,Siloh,Y FELIN HELI,Gwynedd.

```
MSU  953     Volvo B10M-60          Jonckheere C51FT   Jones,Pwllheli 96
NEJ  722     Volvo B10M-62          Berkhof C53F       Voel,Dyserth 03
TIL 1182     Leyland TRBTL11/2RP    Plaxton B70F       Dunstan,Middleton 82 04
TOT  987     Volvo B10M-60          Jonckheere C51FT   Durham City,Brandon 97
660  MAE     Volvo B10M-62          Van Hool C45FT     Clynnog & Trefor 05
AHU 512V     Bristol VRT/SL3/6LXB   ECW H43/27D        Eagles,Mold 02
BMA 521W     Bristol VRT/SL3/6LXB   ECW H43/31F        Eagles,Mold 02
PFC 513W     Bristol VRT/SL3/6LXB   ECW H43/27D        Westbrook,Salford 03
YMB 509W     Bristol VRT/SL3/6LXB   ECW H43/31F        Eagles,Mold 05
DCA 525X     Bristol VRT/SL3/6LXB   ECW H43/31F        Eagles,Mold 04
B  10 MPT    Volvo B10M-62          Jonckheere C51FT   Amport & Dist,Thruxton 04
```

MSU 953*G172 RBD(9/96), NEJ 722*R4 MKD(2/03), TIL 1182*F282 HOD(8/00),
TOT 987*G176 RBD(1/97),
660 MAE*N514 PYS(7/05) & 34 BCG(4/05) & N514 PYS(1/03) & LSK 845(12/98) &
B10 MPT*M334 KRY(12/01)

D2   GUIDEISSUE LTD.t/a BAKERs COACHES

Depot:Spring Grove,Congleton Road,BIDDULPH,Staffordshire.

```
1   9530 RU    Volvo B10M-62       Plaxton C49FT    New 99
2   5658 RU    Volvo B10M-62       Plaxton C49FT    New 99
3   7092 RU    Volvo B10M-62       Plaxton C57F     New 99
4   3601 RU    Volvo B10M-62       Plaxton C57F     Classic,Annfield P. 01
5   4614 RU    Volvo B10M-61       Plaxton C53F     Winson,Loughborough 89
6   3275 RU    Volvo B10M-62       Plaxton C53F     New 99
```

```
   7  1513   RU    Volvo B10M-62      Plaxton   C57F    Londoners,Nunhead 01
   8  8150   RU    Volvo B10M-62      Plaxton   C57F    New 00
   9  1497   RU    Volvo B10M-62      Plaxton   C57F    New 00
  11  JVJ    529   Volvo B10M-61      Plaxton   C53F    Moordale,East Boldon 01
  16  4085   RU    Volvo B10M-62      Plaxton   C49FT   Tellings-GM,Twickenhm 01
  17  3353   RU    Volvo B10M-62      Caetano   C51FT   New 01
  19  8439   RU    MB O814D           Plaxton   C33F    New 02
  21  G689   OHE   MB 811D            Whittaker B31F    Tellings-GM,Byfleet 01
  23  R578   GDS   MB O810D           Plaxton   B31F    Superior,Greenock 99
  29  T129   XVT   MB O814D           Plaxton   B31F    New 99
 161  8830   RU    Scania K114IB4     Irizar    C49FT   New 03
 162  9995   RU    Scania K114IB4     Irizar    C49FT   New 03
 163  R948   AMB   MB O810D           Plaxton   B31F    Green T.,Atherton 03
 164  5946   RU    Volvo B10B-58      Plaxton   B51F    Countryliner,Guildfrd 03
 168  K963   CNE   MB 811D            Plaxton   B31F    Green T.,Atherton 03
 169  K455   EDT   MB 811D            Plaxton   B31F    Green T.,Atherton 03
 170  YJ53   VEA   DAF DE12BSSB120    Wright    B39F    New 03
 171  YJ53   VEB   DAF DE12BSSB120    Wright    B39F    New 03
 172  3093   RU    Volvo B12B         Caetano   C49FT   New 04
 173  6280   RU    Volvo B12B         Caetano   C49FT   New 04
 174  1879   RU    Volvo B10M-60      Plaxton   C53F    Milligan,Mauchline 04
 175  X282   MSP   MB O814D           Plaxton   B31F    Docherty,Auchterarder 04
 176  YJ04   BZD   DAF DE12BSSB120    Wright    B39F    New 04
 178  T456   HNH   MB O814D           Alexander B27F    Dawson(Hire Fleet) 04
 180  V116   ESL   MB O814D           Plaxton   B27F    Moffat &,Gauldry 04
 181  T 49   JBA   MB O814D           Plaxton   B33F    MacLennan,Laxy Lochs 04
 182  V117   ESL   MB O814D           Plaxton   B27F    Moffat &,Gauldry 04
 183  G723   GGE   MB O814D           Plaxton   B33F    MacLennan,Laxy Lochs 04
 184  7025   RU    Volvo B12B         Caetano   C49FT   New 04
 185  YJ54   CEY   DAF DE12BSSB120    Wright    B39F    New 04
 186  YJ54   CFA   DAF DE12BSSB120    Wright    B39F    New 04
 187  S391   HVV   MB O814D           Plaxton   B31F    on loan Dawson
 188  3566   RU    Scania K114IB4     Irizar    C49FT   New 05
 189  8399   RU    Scania K114IB4     Irizar    C49FT   New 05
      3102   RU    MB O815D           Sitcar    C27F    Dawson,Heywood 05
```

JVJ 529*D269 XRG(11/89), 1513 RU*T632 JWB(5/01),
1879 RU*F523 UVW(4/04) & MIL 2979(2/04) & F523 UVW(9/02) &
    NXI 9006(8/95) & F451 PSL(4/94),
3102 RU*SL02 OLB(10/05) & C8 DWA(9/03), 3601 RU*T633 JWB(4/02),
4085 RU*T30 TGM(4/02), 4614 RU*D255 HFX(2/90), 5946 RU*M875 NWK(10/04),
K963 CNE*K2 SLT(4/03),
K455 EDT*K3 SLT(4/03) & K455 EDT(2/95) & 30938(7/93) & K455 EDT(7/93) &
V254 BNV*J 101743(7/03) & V254 BNV(5/03)

D3   HALTON BOROUGH TRANSPORT LTD

Depot:Moor Lane,WIDNES,Cheshire.

1-33 *Dennis Dart SLF Marshall B39F or B42F(23-33) New 98-02
         *15-7 are B43F,18 is B41F,19 is B46F, 20 is B29F & 21/2 are B44F
     R712-4 MEW,S196/7/4/5 FFM,T757-60 LFM,V993-5 LLG,W471 VMA,
     W987/5/6 XFM,X965-8 ULG,Y203/7/2/4 PFM,DG02 WXU/T/V,DA02 PUX/Y,
     DF02 EHY/KC.

```
  1(712)         8(757)        15(471)       22(968)        28(WXT)
  2(713)         9(758)        16(987)       23(203)        29(WXV)
  3(714)        10(759)        17(985)       24(207)        30(PUX)
  4(196)        11(760)        18(986)       25(202)        31(PUY)
  5(197)        12(993)        19(965)       26(204)        32(EHY)
  6(194)        13(994)        20(966)       27(WXU)        33(EKC)
  7(195)        14(995)        21(967)
                      * * * * * * *
```

```
34-54  Dennis Dart SLF   East Lancs B43F   New 02-5
       DE52 URZ/SB/C,DK03 NTD/E/TNN/L,PG03 YYW/X/Z,DK04 MKG/F/J/E,
       DK54 JPJ/U/O,PN05 SYG/H/J/O.
   34(URZ)        39(TNN)         43(YYZ)        47(MKE)        51(SYG)
   35(USB)        40(TNL)         44(MKG)        48(JPJ)        52(SYH)
   36(USC)        41(YYW)         45(MKF)        49(JPU)        53(SYJ)
   37(NTD)        42(YYX)         46(MKJ)        50(JPO)        54(SYO)
   38(NTE)
                              * * * * * * *
57-64  Leyland LX2R   B51F   New 92
       K853 MTJ,J923/4/6/7 MKC,K852 MTJ.
   57(853)        61(924)         62(926)        63(927)        64(852)
   60(923)
                              * * * * * * *
   88    R408 XFL   Dennis Dart SLF    Marshall B39F   New 97
   89    R409 XFL   Dennis Dart SLF    Marshall B39F   New 97
   90    R410 XFL   Dennis Dart SLF    Marshall B39F   New 97
```

D4   HALTON COMMUNITY TRANSPORT

Depot:33 Ditton Road,WIDNES,Cheshire.

```
BIW 2848   DAF SB2300DHS585       Berkhof C51FL    Greenhalgh,Widnes 02
KIW 5201   Bova EL28/581          Duple C53FL      Turner,Heaton Chapel 03
TIB 5908   Volvo B10M-61          Berkhof C53F     County,Heaton Chapel 04
G705 MWD   Leyland LBM6T/2RS      RB C30FL         Turner,Heaton Chapel 02
M 43 AEH   Renault Master         Pathfinder B12FL Cheshire Dial-a-Ride 97
P578 JJA   Mercedes-Benz 611D     MinO B16FL       New 97
P257 OJA   Renault Master         WJW B10FL        Non-PSV(Runcorn) 02
W199 WDM   Mercedes-Benz 313CDI   ? C16F           New 00
Y701 KNC   LDV Convoy             Concept C16FL    New 01
Y976 NBV   Mercedes-Benz 413CDI   Jaycas C16FL     New 01
MV02 ZKZ   LDV Convoy             Whitacre B12FL   New 02
MK52 XDW   LDV Convoy             Frank Guy B12FL  New 02
MK52 XKA   LDV Convoy             LDV B16FL        New 03
FJ54 WLA   Iveco 50C13            ? B16FL          New 04

BIW 2848*KNO 223Y(4/89), KIW 5201*C661 GUS(8/90) & TIB 5908*A143 JTA(6/93)
```

D5   D. HAMBLETT & H. HEATON.t/a TRAFALGAR TRAVEL

Depot:Crown Car Park,East Bond Street,LEIGH,Greater Manchester.

```
GSU  388   Volvo B10M-61          Jonckheere C48FT Hilton,Newton-le-Willow 03
H916 PTG   Volvo B10M-60          Ikarus C49FT     Hilton,Newton-le-Willow 97
L544 XUT   Volvo B10M-60          Jonckheere C51FT Head,Lutton 01
P223 LKK   Mercedes-Benz 711D     Plaxton C29F     A Kent 1223 02
W774 AAY   MAN 13.220             Marcopolo C37FT  Owen,Four Crosses 05

GSU 388*E405 RWR(3/93) & L544 XUT*A111 OAV(10/01) & L544 XUT(12/00)
```

D6   L. HAMPSON/L. & L.C. HAMPSON.t/a CARING HANDS GROUP

Depot:Links Resource Centre,21 Cromwell Road,ECCLES,Greater Manchester.

```
M106 VHE   LDV 400                Onyx C14F        Rotherham BC 01
N449 MCN   Iveco 45-10            LCB B16FL        Non-PSV(TLS) 98
S507 JSW   Iveco 35-10            Rosebury B11FL   Non-PSV 00
S295 MHN   Iveco 35-10            Rosebury B11FL   Non-PSV 00
```

D7   L.L. HAMPTON

Depot:Unit 9,Parkdale Industrial Estate,Wharf Street,WARRINGTON,Cheshire.

```
GSX 846      DAF SB2300DHS585       Jonckheere C51FT   Scougall,Dunbar 94
YSU 491      Bedford YNT            Duple C53F         Keeling,Tunstall 01
EWF 209V     Bedford YMT            Plaxton C53F       Robson,Wheatley 02
UJT 989X     Bedford YNT            Plaxton C53F       Landylines,Wellington 01
F625 GKM     Ford Transit           Dormobile B12FL    Welwyn Hatfield DC 97
F626 GKM     Ford Transit           Dormobile B12FL    Welwyn Hatfield DC 97
F234 RJX     DAF MB230LB615         Caetano C53F       Sim,Boot 02
G997 UOD     Mercedes-Benz 408D     DC C16F            New 90
H  59 LOM    Talbot Freeway         B19FL              New 90
M243 BBX     Renault Master         Cymric C16F        New 94
N156 CNW     Renault Master         DC C6FL            New 95
P744 MKJ     Mercedes-Benz 711D     ACL C24F           New 97
P  61 RWR    Mercedes-Benz 412D     Crest C16F         New 96
YN53 CRV     Mercedes-Benz 413CDI   ? C16F             New 03
```
~~~~~~
GSX 846*B180 AGK(2/91), YSU 491*A767 BHE(3/91) & YWP 752(1/91) &
F234 RJX*219 DLV(5/02) & F234 RJX(9/91)
~~~~~~

D8   D.A. & T. HANNELL.t/a MERSEYPRIDE TRAVEL

Depot:26 Skypark International Estate,Speke Hall Avenue,SPEKE,Merseyside.

```
BHZ 9544     Scania K112TRB         JE CH55/18CT       Rennie,Dunfermline 04
DHZ 6774     DAF SB2300DHS585       Berkhof C49FT      Raddoneur,Wallasey 03
JWR 150Y     Leyland ONLXB/1R       ECW H45/32F        Yorkshire Traction 619 04
SHE 621Y     Leyland ONLXB/1R       ECW H45/32F        Yorkshire Traction 621 04
A235 GHN     Leyland ONLXB/1R       ECW H45/32F        UK & North,Gorton 220 03
A649 OCX     Leyland ONLXB/1R       ECW H45/32F        Yorkshire Traction 649 05
B183 BLG     Leyland ONLXB/1R       ECW H45/32F        UK & North,Gorton 230 03
B902 TVR     Dennis DDA1003         NC H43/32F         S East Midland 15002 04
F557 NJM     Leyland LX112          B49F               A The Shires 3807 02
K  18 CCL    Volvo B10M-60          Plaxton C53F       Station Car,Bracknell 03
```
~~~~~~
BHZ 9544*LSK 479(5/02) & NJI 3995(10/01) & E214 GNV(7/91),
DHZ 6774*B680 BTW(3/04), JWR 150Y*SHE 619Y(11/04) & K18 CCL*K100 CAP(6/99)
~~~~~~

D9   HAPPY DAYS (WOODSEAVES) LTD

Depot:Greyfriars Garage,Greyfriars Way,STAFFORD,Staffordshire.

```
  3   LUA 267V   Ford R1114         Plaxton C53F       Fisher,Bronington 01
  5   A419 XHL   Volvo B10M-56      Plaxton C53F       Fisher,Bronington 01
  6   A647 GLD   Volvo B10M-61      Plaxton C51F       Fisher,Bronington 01
  7   FSU  356   Volvo B10M-61      Van Hool C53F      Fisher,Bronington 01
  9   947  JWD   Volvo B10M-61      Van Hool C53F      Fisher,Bronington 01
 10   C514 DND   Volvo B10M-61      Plaxton C53F       Fisher,Bronington 01
 11   D258 HFX   Volvo B10M-61      Plaxton C53F       Fisher,Bronington 01
126   K  1 HDC   MB 814D            WS C26F            MOD(Navy) 04
179   MIB  580   DAF MB230LB615     Van Hool C53FT     Brookes,Tipton 04
196   TDR  725   Volvo B10M-61      Van Hool C53F      Fisher,Bronington 01
197   CAZ 2818   Volvo B10M-60      Van Hool C53F      Fisher,Bronington 01
198    18  XWC   Scania L94IB4      Van Hool C49FT     New 00
199   YR02 ZZJ   Scania K114IB4     Van Hool C53F      New 02
200   YR02 ZZK   Scania K114IB4     Van Hool C49FT     New 02
201   YR02 ZZL   Scania K114IB4     Van Hool C49FT     New 02
202   YR02 ZZM   Scania K114IB4     Van Hool C49FT     New 02
203   YR02 ZZN   Scania K114IB4     Van Hool C49FT     New 02
204   YR02 ZZO   Scania K114IB4     Van Hool C49FT     New 02
205   YR02 ZZP   Scania K114IB4     Van Hool C49FT     New 02
206   YR02 ZZS   Scania K114IB4     Van Hool C49FT     New 02
      BTU 825W   Ford R1114         Plaxton C53F       Meredith,Malpas 05
      PEW 622X   Ford R1114         Plaxton C53F       Meredith,Malpas 05
      G416 MUX   LD TRCL10/3ARZM    Plaxton C49FT      James,Tamworth 05
```

```
            K 11 HDC   MB 814D              WS C26F         MOD(Navy) 04
~~~~~~~~~~~~~~~~~~~~~~~~~~~~~~~~~~~~~~~~~~~~~~~~~~~~~~~~~~~~~~~~~~~~~~~~~~~~~~
                   STAFFORDIAN TRAVEL LTD(Associated Company)

  125  917  DBO   MB 811D           Whittaker C24F   Mullany,Watford 99
  195  HSV  674   Volvo B10M-61     Van Hool C53F    Happy Days,Woodseaves 05
~~~~~~~~~~~~~~~~~~~~~~~~~~~~~~~~~~~~~~~~~~~~~~~~~~~~~~~~~~~~~~~~~~~~~~~~~~~~~~
CAZ 2818*H188 DVM(1/94), FSU 356*A36 DTV(2/98), HSV 674*C536 DND(6/93),
MIB 580*E62 AUX(11/04) & MIB 580(6/99) & E648 KCX(3/95),
TDR 725*LSK 875(12/94) & E645 UNE(4/92), 917 DBO*F796 FKU(10/99),
947 JWD*B475 UNB(6/91), 18 XWC*X488 AHE(1/04),
BTU 825W*469 KNP(6/99) & YUO 44W(1/95),
G416 MUX*387 FYM(9/05) & 961 KVK(5/98) & 425 BVK(4/96) & G349 RTA(8/92) &
K1 HDC*M602 GGD(3/04)
~~~~~~~~~~~~~~~~~~~~~~~~~~~~~~~~~~~~~~~~~~~~~~~~~~~~~~~~~~~~~~~~~~~~~~~~~~~~~~

E1                         HARDINGS TOURS LTD

Depots:60 St Johns Road & c/o John Mason,Wilson Road,HUYTON,Merseyside.

L403 LHE   Scania K113CRB          Van Hool C53F     New 94
M232 XEO   Volvo B10M-62           Van Hool C51FT    Nuttall,Penwortham 01
N206 VRX   Volvo B10M-62           Berkhof C51FT     New 95
P 10 OAH   Scania K113CRB          Irizar C49FT      Hurst &,Goose Green 01
R 10 OAH   Scania K113TRB          Irizar C51FT      Hurst &,Goose Green 01
R 20 OAH   Scania K113TRB          Irizar C51FT      Hurst &,Goose Green 01
R880 SDT   Scania L94IB            Irizar C53F       New 97
R890 SDT   Scania L94IB            Irizar C53F       New 97
S190 JGB   Mercedes-Benz O814D     Adamson C24F      Glen,Port Glasgow 04
T741 JHE   Scania L94IB            Van Hool C49FT    New 99
T742 JHE   Scania L94IB            Irizar C53F       New 99
Y152 TVV   Mercedes-Benz 311CDI    CVC C16F          Non-PSV(Van) 04
~~~~~~~~~~~~~~~~~~~~~~~~~~~~~~~~~~~~~~~~~~~~~~~~~~~~~~~~~~~~~~~~~~~~~~~~~~~~~~
M232 XEO*6 RED(3/00) & M137 SKY(10/95)
~~~~~~~~~~~~~~~~~~~~~~~~~~~~~~~~~~~~~~~~~~~~~~~~~~~~~~~~~~~~~~~~~~~~~~~~~~~~~~

E2      J.G.J. HARTLEY.t/a TOWN LYNX BUSES (ST HELENS)

Depot:Baxters Lane,Sutton,ST HELENS,Merseyside.

    3  M405 TCK   Optare MR37      B25F           Preston 5 05
    4  J697 CGK   Optare MR03      B26F           Preston 41 05
  748  M748 WWR   Optare MR15      B31F           A Yorkshire 748 05
       M870 KCU   Optare MR17      DP29F          A North East 870 05
~~~~~~~~~~~~~~~~~~~~~~~~~~~~~~~~~~~~~~~~~~~~~~~~~~~~~~~~~~~~~~~~~~~~~~~~~~~~~~
                     OTHER VEHICLE OWNED BY THE COMPANY
                              * * * * * * *
       E 77 LFR   Renault S56      NC B25F        Preserved(1988)
~~~~~~~~~~~~~~~~~~~~~~~~~~~~~~~~~~~~~~~~~~~~~~~~~~~~~~~~~~~~~~~~~~~~~~~~~~~~~~
E77 LFR*E76 LFR(12/88)
~~~~~~~~~~~~~~~~~~~~~~~~~~~~~~~~~~~~~~~~~~~~~~~~~~~~~~~~~~~~~~~~~~~~~~~~~~~~~~

K.G. & R. HATTON.t/a HATTONs TRAVEL & NIP-ON TRANSPORT SERVICES

Depots:Unit 15,St Helens Central Station Yard,Shaw Street &
              c/o Ogden,Baxters Lane,Sutton,ST. HELENS,Merseyside.

MIL 1215   DAF MB230LB615       Plaxton C53F      Ogden,St Helens 99
RIL 1058   Volvo B10M-61        LAG C49FT         Southern National 7005 00
YIL 3202   EOS E180Z            C49FT             Simmons,Great Gonerby 02
YIL 3203   EOS E180Z            C49FT             Hurst &,Goose Green 02
YIL 3204   EOS E180Z            C48FT             Hallmark,Coleshill 04
YIL 5906   Volvo B10M-62        Plaxton C53F      Nottingham 783 04
A150 LFR   Leyland TRCTL11/2R   Duple C51F        Ribble 1150 98
L212 BPL   Toyota HDB30R        Caetano C21F      Donaldson,Strathkinness 00
M 89 DEW   Dennis Dart          Marshall B40F     Halton 65 99
P654 HEG   Dennis Dart          Marshall B40F     New 96
P655 HEG   Dennis Dart          Marshall B40F     New 96
```

```
R811 WJA   Dennis Dart SLF      UVG B38F          Universal,Chadderton 00
R812 WJA   Dennis Dart SLF      UVG B38F          Universal,Chadderton 00
R411 XFL   Dennis Dart SLF      Marshall B43F     Marshall(Demonstrator) 98
V660 LWT   Dennis Dart SLF      UVG B40F          New 99
MW52 UCC   Dennis Dart SLF      Plaxton B29F      New 03
MV54 AOC   DAF DE12BSSB120      Wright B38F       New 04
MV54 AOD   DAF DE12BSSB120      Wright B38F       New 04
```
~~~~~~
MIL 1215*F215 RJX(2/96), RIL 1058*GDS 3(2/99) & B839 BYA(10/93),
YIL 3202*L547 EHD(5/04), YIL 3203*M808 RCP(5/04), YIL 3204*R47 GNW(5/04) &
YIL 5906*T783 LCH(1/05)
~~~~~~

E4   HAYTONs EXECUTIVE TRAVEL LTD.t/a HAYTONs COACHES

Depot:Unit 3,Velos House,Froxmer Street,GORTON,Greater Manchester.

```
 1   M628 KVU   Volvo B10M-62        JE C52FT          Guthrie &,Motherwell 04
 2   DJZ 8085   Volvo B10M-60        Plaxton C57F      McDermott,Portaferry 05
 3   P102 HNC   Scania N113DRB       EL H45/31F        Mayne,Clayton 2 04
 4   YIL 4027   DAF SB220LC550       Optare DP48F      Crichton,Low Fell 03
 5   RAZ 8628   Volvo B10M-60        Plaxton C53F      Glover,Ashbourne 05
 6   T448 UCH   Volvo B7R            Plaxton C55F      O'Brien &,Hugglescote 03
 7   N703 FLN   MAN 11.190           Optare B42F       Crichton,Low Fell 03
 8   MIB 7416   Volvo B10M-61        Plaxton C53FT     Pierce,Maghull 05
 9   S745 RNE   MB O814D             Plaxton B31F      Poole,Mossley 04
10   S 87 JBA   MB O814D             Plaxton C32F      Bradshaw,Heywood 04
11   XCZ 4123   Volvo B10M-60        Plaxton C51FT     Berry,Tockwith 03
12   P101 HNC   Scania N113DRB       EL H45/31F        Mayne,Clayton 1 04
13   YN05 HDJ   Scania K114EB4       Irizar C49FT      New 05
14   BH53 HAY   MAN 24.360           Noge C51FT        New 03
15   L265 VUS   Volvo B10M-60        Van Hool C53F     Spencer,Arbourthorne 04
16   S464 JGB   Volvo B10M-62        Plaxton C49FT     Lainton,Clayton 04
17   BUI 2649   Volvo B10M-60        Plaxton C53F      Go-Goodwins,Eccles 05
18   MV53 ENE   Volvo B7R            Jonckheere C53F   New 04
19   M799 PRS   Volvo B10B-55        Alexander DP48F   B Lancashire 442 05
20   YN05 HDH   Scania K114EB4       Irizar C49FT      New 05
22   N502 HWY   Volvo B10B-58        Alexander DP49F   B Keighley & Dist 502 05
     N504 LUA   DAF DE33WSSB3000     Ikarus C67F       Lainton,Pendleton 05
     Y896 GDV   Volvo B10M-62        Caetano C49FT     Bus Eireann VC208 05
```
~~~~~~
BUI 2649*F324 PNC(9/05) & WSV 550(7/05) & TIL 8795(3/04) &
     F546 WRE(5/01) & 6280 RU(11/96) & F977 HGE(8/91),
DJZ 8085*G106 ETJ(8/05),
MIB 7416*E605 CHS(4/96) & DJU 704(2/96) & E898 CGA(12/95) &
     174 NJO(11/94) & E408 MSX(9/92), RAZ 8628*G554 SSP(10/97),
XCZ 4123*L937 NWW(9/04), YIL 4027*H259 CFT(9/04),
S87 JBA*FIL 3017(7/04) & S891 BRE(5/04), T448 UCH*T8 PJC(6/03) &
BH53 HAY*YN53 EWF(4/04)
~~~~~~

E5   E. HEALING.t/a E. HEALING & SONS

Depots:Terrace Street,OLDHAM &
       Lancashire House,251 Higginshaw Lane,ROYTON,Greater Manchester.

```
G 25 WNF   Duple 425            C49FT             New 90
J727 SNE   Duple 425            C55FT             New 92
L236 ANR   Toyota HZB50R        Caetano C21F      New 94
L344 MKU   Plaxton 425          Lorraine C53FT    New 94
P141 GHE   Scania K113CRB       Irizar C49FT      New 97
P573 HHF   Mercedes-Benz O817L  Concept C31F      New 98
R902 WEC   Volvo B10M-62        Plaxton C49FT     Harrison,Morecambe 03
Y692 TNC   Ayats A2E/AT         C53FT             New 01
```
~~~~~~
R902 WEC*4148 VZ(8/03) & R902 WEC(9/02)
~~~~~~

E6   T. & D. HEATON

Depot:Richmond Hill IE,Richmond Hill,Pemberton,WIGAN,Greater Manchester.

```
ONS 348Y   Volvo B10M-61         Van Hool C53F      R&D Travel,Formby 03
C207 PPE   Leyland TRCTL11/3RH   Plaxton C51F       Crainey &,Kilsyth 00
D121 HML   Leyland TRCTL11/3RZ   Duple C57F         Nuttall,Penwortham 02
E576 UHS   Volvo B10M-61         Plaxton C51F       Durbin,Patchway 05
```
ONS 348Y*RAZ 9321(5/03) & 386 BUO(12/00) & 7622 WF(3/93) &
     ONS 348Y(12/84) & E576 UHS*YYD 699(5/05) & E576 UHS(12/95)

E7   M.D. HEYBOURNE.t/a MD TRAVEL

Depot:Unit 2,Slaidburn IE,Slaidburn Crescent,SOUTHPORT,Merseyside.

```
PJ51 XCK   Renault Master        CSM C16F           New 01
FN52 GVC   Iveco 391E            Beulas C49FT       Cattermole,Bristol 05
AF03 BKU   LDV Convoy            LDV B16F           Non-PSV(Hertz) 04
AF03 BUJ   LDV Convoy            LDV B16F           Non-PSV 04
```

E8   S.J. HILL.t/a J & S TRAVEL

Depot:Unit 7a,Freetown Business Park,Hudcar Lane,BURY,Greater Manchester.

```
H625 GBC   CVE Omni              B16F               Maynard,Marsh 01
J710 AUB   Renault B110          Central B10FL      Birkett,Padiham 01
K769 CNF   DAF 400               Aitken B10FL       Birkett,Padiham 00
K351 PHD   Iveco 59-12           Mellor B16FL       Dart,Bury 04
K358 VFK   DAF 400               Jubilee C16F       Wroe,Unsworth 03
L698 AEA   DAF 400               Cunliffe B15FL     City of Birmingham 01
L533 FRJ   Renault B110          Cunliffe B16FL     Bury MBC 1113 01
L675 UKF   DAF 400               DAF B14FL          Non-PSV 00
M922 XKA   Mercedes-Benz 410D    DC B14FL           Kirkholt CT,Rochdale 04
```
K769 CNF*K831 BSG(3/04)

E9   J.D. & G. HILTON.t/a HILTONs TRAVEL

Depot:Borron Road,NEWTON-LE-WILLOWS,Merseyside.

```
GXI  516   Volvo B10M-50         VH CH52/13FT       Viscount,Burnley 16 99
HIL 2077   Volvo B10M-61         Duple C61F         Paragon,Stramshall 03
HIL 4091   Volvo B10M-53         VH CH52/13FT       Selwyns,Runcorn 59 00
OIL 5269   Ward Dalesman         Van Hool C48FT     Bennett,Warrington 05
TJI 4828   Volvo B10M-60         Jonckheere C55F    F PMT 20003 04
A289 TSN   Volvo B10M-50         EL CH45/33F        Tayside 89 02
E659 JAR   Mercedes-Benz 609D    Whittaker C24F     Sutton,Cressing 03
G 91 PES   Volvo B10M-50         AR H47/37F         Tayside 91 04
G100 PES   Volvo B10M-50         AR H47/37F         Tayside 100 04
G101 PES   Volvo B10M-50         AR H47/37F         Tayside 101 04
W646 MKY   Mercedes-Benz O814D   Plaxton C33F       New 00
FY02 LDC   Mercedes-Benz 614D    ACL C24F           Hoban,Workington 05
YF02 VXV   Mercedes-Benz O815D   Sitcar C29F        Markham,Birmingham 05
YJ53 CFF   Mercedes-Benz O815D   Sitcar C33F        New 03
```

OTHER VEHICLE OWNED BY THE COMPANY
                 * * * * * *
```
PRN  761   Leyland-PCT PD3/6     LD-PCT H38/32F     Preserved(1961)
```
GXI 516*F94 AEL(10/96) & XEL 14(12/94),
HIL 2077*E575 PCW(5/97) & 15 RED(10/95) & E102 LBC(11/93),
HIL 4091*E178 DMB(11/00) & SEL 23(10/00) & E902 GHO(1/96) & XEL 4(11/94) &
    E880 RPR(11/88), OIL 5269*26 GNW(3/98), TJI 4828*F758 OJH(7/95),

A289 TSN*PYJ 136(2/02) & A289 TSN(4/86) &
E659 JAR*EMR 302(7/00) & E833 YHL(11/95)

F1   A. HOLCROFT.t/a ALMIN TRAVEL

Depot:Doctor Fold Lane,HEYWOOD,Greater Manchester.

```
SIL 1891   Volvo B10M-60          Jonckheere C49FT   Solus,Fazeley 04
N500 SAS   Mercedes-Benz 814D     ACL C29F           Cooper,Landbeach 03
P913 MVM   Mercedes-Benz 412D     Bradshaw C16F      Non-PSV(Van) 03
S303 TEW   Mercedes-Benz 814D     Bradshaw C27F      Non-PSV(Van) 03
```

SIL 1891*L458 VBX(10/99)

F2   HOLLINSHEAD COACHES LTD

Depot:Meadowcroft,Wharf Road,BIDDULPH,Staffordshire.

```
NIB 8317   Leyland TRCTL11/3R     Plaxton C53F       Mosley,Barugh Green 95
NIB 8318   Leyland TRCTL11/3RZ    Plaxton C53F       Mosley,Barugh Green 95
RIL 1015   Volvo B10M-61          Plaxton C53F       Stevenson,Uttoxeter 12 92
RIL 1016   Volvo B10M-62          Van Hool C49FT     Trathens,Plymouth 00
RIL 1017   Volvo B10M-62          Van Hool C53F      Edinburgh Castle 02
F869 RFP   Volvo B10M-61          Plaxton C53F       Monetgrange,Nottingham 94
J 10 BUS   Volvo B10M-60          Plaxton C53F       Irving,Carlisle 98
P219 YGG   Volvo B10M-62          Van Hool C53F      Flights,Birmingham 01
YJ03 PHA   DAF DE40XSSB4000       Van Hool C51FT     New 03
YJ04 GYG   Volvo B12M             Van Hool C53F      New 04
YJ05 FXX   Volvo B12M             Van Hool C55F      New 05
```

NIB 8317*B849 EHE(9/95), NIB 8318*C770 KHL(9/95), RIL 1015*D805 SGB(3/99),
RIL 1016*P223 YGG(3/04) & KSK 948(11/99),
RIL 1017*CCZ 5838(2/02) & N625 PUS(7/00) & 96KK 2864(4/00) &
       N625 PUS(3/97) & LSK 874(2/97),
F869 RFP*RIL 1016(3/04) & F869 RFP(3/99) &
P219 YGG*LSK 495(11/99) & LSK 444(3/98)

F3   S. HOLMES.t/a HOLMES GROUP TRAVEL & NEWPORT CARS

Depot:Audley Avenue Industrial Estate,NEWPORT,Shropshire.

```
SBZ 3938   Volvo B10M-60          Plaxton C50F       Plastow,Wheatley 02
G440 EJL   Mercedes-Benz 811D     Optare C29F        King,Stickney 04
L974 OWY   Volvo B10M-62          Plaxton C49FT      Mycock,Monyash 03
FY52 GNP   Mercedes-Benz 413CDI   Ferqui C16F        Bunyan,Hemel Hempstead 03
```

SBZ 3938*KVL 261(11/98) & F429 DUG(12/94)

F4   J. HORNE/J.M.M. WRIGHT.t/a J. HORNE TRAVEL

Depot:Units 5 & 6,Pacific Road,BOOTLE,Merseyside.

```
EHZ 5491   Dennis Javelin         Caetano C53F       Holmes,Clay Cross 03
LUI 7858   Volvo B10M-61          Van Hool C57F      Lewis,Hindley 03
LCW 411W   Leyland TRCTL11/3R     Duple C57F         Holmeswood Coaches 01
B321 EGE   DAF MB200DKFL600       Van Hool C49FT     NBM Hire,Penrith 04
E591 UVR   Mercedes-Benz 609D     North West C24F    New 88
E510 YSU   Mercedes-Benz 811D     North West C27F    Lane,Tredegar 05
```

EHZ 5491*H407 CJF(11/03),
LUI 7858*OUJ 969(3/02) & HSB 957Y(9/97) & 969 JOK(7/97) & NYS 52Y(10/91),
LCW 411W*1958 PH(1/89) & KHG 184W(6/84) &
B321 EGE*4730 EL(5/88) & B353 YGG(4/85)

F5   A.P. HORROCKS.t/a HORROCKs COACHES

Depot:Ivy House,BROCKTON,Shropshire.

```
NXI 6828    Mercedes-Benz 709D    Wright B25F       Perry,Bromyard 183 05
LRC  21W    Volvo B58-56          Plaxton C53F      Longmynd,Lea Cross 04
MTV 311W    Leyland FE30AGR       NC H43/30F        A Fox County 4311 03
F177 FWY    Mercedes-Benz 811D    Optare B31F       Yeomans,Hereford 61 04
F413 KOD    Mercedes-Benz 709D    RB DP25F          Gough,Wall 03
G100 KUB    Mercedes-Benz 811D    Optare B33F       Sadler,Gloucester 02
K802 PLM    Mercedes-Benz 609D    Mellor DP15FL     Cross Gates Coaches 03
```

F6   K. & E. HORTON (GARAGES) LTD.t/a MAJESTIC TRAVEL

Depot:Hilton Lane,SHARESHILL,Staffordshire.

```
G592 WFW    Scania K93CRB         Van Hool C53F     Applebys 01
H366 LFA    Mercedes-Benz 811D    PMT C33F          F PMT 366 02
K726 DWN    Dennis Javelin        WS B53F           Silcox,Pembroke Dock 05
K540 EHE    Scania K113CRB        Van Hool C51FT    Buddens,Romsey 01
L136 BPH    Mercedes-Benz 609D    Crystals C26F     Reynolds,Cheltenham 00
M 20 KJM    Mercedes-Benz 711D    CVC C25F          KJM,Salford 02
R227 HNE    Scania K113CRB        Van Hool C49FT    Holmeswood Coaches 05
R  2 SOH    Kassbohrer S250       C48FT             Stainton,Kendal 05
R449 YDT    Scania L94IB          Irizar C53FT      Smith,Rayne 04
S334 SET    Scania L94IB          Irizar C49FT      Bus Eireann SI27 03
S364 SET    Scania L94IB          Irizar C49FT      Bus Eireann SI36 04
T718 JHE    Scania L94IB          Van Hool C49FT    Smith,Rayne 04
```
G592 WFW*HVL 611(8/01) & G592 WFW(5/93), M20 KJM*M934 RRC(10/01),
R227 HNE*R7 BOS(5/02) & R5 HWD(3/00), S334 SET*99D 6024(8/03) &
S364 SET*99D 8471(8/02)

F7   M.P. HOULTON.t/a A1 & WARRINGTON & DISTRICT

Depot:Stretton Industrial Estate,Grappenhall Lane,APPLETON THORN,Cheshire.

```
JIB 3515    Volvo B10M-61         Plaxton C57F      Nesbit,Somerby 03
FAO 427V    Bristol VRT/SL3/6LXB  ECW H43/31F       Focus,Much Hoole 03
DCA 530X    Bristol VRT/SL3/6LXB  ECW H43/31F       Kellock &,Bramhall 03
D916 NDA    MCW Metrobus DR102    CH43/26F          West Midlands 2916 03
E328 BVO    Volvo B10M-50         EL H47/38D        Redline,Penwortham 05
E 47 HBV    Mercedes-Benz 609D    RB B20F           McLaughlin,Penwortham 04
F119 PHM    Volvo B10M-50         AR H46/36F        Blue Triangle,Rainham 04
J861 COO    Dennis Javelin        Berkhof C53F      LB Redbridge 03
J129 VAW    Mercedes-Benz 814D    RB C33F           Hilton,Newton-l-Willows 04
M416 XKA    LDV 400               LDV B16F          Holloway,Penketh 02
R326 NRU    Volvo B10M-62         Van Hool C49FT    Bournemouth 326 04
R327 NRU    Volvo B10M-62         Van Hool C49FT    Bournemouth 327 04
```
JIB 3515*D997 UKA(6/95) & NXI 9002(8/94) & D446 CNR(4/94) &
J861 COO*A4 LBR(7/02) & J813 JKM(7/00) & J19 KFC(11/94)

D.J. & I. HUGGINS & D. SIMMONDS.t/a JACK HUGGINS COACHES

Depot:21 Tarran Industrial Estate,Tarran Way North,MORETON,Merseyside.

```
MIL 1846    Duple 425                               C53FT             Williamson,Knockin Hth 00
NIL 7948    Leyland TNLXB/2RR     PR H44/32F        S Devon 961 02
RIL 9160    Dennis Javelin        Duple C53F        Dennis(Demonstrator) 91
RIL 9161    Dennis Javelin        Duple C55F        Drewcrete,Stanwell Moor 93
RIL 9162    Leyland TR2R          Plaxton C51FT     Evans,Senghenydd 99
RIL 9163    Leyland TRCL10/3ARZA  Plaxton C53F      Metropolitan Police 97
TIL 6875    Leyland TRCTL11/3R    Plaxton C57F      S Midland Red South 88 99
```

```
UIL 1680      Duple 425                  C53FT           Chester 30 00
VIL 8678      MCW Metrobus DR102         H46/31F         GA North East 3749 99
VIL 8679      MCW Metrobus DR102         H46/31F         GA North East 3770 99
VIL 8680      MCW Metrobus DR102         H46/31F         GA North East 3772 99
VIL 8681      MCW Metrobus DR102         H46/31F         GA North East 3773 99
VIL 8682      MCW Metrobus DR102         H46/31F         GA North East 3774 99
YCZ 8660      MCW Metrobus DR102         CH43/26F        West Midlands 2913 05
YCZ 8661      MCW Metrobus DR102         H43/30F         West Midlands 3057 04
YCZ 8662      MCW Metrobus DR102         H43/30F         West Midlands 3092 04
YIL 5923      Leyland TRCTL11/3R         Plaxton C57F    Leedham,Ellesmere Port 02
YIL 5927      Leyland TRCTL11/3RZ        Plaxton DP56FA  MOD 97
K603 OCA      Dennis Javelin             WS C40FA        MOD 99
```

MIL 1846*E404 LPR(1/96), NIL 7948*EYE 229V(8/02),
RIL 9160*E321 FPE(10/99), RIL 9161*G857 VAY(10/99),
RIL 9162*H258 GRY(10/99), RIL 9163*J932 CYK(10/99),
TIL 6875*A8 GGT(3/01) & A202 RHT(8/93), UIL 1680*E126 LAD(6/01),
VIL 8678*C749 OCN(12/02), VIL 8679*C770 OCN(12/02),
VIL 8680*C772 OCN(12/02), VIL 8681*C773 OCN(12/02),
VIL 8682*C774 OCN(12/02), YCZ 8660*D913 NDA(6/05), YCZ 8661*F57 XOF(6/05),
YCZ 8662*F92 XOF(6/05), YIL 5923*CBC 161Y(7/05) & YIL 5927*E413 DMA(7/05)

F9 HUGHES BROTHERS (LLANRWST & TREFRIW) LTD.t/a ALPINE TRAVEL

Depots: Central Garage, Builder Street West, LLANDUDNO &
        Central Garage, Betws Road, LLANRWST, Conwy,
  Marsh Rd, RHYL, Denbighshire & Wynne Rd Garage, BLAENAU FFESTINIOG &
                       Unit H, Beacon Trading Estate, TYWYN, Gwynedd.

```
 1   N   3 ALP    Volvo B10M-62      Plaxton C55F     New 96
 2   N   4 ALP    Volvo B10M-62      Plaxton C55F     New 96
 3   MBX   447    Duple 425          C57F             New 90
 4   TIB 9157     Duple 425          C57F             New 90
 5   1862  HX     DAF SB2305DHS585   Duple C57F       Pullmanor,Camberwell 93
 6   JAZ 9864     DAF SB2305DHS585   Duple C57F       Pullmanor,Camberwell 93
 7   M222 ALP     Volvo B10M-62      Plaxton C53F     Silverdale,Nottingham 03
 8   M888 ALP     Volvo B10M-62      Plaxton C53F     Silverdale,Nottingham 03
 9   A801 LEY     Volvo B10M-61      Duple C57F       New 84
11   T  7 ALP     Dennis Javelin     Marcopolo C57F   New 99
12   R  6 ALP     Dennis Javelin     Marcopolo C57F   New 98
13   W  9 ALP     MAN 18.310         Marcopolo C57F   New 00
14   D325 ACK     Duple 425          C70F             Lane,Tredegar 03
15   E456 CGM     Duple 425          C70F             Keeber,Leicester 03
16   P  5 ALP     Volvo B10M-62      Plaxton C55F     New 97
17   X 10 ALP     MAN 18.310         Noge C57F        New 00
19   VUP   850    Volvo B10M-61      Duple C57F       Abbott,Blackpool 01
21   CX52 VLA     MB 1836RL          C49FT            New 02
23   PUF 586R     BL VRT/SL3/6LXB    ECW H43/31F      Jones,Pwllheli 95
26   MDL 651R     BL VRT/SL3/6LXB    ECW H43/31F      Jones,Pwllheli 98
28   A698 AWB     Bedford YMT        Duple B55F       Edwards,Bwlchgwyn 98
29   F210 DCC     MB 709D            Robin Hood B25F  A Cymru MMM210 00
30   F211 DCC     MB 709D            RH DP25F         A Cymru MMM211 00
31   F212 DCC     MB 709D            Robin Hood B25F  A Cymru MMM212 00
32   F216 DCC     MB 709D            Robin Hood B25F  A Cymru MMM216 00
33   L154 FRJ     MB 709D            ARB B23F         A Cymru MMM754 01
34   C257 UAJ     Leyland ONLXB/1R   ECW H45/32F      A North West 3127 03
35   YPD 101Y     LD TRCTL11/2R      Duple C51F       Dalybus,Goose Green 03
36   G142 JCC     Iveco 49-10        Phoenix B25F     New 90
43   XAK 910T     BL VRT/SL3/501     ECW H43/31F      East Yorkshire 777 02
44   B153 TRN     Leyland ONLXB/1R   ECW H45/32F      A North West 3053 03
46   A148 UDM     Leyland ONLXB/1R   ECW H45/32F      A Midlands North 1969 03
48   A149 UDM     Leyland ONLXB/1R   ECW H45/32F      A Midlands North 1960 03
49   B155 TRN     Leyland ONLXB/1R   ECW H45/32F      A North West 3055 03
50   F916 TTP     MB 811D            Robin Hood B29F  Robin Hood(Demonstr.) 90
51   M515 ACC     MB 709D            Marshall B25F    New 94
52   YMB 517N     BL VRT/SL3/6LXB    ECW H43/31F      A Cymru DVG517 00
53   YMB 516W     BL VRT/SL3/6LXB    ECW H43/31F      A Cymru DVG516 01
54   HJB 463W     BL VRT/SL3/6LXB    ECW H43/31F      Wall,Sharston 95
```

```
55  HJB 460W   BL VRT/SL3/6LXB    ECW H43/31F    Wall,Sharston 95
58  WTU 499W   BL VRT/SL3/501     ECW H43/31F    North Western 549 97
60  URU 689S   BL VRT/SL3/6LXB    ECW H43/31F    Hants & Dorset 5064 00
61  SJR 616Y   Leyland ONLXB/1R   ECW H45/32F    F Essex 5006 04
63  RMA 442V   BL VRT/SL3/501     ECW H43/31F    Crosville W. DVL442 96
64  CFM  87S   Leyland FE30AGR    NC O43/16F     Chester 87 01
66  AAP 651T   BL VRT/SL3/6LXB    ECW H43/31F    Rigby,Lathom 00
67  HJB 461W   BL VRT/SL3/6LXB    ECW H43/31F    Rigby,Lathom 00
68  LUA 714V   BL VRT/SL3/6LXB    ECW H43/31F    Rigby,Lathom 00
69  YMB 518W   BL VRT/SL3/6LXB    ECW H43/31F    A Cymru DVG518 00
70  NDL 654R   BL VRT/SL3/6LXB    ECW H43/31F    Solent Blue Line 84 97
73  BMA 520W   BL VRT/SL3/6LXB    ECW H43/31F    A Cymru DVG520 98
74  BEY   7W   Bedford YMT        Duple B53F     A Cymru SBB7 98
75  YMB 503W   BL VRT/SL3/6LXB    ECW H43/31F    A Cymru DVG503 99
76  HEN 867N   Leyland PSU4C/2R   WK B44F        A Cymru SLL867 98
77  CKM 523V   Bedford YMT        Wright B61F    Coombs,Weston-s-Mare 97
82  PCA 419V   BL VRT/SL3/501     ECW H43/31F    Blythin,Llandudno J. 96
84  JMB 406T   BL VRT/SL3/501     ECW H43/31F    North Western 554 97
85  PCA 422V   BL VRT/SL3/501     ECW H43/31F    North Western 544 97
86  VPR 484S   BL VRT/SL3/6LXB    ECW H43/31F    Hants & Dorset 5061 00
87  PCA 425V   BL VRT/SL3/501     ECW H43/31F    North Western 547 97
88  BJZ 6752   Leyland ONLXB/1R   ECW H44/32F    A Cymru DOG220 01
89  BJZ 6751   Leyland ONLXB/1R   ECW H45/32F    A Cymru DOG506 01
90  AEF 990Y   LD TRCTL11/2R      Plaxton C53F   A Cymru CTL990 01
91  F634 BKD   Dennis DDA1026     EL CH43/25F    A North West 634 01
93  TBX  713   Leyland ONLXB/1R   ECW H45/32F    A Cymru DOG531 01
94  GMB 392T   LN 11351A/1R       B49F           A North West 374 99
97  KMA 397T   LN 11351A/1R       B49F           A North West 375 99
    7326  KF   Duple 425          C54FT          Bywater,Rochdale 04
    JWR 137Y   Leyland ONLXB/1R   ECW H45/32F    Yorks. Traction 616 04
    SHE 618Y   Leyland ONLXB/1R   ECW H45/32F    Yorks. Traction 618 05
    UKY 627Y   Leyland ONLXB/1R   ECW H45/32F    Yorks. Traction 627 04
    A646 OCX   Leyland ONLXB/1R   ECW O45/32F    Yorks. Traction 646 05
    A648 OCX   Leyland ONLXB/1R   ECW H45/32F    Yorks. Traction 648 04
    A654 OCX   Leyland ONLXB/1R   ECW O45/32F    Yorks. Traction 654 05
    B910 ODU   Leyland ONLXB/1R   ECW H45/32F    S Midland Red 14930 04
    B911 ODU   Leyland ONLXB/1R   ECW H45/32F    S Midland Red 14931 04
    B154 TRN   Leyland ONLXB/1R   ECW H45/32F    A North West 3054 04
    C670 GET   Leyland ONLXB/1R   ECW H45/32F    Yorks. Traction 670 04
    S100 ALP   Dennis Dart SLF    Plaxton B33F   New 04
    AP04 ALP   Volvo B12M         SUN C49FT      New 04
    AP05 ALP   MB 1836RL          C49FT          New 05
    CX55 DMO   Autosan A1012T     B67F           New 05
```

OTHER VEHICLES OWNED BY THE COMPANY
* * * * * * *
```
18  WND  477   Leyland PSUC1/2    Duple C41F     Preserved(1958)
27  JC  2772   Guy Wolf           Roberts B20F   Preserved(1935)
59  CCC  596   Guy Otter          Roe FB25F      Preserved(1954)
```
BJZ 6751*CWR 506Y(11/01), BJZ 6752*WDC 220Y(5/02),
JAZ 9864*E663 KCX(3/99), MBX 447*G761 HJC(8/02), TBX 713*EWX 531Y(5/03),
TIB 9157*G762 HJC(8/02), VUP 850*MSU 611Y(1/01), 1862 HX*E661 KCX(3/00),
7326 KF*D735 PJW(6/96), JWR 137Y*SHE 616Y(10/04),
D325 ACK*A3 GJL(10/03) & D325 ACK(3/99), M222 ALP*M941 JJU(5/03) &
M888 ALP*M942 JJU(5/03)

H1   D. HUGHES.t/a HALTON TRAVELLER

Depot:Units 1-3,Nelson Street,WIDNES,Cheshire.

```
F100 UEH   Mercedes-Benz 609D    PMT C24F      Bennett,Warrington 05
H967 NTX   Mercedes-Benz 811D    ? C26FL       Topping,Sancreed 04
N212 ONL   Mercedes-Benz 609D    TBP B18FL     City of Newcastle 04
P382 FEA   Mercedes-Benz 709D    ARB B25F      Lloyd,Machynlleth 05
```
H967 NTX*H16 SUN(1/04) & H967 NTX(9/97)

H2 G. HUGHES.t/a GWYNFOR COACHES

Depots:Arfryn,Low Groes,GAERWEN & 1 Greenfield Avenue,LLANGEFNI,Anglesey.

```
GSV  494   Volvo B10M-61           Plaxton C53F     Lewis,Whitland 04
LUI 3409   DAF MB230LB615          Van Hool C51FT   Hawker,Little Stoke 01
XIL 6835   Volvo B10M-60           Plaxton C53F     Elcock,Madeley 03
E  77 LRN  Mercedes-Benz 407D      RB C15F          Cicely(Demonstrator) 90
L643 KDA   Toyota HZB50R           Caetano C21F     Clan,Kyle 96
P  19 HUW  Volvo B10M-62           Plaxton C49FT    Hallmark,Coleshill 02
T641 JWB   Mercedes-Benz O814D     Plaxton C33F     Grey,Witchford 04
```

H.D. ASHTON.t/a HDA COACHES (Associated Company)

```
F668 YOG   MCW Metrorider MF150    B23F             Roberts,Rhandir 01
N 10 HDA   Optare Solo M850        B29F             New 03
```

```
GSV 494*D106 ERU(2/99), LUI 3409*G972 KJX(8/01),
XIL 6835*F416 DUG(12/03) & JDZ 323(11/03) & F416 DUG(10/96),
L643 KDA*L2 SKY(11/96), P19 HUW*P18 HMC(8/03) &
T641 JWB*ESU 389(1/04) & T641 JWB(6/99)
```

H3 T.G. HUGHES & G.C. GOODSIR.t/a GOODSIR COACHES

Depot:The Garage,Cross Street,HOLYHEAD,Anglesey.

```
GSU  368   Volvo B10M-62           Plaxton C49FT    Jones,Pwllheli 04
RIJ 7003   Volvo B10M-60           Plaxton C47FT    Lee,Langley Moor 02
SDZ 6286   DAF MB230LB615          Plaxton C49FT    Stanley,Kinsley 05
102  UTF   MAN 10.180              Caetano C35F     Brown,Darlington 05
NWS 288R   Bristol VRT/SL3/6LXB    ECW H43/28F      Cheltenham & Glou. 1288 99
ROX 614Y   MCW Metrobus DR102      H43/30F          West Midlands 2614 03
ROX 667Y   MCW Metrobus DR102      H43/30F          West Midlands 2667 03
A103 WVP   MCW Metrobus GR133      H43/30F          West Midlands 2963 04
H466 LEY   Mercedes-Benz 709D      RB B25F          New 90
M  32 KAX  Volvo B10M-62           Plaxton C49FT    Ambassador,Gt. Yarmouth 03
P741 YCK   Optare MR15             B29F             Trezise,Wigan 00
YJ05 WCK   Optare Solo M850SL      B29F             New 05
```

```
GSU 368*N832 DRP(1/05) & A18 CLN(11/99),
RIJ 7003*J116 NJT(3/99) & A5 XEL(1/96),
SDZ 6286*F386 RTL(1/95) & SCT 330(7/93) & F649 OHD(4/92),
TIB 4921*FFA 545Y(1/94) & MIB 516(11/93) & EFK 135Y(10/89)
102 UTF*J464 NJU(1/05) & M32 KAX*240 FRH(12/02) & M32 KAX(9/01)
```

H4 HULME HALL COACHES LTD

Depot:Lower Bent Farm,Stanley Road,CHEADLE HULME,Greater Manchester.

```
FNR  923   Leyland TRCTL11/3RH     Plaxton C51F     F Western National 2215 03
OTK  802   Volvo B10M-61           Plaxton C53F     National Holidays 18 98
SIB 2014   Volvo B10M-61           Plaxton C49FT    National Holidays 12 98
VJI 6694   LN NL116AL11/2R         East Lancs DP49F Ribble 902 99
VJI 6850   Iveco 59-12             Mellor DP29F     Ward &,Benton 23 01
515  VTB   Volvo B10M-61           Plaxton C53F     National Holidays 17 99
DPX 685W   Bristol VRT/SL3/6LXB    ECW H43/31F      Southern Vectis 685 01
PFC 515W   Bristol VRT/SL3/6LXB    ECW H43/30F      City of Oxford 515 93
WTU 468W   Bristol VRT/SL3/6LXB    ECW H43/31F      A Cymru DVG468 00
VEX 291X   Bristol VRT/SL3/6LXB    ECW CH41/25F     Davies,Bettws Gwerfil G 99
WDL 692Y   Leyland ONLXB/1R        ECW CH40/30F     Southern Vectis 692 02
E678 UNE   Leyland TRCTL11/3RZ     Plaxton C53F     Blue Bus,Bolton 100 04
```

```
FNR 923*B291 KPF(5/96), OTK 802*PJI 8916(11/97) & E578 UHS(9/93),
SIB 2014*C106 AFX(6/92), 515 VTB*PXI 7915(11/97) & E574 UHS(9/93),
VJI 6694*WPC 316X(2/00) & 292 CLT(11/95) & FCA 9X(2/93reb),
VJI 6850*L321 BOD(3/01) & E678 UNE*OJI 1875(9/01) & E678 UNE(3/97)
```

H5   **H.E. HUMPHREYS.t/a EIFIONs MINI COACHES**

Depot:Unit 6,Mona Industrial Estate,GWALCHMAI,Anglesey.

```
P869 GEY   Iveco 59-12              Mellor B27F      Ellis,Llangefni 01
R 70 RAW   MAN 11.220               Caetano C35F     Watts,Bonvilston 04
S151 BLG   Mercedes-Benz 614D       Crest C20F       Plant,Cheadle 00
S808 JSW   Mercedes-Benz O814D      Plaxton C29F     Armstrong,Cst. Douglas 02
W307 SBC   MAN 11.220               Caetano C35F     Watts,Bonvilston 05
CX02 ELH   Mercedes-Benz 413CDI     Onyx C16F        New 02
CX04 CWA   Mercedes-Benz 413CDI     Tawe C16F        New 04
```
S808 JSW*A20 OMA(8/01)

H6   **H.D. HUTCHINSON.t/a H.D. HUTCHINSON & SON**

Depot:Flintshire Haulage Yard,Mount Pleasant Road,BUCKLEY,Flintshire.

```
L 39 MWJ   Mercedes-Benz 609D       Bradshaw C24F    Bradshaw,Heywood 04
N902 TAY   Toyota HZB50R            Caetano C16F     BTI,Feltham 8 01
N985 XCT   Peugeot Boxer(3)         TBP B25F         Nottingham 19 00
P417 HVR   Iveco 59-12              Mellor B27F      Green Triangle,Atherton 02
T802 MNH   LDV Convoy               LDV B16F         Non-PSV(Abingdon) 04
Y296 SNB   LDV Convoy               LDV B16F         Non-PSV(TLS) 04
YN53 ENK   Optare Alero             B16F             New 03
```
L39 MWJ*FIL 3017(10/03) & L39 MWJ(9/02)

H7   **HUXLEY COACHES LTD.t/a HUXLEY HOLIDAYS**

Depot:Rose Cottage,Greaves Lane East,THREAPWOOD,Cheshire.

```
ESK  879   Leyland TRCTL11/3R       Plaxton C53F     LDT 4010 98
ESK  882   Volvo B10M-61            Caetano C53F     School Bus,Port Glasgow 00
GIL 2786   Bova FHD12-290           C51FT            Sheriff,Chesterfield 03
HIL 3931   DAF MB200DKFL600         Van Hool C48FT   Bridges,Saham Toney 89
HIL 3932   DAF SB2305DHS585         Jonckheere C45FT Keeber,Leicester 00
HIL 3935   Volvo B10M-61            Van Hool C48FT   Appleby,Hull 91
HOI 2804   Bova FHD10-340           C37FT            Anderson,Bermondsey 02
MFE  504   Bova FHD12-330           C43FT            Prentice,West Calder 02
VIB 7660   Bova EL26/581            C53F             Meakin,Crewe 05
YWO  182   Bova EL29/581            C53F             County,Ratby 129 90
YBN 630V   Leyland PSU3E/4R         Plaxton C53F     West Sussex CC AR08 97
F160 FWY   Mercedes-Benz 811D       Optare B29F      Doyle,Ripley 02
F111 YVP   MCW Metrorider MF158     B31F             S London MRL111 96
G 24 CSG   Renault S56              RB B25F          Bailey,Blackburn 01
G119 TND   Mercedes-Benz 811D       Carlyle B33F     A North West 89 01
G838 UDV   Mercedes-Benz 811D       Carlyle B33F     S Thames Transit 362 01
H162 WWT   Optare MR03              B26F             S Busways 1675 02
J604 WHJ   Mercedes-Benz 811D       Plaxton B28F     A London MD604 00
```
ESK 879*HIL 3935(7/99) & A150 EPA(5/98), ESK 882*F869 TNH(7/00),
HIL 3931*HOI 2804(6/99) & KOO 760Y(4/88),
HIL 3932*E672 FNU(8/00) & JIL 5294(6/00) & E519 KNV(9/94),
HIL 3935*ESK 879(7/99) & AAG 275X(5/92) & VAT 222W(6/81),
HOI 2804*R929 JYG(4/02),
MFE 504*M63 DSJ(2/03) & 383 DVF(9/02) & M13 OVA(3/99) & M63 DSJ(11/97),
VIB 7660*APT 416B(4/96) & PMS 1M(10/94) & PMS 371(?/91) &
       LIB 4333(10/89) & OOU 854Y(7/88),
YWO 182*B319 RJF(4/98) & 5946 PP(11/89) & B245 YKX(12/88) &
F160 FWY*RIL 1550(9/02) & F160 FWY(4/00)

H8   HUYTON TRAVEL LTD.t/a HTL BUSES

Depot:35 Wilson Road,HUYTON,Merseyside.

1	T191 UEB	LDV Convoy	LDV B16F	Non-PSV(Kenning) 02
3	SL02 HRF	MB O814D	LVD C24F	New 02
4	DE52 OJS	MB 411CDI	Koch C12F	New 03
5	N131 YEF	Iveco 45-10	Mellor B16FL	Non-PSV(TLS) 99
7	P734 KDT	Iveco 45-10	Mellor B12FL	Non-PSV(TLS) 02
8	DE52 OJT	MB 411CDI	Koch C12F	New 03
10	J139 DUV	Dennis Dart	Plaxton B24F	MDL,Prestwich 04
11	DE52 OJU	MB 411CDI	Koch C12F	New 03
12	DE52 OJV	MB 411CDI	Koch C12F	New 03
13	YL51 ZTM	Optare Alero	B16F	New 02
15	YN04 HHU	Dennis Dart SLF	Plaxton B29F	New 04
16	DK03 CWX	MB 411CDI	Koch C12F	New 03
17	DK03 CWY	MB 411CDI	Koch C12F	New 03
19	DK03 CWZ	MB 411CDI	Koch C12F	New 03
20	R691 YLH	Iveco 40-10	Whitacre B8FL	Westminster Accord 03
21	DK04 SUU	Dennis Dart SLF	Plaxton B29F	New 04
22	X475 ADB	Renault Master	Rohill B14F	New 00
23	GN53 UJC	Renault Master	Rohill B14F	New 03
24	X338 SKJ	Renault Master	Rohill B14F	New 01
25	YR02 YTK	Optare Alero	B12F	New 02
26	GN53 UJD	Renault Master	Rohill B14F	New 03
27	N713 PFU	Ford Transit	Bedwas B13FL	LB Bromley 135C 03
28	DF03 NTE	Dennis Dart SLF	Plaxton B29F	New 03
30	GN53 UJE	Renault Master	Rohill B14F	New 03
32	RX53 RYZ	Renault Master	Rohill B14F	New 03
41	P 43 PNF	Iveco 49-10	Mellor B16FL	Non-PSV(Wigan) 03
42	R 84 PHY	Renault Master	Atlas B11FL	Wiltshire CC 03
43	R 85 PHY	Renault Master	Atlas B11FL	Wiltshire CC 03
44	R 86 PHY	Renault Master	Atlas B11FL	Wiltshire CC 03
45	R205 CNY	Iveco 40-10	O & H B15FL	Powys County Council 03
47	DK04 SUH	Dennis Dart SLF	Plaxton B29F	New 04
49	Y208 OEE	Renault Master	Rohill B18F	Hackney Community Tpt 04
50	P445 SWX	MAN 11.190	Optare B42F	Mitchell,Plean 04
	KDZ 5805	Dennis Dart	Wright B32F	Handbury &,Bolsover 04
	L 83 CNY	Volvo B6	Marshall DP32F	Pugh,St Helens 05
	P451 SWX	Optare MR15	B29F	on loan Dawson
	S484 BSC	Iveco 49-10	Keillor B15FL	Non-PSV(Livingston) 04
	T417 MNH	Dennis Dart SLF	Plaxton B38F	on loan Dawson
	W287 EYG	Optare Solo M850	B23F	on loan Dawson
	W293 EYG	Optare Solo M850	B23F	on loan Dawson
	W301 EYG	Optare Solo M850	B23F	on loan Dawson
	W304 EYG	Optare Solo M850	B23F	on loan Dawson
	MX04 VLP	Optare Solo M850	B29F	on loan Mistral

H9   D.L. JAKEMAN.t/a DAVIDs HANDY RIDER

Depot:Units 86/7,Acorn Auto Centre,Barry Street,OLDHAM,Greater Manchester.

L 8 DHR	LDV Convoy		Concept C16FL	New 02
L 9 DHR	Mercedes-Benz 609D		Cunliffe DP16FL	Clowne Community Tpt 02
L 10 DHR	LDV Convoy		Concept C16FL	New 04
MX04 LFM	LDV Convoy		Concept C16F	New 04

L8 DHR*MX51 TKN(10/02) & L9 DHR*M446 VWE(10/02)

J1 B. JAPHETH.t/a CERBYDAU BERWYN COACHES

Depots:Berwyn & Old Quarry Lane,TREFOR,Gwynedd.

```
NIW 6519    Volvo B10M-61           Van Hool C51FT     Rossendale 319 99
SIL 4466    Leyland TRCTL11/3RZ     Plaxton C70F       Millman,Heathfield 04
B 14 CBC    Mercedes-Benz 709D      ARB B25F           Clynnog & Trefor,Trefor 02
C 10 CBC    Mercedes-Benz 313CDI    Onyx C16F          McGowan,Neilston 02
E151 AGG    Dennis Javelin          Plaxton C51F       Evans,Tregaron 98
F736 LRS    Mercedes-Benz 811D      WJ C33F            Stewart,Portlethen 03
F125 PHM    Volvo B10M-50           AR H46/29D         Non-PSV(Manchester) 04
F142 PHM    Volvo B10M-50           AR H46/29D         A London VA142 04
H201 LRF    Mercedes-Benz 814D      Wright B33F        A Midlands North 481 02
K285 NHU    Volvo B10M-60           Plaxton C53F       Evans,Tregaron 01
K312 YKG    Mercedes-Benz 811D      Wright B33F        Red & White 312 02
K313 YKG    Mercedes-Benz 811D      Wright B33F        Red & White 313 02
L  2 CBC    Mercedes-Benz O814D     Plaxton C33F       Malone,Glasgow 04
L 36 OKV    Mercedes-Benz 811D      Wright B33F        A Cymru 186 02
M378 BJC    Volvo B10M-62           Plaxton C49FT      Jones,Pwllheli 00
N418 EJC    Volvo B10M-62           Plaxton C49FT      Jones,Pwllheli 01
N519 FJC    Volvo B10M-62           Plaxton C49FT      KMP,Llanberis 03
N936 HWX    LDV 400                 Customline B8FL    Calderdale MBC 779 03
P740 UWW    Mercedes-Benz 711D      Crest B24F         Stringer,Pontefract 02
P218 YGG    Volvo B10M-62           Van Hool C53F      Clynnog & Trefor 05
R  2 CBC    Mercedes-Benz 310D      MinO B11FL         Non-PSV(Bramhall) 05
R 12 CBC    Dennis Dart SLF         Plaxton B37F       New 02
S 12 CBC    Mercedes-Benz O814D     Plaxton B31F       New 99
T244 ABF    LDV Convoy              LDV B16F           Dimelow,Gwytherin 04
```
~~~~~~
NIW 6519*E329 OMG(12/93), SIL 4466*D600 MVR(4/00),
B14 CBC*K857 ODY(10/02), C10 CBC*X836 KNA(10/04),
E151 AGG*JSK 327(9/97) & E151 AGG(1/96),
F736 LRS*73 STT(1/00) & F736 LRS(10/98) & HSK 815(8/95) & F945 GSS(5/92),
L2 CBC*YN03 NHM(5/05), N519 FJC*N777 KMP(11/02),
P218 YGG*HSU 548(7/05) & P218 YGG(3/01) & KSK 976(11/99) &
R2 CBC*R665 DRJ(5/05)
~~~~~~

J2 A.W. & C.D. JONES.t/a ABACAB MINI COACHES

Depots:Bronwylfa,Park Road,LLANFAIRFECHAN &
        Former Conwy Sawmills,Ffordd Sam Parri,MORFA CONWY,Conwy.

```
H 71 XKH    Leyland LBM6T/2RSO      RB C34FT           Priory,Nth Shields 103 04
K638 GVX    Mercedes-Benz 709D      Plaxton C25F       F Essex Buses 2638 02
N  2 PCL    Dennis Javelin          Plaxton C51F       Pullman,Crofty 03
P237 WWX    Mercedes-Benz 611D      Mellor DP13FL      Leeds City Council 04
FE52 HFV    Iveco CC80E             Indcar C29F        New 03
```
~~~~~~

J3 A.W. & R.W. JONES.t/a JONES MOTOR SERVICES

Depot:Chester Road,FLINT,Flintshire.

```
PAZ 3873    Mercedes-Benz 308D      Crystals B7F       Non-PSV(Oxford) 03
PAZ 3875    Mercedes-Benz 308D      Crystals B7F       Non-PSV(Oxford) 03
RDM  378    DAF DE33WSSB3000        Van Hool C51FT     New 98
WDM  904    Toyota HDB30R           Caetano C21F       McLeans,Witney 01
1245  FH    DAF DE33WSSB3000        Van Hool C49FT     Harris,West Thurrock 03
6306  FH    DAF SB3000WS601         Van Hool C49FT     Harris,West Thurrock 03
 294 DDM    DAF DE33WSSB3000        Van Hool C49FT     Aztecbird,Guiseley 02
A 82 WDM    DAF MB200DKFL600        Van Hool C53F      Hanmer,Southsea 89
F725 MCA    DAF MB250LB615          Van Hool C55FT     Welsh & Pollitt,Upton 95
N985 FWT    DAF DE33WSSB3000        Van Hool C49FT     Arriva(Hire Fleet) 02
T159 AUA    DAF DE33WSSB3000        Van Hool C49FT     New 99
W217 CDN    DAF DE33WSSB3000        Van Hool C49FT     New 00
```
~~~~~~

OTHER VEHICLE OWNED BY THE COMPANY
* * * * * * *

```
JCK  892    Leyland PSUC1/2T      Burlingham C36F    Preserved(1956)
```

```
RDM 378*R158 GNW(1/01), WDM 904*K208 SFP(12/01), 1245 FH*N604 EEV(8/02),
6306 FH*M501 XWC(5/99), 294 DDM*P866 PWW(9/03),
A82 WDM*XDM 895(7/04) & A82 WDM(9/89) &
F725 MCA*NDM 298(7/04) & SJI 1889(4/95) & F624 OHD(7/94)
```

J4   D. & G. JONES.t/a D. JONES & SON BUS & COACH TRAVEL

Depot:King Street,ACREFAIR,Wrexham.

```
J854 PUD   Dennis Dart              RB B43F           Tappin,Didcot 97
K367 TJF   Mercedes-Benz 811D       Dormobile B33F    Whitehead,Rochdale 95
V 12 DJS   Dennis Dart SLF          SCC B47F          New 00
X199 FOR   Dennis Dart SLF          SCC B44F          White Rose,Staines DC2 02
HX51 LPF   Dennis Dart SLF          SCC B37F          White Rose,Staines DC4 03
BU53 DJS   Optare Solo M920         B31F              New 04
YJ05 JXX   Optare Solo M920         B31F              New 05
```

J5   E.W. & J.A. JONES.t/a EXPRESS MOTORS

Depots:Gerallt,BONTNEWYDD & Llynfi Road,PENYGROES,Gwynedd.

```
EXI  790   Mercedes-Benz 412D       ACL C16F          Glentana,Linlithgow 00
EXI 1726   Mercedes-Benz 0814D      Plaxton B31F      Cavalier,Long Sutton 04
HCZ 4676   DAF MB230DKFL615         Van Hool C55F     Options,Middleton 01
IIB 6819   MAN 11.190               Optare B40F       Harte,Greenock 00
KOI 7625   Van Hool T815            C53F              Burton,Fellbeck 98
LUI 4742   Mercedes-Benz 811D       RB B31F           East Yorkshire 420 01
LUI 4743   Mercedes-Benz 609D       Alexander B25F    Brown,East Kilbride 92
LUI 4745   Mercedes-Benz 709D       Wright B29F       Arriva Cymru MMM735 01
OJC  496   Mercedes-Benz 0814D      Plaxton C33F      Walton,Freckleton 04
RXO  828   Mercedes-Benz O404       Hispano C51FT     Kent,Hounslow 00
WDZ 4138   Mercedes-Benz 811D       Optare C29F       Leons,Stafford 76 98
8297 ME    Mercedes-Benz 811D       WS B31F           All-Ways,Darwen 02
8443 PH    Van Hool TD824           CH57/20CT         Park,Hamilton 96
UWV 622S   Bristol VRT/SL3/6LXB     ECW O43/31F       Stagecoach NW 2076 02
DAY   1T   DAF MB230LT615           Van Hool C53F     North Kent DV22 96
CWR 507Y   Leyland ONLXB/1R         ECW H45/32F       UK & North,Gorton 205 03
B  2 OVA   Bova FHD12-340           C48FT             Jones,Llanfaethlu 03
B  4 OVA   Bova FHD12-340           C49FT             Ellison,St Helens 03
K425 ARW   Mercedes-Benz 811D       Wright B31F       Midland Red South 41525 03
R  1 EMS   MAN 11.190               Optare B42F       New 97
R405 XFL   Marshall Minibus         B26F              Buzy Bus,Blackburn 04
S310 DLG   Mercedes-Benz 0814D      Plaxton B31F      TM Travel,Staveley 04
S  1 EMS   Mercedes-Benz 0814D      Plaxton B31F      New 98
T601 JJC   Mercedes-Benz 0814D      Plaxton B27F      New 99
X812 RCC   Optare Solo M920         B34F              New 00
EM02 ORS   Auwaerter N122/3         CH61/16DT         New 02
CX52 VRK   Dennis Dart SLF          Alexander B38F    New 02
EM03 OEM   Auwaerter N316SHD        C53F              New 03
YN03 YBB   MAN 14.220               East Lancs B35F   Mentor(Demonstrator) 05
CX53 FBJ   MAN 14.220               East Lancs B38F   New 04
CX04 CVF   Dennis Dart SLF          Plaxton B29F      New 04
EM04 ORS   DAF DE02PSDB250          Optare H47/27F    New 04
MV04 KUR   Mercedes-Benz 413CDI     Concept C16F      New 04
EM05 ORS   Optare Solo M850SL       B29F              New 05
CX55 EMS   MAN 14.220               East Lancs B38F   New 05
CY55 MRU   Auwaerter N516SHD        C49FT             New 05
```

OTHER VEHICLES OWNED BY THE COMPANY
* * * * * * *

```
ZV  1460   Bedford OB               Duple C29F        Preserved(1950)
```

```
TBD 278G    Bristol RELH6G         ECW DP49F        Preserved(1969)
```

```
ZV 1460*LYC 731(3/95), EXI 790*P855 ADO(3/02), EXI 1726*R939 AMB(5/05),
HCZ 4676*D299 XCX(4/01), IIB 6819*L822 XMR(6/95),
KOI 7625*OJC 496(10/02) & D347 OUA(2/99) & BIL 736(5/98) & D305 HMT(3/88),
LUI 4742*F420 GAT(3/02), LUI 4743*F356 TSX(1/02), LUI 4745*J735 MFY(1/02),
OJC 496*YP52 KRK(1/05), RXO 828*S441 JJB(1/05), WDZ 4138*G117 OGA(8/01),
8297 ME*G59 BEL(4/05),
8443 PH*E511 CHS(8/96) & LSK 612(11/95) & E308 AGA(6/92),
DAY 1T*F622 HGO(3/96),
B2 OVA*L766 YTN(4/04) & WSV 570(11/03) & L766 YTN(1/95),
B4 OVA*RXO 828(1/05) & R759 CWY(1/03) & 152 JUP(9/02) & R759 CWY(1/01) &
S1 EMS*S496 MCC(9/05)
```

J6   JONES EXECUTIVE COACHES LTD

Depot:The Coach Station,Sharp Street,WALKDEN,Greater Manchester.

```
HIL 6245    Scania K113CRB      Irizar C49FT        Price,Shareshill 05
SIJ 1673    Scania K113CRB      Van Hool C49FT      Go-Goodwins,Eccles 02
SIL 1892    Volvo B10M-60       Jonckheere C49FT    Dunn-Line,Nottingham 05
149  JHY    Dennis Javelin      Plaxton C53F        Go-Goodwins,Eccles 05
JC51 BFC    Iveco 391E          Beulas C49FT        New 01
```

```
HIL 6245*N696 AHL(2/02),
SIJ 1673*WSV 552(6/02) & M327 VET(7/00) & M8 PJC(6/00) & M327 VET(10/95),
SIL 1892*K499 RBX(2/00) &
149 JHY*M290 UBA(6/05) & GSU 489(5/05) & TIL 8795(9/04) & M295 FAE(3/04)
```

J7   G.E. JONES.t/a W.E. JONES & SON

Depots:Lay-by on B5111,AMLWCH, Brynteg Farm,BRYNTEG &
                        The Garage,LLANERCHYMEDD,Anglesey.

```
IJI 3294    DAF MB200DKL600     Van Hool C40DTL     Draper,Newton 02
PIL 9546    MCW Metrobus DR101  H43/28F             Pilkington,Accrington 04
SJI 2583    DAF MB200DKL600     Plaxton C57F        Millman,Humberston 04
WJI 6161    MCW Metrobus DR102  H43/30F             Walsh,Middleton 01
GYE 387W    MCW Metrobus DR101  H43/28D             London United M387 00
SHE 624Y    Leyland ONLXB/1R    ECW H45/32F         Yorkshire Traction 624 05
A 12 WEJ    Leyland ONTL11/1R   AR CH40/32F         Travelspeed,Burnley 118 04
F 50 CWY    Mercedes-Benz 811D  Optare B26F         Pugh,St Helens 04
G 82 KUB    Mercedes-Benz 811D  Optare B26F         Procter,Leeming Bar 03
G590 PKL    Mercedes-Benz 811D  Dormobile DP27F     K Hatton,St Helens 04
```

```
IJI 3294*YCU 702T(1/89) & 1922 FS(4/87) & CDC 1T(11/84),
PIL 9546*BYX 313V(7/03), SJI 2583*APH 522T(6/94), WJI 6161*ORJ 98W(2/99) &
A12 WEJ*A318 GLV(5/04)
```

J8   G.H. JONES

Depot:Gaw End Lane,Lyme Green,MACCLESFIELD,Cheshire.

```
NSV  539    Bedford YNT         Plaxton C53F        Hill,Congleton 99
ODZ 9487    Bedford YNT         Plaxton C53F        Hall,Hazel Grove 00
RJI 5720    Volvo B10M-61       Plaxton C51FT       Blackford,Isleworth 01
TBZ 1102    Volvo B10M-61       Plaxton C57F        Brookfield,Stockport 02
J419 HDS    Volvo B10M-60       Plaxton C49FT       McCarthy &,Macclesfield 03
```

```
ODZ 9487*B428 BCK(5/94), RJI 5720*G170 LET(11/93),
TBZ 1102*A4 FFC(1/02) & E633 YJC(8/96) &
J419 HDS*OYU 807(10/03) & J419 HDS(1/98)
```

J.B. & G. JONES.t/a E. JONES & SONs & JONES OF RHOSLLANERCHRUGOG

Depot:Coppi Industrial Estate,Hall Street,RHOSLLANERCHRUGOG,Wrexham.

```
RIW 4037      Bedford YNT             Plaxton C53F       Carter,Litcham 99
SFM  10V      DAF MB200DKTL550        Plaxton C53F       Williams,Poincau 04
A 7  EJS      Volvo B10M-62           Jonckheere C51FT   Rennie,Dunfermline 01
C 7  EJS      Volvo B10M-61           Plaxton C53F       Chase Travel,Chasetown 98
C472 LKU      Bedford YMT             Duple B55F         Edwards,Bwlchgwyn 99
N 7  EJS      Dennis Dart             Plaxton B40F       New 95
R969 MGB      Mercedes-Benz 0814D     Mellor B33F        Coakley Bus,Motherwell 00
V 7  EJS      Mercedes-Benz 0814D     Plaxton C33F       Tait,Irvine 03
W 7  EJS      Mercedes-Benz O404      Hispano C49FT      Boorman,Henlow 00
```

RIW 4037*E430 MSE(5/95),
A7 EJS*L870 EPR(10/02) & GSU 343(3/01) & L870 EPR(2/00) & XEL 158(10/94),
C7 EJS*E360 XSB(8/99) & PSU 906(4/98) & E360 XSB(7/94),
V7 EJS*V771 GCS(3/05) & W7 EJS*W363 EOL(3/05)

K1   J.P. & G.M. JONES.t/a CELTIC TRAVEL

Depots:Cattle Market,Maes-y-llan, Mount Street Car Park &
                                   New Street,LLANIDLOES,Powys.

```
NJI 4736      Leyland TRCTL11/3RZ     Duple C70F         G & A,Trethomas 03
NUI 1576      Leyland TRCTL11/3ARZ    Duple C70F         Munden,Bristol 03
RJI 8603      Volvo B10M-60           Plaxton C53F       Warren,Neath 02
TJI 1684      Volvo B10M-61           Plaxton C53F       Moore,Sturminster Nwtn. 01
349  LVO      Volvo B10M-60           Van Hool C49FT     Bodman & Heath,Worton 00
WDF 998X      Volvo B10M-56           Plaxton C53F       Marchant,Cheltenham 03
WDF 999X      Volvo B10M-56           Plaxton C53F       Lewis,Llangeitho 03
A646 GLD      Volvo B10M-61           Plaxton C51F       Moore,Sturminster Nwtn. 03
A606 UGD      Volvo B10M-61           Van Hool C49FT     Park,Hamilton 88
F377 MCA      Volvo B10M-60           Plaxton C53F       Meredith,Malpas 00
J215 NNC      Volvo B10M-60           Van Hool C53F      Wallace Arnold(NH) 90 02
J 52 SNY      Leyland TRCL10/3ARZM    Plaxton C70F       Perry,Bromyard 162 03
K826 HUM      Volvo B10M-60           Jonckheere C50F    Wallace Arnold 97
M772 XHW      Dennis Javelin          WS C70F            Fleet Support,Portsmth 04
M239 XWS      Dennis Javelin          WS C70F            MOD 04
V343 JTO      Volvo B10M-62           Plaxton C49FT      Last Passive,Dublin(I) 05
```

NJI 4736*C911 FMP(1/94),
NUI 1576*F785 GNA(8/03) & URT 682(4/03) & F785 GNA(4/97),
RJI 8603*F819 TMD(3/98), TJI 1684*B250 NUT(2/95),
349 LVO*F275 MGB(3/02) & A5 NBT(2/00) & F275 MGB(3/95) & LSK 509(11/94) &
     F768 ENE(2/93), F377 MCA*WAW 367(5/00) & F432 DUG(3/93),
J52 SNY*J222 BUS(7/03) & J52 SNY(11/01), M772 XHW*M516 LWN(1/04),
M239 XWS*M116 LBC(9/04) & V343 JTO*99D 74492(6/04)

K2   LLEW JONES LTD

Depot:Station Road,LLANRWST,Conwy.

```
JIL 5293      Duple 425               C70F               Collier,Earith 96
LJI 1697      Mercedes-Benz 811D      Carlyle B33F       S Thames Transit 363 01
LJI 3740      Mercedes-Benz 711D      Plaxton C25F       Southlands,Swanley 04
LJI 6786      Dennis Javelin          Duple C53F         Translinc,Lincoln 02
LJI 7211      Dennis Javelin          Plaxton C57F       Southlands,Bromley 04
LJI 8702      Volvo B10M-61           JE CH47/10FT       Rapsons 99
RSU  407      Duple 425               C70F               Wakefield,Saltburn 04
H988 FTT      Mercedes-Benz 811D      Carlyle B29F       Roberts,Ruthin 04
H 18 SHH      Mercedes-Benz 811D      North West C31F    Gaw,Stewarton 00
K200 PTS      Volvo B10M-60           Van Hool C53F      Davies,Pontyberem 04
L346 MKU      Plaxton 425             Lorraine C53F      Riggott,Kinsley 04
L804 YTL      Mercedes-Benz 811D      Plaxton B31F       Hornsby,Ashby 01
N106 DWG      Mercedes-Benz 814D      Plaxton C33F       Taylor,Llanrwst 05
P165 XWO      Mercedes-Benz 0814D     UVG B31F           Ladbrook,Sutton Bridge 03
```

```
R630 VNN   MAN 18.310              Marcopolo C49FT   Bennett,Hayes End 01
T882 JBC   MAN 18.310              Noge C49FT        Wakefield,Saltburn-Sea 02
W413 HOB   Kassbohrer S315GTHD     C49FT             Lewis,Greenwich 04
Y276 DCC   DAF DE33WSSB3000        OVI C49FT         New 01
Y277 DCC   DAF DE33WSSB3000        OVI C49FT         New 01
CX03 EFS   DAF DE40PSSB4000        Ayats C53FT       New 03
CX03 JVC   DAF DE40PSSB4000        Ayats C53FT       Barton,Maynooth(Ire) 04
BX05 UWF   Mercedes-Benz O814D     Tomassini C27F    New 05
~~~~~~~~~~~~~~~~~~~~~~~~~~~~~~~~~~~~~~~~~~~~~~~~~~~~~~~~~~~~~~~~~~~~~~~~~~
JIL 5293*JIL 5292(4/95) & F636 SAY(9/94), LJI 1697*G839 UDV(9/04),
LJI 3740*M210 BGK(8/04), LJI 6786*G427 YAY(10/03),
LJI 7211*K204 GMX(5/05),
LJI 8702*B28 XST(4/01) & 162 EKH(9/99) & B22 FJS(1/90) & UCK 516(5/84),
RSU 407*E425 EBV(5/94),
K200 PTS*K477 VVR(7/02) & NRU 634(12/00) & K477 VVR(11/99) &
L346 MKU*WIJ 297(5/98) & L346 MKU(3/96), CX03 EFS*03KE 5632(5/03) &
CX03 JVC*03KE 4500(6/04)
~~~~~~~~~~~~~~~~~~~~~~~~~~~~~~~~~~~~~~~~~~~~~~~~~~~~~~~~~~~~~~~~~~~~~~~~~~
```

K3 O.R. JONES & SONS LTD

Depots:Dockside,HOLYHEAD(*) & The Bus & Coach Depot,LLANFAETHLU,Anglesey.

```
AEY  365   MAN 11.190              Caetano C35F      Collis,Bristol 98
HIL 4349*  Leyland AN68/2R         East Lancs B46F   Viceroy,Saffron Walden 02
WWY 905L*  Bedford YRT             Plaxton DP53F     WYPTE(Bingley) 80
BMA 523W   Bristol VRT/SL3/6LXB    ECW H43/31F       V Ffestiniog,Gellilydan 03
WTU 470W   Bristol VRT/SL3/6LXB    ECW H43/31F       Jones,Clydach 03
UCW 430X   Leyland AN68C/1R        EL H43/31F        Blackburn 10 02
A586 AAK   Bedford YNT             Duple C53F        Garratt,Woodville 01
A  20 JDA   Bedford YNT             Duple C53F        Archer,Poulton-le-Fylde 02
A   7 ORJ   Bova FHD12-290          C49FT             Embling,Guyhirn 96
A   8 ORJ   Bova FHD12-280          C53F              South Yorks,Pontefract 95
A345 VEP   DAF MB200DKFL600        Plaxton C55F      McCormick,Airdrie 93
A302 XWF   Bedford YMP             Plaxton C35F      South Yorkshire Police 97
C  39 CHM   Leyland ONLXB/1RH       ECW H42/30F       Rossendale 39 04
C  85 CHM   Leyland ONLXB/1RH       ECW H42/30F       Rossendale 45 04
C353 SVV*  Scania K92CRB           Jonckheere B47D   Monetgrange,Nottingham 98
C934 VLB*  Scania K112CRS          Plaxton DP41D     British Airways CC414 97
E227 FLD*  Scania N112CRB          Van Hool DP30D    Capital,West Drayton 99
E233 FLD*  Scania N112CRB          Van Hool DP30D    Capital,West Drayton 99
G849 VAY   Dennis Javelin          Duple B55F        Translinc,Lincoln 02
H964 LEY   Mercedes-Benz 709D      RB B25F           New 90
N619 GAH   Mercedes-Benz 609D      Frank Guy B20F    F Midland Red 1619 03
KU02 YUA   Dennis Dart SLF         Alexander B29F    New 02
~~~~~~~~~~~~~~~~~~~~~~~~~~~~~~~~~~~~~~~~~~~~~~~~~~~~~~~~~~~~~~~~~~~~~~~~~~
              OTHER VEHICLES OWNED BY THE COMPANY
                      * * * * * * *
ECT  912   Bedford OB              Duple C29F        Preserved(1950)
LEC  214   Bedford VAS2            Plaxton C29F      Preserved(1963)
~~~~~~~~~~~~~~~~~~~~~~~~~~~~~~~~~~~~~~~~~~~~~~~~~~~~~~~~~~~~~~~~~~~~~~~~~~
AEY 365*L56 YJF(5/98) & TJI 6925(4/98) & L56 YJF(11/95),
HIL 4349*SUG 561M(12/92reb), UCW 430X*OCW 10X(4/02),
A20 JDA*B222 OJU(9/92), A7 ORJ*G697 VAV(4/96) &
A8 ORJ*AEY 220(4/99) & C23 EUG(5/95)
~~~~~~~~~~~~~~~~~~~~~~~~~~~~~~~~~~~~~~~~~~~~~~~~~~~~~~~~~~~~~~~~~~~~~~~~~~
```

K4 S.M. JONES & G. MORGAN.t/a PMJ TRANSPORT SERVICES

Depot:5 Craven Road,Broadheath,ALTRINCHAM,Greater Manchester.

```
P122 GHE   Scania K113CRB          Irizar C49FT      Romsey Coaches 03
R  10 DTS   Scania K113CRB          Irizar C49FT      Durham,Hetton-le-Hole 03
R702 YPO   LDV Convoy              LDV B16F          Non-PSV 00
X626 JGE   Mercedes-Benz O814D     Essbee C24F       Holmeswood Coaches 05
~~~~~~~~~~~~~~~~~~~~~~~~~~~~~~~~~~~~~~~~~~~~~~~~~~~~~~~~~~~~~~~~~~~~~~~~~~
~~~~~~~~~~~~~~~~~~~~~~~~~~~~~~~~~~~~~~~~~~~~~~~~~~~~~~~~~~~~~~~~~~~~~~~~~~
```

K5 T.H.,E.,E.B. & N. JONES.t/a GWYLIAU CAELLOI HOLIDAYS

Depot:Unit 17,Glan-y-Don Industrial Estate,PWLLHELI,Gwynedd.

```
R114 VLX   Marshall Minibus      B26F             Supertravel,Speke 003 03
W300 LCT   Volvo B10M-62         Berkhof C49FT    Leon,Stafford 124 04
CX51 FKO   DAF DE12CSSB120       Wright B39F      New 01
CX05 AFJ   Volvo B12B            Van Hool C47FT   New 05
CX05 AJY   Volvo B12B            Van Hool C47FT   New 05
CX05 ARZ   Volvo B12M            Van Hool C51FT   New 05
```

K6 KAMINSKI TAXIS LTD.t/a EAGLE TRAVEL

Depot:Thorneyfields Farm,Thorneyfields Lane,STAFFORD,Staffordshire.

```
A722 BAB   Volvo B10M-61         Duple C51FT      Reid,Birmingham 05
H158 DVM   Volvo B10M-60         Van Hool C53F    Paragon,Stramshall 05
K 28 VRY   Toyota HDB30R         Caetano C21F     Poynter,Northampton 37 04
M422 GUS   Mercedes-Benz 811D    WS B33F          McGill,Port Glasgow 05
N802 PDS   Mercedes-Benz 709D    Marshall B29F    McGill,Port Glasgow 05
P491 TGA   Mercedes-Benz 711D    UVG B29F         McGill,Port Glasgow 05
W179 XTM   LDV Convoy            LDV B16FL        Non-PSV(Sixt Kenning) 02
YX51 LZT   LDV Convoy            LDV B8FL         Non-PSV 02
```

K7 KMP (LLANBERIS) LTD

Depot:Y Glyn Industrial Estate,LLANBERIS,Gwynedd.

```
6697 RU    Volvo B10M-62         Plaxton C49FT    Excelsior,Bournemouth 00
JHE 167W   MCW Metrobus DR104    H46/31F          Kingsley,Birtley 214 01
ODV 203W   Leyland AN68B/1R      EL O43/26D       Plymouth 159 05
OJD 841Y   MCW Metrobus DR101    H43/28D          London United M841 02
ROX 653Y   MCW Metrobus DR102    H43/30F          NX West Midlands 2653 05
A  7 KMP   Volvo B7RLE           Wright B44F      New 05
B125 WUL   MCW Metrobus DR101    H43/28D          Coakley,Motherwell 03
J138 DUV   Dennis Dart           Plaxton B24F     London United DR138 02
J987 JNJ   Dennis Dart           Plaxton B40F     Brighton & Hove 87 04
J989 JNJ   Dennis Dart           Plaxton B40F     Brighton & Hove 89 04
K819 NKH   Dennis Dart           Plaxton B34F     Metroline DRL19 02
L908 JRN   Dennis Dart           East Lancs B34F  Go Ahead London DEL8 03
L  77 KMP  Volvo B7RLE           Wright B44F      New 04
L777 KMP   Volvo B7RLE           Wright B44F      New 04
M637 BEY   Mercedes-Benz 814D    Mellor B31F      New 95
M  7 KMP   Volvo B7RLE           Wright B44F      New 05
M 77 KMP   Optare Solo M920SL    B31F             New 05
M777 KMP   Dennis Dart SLF       Plaxton B41F     New 00
N776 CJC   Mercedes-Benz 814D    Mellor B31F      New 95
N848 FDT   Mercedes-Benz 811D    Mellor B31F      Mercedes-Benz(Demonst.) 97
N  7 KMP   Volvo B10M-62         Plaxton C49FT    New 96
N777 KMP   Volvo B7RLE           Wright B44F      New 04
P  7 KMP   Dennis Dart SLF       Plaxton B39F     New 01
R  7 KMP   Volvo B10M-62         Caetano C51FT    New 02
S377 MCC   Dennis Dart SLF       Alexander B40F   New 98
T 72 JCC   Dennis Dart SLF       Plaxton B39F     New 99
T  7 KMP   Auwaerter N116/2      C48FT            New 99
CX51 EZJ   Dennis Dart SLF       Plaxton B42F     New 01
```

6697 RU*N663 THO(4/00) & A17 XEL(11/98)

K8   **J.O. & D.M. KRAKVIK.t/a STATION TRAVEL**

Depot:1 Waterworks Cottage,Lynne Lane,SHENSTONE,Staffordshire.

M446 OUX	LDV 400	WMB C16F	Non-PSV(Van) 96
N978 ODS	LDV Convoy	LDV B16F	Non-PSV 00
P221 OLC	Mercedes-Benz 412D	ACL C16F	Wickson,Walsall Wood 00
S 43 JFV	LDV Convoy	Jaycas C16F	Eastbond,Tamworth 8 04
Y236 YAG	LDV Convoy	Crest C16F	Johnson,Hetton-le-Hole 03

K9   **LAINTON COACHES LTD.t/a ASHALLs COACHES**

Depot:Unit C,70 Langley Road,PENDLETON,Greater Manchester.

101	SJ53 AWX	Dennis Dart SLF	Plaxton B29F	New 04
102	SF04 HXR	Dennis Dart SLF	Plaxton B29F	New 04
110	SF04 ZXD	MB O814D	Plaxton B31F	New 04
111	SF54 KHP	MB O814D	Plaxton B31F	New 05
112	SF54 OVB	MB O814D	Plaxton B31F	New 05
113	SF54 OVC	MB O814D	Plaxton B31F	New 05
120	B920 TVR	Dennis DDA1003	NC H43/32F	S GM Buses Sth 15020 04
153	J853 MLC	DAF SB220LC550	Optare B50F	Williams,Pengam 04
154	J854 MLC	DAF SB220LC550	Optare B44F	Williams,Pengam 04
	LIW 9272	Volvo B10M-50	Van Hool C49FT	Hilton,Newton-Willows 05
	L293 LND	Dennis Javelin	WS C56FA	MOD 03
	M 68 LAG	Scania K113CRB	Van Hool C49FT	East Yorkshire 68 01
	N586 HTE	Dennis Javelin	WS C47F	MOD 03
	N657 HTE	Dennis Javelin	WS C57F	Courtesy,Chadderton 04
	N976 HTE	Dennis Javelin	WS C55F	Lex,Aldershot 03
	W201 EAG	Volvo B10M-62	Plaxton C48FT	Hansar(Hire Fleet) 04
	SF03 SDV	MB O814D	Mellor C33F	New 03
	SF04 HXV	MB O814D	Mellor C33F	New 04

LIW 9272*G979 EHP(5/93) & 1 KOV(5/93) & G600 CVC(1/93),
L293 LND*L903 ULX(12/03), N586 HTE*N122 HDX(12/03),
N657 HTE*N157 RTH(2/04) & N976 HTE*N360 CUG(4/04)

L1   **LAKESIDE COACHES LTD**

Depots:Fardeg,Grange Road & 39 Watergate Street,ELLESMERE,Shropshire.

F810 NST	Dennis Javelin	Plaxton C53F	Mayne,Buckie 92
H231 FFE	Dennis Javelin	Plaxton C53F	Holloway,Scunthorpe 05
P727 AAA	Volvo B10M-62	Plaxton C53F	Excelsior,Bournemouth 99
P829 CLJ	Volvo B10M-62	Plaxton C53F	Excelsior,Bournemouth 98
P153 FUJ	Dennis Javelin	Plaxton C53F	New 97
R134 CUX	Dennis Javelin	Plaxton C57F	New 97
R714 FLG	Dennis Javelin	Plaxton C57F	Meredith,Malpas 02
T183 AUA	DAF DE33WSSB3000	Van Hool C51FT	Richards,Cardigan 04
V361 EKY	Volvo B10M-62	Plaxton C49FT	Associated,Stansted 02
V 32 EUX	Toyota BB50R	Caetano C21F	New 00
V 56 KWO	Volvo B10M-62	Plaxton C53F	Bebb,Llantwit Fardre 02
X117 BUJ	Volvo B10M-62	Plaxton C49FT	New 01
DU02 UYY	Toyota BB50R	Caetano C21F	New 02
YR02 PYV	Mercedes-Benz 413CDI	Excel C16F	New 02
DY52 GYO	Volvo B12M	Plaxton C49FT	New 03
DX53 YUG	Dennis Javelin	Plaxton C57F	New 04
BX54 AEP	Toyota BB50R	Caetano C26F	New 04
YX54 BGO	Mercedes-Benz 1223L	Ferqui C39F	New 04

H231 FFE*YYR 832(3/05) & H231 FFE(1/05), P727 AAA*A9 XEL(10/99),
P829 CLJ*A10 EXC(11/98) & R714 FLG*KSV 408(4/02) & R714 FLG(3/00)

L2　　　　　　　　　　LAMBETH COACHES LTD

Depot:c/o Pennine,Bredbury Park Way,BREDBURY,Greater Manchester.

```
LCZ 9668    Mercedes-Benz 412D     Excel C16F        New 99
YCZ 2393    Mercedes-Benz 410D     ACL C16FL         Dewberry,Biggin Hill 04
R 38 SSA    Dennis Javelin         Marcopolo C48FTL  MCT,Motherwell 05
V343 XVL    Mercedes-Benz 614D     ACL C24F          New 99
X838 HEE    Mercedes-Benz O814D    ACL C33F          New 00
X959 HFU    Mercedes-Benz O814D    ACL C29F          New 01
FY02 LCX    Mercedes-Benz 1223L    Ferqui C39F       New 02
MX03 WNZ    Mercedes-Benz 413CDI   Olympus C16F      New 03
YN03 LSX    Mercedes-Benz 614D     Excel C24F        New 03
```
~~~~~~
LCZ 9668*V787 EHE(11/02), YCZ 2393*T57 RJL(1/05) & R38 SSA*R12 MCT(3/05)
~~~~~~

L3　　　LAMBs CAR & COMMERCIAL LTD.t/a LAMBs COACHES

Depot:Brewery Street Garage,2a Buxton St,HAZEL GROVE,Greater Manchester.

```
GLZ 7478    Bova FHD12-290         C46FT    Little,Ilkeston 03
JUI 5011    Bova FHD12-290         C49FT    Matthews,Beverley 99
LAZ 5876    Bova FHD12-290         C49FT    Arriva Fox 3232 01
MIW 2430    Bova FHD12-280         C53F     White,Duckmanton 03
RJI 8682    Bova FLD12-250         C57F     Johnson,Henley-in-Arden 03
XCZ 7782    MB O303/15R            C49FT    Powner,Mkt Harborough 05
F822 GDT    Mercedes-Benz 811D     RB C25F  Dearden,Darwen 05
```
~~~~~~
GLZ 7478*G545 JOG(6/03) & SIL 1324(3/03) & G545 JOG(4/00),
JUI 5011*NIL 1066(9/99) & OAZ 1370(6/97) & F571 KGX(3/97) &
         GSU 348(2/97) & F571 KGX(3/90), LAZ 5876*K132 FKW(3/03),
MIW 2430*A546 HRY(3/92), RJI 8682*C338 VRY(3/94),
XCZ 7782*F381 MUT(12/04) & A5 UNF(5/04) & F381 MUT(9/02) & PPY 238(6/02) &
         F381 MUT(9/94) & F822 GDT*JST 160N(9/05) & F822 GDT(2/01)
~~~~~~

L4　　　　　G.T. LEATHER.t/a GRAHAMs MINI TRAVEL

Depot:Tattenham Works,Leigh Road,HINDLEY GREEN,Greater Manchester.

```
RIL 8242    Mercedes-Benz 609D     Coachcraft C21F   Rigby,Lathom 01
YVR   1Y    Mercedes-Benz 609D     Whittaker C24F    Wilcockson,Leigh 02
M530 TWX    Renault B110           LCB B12FL         Kirklees District Coun. 03
P138 DVN    Mercedes-Benz 711D     ACL C24F          North Yorkshire CC 05
S235 SWF    Mercedes-Benz 410D     Frank Guy B15FL   Derbyshire CC NY24 05
Y651 LCK    Renault Master         Mellor B16F       Non-PSV(TLS) 04
```
~~~~~~
RIL 8242*F636 SEE(4/04) & YVR 1Y*E175 YWE(3/02)
~~~~~~

L5　　C. LEE/S.A. LEE.t/a LEEWAY BUS COMPANY & TOWN LYNX

Depot:Brookfield Garage,High Street,NORTHOP,Flintshire.

```
A325 AKU    Leyland ONLXB/1R       ECW H45/32F       S East Midland 14325 04
A316 XWG    Leyland ONLXB/1R       ECW H45/32F       S East Midland 14316 04
C327 HWJ    Leyland ONLXB/1R       ECW CH43/32F      S East Midland 14327 04
C331 HWJ    Leyland ONLXB/1R       ECW H45/32F       S East Midland 14331 03
E929 PBE    Leyland TRBLXCT/2RH    Alexander DP51F   S East Midland 25823 04
K913 VDV    Iveco 59-12            Mellor B29F       Stagecoach Devon 343 01
K925 VDV    Iveco 59-12            Mellor B29F       Stagecoach Devon 358 02
L447 FFR    Iveco 59-12            Mellor B27F       Stagecoach Devon 397 02
L448 FFR    Iveco 59-12            Mellor B27F       Stagecoach Devon 395 02
N463 HRN    Iveco 59-12            Mellor B27F       Stagecoach Devon 46382 05
DG53 CMY    Mercedes-Benz O814D    Plaxton B31F      New 03
DE04 XEZ    Mercedes-Benz O814D    Plaxton B33F      New 04
DK04 NNB    Dennis Dart SLF        Plaxton B29F      New 04
```

L6   LEONS COACH TRAVEL (STAFFORD) LTD

Depot:Douglas House,Tollgate Park,Beaconside,STAFFORD,Staffordshire.

```
 64  9346  PL    Volvo B10M-61         Plaxton C57F        Marchant,Cheltenham 01
127  Y100  LCT   Scania K124IB4        Van Hool C49FT      New 01
131  GO51  LCT   Bova FHD12-370        C51FT               New 01
132  AT02  LCT   Scania K114IB4        Van Hool C49FT      New 02
133  BT02  LCT   Scania K114EB4        Van Hool C49FT      New 02
134  CT02  LCT   Scania K114IB4        Van Hool C49FT      New 02
135  G343  WHY   Mercedes-Benz 609D    MM C26F             Vaughan,Gt Braxted 02
137  AT52  LCT   Scania K114IB4        Van Hool C49FT      New 02
138  BT52  LCT   Scania K114IB4        Van Hool C49FT      New 02
139  CT52  LCT   Scania K114IB4        Irizar C49FT        New 02
140  AT03  LCT   KA S315GTHD           C49FT               New 03
141  BT03  LCT   KA S315GTHD           C49FT               New 03
142  CT03  LCT   KA S315GTHD           C49FT               New 03
143  DT03  LCT   Scania K114EB4        Irizar C49FT        New 03
144  ET03  LCT   Scania K114EB4        Irizar C49FT        New 03
149  R468  YDT   Scania K113CRB        Van Hool C49FT      Smith,Rayne 03
150  AT04  LCT   KA S315GTHD           C49FT               New 04
151  BT04  LCT   Bova FHD12-340        C49FT               New 04
152  CT04  LCT   Bova FHD12-340        C51FT               New 04
153  AT54  LCT   BMC 1100FE            B ?F                New 04
154  AT05  LCT   Bova FHD12-340        C49FT               New 05
155  BT05  LCT   Bova FHD12-340        C49FT               New 05
156  CT05  LCT   Bova FHD12-340        C49FT               New 05
157  DT05  LCT   MB O814D              Plaxton C33F        New 05
158  ET05  LCT   MB 614D               Plaxton C24F        New 05
159  FT05  LCT   MB 413CDI             ? C16F              New 05
     ENF   565   Volvo B10M-61         Duple C53F          Morgan,Shenstone 01
```
~~~~~~
ENF 565*TJI 5512(12/01) & ENF 565Y(7/96) & 9346 PL*UBC 464X(5/02)
~~~~~~

L7   **A.H. & R.M. LEWIS/BYSUS LEWIS-Y-LLAN CYFYNGEDIG**

Depots:Madyn Industrial Est.,AMLWCH & Cae Bychan,LLANGRISTIOLUS,Anglesey.

```
NIW 2232     Volvo B10M-61          Plaxton C53F        Keir,Kemnay 00
UCK  277     Dennis Javelin         Plaxton C53F        Chambers,Stevenage 04
XFU 128V     Leyland FE30AGR        Roe H45/31F         Lewis,Llanerchymedd 03
MBS 281W     Volvo B58-61           Van Hool C49FT      Fletcher,Malton 04
A122 GSA     Leyland TRBLXC/2RH     Alexander B60F      Phillips,Holywell 05
A698 HNB     Leyland AN68D/1R       NC H43/32F          Forrest,Aintree 01
C283 BBP     Dennis DDA1008         EL H45/31F          Carr,Maghull 03
J444 ABC     Optare MR01            B33F                C & M,Aintree 6012 02
N 17 BLU     Iveco 59-12            UVG B27F            Dunstan,Middleton 17 00
N 80 THN     Optare Solo M850       B27F                New 00
S316 DLG     Mercedes-Benz O814D    Plaxton B31F        New 98
S  4 SYA     Dennis Dart SLF        Plaxton B29F        New 03
T  4 AHL     Optare Solo M850       B27F                New 00
V 14 NYA     Dennis Dart SLF        Plaxton B29F        New 03
X256 DEP     Mercedes-Benz O814D    Plaxton B27F        Bysiau Cwm Taf,Whitland 05
```
~~~~~~
NIW 2232*D817 SGB(10/92), UCK 277*P181 NAK(4/04),
MBS 281W*LIJ 595(4/97) & TOI 9785(6/86) & CST 390W(12/85),
N80 THN*X831 REY(10/03), S4 SYA*CX03 EBJ(10/03), T4 AHL*X832 REY(3/05),
V14 NYA*CX03 EBK(10/03) & X256 DEP*X5 TAF(10/05)
~~~~~~

L8   **A.W. LEWIS.t/a CERBYDAU CARREGLEFN COACHES**

Depot:Carreglefn Garage,CARREGLEFN,Anglesey.

```
FJC  239     Volvo B10M-61          Caetano C49FT       Watson,Staindrop 96
GEY  124     Volvo B10M-60          Plaxton C50F        Owen,Nefyn 99
GEY  371     Volvo B10M-62          Caetano C48FT       D Coaches,Morriston 03
NJC  393     Volvo B10M-61          Plaxton C53F        Brittain,Northampton 91
```

```
SIB 1998     Volvo B10M-46        Caetano C39F    Woods,Wigston 03
997  EAY     Volvo B10M-61        Plaxton C51F    Jones,Pwllheli 90
A  2 YEY     Toyota HZB50R        Caetano C21F    Markham,Birmingham 43 03
A 20 YEY     Toyota BB50R         Caetano C24F    Hillary,Prudhoe 05
```

OTHER VEHICLE OWNED BY THE COMPANY
* * * * * * * *

```
GCC  572     Commer Avenger IV    Duple C41F      Preserved(1959)
```

FJC 239*PJI 3044(11/97) & PGE 88Y(4/93) & C117 MGA(1/88) & OCV 726(9/87) &
    C701 KDS(8/87) & PRV 288(3/86reb) & ODS 463Y(12/83),
GEY 124*H604 UWR(5/01) & 521 WDE(3/98) & H604 UWR(3/94),
GEY 371*P339 CEP(1/04), NJC 393*C124 PNH(5/95), SIB 1998*C625 KDS(7/92),
997 EAY*JSJ 434W(9/90), A2 YEY*N788 ORY(12/03) & A20 YEY*S615 KUT(7/05)

L9   J. & S. LEWIS.t/a OLYMPIA COACHES

Depot:44 Argyle Street,HINDLEY,Greater Manchester.

```
HIL 7020     Volvo B10M-61        Jonckheere C53FT Hilton,Newton-l-Willows 95
LUI 5804     Dennis Javelin       Duple C61F       Tudor Hotel,Bournemouth 00
LUI 5806     Dennis Javelin       Duple C61F       Whittle,Kidderminster 00
MBZ 7705     Volvo B10M-62        Jonckheere C51FT Dunn-Line,Nottingham 03
OSV  519     Volvo B10M-62        Plaxton C57F     Shaw Hadwin,Carnforth 05
RIL 7976     Dennis Javelin       Plaxton C51FT    Rush Travel,Seaton Burn 01
RIL 9923     Mercedes-Benz 609D   North West C26F  Hilton,Newton-le-Willow 96
VIL 8578     Volvo B10M-60        Van Hool C55F    Allander,Milngavie 04
XIB 3473     Dennis Javelin       Plaxton C70F     Allander,Milngavie 04
443  ALA     Volvo B10M-60        Jonckheere C53F  Hardings,Huyton 02
449  GYN     Dennis Javelin       Plaxton C51FT    Rush Travel,Seaton Burn 01
440  UXG     Volvo B10M-62        Plaxton C57F     Shaw Hadwin,Carnforth 05
R701 TRV     Dennis Javelin       UVG C70F         Airlinks 1070 02
R702 TRV     Dennis Javelin       UVG C53F         Airlinks 1018 03
S 10 BUS     Mercedes-Benz 614D   Crest C24F       White,Keady(NI) 01
T 37 BUB     Mercedes-Benz 412D   Olympus C16F     Selwyns,Runcorn 14 04
V  5 BUS     Mercedes-Benz O814D  Plaxton C33F     New 00
Y346 LFR     Mercedes-Benz 413CDI Bradshaw C16F    Non-PSV(Van) 04
```

HIL 7020*GIL 2950(1/92) & A130 XNH(5/90), LUI 5804*E751 HJF(12/01),
LUI 5806*G30 HDW(12/01), MBZ 7705*P253 AUT(6/04) & P251 AUT(3/98),
OSV 519*M209 SCK(9/05) & 7606 UR(3/05) & M209 SCK(9/00) & M208 SCK(9/95),
RIL 7976*F907 UPR(4/01) & NIL 7043(2/01) & F907 UPR(8/97),
RIL 9923*F455 YHF(5/03),
VIL 8578*H258 AAS(3/04) & XIB 3473(8/03) & H258 AAS(3/03),
XIB 3473*K750 UJO(8/03),
443 ALA*K806 KWX(1/03) & UOI 880(4/99) & K842 HUM(2/97),
449 GYN*L230 BUT(5/01),
440 UXG*M208 SCK(9/05) & 3770 RU(3/05) & M208 SCK(9/00) & M209 SCK(9/95) &
S10 BUS*S233 FGD(10/01) & N4 WLC(8/01) & S233 FGD(6/00)

M1   D.W. LLOYD.t/a LLOYDs COACHES

Depots:Old Crosville Garage,Doll Street &
          Furnace Yard,Old Station Yard,MACHYNLLETH,Powys.

```
YIL 1202     Volvo B10M-60        Plaxton C53F     Owen,Nefyn 04
YIL 1203     Volvo B10M-62        Plaxton C48FT    Owen,Nefyn 05
AAX 590A     Leyland TRCTL11/3R   East Lancs B61F  Lainton,Clayton 04
GMB 390T     LN 11351A/1R         B49F             Preserved 05
F985 HGE     Volvo B10M-60        Plaxton C53F     Elcock,Madeley 04
M889 WAK     Volvo B10M-62        Plaxton C53F     Owen,Nefyn 03
N202 LFV     Mercedes-Benz 709D   Alexander B23F   S North West 40402 05
N202 UHH     Mercedes-Benz 709D   ARB B23F         S North West 40002 05
P397 FEA     Mercedes-Benz 709D   ARB B25F         A North West 1297 04
S416 AWP     Mercedes-Benz O814D  Plaxton C32F     Owen,Nefyn 05
YJ05 JWY     Optare Tempo X1260   B46F             Optare(Demonstrator) 05
```

```
YIL 1202*F966 HGE(3/04) & HIL 6584(10/03) & F966 HGE(1/92),
AAX 590A*A217 VWO(11/87reb), WUD 322X*GEY 371(7/03) & WUD 322X(5/95),
F985 HGE*5038 NT(10/04) & F985 HGE(8/91) & S416 AWP*S24 RWL(2/05)
```

M2   F.,D.,G.M. & R. LLOYD.t/a P. & O. LLOYD

Depot:Abbey Bus Garage,Abbey View TE,Bagillt Road,GREENFIELD,Flintshire.

```
GHZ 6067    Leyland ONLXB/1R       ECW H45/32F        A North West 3017 02
JIL 2161    LN 11351/1R            East Lancs B49F    A Fox County 2161 02
JJZ 3488    Leyland TRCTL11/3RH    East Lancs B59F    A Midlands North 3032 03
POI 6312    Volvo B10M-60          Van Hool C49FT     Cooper,Tursdale 00
RIB 7854    Volvo B10M-61          Van Hool C53F      Cass,Moreton 01
5182  PO    Scania K113CRB         Van Hool C49FT     Go-Goodwins,Eccles 03
5373  PO    Volvo B10M-60          Van Hool C49FT     Shearings 245 00
6709  PO    Volvo B10M-60          Van Hool C49FT     National Holidays 94 00
BPF 137Y    Leyland ONTL11/1R      Roe H43/29F        B Keighley & Dist. 937 03
A698 DDL    Leyland ONLXB/1R       ECW CH43/30F       Eagles,Mold 05
A139 DPE    Leyland ONTL11/1R      Roe H43/29F        B Keighley & Dist. 939 03
A140 DPE    Leyland ONTL11/1R      Roe H43/29F        B Keighley & Dist. 940 03
A148 FPG    Leyland ONTL11/1R      Roe H43/29F        A Midlands North 2013 02
A150 FPG    Leyland ONTL11/1R      Roe H43/29F        A Midlands North 2014 02
A683 MWX    Leyland ONLXB/1R       ECW H45/32F        B Keighley & Dist. 381 04
A685 MWX    Leyland ONLXB/1R       ECW H45/32F        B Keighley & Dist. 383 04
B197 DTU    Leyland ONLXB/1R       ECW H45/32F        Eagles,Mold 05
B252 PHN    Leyland ONLXB/1R       ECW H45/32F        Eagles,Mold 05
B151 TRN    Leyland ONLXB/1R       ECW H45/32F        A North West 3051 04
C114 CHM    Leyland ONLXB/1RH      ECW H42/29F        S East Midland 14364 03
C210 GTU    Leyland ONLXB/1R       ECW H42/29F        A North West 3120 03
C963 XVC    Leyland ONLXB/1RH      ECW CH42/29F       S Midland Red Sth 14936 04
D129 FYM    Leyland ONLXB/1RH      ECW H42/29F        S East Midland 14379 03
D130 FYM    Leyland ONLXB/1RH      ECW H42/29F        S East Midland 14380 03
E927 PBE    Leyland TRBLXCT/2RH    Alexander B51F     S East Midland 25821 04
F278 HOD    Leyland TRBTL11/2RP    Plaxton B65F       A Midlands North 1778 02
P544 PNE    Mercedes-Benz O810D    Plaxton B27F       S North West 42544 05
R 73 VVP    Scania K113CRB         Van Hool C49FT     Red Arrow,Huddersfield 03
R 74 VVP    Volvo B10M-62          Plaxton C49FT      Sim,Boot 04
X100 CBC    Optare Solo M850       B28F               HAD,Shotts 04
X539 NWT    Optare Solo M850       B30F               New 00
YN04 LXK    Optare Solo M950       B33F               New 04

GHZ 6067*CWR 527Y(9/05), JIL 2161*HWC 87N(8/94reb),
JJZ 3488*B104 KPF(9/05reb), POI 6312*J244 NNC(10/00),
RIB 7854*B480 UNB(6/93),
5182 PO*L402 LHE(2/04) & WSV 552(12/03) & L402 LHE(8/03),
5373 PO*J245 NNC(3/00), 6709 PO*J223 NNC(10/00) &
R73 VVP*RED 57(9/03) & R73 VVP(5/01)
```

M3   H. & S. LOMAS.t/a LADYLINE COACHES

Depot:Mount Pleasant,KEY GREEN,Cheshire.

```
LIL 8971    Volvo B10M-60          Van Hool C55F      Hughes &,Holyhead 05
OJD  55R    Bristol LH6L           ECW B39F           OK Motor Services 01
B701 AKM    Leyland PSU5C/4R       WS B72F            Autocar,Five Oak Green 04
B822 GPT    Bedford YMP            Plaxton C31F       Plaza,Birmingham 00
B532 SAJ    DAF MB200DKFL600       Duple C49FT        Bowers,Chapel-e-l-Frith 98
B113 WUV    Leyland TNLXB/2RR      Leyland H44/32F    S Cleveland Transit 288 03
G142 TBD    Leyland SV2R           RB B31F            MK Metro 402 04
J381 GKH    Dennis Dart            Plaxton B28F       Fernhill,Bracknell 3 04
J396 GKH    Dennis Dart            Plaxton B28F       Fernhill,Bracknell 1 04
K 2  ABA    Toyota HDB30R          Caetano C21F       Connections,Sutton 02
M883 DDS    Mercedes-Benz 811D     WS B33F            A Scotland West 228 03

LIL 8971*G879 ODS(4/96), B532 SAJ*RSK 170(3/95) & B157 PDC(3/92),
B701 AKM*VVU 228S(4/95reb), J381 GKH*SPR 124(6/04) & J381 GKH(11/03) &
J396 GKH*KFK 941(6/04) & J396 GKH(11/03)
```

M4 LONGMYND TRAVEL LTD

Depot:The Coach Depot,Lea Cross,Lea,PONTESBURY,Shropshire.

```
KIW 4391    Volvo B10M-61           Jonckheere C51FT   Compass,Worthing 03
LAZ 4408    Volvo B10M-61           Jonckheere C57F    Tellings-GM,Byfleet 90
MAZ 5839    Volvo B10M-61           Plaxton C53F       L. Cityrama,Battersea 93
NIL 5651    Volvo B10M-46           Plaxton C43F       Lawrence,St Anns Chapel 03
VIL 8287    Volvo B10M-62           Plaxton C57F       Shaw,Coventry 00
VJI 2996    Volvo B10M-60           Plaxton C57F       Park,Hamilton 90
XIL 1387    Volvo B10M-62           Plaxton C53F       Swallow,Rainham 00
F401 UAD    Volvo B10M-61           Plaxton C53F       Pulham,Bourton-on-Water 04
H831 AHS    Volvo B10M-60           Plaxton C53F       Go-Goodwins,Eccles 03
J307 KFP    Toyota HDB30R           Caetano C21F       Pathfinder,Chadwell Hth 95
K264 SSD    Volvo B10M-60           Plaxton C57F       Moore,Sturminster Newtn 03
K  2 TGE    Volvo B10M-60           Jonckheere C50F    Wallace Arnold 96
N104 BHL    Volvo B10M-62           Plaxton C53F       Negrotti,Greenford 01
N546 SJF    Volvo B10M-62           Jonckheere C53F    Clarke,Lower Sydenham 99
P  99 HMC   Volvo B10M-62           Plaxton C53F       Airlinks 1153 02
R956 RCH    Volvo B10M-48           Plaxton C43F       National Express 1141 04
T   7 RDC   Volvo B10M-62           Berkhof C51FT      Reynolds &,Bushey 02
W594 KFE    Mercedes-Benz 410D      ACL C13F           Berkeley,Hemel Hempstd. 01
Y633 KDP    Volvo B10M-62           Berkhof C51FT      Silvergray,Bedfont 01
Y798 UDT    Volvo B10M-62           Plaxton C49FT      Logan,Dunloy(NI) 04
Y799 UDT    Volvo B10M-62           Plaxton C49FT      Logan,Dunloy(NI) 04
SK02 UFG    Mercedes-Benz O815D     Sitcar C29F        Austin,Earlston 04
YM03 EOV    Mercedes-Benz O814D     Plaxton C29F       Logan,Dunloy(NI) 05
LT54 DMS    Bova FHD12-340          C49FT              New 04
```

KIW 4391*KIW 4389(2/90) & B491 GBD(2/90), LAZ 4408*E504 KNV(5/97),
MAZ 5839*E311 OMG(3/97), NIL 5651*H717 FLD(9/00),
VIL 8287*L42 VRW(6/03) & 3 KOV(5/00) & L42 VRW(2/99),
VJI 2996*F969 HGE(3/97), XIL 1387*L978 UAH(6/03),
F401 UAD*UDF 936(11/04) & F401 UAD(1/93) & K2 TGE*K845 HUM(9/99)

M5 K. LOUGHRAN/M.L. LOUGHRAN.t/a ROCKET MINI COACHES

Depots:2 Park Villas,Cronton Road & 60 Whitefield Lane,TARBOCK,Merseyside.

```
H162 DDB    Mercedes-Benz 308D      Phoenix B10FL      GM Accessible Tpt 99
H627 DVU    DAF 400                 Mellor B8FL        Tameside B Council 99
H543 GTJ    Mercedes-Benz 811D      Mellor B18DL       Knowsley B Council 97
M204 XWY    LDV 400                 LDV B8FL           Calderdale MB Council 03
```

M6 J.A. & S.M. LUDLOW.t/a DAWLEY & TELFORD HIRE

Depot:Little Worth,LITTLE WENLOCK,Shropshire.

```
V   2 JON   Mercedes-Benz 308D      Concept C14F       New 00
BU52 JON    Mercedes-Benz 411CDI    Excel C16F         New 02
BU53 JON    Mercedes-Benz 413CDI    Excel C16F         New 03
BX05 VNO    Mercedes-Benz 614D      Excel C24F         New 05
```

M7 LUXURY MINIBUS TRAVEL LTD

Depot:70 Wolverhampton Road,STAFFORD,Staffordshire.

```
L119 BPH    Mercedes-Benz 811D      Crystals C25F      New 93
L694 JUJ    Mercedes-Benz 410D      Coachcraft C12F    New 94
M430 POJ    Mercedes-Benz 814D      ACL C29F           New 95
S392 CRC    Mercedes-Benz 312D      Advanced B14F      Sinclair,Haltwhistle 03
YX04 DMU    Mercedes-Benz 1223L     Ferqui C39F        New 04
```

M8 M & B MINI BUSES LTD

Depot:Unit 22,Hadley Park Ind. Estate,Hadley Park Road,HADLEY,Shropshire.

```
KLZ 3438    Dennis Javelin            Duple C35F       MP Mini,Ketley Bank 03
A  8  XLA   Mercedes-Benz 413CDI      Olympus C11F     New 04
A 10  XLA   Volvo B10M-62             Plaxton C48FT    Courtesy,Chadderton 05
M822 YUA    Mercedes-Benz 609D        ACL C23F         Brown,Trench 03
N722 JLW    Mercedes-Benz 814D        Robin Hood C16F  Ewen,Dyce 05
T812 SBB    Mercedes-Benz 410D        Bradshaw C16F    Non-PSV(Van) 03
YX04 FVZ    LDV Convoy                Excel C16F       New 04
```
~~~~~~
KLZ 3438*F821 DMS(6/03) & YFS 438(7/01), A10 XLA*T540 EUB(9/05) &
N722 JLW*FXI 782(11/03) & N722 JLW(6/00) & WET 859(9/99) & N256 CKR(2/97)
~~~~~~

M9 C.D. MacALISTER.t/a ADAMS TRAVEL & METRO TAXIS

Depot:152 Hibbert Lane,MARPLE,Greater Manchester.

```
MIL 4420    Volvo B10M-61             Plaxton C51FT    Farren,Burnage 05
L691 AEA    LDV 400                   Cunliffe B15FL   Brown,Marple 05
L884 SDY    Mercedes-Benz 709D        ARB B25F         Farren,Burnage 05
P291 JHE    Mercedes-Benz 611D        Concept C16F     Goddard,Offerton 04
T923 GJH    LDV Convoy                LDV B16F         Non-PSV(Sixt Kenning) 01
```
~~~~~~
MIL 4420*C164 CCD(4/03) & XSU 913(6/00) & C164 CCD(9/98) & FDY 83(1/94) &
       C588 SJK(7/90) & P291 JHE*P3 HCG(6/01) & P291 JHE(7/00)
~~~~~~

N1 N. McCABE/D. & A.L. WARD.t/a AMBER TRAVEL

Depot:Unit 11,Orchard TE,Langley Road South,PENDLETON,Greater Manchester.

```
OKZ 4941    Leyland TRCTL11/3R        Duple C49FT      Holmeswood Coaches 04
OKZ 4942    Leyland TRCTL11/3RH       Duple C53F       Hampson,Fleetwood 04
SAZ 5101    Mercedes-Benz 709D        McCabe C24F      McCabe,Swinton 01
K871 GHH    Mercedes-Benz 709D        ARB B25F         S North West 40034 04
```
~~~~~~
OKZ 4941*B211 AFV(8/05) & SBV 703(2/04) & B211 AFV(5/91),
OKZ 4942*B43 MAO(8/05) & PCK 335(4/92) & B155 WRN(6/90) &
SAZ 5101*G467 VUW(5/01)
~~~~~~

N2 A. McCARTHY & M.S. LOMAS.t/a ROY McCARTHY COACHES

Depot:The Coach Depot,Snape Road,MACCLESFIELD,Cheshire.

```
OYU  807    Volvo B10M-62             Plaxton C53FT    New 98
C307 UFP    Bedford YNT               Plaxton C53F     New 86
D343 SWB    Bedford YNV               Plaxton C57F     Rainworth Travel 61 91
G347 VTA    Volvo B10M-60             Plaxton C53F     Plymouth 347 94
M674 TVH    Dennis Javelin            Plaxton C53F     New 95
P471 HRJ    Volvo B10M-62             Plaxton C53F     New 96
V264 DTE    Dennis Javelin            Plaxton C57F     New 99
FN52 MZX    MAN 18.310                Caetano C53F     New 02
FJ53 KZK    Volvo B12M                Berkhof C49FT    New 03
YN05 VRX    Volvo B12B                Plaxton C49FT    New 05
```
~~~~~~
OYU 807*R301 BJA(10/03)
~~~~~~

N3   MANCHESTER AIRPORT PLC

Depots:Car Park,East Midlands Airport,CASTLE DONINGTON,Leicestershire(*) &
       Melbourne Avenue,MANCHESTER AIRPORT,Greater Manchester.

```
K977 JWW*  Optare MR03            B23F              New 93
K978 JWW   Optare MR03            B23F              New 93
K125 TCP   DAF SB220LC550         Ikarus B26D       New 93
K127 TCP   DAF SB220LC550         Ikarus B26D       New 93
M359 OVU   Dennis Dart            Plaxton B29F      New 94
M360 OVU   Dennis Dart            Plaxton B29F      New 94
M361 OVU*  Dennis Dart            Plaxton B29F      New 94
M362 OVU   Dennis Dart            Plaxton B29F      New 94
N962 WJA   Dennis Dart            Marshall B27F     New 95
N963 WJA   Dennis Dart            Marshall B27F     New 95
N964 WJA   Dennis Dart            Marshall B27F     New 95
N599 XRJ   Dennis Dart            Marshall B25F     New 95
N601 XRJ   Dennis Dart            Marshall B25F     New 95
N602 XRJ   Dennis Dart            Marshall B25F     New 95
Y191 KNB   Dennis Dart SLF        Alexander B30F    New 01
Y192 KNB   Dennis Dart SLF        Alexander B30F    New 01
Y193 KNB   Dennis Dart SLF        Alexander B30F    New 01
Y194 KNB   Dennis Dart SLF        Alexander B32F    New 01
Y195 KNB   Dennis Dart SLF        Alexander B32F    New 01
Y196 KNB   Dennis Dart SLF        Alexander B32F    New 01
FJ05 HYK*  Dennis Dart SLF        SCC B29F          New 05
FJ05 HYL*  Dennis Dart SLF        SCC B29F          New 05
FJ05 HYM*  Dennis Dart SLF        SCC B29F          New 05
SN55 DVH   Dennis Dart SLF        Plaxton B29F      New 05
SN55 DVJ   Dennis Dart SLF        Plaxton B29F      New 05
SN55 DVK   Dennis Dart SLF        Plaxton B29F      New 05
SN55 DVL   Dennis Dart SLF        Plaxton B29F      New 05
SN55 DVM   Dennis Dart SLF        Plaxton B29F      New 05
SN55 DVO   Dennis Dart SLF        Plaxton B29F      New 05
```

N4   MAWLEY OAK GARAGES LTD

Depots:Ludlow Road,CLEOBURY MORTIMER,Shropshire &
       Knight Road,KIDDERMINSTER,Worcestershire.

```
PIL 9376   Volvo B10M-60          Van Hool C53F     Cooper,Tursdale 2 02
UIB 3074   Volvo B58-61           Plaxton C53F      Pickin,Bingham 02
G163 XJF   MAN 10.180             Caetano C35F      Morgan,Nantyglo 03
M826 OKJ   Mercedes-Benz 814D     Bradshaw C25F     Non-PSV(Van) 01
N461 CBU   Mercedes-Benz 412D     ? C16F            McKenzie,Edinburgh 01
S940 KRG   LDV Convoy             Crest C16F        Countrywide,Currie 03
X294 HEE   Mercedes-Benz 412D     ACL C16F          Sargeant,Hodnet 04
```

PIL 9376*F953 WSF(3/99) & SV 2923(4/98) & F953 WSF(11/93),
UIB 3074*ULA 486W(2/94) & SRP 209(2/94) & UGG 917W(12/83),
G163 XJF*90KY 2807(5/97) & G163 XJF(   ) &
N461 CBU*B16 DNY(10/01) & N461 CBU(2/01)

N5   A. MAYNE & SON LTD

Depots:974-98 Ashton New Road & Fairclough St,CLAYTON,Greater Manchester.

```
 3   P103 HNC   Scania N113DRB    EL H45/31F        New 96
 4   P104 HNC   Scania N113DRB    EL H45/31F        New 96
 5   E709 EFG   Scania N112DRB    EL H47/33F        GA Brighton & H. 709 02
 6   F711 LFG   Scania N113DRB    EL H47/33F        GA Brighton & H. 711 02
 8   R108 YBA   Scania N113DRB    EL H45/33F        New 97
 9   R109 YBA   Scania N113DRB    EL H45/33F        New 97
10   M210 NDB   Scania N113DRB    EL H45/31F        New 95
11   M211 NDB   Scania N113DRB    EL H45/31F        New 95
12   F112 HNC   Scania N113DRB    NC H47/31F        New 89
```

13	F113 HNC	Scania N113DRB	NC H47/31F	New 89	
14	L114 DNA	Scania N113DRB	EL H47/31F	New 93	
15	G115 SBA	Scania N113DRB	NC H47/32F	New 89	
16	G116 SBA	Scania N113DRB	NC H47/32F	New 89	
17	G117 SBA	Scania N113DRB	NC H47/32F	New 90	
18	NDZ 3160	Dennis Dart	Wright B29F	GA Brighton & H. 30 04	
19	NDZ 3161	Dennis Dart	Wright B29F	GA Brighton & H. 31 04	
20	F716 LFG	Scania N113DRB	EL H47/33F	GA Brighton & H. 716 03	
21	E704 EFG	Scania N112DRB	EL H47/33F	GA Brighton & H. 704 02	
22	E705 EFG	Scania N112DRB	EL H47/33F	GA Brighton & H. 705 02	
23	E706 EFG	Scania N112DRB	EL H47/33F	GA Brighton & H. 706 02	
24	R 24 YNC	Dennis Dart	Marshall B39F	New 97	
25	V125 DJA	Dennis Trident	EL H51/30F	New 99	
26	V126 DJA	Dennis Trident	EL H51/30F	New 99	
27	V127 DJA	Dennis Trident	EL H51/30F	New 99	
28	V128 DJA	Dennis Trident	EL H51/30F	New 99	
29	V129 DJA	Dennis Trident	EL H51/30F	New 99	
30	MX03 KZN	Dennis Trident	Plaxton H47/31F	New 03	
31	MX03 KZP	Dennis Trident	Plaxton H47/31F	New 03	
40	YN53 PCV	Scania N94UB	East Lancs B35F	New 04	
41	YN53 GFJ	Scania N94UB	East Lancs B35F	New 04	
42	M 42 ONF	Scania L113CRL	NC B51F	New 94	
43	M113 RNK	Scania L113CRL	NC B49F	Scania(Demonstrator) 94	
44	K129 LGO	Dennis Dart	Wright B29F	GA Brighton & H. 29 04	
45	R 45 CDB	Dennis Dart SLF	Marshall B37F	New 98	
46	R 46 CDB	Dennis Dart SLF	Marshall B37F	New 98	
47	R 47 CDB	Dennis Dart SLF	Marshall B37F	New 98	
48	R 48 CDB	Dennis Dart SLF	Marshall B37F	New 98	
49	R 49 CDB	Dennis Dart SLF	Marshall B37F	New 98	
51	YS02 XDW	Scania K114IB4	Irizar C55F	New 02	
52	YS02 XDX	Scania K114IB4	Irizar C55F	New 02	
53	YN03 WRW	Scania K114IB4	Irizar C55F	New 03	
56	SIL 3856	Bova FLC12-280	C55F	New 96	
57	LIB 6437	Bova FHD12-340	C49FT	New 98	
58	NIL 8258	Bova FHD12-340	C49FT	New 99	
59	YN04 GPZ	Scania K124IB4	Irizar C49FT	New 04	
60	RIL 8160	Volvo B10M-60	Plaxton C46FT	A Fox County 247 99	
62	NIB 4162	Leyland PSU5C/4R	Plaxton C57F	New 82	
63	TKU 540	Scania L94IB	Irizar C55F	New 98	
64	403 BGO	Scania L94IB	Irizar C55F	New 99	
67	N 67 YVR	Dennis Javelin	UVG C55F	New 96	
68	N 68 YVR	Dennis Javelin	UVG C55F	New 96	
71	RAZ 5171	Dennis Javelin	Plaxton C49F	B Sovereign 748 04	
74	NIL 9774	Dennis Javelin	Plaxton C49F	B Sovereign 717 04	
75	IAZ 4775	Dennis Javelin	Plaxton C49F	B Harrogate & D. 166 04	
76	IAZ 4776	Scania L94IB	Irizar C50FT	New 99	
78	EUK 978	Volvo B10M-62	Plaxton C55F	New 97	
81	W 81 JBN	Volvo B7R	Plaxton C55F	New 00	
83	W 83 JBN	Volvo B7R	Plaxton C55F	New 00	

OTHER VEHICLE OWNED BY THE COMPANY
* * * * * * *

	8859 VR	AEC Regent V	ND H41/32R	Preserved(1964)	

MAYNE COACHES LTD(Associated Company)

Depot:The Coach Station,Battersby Lane,WARRINGTON,Cheshire.

5	MNC 487W	Leyland FE30AGR	NC H43/32F	Mayne,Clayton 35 02	
7	MNC 488W	Leyland FE30AGR	NC H43/32F	Mayne,Clayton 36 02	
11	NIL 8256	Scania N112DRB	EL H46/33F	Mayne,Clayton 21 02	
12	C112 UBC	Scania N112DRB	EL H46/33F	Mayne,Clayton 22 02	
13	C113 UBC	Scania N112DRB	EL H46/33F	Mayne,Clayton 23 02	
16	B424 RNA	LD TRCTL11/3R	Plaxton C53F	New 85	
18	HJZ 1918	Volvo B10M-62	Plaxton C49FT	Brighton & Hove 512 04	
19	UOL 337	Volvo B10M-62	Plaxton C55F	New 98	
20	YPL 764	Volvo B10M-62	Plaxton C55F	New 98	
21	906 GAU	Volvo B10M-62	Plaxton C55F	New 97	
22	289 BUA	Volvo B10M-62	Plaxton C55F	New 97	

```
23  OED  201    Scania L94IB         Irizar C55F      New 99
24  ASV  764    Scania L94IB         Irizar C55F      New 99
25  M  4 YNF    Volvo B10M-62        Plaxton C55F     New 00
26  M  4 YNC    Volvo B10M-62        Plaxton C55F     New 00
27  W427 JBU    Volvo B7R            Plaxton C55F     New 00
28  W428 JBU    Volvo B7R            Plaxton C55F     New 00
29  YS03 ZHZ    Scania K114IB4       Irizar C55F      New 03
30  YN03 DDK    Scania K114IB4       Irizar C55F      New 03
31  YN04 AFX    Scania K114IB4       Irizar C55F      New 04
32  YN04 AFY    Scania K114IB4       Irizar C55F      New 04
54  RFM  299L   Leyland PSU5/4R      Duple C57F       Mayne,Clayton 54 00
63  NMX  643    Leyland PSU3F/5R     Plaxton C53F     Mayne,Clayton 55 87
65  MJI  5765   Leyland PSU5C/4R     Plaxton C57F     Mayne,Clayton 65 97
66  UCE  665    Leyland PSU3A/4R     Plaxton C53F     Mayne,Clayton 66 86
69  SSV  269    LD TRCTL11/3R        Plaxton C55F     Mayne,Clayton 69 00
79  LIB  6439   LD TRCLXCT/3RZ       Plaxton C55F     Mayne,Clayton 79 02
~~~~~~~~~~~~~~~~~~~~~~~~~~~~~~~~~~~~~~~~~~~~~~~~~~~~~~~~~~~~~~~~~~~~~~~~~~~
ASV 764*T224 JND(12/02),   EUK 978*P76 JND(3/00),  HJZ 1918*N512 MPN(6/04),
IAZ 4775*L102 SDY(4/04),   IAZ 4776*T65 JDB(12/02), LIB 6437*S57 TNA(12/02),
LIB 6439*B349 RNA(10/88),  MJI 5765*SNC 365X(2/90),
NIB 4162*SNC 362X(4/90),  NIL 8256*C111 UBC(2/03), NIL 8258*T58 JDB(12/02),
NIL 9774*L107 SDY(4/04),  NMX 643*HDB 355V(2/86),  OED 201*T223 JND(12/02),
RAZ 5171*L148 BFV(4/04),  RIL 8160*J247 MFP(11/99), SIL 3856*N56 CNF(2/00),
SSV 269*ANA 368Y(6/86),   TKU 540*S63 TNA(12/02),
UCE 665*SNC 366X(5/93)  & WHA 236H(4/82reb),  UOL 337*R119 CNE(2/00),
YPL 764*R120 CNE(3/00),  403 BGO*T64 JDB(12/02), 289 BUA*P122 JNF(9/99),
906 GAU*P121 JNF(10/99), RFM 299L*ASV 764(12/02) & ORO 325L(11/86reb),
MNC 487W*IAZ 4775(4/04) & MNC 487W(2/96),
MNC 488W*IAZ 4776(12/02) & MNC 488W(2/96),
B424 RNA*OED 201(12/02) & B424 RNA(11/85), M4 YNC*W426 JBU(4/05) &
M4 YNF*W425 JBU(3/03)
~~~~~~~~~~~~~~~~~~~~~~~~~~~~~~~~~~~~~~~~~~~~~~~~~~~~~~~~~~~~~~~~~~~~~~~~~~~
```

N6   R. MEAKIN.t/a MIKRO COACHES OF CREWE

Depot:Groby Road,Coppenhall,CREWE,Cheshire.

```
CBU  860    Mercedes-Benz 609D    More Style C24F    Leese,Crewe 01
PJI  6085   Volvo B10M-50         EL H51/38F         Hilton,Newton-l-Willows 03
TAZ  9612   Volvo B10M-62         Plaxton C50FT      Pullmanor,Camberwell 00
TAZ  9613   Mercedes-Benz 709D    North West C27F    Williams,Bargoed 98
TAZ  9629   Volvo B10M-60         Plaxton C49FT      Portrest,Southam 00
904  AXY    Mercedes-Benz 811D    Alexander DP33F    A Midlands North 448 02
G532 LWU    Volvo B10M-60         Plaxton C51F       Cook,Middlesbrough 03
H482 CJS    Volvo B10M-60         Plaxton C53F       McLeans,Witney 01
N587 GBW    Dennis Javelin        Caetano C51FT      Dawson(Hire Fleet) 04
N589 GBW    Dennis Javelin        Caetano C51FT      Dawson(Hire Fleet) 04
P385 ARY    Iveco CC95E           Indcar C35F        Donaldson,Strathkinnes 04
~~~~~~~~~~~~~~~~~~~~~~~~~~~~~~~~~~~~~~~~~~~~~~~~~~~~~~~~~~~~~~~~~~~~~~~~~~~
CBU 860*F666 JNA(8/96),  PJI 6085*A286 TSN(10/00),  TAZ 9612*L274 HJD(8/00),
TAZ 9613*G459 SGB(10/98), TAZ 9629*L349 MKU(8/00),
904 AXY*F148 USX(12/96), G532 LWU*WLT 415(5/02) & G532 LWU(7/99) &
H482 CJS*ESK 981(11/98) & H625 UWR(1/95)
~~~~~~~~~~~~~~~~~~~~~~~~~~~~~~~~~~~~~~~~~~~~~~~~~~~~~~~~~~~~~~~~~~~~~~~~~~~
```

N7   MEREDITHs COACHES LTD.t/a B.L. MEREDITH & SON

Depot:Lydgate,Well Street,MALPAS,Cheshire.

```
HJI  843    Dennis Javelin        UVG C70F           Lainton,Clayton 05
JED  904    Ford R1114            Plaxton C53F       New 81
LIL  7810   Volvo B10M-62         Plaxton C53F       Wrekin,Oakengates 00
NAX  511    Volvo B10M-62         Plaxton C53F       New 96
OLG  7      Volvo B10M-61         Plaxton C49FT      New 88
SED  253    Leyland TRCTL11/3LZ   Plaxton DP70F      MOD 99
WAW  367    Volvo B10M-62         Van Hool C49FT     Park,Hamilton 02
2876 WU     Leyland TRCTL11/3LZ   WS B71F            MOD 99
122  BLM    Volvo B10M-61         Plaxton C57F       New 85
684  DYX    Volvo B10M-62         Plaxton C53F       Dodsworth,Boroughbridge 98
```

```
469   KNP    Leyland TRCTL11/3LZ   Plaxton DP70F    MOD 99
798   MMA    Volvo B10M-62         Plaxton C49FT    Brookfield,Stockport 03
884   MMB    Volvo B7R             Plaxton C70F     Hills,Wolverhampton 04
852   RKN    Leyland TRCTL11/3LZ   WS B70FA         Holmeswood Coaches 04
510   UMA    Volvo B10M-62         Plaxton C57F     New 98
DK54  JYV    Volvo B7R             Plaxton C70F     New 04
YN55  NJY    Scania K114EB4        Irizar C53F      New 05
```

OTHER VEHICLES OWNED BY THE COMPANY
* * * * * * *

```
GUJ   356    Bedford OB            Duple C29F       Preserved(1950)
NTU   946C   Bedford SB3           Duple C41F       Preserved(1960)
```

HJI 843*N934 HPX(10/05), JED 904*WCA 893W(4/84), LIL 7810*L734 RUM(3/00),
NAX 511*N514 GTU(6/99), OLG 7*E400 BTU(3/89), SED 253*E669 NOU(7/99),
WAW 367*R402 EOS(4/02) & LSK 512(10/00), 2876 WU*B936 YTC(10/99),
684 DYX*L733 RUM(6/99), 469 KNP*D211 JHY(7/99), 798 MMA*W2 FFC(6/03),
884 MMB*X458 KUT(2/05), 852 RKN*B965 YTC(5/05) & 510 UMA*R572 GCA(3/00)

N8   MID WALES MOTORWAYS LTD

Depots:Brynhyfryd Garage,PENRHYNCOCH,Ceredigion & Pool Road,NEWTOWN,Powys.

```
CNZ 1521    Leyland TRCTL11/3RZ   Plaxton C49FT        Dalybus,Goose Green 02
CNZ 1522    Volvo B10M-60         Plaxton C49FT        Park,Hamilton 98
CNZ 1524    Mercedes-Benz 814D    ACL C25F             Anderson,Bermondsey 99
CNZ 1530    Volvo B10M-62         Plaxton C49FT        Skill,Nottingham 39 02
CNZ 1531    Volvo B10M-62         Jonckheere C51FT     Hilton,Newton-l-Willows 01
CNZ 1532    Volvo B10M-62         Plaxton C49FT        Skill,Nottingham 43 03
F899  SMU   Mercedes-Benz 811D    RB C33F              Taymor,Great Strickland 02
H603  OVW   Mercedes-Benz 709D    RB DP25F             F Essex Buses 2603 02
M458  EDH   Mercedes-Benz 811D    Marshall B31F        A Midlands North 1238 04
M359  JBO   Mercedes-Benz 709D    ARB B25F             S Red & White 40559 04
M361  LAX   Mercedes-Benz 709D    ARB B25F             S Red & White 40561 04
R 4   MHL   Dennis Javelin        UVG C69F             Corbel,Edgware 04
R 3   PHL   Dennis Javelin        UVG C69F             Corbel,Edgware 04
R 6   SGT   Dennis Javelin        UVG C69F             Corbel,Edgware 04
R 1   STW   Dennis Javelin        UVG C69F             Corbel,Edgware 04
W875  UGY   Volvo B7R             Plaxton C53F         Classic,Annfield Plain 05
W218  UMV   Volvo B7R             Plaxton C57F         Classic,Annfield Plain 05
```

CNZ 1521*C82 PRP(5/04) & WLT 908(8/99) & C82 PRP(11/94),
CNZ 1522*H943 DRJ(12/01), CNZ 1524*M568 BVL(7/04),
CNZ 1530*N39 ARC(9/02), CNZ 1531*L10 TGM(12/01) & CNZ 1532*N43 ARC(1/03)

N9   E. MILLMAN.t/a MILLMANs OF WARRINGTON

Depot:Station Yard,Green Lane,Padgate,WARRINGTON,Cheshire.

```
RJI 8917    Volvo B10M-61         Duple C49FT          Feeley,Walsall 00
XIL 3642    DAF MB200DKFL600      Jonckheere C51FT     Pencoed Travel 03
XIL 3647    Leyland TRCTL11/3RH   Duple C51F           Tyrer,Trawden 00
MKH  82E    Leyland TRCTL11/3R    Plaxton C49FT        Garnett,Tindale Crescnt 95
SGS 499W    Leyland TRCTL11/3R    Plaxton C50F         Warner,Tewkesbury 98
C310 ENA    Leyland TRCTL11/3RH   Duple C57F           Holmeswood Coaches 04
E187 PFV    DAF MB230LB615        Plaxton C51FT        Holmeswood Coaches 04
```

RJI 8917*B628 BJO(4/94) & 774 YPG(11/93) & B663 AFC(11/91),
XIL 3642*NNV 610Y(9/03) & TXI 2425(5/03) & NNV 610Y(12/90),
XIL 3647*B210 AFV(9/03) & 7529 UK(10/00) & B210 AFV(11/98),
MKH 82E*A123 MBA(8/92) & E187 PFV*RIB 8747(10/98) & E646 KCX(5/92)

P1 MINSTERLEY MOTOR SERVICES LTD

Depot:STIPERSTONES,Shropshire.

```
510  DMY    Bedford YNV           Plaxton C53F         Gamble,Coalville 1 97
KTA 356V    Bedford YMT           Duple C53F           Thomas,Relubbus 95
MHP  17V    Bedford YMT           Plaxton C53F         Shaw,Coventry 82
BGR 683W    Bedford YMT           Duple B53F           Jolly,South Hylton 96
BGR 684W    Bedford YMT           Duple B53F           Jolly,South Hylton 95
G  72 RGG   Volvo B10M-60         Plaxton C53F         Stewart,Aberfeldy 98
N578 ACP    Volvo B10M-62         Plaxton C53F         School Bus,Port Glasgow 01
N579 ACP    Volvo B10M-62         Plaxton C53F         School Bus,Port Glasgow 01
N237 HWX    Volvo B10M-62         Plaxton C53F         School Bus,Port Glasgow 01
N240 HWX    Volvo B10M-62         Plaxton C53F         School Bus,Port Glasgow 01
P403 MDT    Volvo B10M-62         Plaxton C53F         Kirkby(Hire Fleet) 02
T581 JTD    Dennis Dart SLF       Plaxton B28F         Stones,Leigh 03
T720 UOS    Volvo B10M-62         Plaxton C53F         Park,Hamilton 02
Y712 HWT    Volvo B10M-62         Jonckheere C53FT     Wallace Arnold 03
Y713 HWT    Volvo B10M-62         Jonckheere C53FT     Wallace Arnold 03
Y714 HWT    Volvo B10M-62         Jonckheere C53FT     Wallace Arnold 03
Y715 HWT    Volvo B10M-62         Jonckheere C53FT     Wallace Arnold 03
DY52 DZE    Volvo B12B            SUN C49FT            New 03
DY52 DZF    Volvo B12B            SUN C49FT            New 03
DX03 XEA    Volvo B7RLE           Wright B44F          New 03
DX03 XEB    Volvo B7RLE           Wright B44F          New 03
DX03 XEC    Volvo B7RLE           Wright B44F          New 03
DX53 MXP    Bova FHD13-380        C53FT                New 03
DX53 MXR    Bova FHD13-380        C53FT                New 03
DX53 YPY    Volvo B7R             Plaxton C53F         New 04
YN53 EJL    Mercedes-Benz O814D   Plaxton C33F         New 03
FJ04 ETR    Volvo B12B            Jonckheere C53FT     New 04
FJ54 ZCL    Volvo B7R             Jonckheere C53FT     New 04
FJ54 ZCN    Volvo B7R             Jonckheere C53FT     New 04
FJ54 ZCO    Volvo B7R             Jonckheere C53FT     New 04
FJ54 ZDN    Volvo B7R             Jonckheere C53FT     New 04
FJ54 ZDO    Volvo B7R             Jonckheere C53FT     New 04
DX05 HXU    Volvo B1RB            Jonckheere C55FT     New 05
DX05 HXV    Volvo B12B            Jonckheere C55FT     New 05
YN05 GZV    Scania K114           Berkhof C53FT        New 05
YN05 UVB    Mercedes-Benz O814D   Plaxton C29F         New 05
```
~~~~~~
510 DMY*C650 VNR(5/98), KTA 356V*3504 CD(4/88) & FUJ 941V(11/82),
N578 ACP*8665 WA(1/00) & N205 HWX(2/99),
N579 ACP*3333 WA(1/00) & N202 HWX(5/98), T581 JTD*B1 BUS(2/03) &
T720 UOS*LSK 821(11/01)
~~~~~~

P2 R.E. MORRIS & SONS LTD.t/a TANAT VALLEY COACHES

Depots:The Garage,LLANFYLLIN, The Garage,Pentrefelin,LLANGEDWYN &
       The Garage, LLANRHAEADR-YM-MOCHNANT,Powys &
         Park Road Industrial Estate,Rhosymedre,CEFN MAWR,Wrexham.

```
IAZ 3454    Dennis Javelin        Duple C70F           AB Coaches,Paignton 28 04
PIL 4059    Volvo B10M-61         Plaxton C57F         Owen,Oswestry 02
SJI 1884    Volvo B10M-61         Duple C57F           Evans,Tiverton Heath 98
BMS 515Y    Leyland TRBTL11/2R    Alexander C51F       S Bluebird Buses 449 02
SHE 308Y    Leyland ONLXB/1R      ECW H45/32F          S East Midland 308 01
WPH 118Y    Leyland TRCTL11/2R    East Lancs B53F      A Midlands North 1738 03
WPH 137Y    Leyland TRCTL11/2R    ECW DP51F            Cosgrove,Dundee 05
WPH 141Y    Leyland TRCTL11/2R    ECW DP51F            Cosgrove,Dundee 05
A  45 FRS   Leyland ONLXB/1R      AR H45/32F           S Bluebird Buses 045 00
A  46 FRS   Leyland ONLXB/1R      AR H45/32F           S Bluebird Buses 046 00
A  47 FRS   Leyland ONLXB/1R      AR H45/32F           S Bluebird Buses 047 00
A  40 XHE   Leyland TRCTL11/2R    Alexander C49F       S Bluebird Buses 459 01
A  41 XHE   Leyland TRCTL11/2R    Alexander DP65F      Burgundy Car,Bracknell 02
B153 JVK    Bedford YNT           Duple C53F           The Garage,Llanfyllin 00
B102 KPF    Leyland TRCTL11/3RH   East Lancs B61F      A Midlands North 1722 03
B105 KPF    Leyland TRCTL11/3RH   East Lancs B59F      A Midlands North 1725 03
```

```
B109 KPF   Leyland TRCTL11/3RH    East Lancs B59F   Tresize,Wigan 04
B405 UOD   Leyland TRCTL11/3RH    Duple C57F        Smith,Carstairs 98
C262 SPC   Leyland TRCTL11/3RH    East Lancs B59F   A Midlands North 3036 04
D734 LAX   Bedford YNV            Duple C57F        Evans,Pontesbury 98
E905 CRM   Dennis Javelin         Duple C57F        Taylor,St Ippolyts 04
E992 NMK   Leyland LBM6T/2RA      WS B37F           A Midlands North 1147 02
F995 DRN   Mercedes-Benz 709D     RB DP25F          Davies,Bettws Gwerfil G 03
F 53 EAT   Dennis Javelin         Plaxton C55F      Coastal &,Whitby 04
F315 EJO   Mercedes-Benz 709D     RB DP25F          Ladbrook,Sutton Bridge 01
F803 KCJ   Dennis Javelin         Plaxton C57F      Powell,Ledbury 03
F404 KOD   Mercedes-Benz 709D     RB DP25F          S Devon 435 01
G450 DSB   Volvo B10M-60          Duple C55F        Cleverly,Cwmbran 00
G141 NPT   Leyland TRCL10/3ARZA   Duple C53FT       Non-PSV(Tamworth) 03
G 98 VMM   Leyland LBM6T/2RA      WS B39F           A Midlands North 1145 02
H191 VVG   Volvo B10M-60          Plaxton C53F      Cunningham,Cst Bromwich 04
J 29 UNY   Leyland TRCL10/3ARZM   Plaxton C53F      Weaver,Newbury 05
N767 EWG   Mercedes-Benz 709D     ARB B25F          S East Midland 40767 05
N253 NNR   Toyota HZB50R          Caetano C21F      Wheadon,Ely Bridge 01
N792 SJU   Dennis Javelin         Marcopolo C53F    Irvine,Law 02
P115 HCF   Dennis Javelin         Berkhof C53F      Westbus,Hounslow 99
R649 NEP   Dennis Dart SLF        UVG B40F          New 98
R553 UOT   Dennis Dart SLF        UVG B40F          Marchwood,Totton 553 03
```

OTHER VEHICLE OWNED BY THE COMPANY
* * * * * *

```
XNR  876   Volvo B10M-61          Van Hool C49FT    Trainer
```

```
IAZ 3454*F240 OFP(5/96), PIL 4059*B97 LUY(7/98), SJI 1884*TNP 615Y(2/96),
XNR 876*CGA 196X(6/85), BMS 515Y*128 ASV(12/99) & BMS 515Y(8/86),
A40 XHE*RIB 4309(12/99) & A40 XHE(11/96), B153 JVK*UJR 1(4/92),
E905 CRM*368 SHX(3/97) & E592 CAO(5/91),
F995 DRN*XFK 305(2/96) & F95 VBV(4/90),
G141 NPT*PIL 2164(12/99) & G141 NPT(4/98),
H191 VVG*TJI 5401(3/96) & H167 EJU(7/95) &
J29 UNY*122 ASV(2/99) & J29 UNY(2/97)
```

P3   **F.W. MOTTERSHEAD.t/a FONETAX MINI BUS**

Depot:Alvanley IE,Stockport Road East,BREDBURY,Greater Manchester.

```
P509 HNE   LDV Convoy             Olympus C16F      Non-PSV(TLS) 99
X816 XCK   Volkswagen LT46        Jaycas C16F       New 00
X817 XCK   Volkswagen LT46        Jaycas C16F       New 00
X818 XCK   Volkswagen LT46        Jaycas C16F       New 00
MK52 RNJ   Volkswagen LT35        ? C14F            New 02
MK52 RNN   Volkswagen LT35        ? C14F            New 02
```

P4   **C.W. MOUNFIELD.t/a TOWN & COUNTRY TRAVEL**

Depot:Unit 10,Expressway Industrial Estate,RUNCORN,Cheshire.

```
G187 PAO   Mercedes-Benz 709D     Alexander B23F    S North West 587 01
M626 VUM   Mercedes-Benz 609D     DC B16FL          Leeds City Council 0426 01
SN51 LUE   Mercedes-Benz O814D    Plaxton C33F      York,Clacton 04
MX54 YRG   Mercedes-Benz 413CDI   Olympus C16F      New 04
PO54 MJY   LDV Convoy             ? C16F            New 04
```

P5   MR TRAVEL (ROCHDALE) LTD

Depot:Unit 8,Scotts Ind. Park,Fishwick Street,ROCHDALE,Greater Manchester.

```
E687 UNE   Leyland TRCTL11/3RZ   Plaxton C53F    Horseman,Reading 99
E694 UNE   Leyland TRCTL11/3RZ   Plaxton C53F    Horseman,Reading 99
L138 BFV   Dennis Javelin        Plaxton C51F    B Harrogate & Dist. 138 04
L139 BFV   Dennis Javelin        Plaxton C51F    B Harrogate & Dist. 139 04
R226 YNN   Volvo B10M-62         Plaxton C53F    New Bharat,Southall 04
```

R226 YNN*97D 45832(8/02)

P6   J. MURPHY.t/a PCS & PROFESSIONAL CHAUFFEUR SERVICES

Depot:School House,Atlas BP,Simonsway,WYTHENSHAWE,Greater Manchester.

```
S176 JUB   Mercedes-Benz 412D     Olympus C16F    New 99
T  54 BUB  Mercedes-Benz 412D     Olympus C16F    Non-PSV 00
MM02 WKW   Mercedes-Benz 413CDI   Olympus C16F    New 02
MK52 UGL   Mercedes-Benz 413CDI   Olympus C16F    New 02
```

P7   J.A. MURRAY.t/a EASIDRIVE

Depots:122 The Calvers,The Brow & The Heath Business Pk,RUNCORN,Cheshire.

```
J248 SOC   Iveco 49-10       Carlyle B16F       Japheth,Trefor 02
M351 ENS   Ford Transit      Stewart C16FL      Non-PSV(Edinburgh) 00
P166 NVM   LDV Convoy        LDV B16F           Non-PSV(Sixt Kenning) 01
R918 YWB   LDV Convoy        LDV B16F           Non-PSV(Sixt Kenning) 01
```

P8   G.M. NAGINGTON.t/a EURO BUSES OF STOKE

Depot:Mossfield Road,Adderley Green,LONGTON,Staffordshire.

```
WJI 7955   Ford R1114             Plaxton C35F     Turner &,Chulmleigh 04
A181 VDE   Volvo B10M-61          Van Hool C50F    Davies,Llanelli 05
D163 BRE   Mercedes-Benz L608D    PMT C21F         Wright,Longton 03
M387 TWU   Iveco 59-12            Mellor B ?FL     Serco,Bradford 2472 05
P345 MOG   LDV Convoy             LDV B16F         Non-PSV(Sixt) 00
KE51 CEU   LDV Convoy             LDV B16F         Non-PSV(Sixt Kenning) 04
```

WJI 7955*A383 OFR(12/99) & 84KK 71(12/99) & A383 OFR(1/89) &
A181 VDE*KXA 394(9/05) & 8874 EL(9/96) & A843 UGB(5/87)

P9   NAPIER POINT LTD.t/a CASTLE BUSES

Depot:8 Vulcan Street,LIVERPOOL,Merseyside.

```
KP  6894   Volvo B10M-60     Jonckheere C51FT   Parr,West Derby 04
G610 BPH   Volvo B10M-50     EL H49/39F         A Kent 610 03
G105 NGN   Volvo B10M-50     NC H45/35D         GA London VC5 02
G108 NGN   Volvo B10M-50     NC H47/39F         Scougall,Dunbar 2 04
G  94 PES  Volvo B10M-50     AR H47/37F         Tayside 94 04
G149 TYT   Volvo B10M-50     AR H46/33F         A Scotland West 949 02
K481 GNN   Leyland ON2R      EL H49/35F         Nottingham 481 05
L488 NTO   Volvo Olympian    EL H49/35F         Nottingham 488 05
L489 NTO   Volvo Olympian    EL H49/35F         Nottingham 489 05
```

KP 6894*VLT 177(10/01) & VLT 55(3/97) & G165 RBD(11/93)

R1   H. NASH/L.M. NASH.t/a DIAMOND AIRPORT TRAVEL

Depots:15 Malcolm Avenue & 8 Woodcote Close,Orford,WARRINGTON,Cheshire.

```
P787 VYS    LDV Convoy           Stewart C16FL    Glasgow City Council 02
P814 VYS    LDV Convoy           Stewart C16FL    Glasgow City Council 02
V971 DAU    LDV Convoy           LDV B16F         Cook,Great Sankey 02
V434 DJF    LDV Convoy           LDV B16F         Stockport County FC 03
Y646 KNC    LDV Convoy           LDV B16F         Huyton Travel 2 04
```
~~~~~~
~~~~~~

R2   NCB MOTORS LTD

Depot:Edstaston Garage,EDSTASTON,Shropshire.

```
B  9 NCB    Volvo B10M-62        Plaxton C49FT    New 99
B 10 NCB    Volvo B10M-62        Plaxton C53F     New 99
B 11 NCB    Volvo B10M-62        Plaxton C49FT    New 99
B 12 NCB    Volvo B10M-60        Jonckheere C55FT New 92
B 14 NCB    Volvo B10M-60        Jonckheere C51FT New 91
B 15 NCB    Volvo B10M-60        Duple C55F       New 89
B 17 NCB    Volvo B10M-60        Plaxton C57F     Park,Hamilton 90
B 18 NCB    Volvo B10M-61        Plaxton C53F     Turner,Bristol 96
C  6 NCB    Volvo B10M-62        Van Hool C53FT   Chalfont,Southall 05
C  7 NCB    Volvo B10M-62        Jonckheere C51FT Lochs & Glens,Aberfoyle 02
C  8 NCB    Volvo B10M-62        Jonckheere C51FT Lochs & Glens,Aberfoyle 02
C 19 NCB    Volvo B10M-60        Plaxton C57F     Classic,Annfield Plain 04
C 20 NCB    Volvo B10M-60        Plaxton C57F     Classic,Annfield Plain 04
```
B12 NCB*K1 NCB(1/99), B14 NCB*J1 NCB(1/99), B15 NCB*F374 DUX(1/99),
B17 NCB*F971 HGE(1/99), B18 NCB*C517 EHU(1/99) & 826 THU(8/96),
C6 NCB*S755 XYA(3/05), C7 NCB*S572 KJF(2/02), C8 NCB*S574 KJF(2/02),
C19 NCB*J244 LGL(2/04) & 593 CCE(11/03) & J244 LGL(9/98) &
C20 NCB*J245 LGL(2/04) & 656 CCE(11/03) & J245 LGL(9/98)
~~~~~~

R3   B. NEWALL/M. NEWALL.t/a K-MATT COACHES

Depot:Palm Business Centre,Stock Lane,CHADDERTON,Greater Manchester.

```
EDZ  215    Leyland TRCTL11/2RH  Plaxton C53F     Dunstan,Middleton 75 03
FDZ 6695    Volvo B10M-61        Van Hool C48FT   Premiereshow,Heywood 00
VIL 8615    Volvo B10M-60        Van Hool C48FT   Heath,Wem 02
E225 WBG    Leyland ONCL10/1RZ   AR H45/30F       LQT,Dunstable 05
R413 EOS    Volvo B10M-62        Van Hool C53F    Hampson,Fleetwood 04
```
EDZ 215*RMO 203Y(4/92), FDZ 6695*PGC 520Y(5/89), R413 EOS*LSK 503(10/00) &
VIL 8615*L918 NWW(2/03) & B18 APT(1/00) & L918 NWW(4/98)
~~~~~~

R4   T.C. NEWTON.t/a CRAVEN ARMS TAXIS

Depot:Townsend Cottage,Abcott,CLUNGUNFORD,Shropshire.

```
A 16 ATC    DAF SB2305DHTD585    Duple C53FT      Kings Ferry,Gillingham 02
B534 GNV    MAN SR280            C57F             Thorogood,Barking 99
B222 NUT    DAF SB2300DHS585     Plaxton C53F     Hurst &,Goose Green 01
F333 RJF    Leyland LBM6T/2RS    RB C37F          Russell,Wall 02
G 50 JWX    Leyland ST2R         GCS B26FL        Wakefield MBC 3023 00
H257 THL    Mercedes-Benz 709D   RB B25F          S East Midland 40099 04
K228 WNH    MAN 16.290           Jonckheere C53F  Turner &,Chulmleigh 04
N249 NNR    MAN 18.370           Caetano C53F     Boorman,Henlow 03
P632 ROU    Iveco 59-12          Bedwas DP23FL    LB Wandsworth 4426 05
R815 LFV    Mercedes-Benz 0814D  Plaxton B29F     Howells,Deri 05
```
A16 ATC*E594 LVH(4/95), K228 WNH*VAZ 2531(3/04) & K228 WNH(8/98) &
R815 LFV*TAZ 5542(4/05) & R815 LFV(8/03) & R816 LFV(10/98)

R5   A.E. & R.I. NIDDRIE LTD.t/a NIDDRIEs CONTINENTAL

Depot:The Garage,Lewin Street,MIDDLEWICH,Cheshire.

```
ESK  697    DAF MB230LB615      Plaxton C51FT     New 88
ESK  841    DAF SB3000DKV601    Van Hool C51FT    Smith,Alcester 91
HUI 4560    Scania K112CRB      Plaxton C51FT     Brown,South Kirkby 99
BCA 992W    Bedford YMQ         Plaxton C45F      New 81
A732 LFR    Volvo B10M-55       Duple C49FT       Duple(Demonstrator) 84
```
~~~~~~
ESK 697*F219 RJX(2/98), ESK 841*E356 EVH(2/92), HUI 4560*E733 TWU(3/96) &
A732 LFR*KSU 410(3/05) & A732 LFR(10/88)
~~~~~~

R6   NORTH WEST (TRAVEL) LTD

Depot:99-103 Stanhope Road,LIVERPOOL,Merseyside.

```
HXI 3009    Leyland LX563          ARB B53F          Bleasdale,Liverpool 03
917  MMB    Leyland TRCTL11/3R     Plaxton C53F      Bleasdale,Liverpool 05
E217 WBG    Leyland ONCL10/1RZ     AR H45/30F        Cherry,Bootle 04
G305 UYK    Leyland ONCL10/1RZ     Leyland H47/31F   Eastbourne 256 05
K485 UAG    DAF DB250WB505         Optare H44/27F    East Yorkshire 571 03
W 84 NDW    Optare Solo M850       B29F              Bebb,Llantwit Fardre 05
W118 TJF    Volvo B7R              Plaxton C57F      Cumbria,Carlisle 04
```
~~~~~~
917 MMB*LEC 198X(10/92) & K485 UAG*A1 EYD(10/03)
~~~~~~

R7   J.P. O'HARA.t/a OLYMPIC TRAVEL

Depot:Unit G1A,Jape One BC,Dell Rd,Shawclough,ROCHDALE,Greater Manchester.

```
P 16 OLY    Mercedes-Benz 412D     Olympus C16F      Cunningham,Hough Green 03
JP02 OLY    Mercedes-Benz O814D    Olympus C24F      New 02
JP04 OLY    Mercedes-Benz 413CDI   Olympus C16F      New 04
JP05 OLY    Mercedes-Benz 413CDI   Olympus C16F      New 05
```
~~~~~~
P16 OLY*S268 DLG(5/03)
~~~~~~

R8   G.A. OARE.t/a OAREs OF HOLYWELL

Depot:Ty-Draw,BRYNFORD,Denbighshire.

```
TIB 3439    Volvo B10M-61          Plaxton C53F      Nuttall,Penwortham 03
M 10 ARE    Mercedes-Benz 709D     Plaxton B25F      Arriva Cymru MMM705 01
R 10 ARE    Scania L94IB           Van Hool C44FT    Bournemouth 351 03
R350 LPR    Scania L94IB           Van Hool C44FT    Bournemouth 350 03
R329 NRU    Volvo B10M-62          Van Hool C49FT    Bournemouth 329 05
R354 NRU    Volvo B10M-62          Van Hool C44FT    Bournemouth 354 05
R355 NRU    Volvo B10M-62          Van Hool C44FT    Bournemouth 355 05
MX03 EHD    Optare Solo M920       B33F              Timeline,Bolton 926 04
```
~~~~~~
TIB 3439*F644 UVT(4/05) & 386 BUO(5/03) & F644 UVT(12/00) & 44 NN(11/00) &
     F644 UVT(7/99), M10 ARE*M205 SKE(10/01) & R10 ARE*R351 LPR(5/04)
~~~~~~

R9   J.D. & J.M. OGDEN/DAVID OGDEN TRAVEL LTD

Depot:Baxters Lane,Sutton,ST. HELENS,Merseyside.

```
HFF  234    DAF SB3000DKVF601      Van Hool C51FT    New 93
HIL 2381    DAF MB230LT615         Van Hool C51FT    Ardenvale,Knowle 91
LBZ 4071    Leyland TRCTL11/3R     East Lancs B51F   Blue Bus,Bolton 171 04
MIL 2174    DAF SB2305DHTD585      Plaxton C53F      Holt,Swinefleet 92
AAL 520A    Leyland TRBL10/2ARZA   East Lancs DP53F  Warner,Tewkesbury 05
L452 JEE    Mercedes-Benz 410D     Crystals C16F     Hilton,Newton-l-Willows 98
```

```
M569 ACK   EOS E180Z              C48FT             Fishwick,Leyland 03
N  2 DOT   DAF DE33WSSB3000       Van Hool C51FT    New 96
P218 RWR   EOS E180Z              C49FT             Meney,Saltcoats 03
R 12 DOT   DAF DE33WSSB3000       Van Hool C51FT    New 98
R156 GNW   DAF DE33WSSB3000       Ikarus C49FT      Arriva(Hire Fleet) 02
R563 UOT   Dennis Dart SLF        UVG B44F          Marchwood,Totton 563 02
R402 XFL   Dennis Dart SLF        Marshall B39F     Halton 85 05
R403 XFL   Dennis Dart SLF        Marshall B39F     Halton 86 05
R407 XFL   Dennis Dart SLF        Marshall B39F     Halton 87 05
T984 WPN   Mercedes-Benz 412D     Constable B14F    Hotelink,Heathrow 05
V392 KVY   Optare Excel L1150     B45F              Claribel,Birmingham 05
V393 KVY   Optare Excel L1150     B45F              Claribel,Birmingham 05
V394 KVY   Optare Excel L1150     B45F              Claribel,Birmingham 05
W172 CDN   DAF DE33WSSB3000       Van Hool C49FT    New 00
YD02 RHE   EOS E180Z              C49FT             New 02
YJ03 PLF   DAF DE40XSSB4000       Van Hool C49FT    New 03
~~~~~~~~~~~~~~~~~~~~~~~~~~~~~~~~~~~~~~~~~~~~~~~~~~~~~~~~~~~~~~~~~~~~~~~~~~~~
HFF 234*K333 DOT(12/02) & K540 RJX(6/93), HIL 2381*D618 YCX(3/91),
LBZ 4071*HGD 802X(3/95reb) & RDV 903(9/88) & ESU 157X(9/87) &
       403 EXH(7/87) & ESU 157X(3/87), MIL 2174*F660 OHD(5/96),
AAL 520A*LIL 3065(4/05) & G399 PNN(1/03) & A13 RBL(5/00) &
       G399 PNN(1/96reb), M569 ACK*J9 JFS(4/98),
P218 RWR*97KK 3371(11/98) & P218 RWR(4/98) &
R156 GNW*98KK 2073(11/98) & R156 GNW(5/98)
~~~~~~~~~~~~~~~~~~~~~~~~~~~~~~~~~~~~~~~~~~~~~~~~~~~~~~~~~~~~~~~~~~~~~~~~~~~~

T1           A.G.,M.A. & R.G. OWEN.t/a NEFYN COACHES

Depot:West End Garage,St Davids Road,NEFYN,Gwynedd.

JIL 5807   Bedford YMQ            Duple B53F        Williams,Llithfaen 00
TSU  608   Volvo B10M-60          Van Hool C49FT    Procter,Leeming Bar 05
YIL 1201   Volvo B10M-56          Plaxton C50F      Brown,Royston 01
YIL 1204   Volvo B10M-62          Plaxton C49FT     Vale Llangollen,Cefn M. 01
L707 LKY   Mercedes-Benz 711D     Plaxton B25F      Walsh,Middleton 99
N514 FJC   Mercedes-Benz 811D     Mellor B31FL      Ashton,Gaerwen 03
P212 JKL   Mercedes-Benz 709D     Plaxton B27F      Arriva Kent 1212 02
V252 LKM   Mercedes-Benz O814D    Plaxton B27F      Kent Coach,Ashford 05
CX02 EBU   Mercedes-Benz O814D    Plaxton B33F      New 02
CX02 EBV   Mercedes-Benz O814D    Plaxton C33F      New 02
CX54 BDU   Dennis Dart SLF        Plaxton B37F      New 04
CX05 AHU   Volvo B12B             Van Hool C49FT    New 05
CX05 AHV   Mercedes-Benz O814D    Plaxton DP33F     New 05
~~~~~~~~~~~~~~~~~~~~~~~~~~~~~~~~~~~~~~~~~~~~~~~~~~~~~~~~~~~~~~~~~~~~~~~~~~~~
JIL 5807*FBX 560W(5/05),
TSU 608*L767 SUB(7/05) & OSU 386(9/03) & L767 SUB(9/00) & 551 ALW(1/98) &
       L909 NWW(5/97), YIL 1201*A186 UJD(3/04), YIL 1204*R425 FWT(3/04) &
N514 FJC*N10 HDA(8/02)
~~~~~~~~~~~~~~~~~~~~~~~~~~~~~~~~~~~~~~~~~~~~~~~~~~~~~~~~~~~~~~~~~~~~~~~~~~~~

T2                   M. OWEN.t/a M & H TRAVEL

Depot:Trefnant Industrial Estate,Mold Road,TREFNANT,Denbighshire.

FBZ 1473   Volvo B10M-62          Jonckheere C51FT  KMP,Llanberis 02
HIL 5659   Volvo B10M-62          Berkhof C49FT     Shamrock,Pontypridd 05
KAZ 6917   Volvo B10M-60          Plaxton C53F      School Bus,Port Glasgow 01
RIL 3744   Volvo B10M-60          Plaxton C53F      Jones,Pwllheli 99
RJI 4378   Volvo B10M-61          Plaxton C53F      Hills,Stibb Cross 04
SIL 1392   Scania K113CRB         Van Hool C49FT    Go-Goodwins,Eccles 03
WAZ 4435   Volvo B10M-61          Jonckheere C53F   Goodwin,Eccles 98
L 65 ORB   Mercedes-Benz 711D     Marshall C29F     Skill,Nottingham 65 97
R108 GNW   Mercedes-Benz O814D    Plaxton B27F      Phoenix,Blackpool 818 01
R556 UOT   Dennis Dart SLF        UVG B44F          Marchwood,Totton 556 04
R564 UOT   Dennis Dart SLF        UVG B44F          Ogden,St Helens 05
V107 LVH   Optare Solo M850       B32F              New 00
GN51 YHF   Renault Master         Rohill B16F       New 02
YK05 CAO   Optare Solo M850SL     B28F              New 05
~~~~~~~~~~~~~~~~~~~~~~~~~~~~~~~~~~~~~~~~~~~~~~~~~~~~~~~~~~~~~~~~~~~~~~~~~~~~
```

FBZ 1473*L620 YCC(1/03) & L777 KMP(11/02), HIL 5659*P633 KTF(3/05),
KAZ 6917*G369 REG(7/01),
RIL 3744*F317 VVC(4/99) & KOV 2(7/90) & F804 UDU(8/89),
RJI 4378*D881 FYL(7/04), SIL 1392*L401 LHE(12/03) &
WAZ 4435*D877 WEY(10/98) & WSV 553(8/98) & D106 BNV(4/98)

T3   D.P. OWENS.t/a OWENs RHIWLAS

Depot:Pentir,RHIWLAS,Gwynedd.

XSD 602T	Seddon Pennine 7	Alexander DP49F	Phillips,Holywell 99
XSA 5Y	Volvo B57	Alexander B51F	Head,Lutton 03
D146 HML	Leyland TRCTL11/3RZ	Duple C53F	Spring,Evesham 03
E284 OMG	Volvo B10M-46	Plaxton C43F	LB Barking & Dagenham 04
E460 WJK	Dodge S56	Alexander DP25F	Rudd,Smethwick 98
M231 UTM	Mercedes-Benz 709D	Marshall B21F	S Devon 40231 05

T4   OWENs MOTORS LTD

Depot:Quarry Garage,Skyborry Road,KNIGHTON,Powys.

CAZ 5104	Dennis Javelin	Plaxton C50FT	Rush,Seaton Burn 02
SIL 2243	Bedford YMP	Plaxton C35F	Evans,Tregaron 00
TIL 5411	Van Hool T815	C49FT	MacKay,Edinburgh 00
572 RKJ	Bedford YNV	Plaxton C57F	Powell,Ledbury 00
E170 OMD	Volvo B10M-61	Plaxton C57F	Barfordian,Bedford 03
E712 UHB	Bedford YNV	Duple C57F	Waddon,Bedwas 93
J726 KBC	Dennis Javelin	Plaxton C55F	Fleming,Bouth 03
M 6 ERN	Dennis Javelin	Caetano C55F	Anitas,Stansted Airport 05
R131 KAE	LDV Convoy	LDV B16F	Non-PSV(Bristol) 04
S903 LHG	Volvo B10M-62	Plaxton C49FT	Harrison,Morecambe 02

OTHER VEHICLE OWNED BY THE COMPANY
* * * * * * *

800 HYD	Bedford SB3	Duple C41F	Preserved(1960)

CAZ 5104*F54 EAT(10/94),
SIL 2243*WWE 332Y(1/00) & HSV 389(2/94) & RYL 181Y(11/88),
TIL 5411*H354 VSH(11/00) & DSK 589(5/98) & H582 OSX(1/95),
572 RKJ*E830 EUT(1/00) & E170 OMD*VJI 2779(5/03) & E170 OMD(4/01)

T5   OWENs OF OSWESTRY COACHES LTD.t/a STRATOS TRAVEL

Depot:Unit 3,Foxen Manor Business Park,FOUR CROSSES,Powys.

F258 BHF	Volvo B10M-60	Plaxton C49FT	Waterson,Hemsworth 95
M954 HRY	Dennis Javelin	Caetano C55F	New 94
N990 BWJ	Toyota HZB50R	Caetano C21F	Coach Services,Thetford 98
N209 WMS	Toyota HZB50R	Caetano C21F	British Airways 02
N255 XNT	Bova FHD12-340	C49FT	Jones,Newtown 01
P460 EFL	Marshall Minibus	B26F	Morris,Llanrhaeadr 05
R 20 STR	Iveco 391E	Beulas C49FT	Jones,Newtown 01
R504 XAW	Volvo B10M-62	Berkhof C51FT	New 98
R505 XAW	Volvo B10M-62	Berkhof C51FT	New 98
T 30 HAY	Volvo B7R	Plaxton C55F	Williams &,Chirk 02
T884 JBC	MAN 18.310	Marcopolo C49FT	MAN(Demonstrator) 99
T 9 MCL	Volvo B10M-62	Van Hool C49FT	Merlyns,Skewen 02
W761 AAY	MAN 18.310	Marcopolo C49FT	New 00
W564 JVV	Dennis Dart SLF	Plaxton B29F	Jones,Newtown 01
X186 DNT	Mercedes-Benz O814D	Plaxton C25F	New 00
Y379 RVU	Ayats A2E/AT	C53FT	New 01
MA51 CVC	Ayats A2E/AT	C51FT	Red Arrow,Huddersfield 03
FG03 JCV	Iveco 391E	Plaxton C49FT	New 03
BX54 VUE	BMC 1100FE	B60F	New 04

```
YN05 XZG   Volvo B12B              Plaxton C49FT      New 05
~~~~~~~~~~~~~~~~~~~~~~~~~~~~~~~~~~~~~~~~~~~~~~~~~~~~~~~~~~~~~~~~~~~~~~~~~~~
F258 BHF*NXI 9006(3/94)
~~~~~~~~~~~~~~~~~~~~~~~~~~~~~~~~~~~~~~~~~~~~~~~~~~~~~~~~~~~~~~~~~~~~~~~~~~~
```

T6   PARAGON TRAVEL LTD

Depot:The Garage,SPATH,Staffordshire.

```
HIL 7591   Volvo B10M-61          Plaxton C49FT      Solus,Fazeley 04
MXI 7848   Volvo B10M-61          Van Hool C53F      Newbury,Oldbury 05
PAG 366A   Scania K113CRB         Van Hool C49FT     TM Travel,Staveley 05
PAG 429A   Volvo B10M-61          Van Hool C51FT     Classic,Annfield Plain 00
PAG 525A   Volvo B10M-61          Van Hool C49FT     Cherry,Bootle 03
PAR 460N   Scania K113CRB         Van Hool C49FT     Jacobs,Lowford 04
SHE 310Y   Leyland ONLXB/1R       ECW H45/32F        Gemini,Birchgrove 05
D547 MVR   Volvo B10M-61          Van Hool C53F      S East Midland 52005 05
D552 MVR   Volvo B10M-61          Van Hool C53F      S East Midland 52008 05
G299 TSL   Mercedes-Benz 709D     Alexander B23F     Tidbury,St Helens 03
M 7  OPC   Volvo B10M-62          Jonckheere C49FT   Davies,New Broughton 04
~~~~~~~~~~~~~~~~~~~~~~~~~~~~~~~~~~~~~~~~~~~~~~~~~~~~~~~~~~~~~~~~~~~~~~~~~~~
HIL 7591*D270 XRG(4/92), MXI 7848*A633 UGD(3/92),
PAG 366A*R127 WNT(8/05) & R7 TMT(2/05) & R127 WNT(7/03) & R100 LCT(9/02),
PAG 429A*527 LPF(7/00) & D29 BEW(3/93),
PAG 525A*IIL 3503(9/03) & E936 XSB(2/93) & TXI 2426(10/92) &
         E625 UNE(3/92), PAR 460N*PAG 366A(8/04) & P98 GHE(2/04),
D547 MVR*PSU 443(8/05) & D547 MVR(9/02) & TSV 779(3/01) & D547 MVR(9/94) &
D552 MVR*PS 2743(8/05) & D552 MVR(7/02) & CSU 922(3/01) &
         D552 MVR(10/94) & M7 OPC*M621 ORJ(2/00)
~~~~~~~~~~~~~~~~~~~~~~~~~~~~~~~~~~~~~~~~~~~~~~~~~~~~~~~~~~~~~~~~~~~~~~~~~~~
```

T7   PARKERs MINI BUS SERVICE (ELLESMERE PORT) LTD

Depot:115 Princes Road,ELLESMERE PORT,Cheshire.

```
DAZ 6503   LDV Convoy             Crest C16F         Armstrong,Inverkeithing 02
M809 LNC   LDV 400                Concept C16F       New 94
M620 XKF   Iveco 49-10            WS B16FL           City of Liverpool 02
P512 HNE   LDV Convoy             Concept C16F       Non-PSV(Salford) 97
R530 PJH   LDV Convoy             LDV B16F           Non-PSV(Global) 00
V227 MNM   LDV Convoy             LDV B16F           Non-PSV(National) 02
~~~~~~~~~~~~~~~~~~~~~~~~~~~~~~~~~~~~~~~~~~~~~~~~~~~~~~~~~~~~~~~~~~~~~~~~~~~
DAZ 6503*Y362 XAG(11/02)
~~~~~~~~~~~~~~~~~~~~~~~~~~~~~~~~~~~~~~~~~~~~~~~~~~~~~~~~~~~~~~~~~~~~~~~~~~~
```

T8   PARRYs INTERNATIONAL TOURS LTD

Depot:Landywood Green,CHESLYN HAY,Staffordshire.

```
FX51 TFN   Mercedes-Benz 413CDI   Ferqui C16F        New 02
BU03 SXJ   Toyota BB50R           Caetano C16F       New 03
YN03 AWA   Auwaerter N516SHD      C44FT              New 03
YN04 AUK   Auwaerter N516SHD      C46FT              New 04
YN04 AUL   Auwaerter N516SHD      C46FT              New 04
YN04 AUU   Auwaerter N516SHD      C40FT              New 04
YN04 AVP   Auwaerter N516SHD      C40FT              New 04
YN05 BWA   Auwaerter N516SHD      C49FT              New 05
YN05 BWB   Auwaerter N516SHD      C49FT              New 05
YN05 BWC   Auwaerter N516SHD      C49FT              New 05
YN05 BWD   Auwaerter N516SHD      C49FT              New 05
~~~~~~~~~~~~~~~~~~~~~~~~~~~~~~~~~~~~~~~~~~~~~~~~~~~~~~~~~~~~~~~~~~~~~~~~~~~
```

T9 A.G. PARSONS.t/a ARROWEBROOK

Depot:The Old Coach Yard,Wervin Road,CROUGHTON,Cheshire.

```
KOI 4484    DAF MB200DKFL600      Van Hool C51FT    Griffiths,Walkden 98
RIB 5092    DAF SB3000DKV601      Van Hool C51FT    Bowers,Chapel-e-l-Frith 98
882  MMY    DAF MB200DKTL600      Plaxton C49FT     Cooper,Killamarsh 88
B231 RRU    DAF SB2300DHS585      Plaxton C53F      Cowdrey,Gosport 5 90
E463 ANC    Mercedes-Benz 609D    MM C24F           New 88
E304 BWL    Mercedes-Benz 709D    RB DP25F          Lewis,Carreglefn 00
F368 CHE    Scania K112CRB        Van Hool C53FT    Elite,Stockport 92
F620 HGO    DAF MB230LB615        Van Hool C53FT    London Coaches DV20 96
G900 CRW    Volvo B10M-60         Plaxton C57F      Shaw,Coventry 94
G 46 HDW    Dennis Javelin        Duple C70F        Ashall,Heaton Chapel 02
H434 DVM    Mercedes-Benz 609D    MM C24F           New 90
P169 NAK    Volvo B10M-62         Plaxton C49F      Logan,Dunloy(NI) 02
P209 RWR    DAF DE33WSSB3000      Van Hool C51FT    Voyager,Greenock 04
S620 KUT    Toyota BB50R          Caetano C21F      New 98
S760 RNE    Dennis Dart SLF       Plaxton B29F      New 99
Y643 HWY    Mercedes-Benz O815D   Sitcar C27F       Minibus,Bushey Heath 04
HX51 LSL    Dennis Dart SLF       SCC B37F          New 01
-----------------------------------------------------------------------------
KOI 4484*A67 OWY(4/88), RIB 5092*XJF 386(11/95) & G951 KJX(12/93),
882 MMY*VWB 788Y(1/88) & G46 HDW*GPV 516(6/02) & G46 HDW(6/97)
-----------------------------------------------------------------------------
```

U1 PATs COACHES LTD

Depot:Gatewen Industrial Estate,NEW BROUGHTON,Wrexham.

```
HIL 7923    Volvo B10M-61         Plaxton C57F      Gordon,Rotherham 01
405  UPJ    Volvo B10M-61         Jonckheere C49FT  Evans,Wrexham 03
DSP 922V    Volvo B55-10          AR H44/34F        Parish,Hawarden 05
F986 OJO    Scania K92CRB         Duple C55F        Belle Vue,Gorton 03
H198 TCP    DAF SB2305DHTD585     Plaxton C53F      Parish,Hawarden 05
J 7  OPC    Volvo B10M-60         Plaxton C48FT     Davies,Bettws Gwerfil G 99
K372 RTY    Dennis Dart           Wright B40F       Jones,Rhosllanerchrugog 05
L656 MFL    Volvo B6              Marshall B32F     Stagecoach Cambus 156 02
M687 KVU    Volvo B10M-62         Van Hool C48FT    Shearings 687 02
N 7  OPC    Mercedes-Benz 814D    ACL C29F          Jones,Ponciau 01
P 7  OPC    Volvo B10M-62         Van Hool C46FT    Wallace Arnold 03
X 5  DTS    Mercedes-Benz O815DT  Sitcar C27F       Parish,Hawarden 05
X 7  OPC    MAN 18.350            Auwaerter C49FT   New 00
Y159 HWE    Auwaerter N316SHD     C49FT             Parish,Hawarden 04
Y 7  OPC    MAN 18.350            Auwaerter C49FT   New 01
FN02 HGZ    MAN 18.350            Marcopolo C49F    New 02
FJ04 ETU    Volvo B12M            Berkhof C51FT     New 04
FJ05 AOE    Volvo B12M            Berkhof C49FT     New 05
YJ55 EYU    Volvo B12M            Van Hool C36FT    New 05
-----------------------------------------------------------------------------
HIL 7923*95 EYM(12/97) & B902 SPR(7/91), X7 OPC*X282 AKY(5/02),
405 UPJ*D742 ELH(12/95) & 898 CCH(5/95) & D33 RKX(5/93),
DSP 922V*7052 VT(8/05) & DSP 922V(10/97), Y7 OPC*Y147 HWE(10/02),
F986 OJO*GSU 489(4/02) & F986 OJO(8/01) & 969 LKE(2/01) & F986 OJO(5/98) &
        MJI 1678(8/95) & F366 CHE(12/92), J7 OPC*J122 AHH(9/99),
K372 RTY*LUI 3986(4/04) & K372 RTY(6/03), N7 OPC*N937 WJL(4/02) &
P7 OPC*P308 VWR(10/03) & 8980 WA(9/01) & P308 VWR(1/00)
-----------------------------------------------------------------------------
```

U2 J.C. & J.M. PENNINGTON.t/a CJs TRAVEL

Depot:Unit 8,Fishwicks Industrial Estate,Kilbuck Lane,HAYDOCK,Merseyside.

```
K  2 CJT    Mercedes-Benz 410D    Mellor C15FL      Non-PSV(Burnt Tree) 05
R960 FYS    Mercedes-Benz 614D    Onyx C24F         Gray,Clackmannan 99
T 75 PRJ    Mercedes-Benz 308D    Advanced B12F     Non-PSV 05
MF51 OAL    Mercedes-Benz 411CDI  Olympus C16F      New 01
-----------------------------------------------------------------------------
K2 CJT*T162 RWK(7/05)
```

U3   PHILLIPS COACHES (HOLYWELL) LTD

Depot:Abbey Bus Garage,Abbey View TE,Bagillt Road,GREENFIELD &
                Phillips Bus Yard,Brynford Road,HOLYWELL,Flintshire.

```
TIL 5187    Volvo B10M-61           Plaxton C53F    Lloyd,Bagillt 04
ANA 546Y    Leyland AN68D/1R        NC H43/32F      Lloyd,Bagillt 03
PGE 381Y    Leyland TRCTL11/3R      Plaxton C48FT   Fraser,Holmeswood 04
YPJ 208Y    Leyland TRCTL11/3R      Plaxton C51F    Archer,Poulton-le-Fylde 04
A  23 JBV   Leyland AN68D/1R        EL H43/31F      Lloyd,Bagillt 03
K822 WFJ    Iveco 59-12             Mellor B26D     Hampson,Fleetwood 03
T  91 JBA   Mercedes-Benz 0814D     Plaxton B31F    New 99
YJ05 JXW    Optare Solo M880        B31F            New 05
```
TIL 5187*560 DFM(9/01) & E598 UHS(4/99) &
PGE 381Y*XTE 618(10/04) & PGE 381Y(11/89) & 4504 RU(8/88) & TSJ 140Y(4/84)

U4   A. & N. PIERCE.t/a TIMEWELLs TRAVEL

Depot:Kings Pallets,Sefton Lane IE,Sefton Lane,MAGHULL,Merseyside.

```
RBZ 2674    Volvo B10M-61           Plaxton C53F       Claremont,Worcester Pk 99
M622 ORJ    Volvo B10M-62           Jonckheere C51FT   Excalibur,Nunhead 03
R168 SEF    Volvo B10M-62           Plaxton C53F       Walton,Stockton-on-Tees 04
W756 WAD    Mercedes-Benz 412D      Onyx C16F          New 00
W381 WGE    Mercedes-Benz 0814D     Plaxton C33F       Walton,Freckleton 03
Y502 CCY    Mercedes-Benz 614D      Cymric C24F        Hardings,Huyton 02
```
RBZ 2674*D571 KJT(6/97) & XEL 158(3/89) & D266 HFX(10/87) &
W381 WGE*14 RED(7/01) & W381 WGE(5/01)

U5   T.J. & M.P. PLANT

Depot:Unit 2,Brookhouse Industrial Estate,CHEADLE,Staffordshire.

```
 33  DU52 HFY    LDV Convoy        Onyx C16FL     New 02
 37  YX04 AWU    MB 0814D          ACL C29F       New 04
 41  BU54 PLT    MB 413CDI         Onyx C16F      New 04
 42  PL05 NTS    MB 413CDI         Ferqui C16F    New 05
     P 16 NTS    MB 616CDI         Unvi C23F      New 05
     GX02 AHN    Toyota BB50R      Caetano C22F   Donaldson,Strathkines 05
     PL04 NTS    MB 1223L          Unvi C37F      New 04
```

U6   M.T. POLLARD.t/a MICKEY SPILLANEs TRAVEL

Depot:Unit 4,Saxon Street Mill,Saxon Street,RADCLIFFE,Greater Manchester.

```
CDZ 8671    Mercedes-Benz 609D      Ramm C16F       Turk,Radcliffe 01
FIL 7253    Leyland TRCTL11/3RZ     Plaxton C49FT   Buzz Co-op,Harlow 03
KAZ 2262    Leyland LBM6T/1RS       RB C29F         Awaydays,Ipswich 04
J634 PDH    DAF 400                 Cunliffe B12FL  Ali,Nelson 02
J184 VOJ    DAF 400                 Crystals C16F   Springham,Dartford 98
J758 WAR    Ford Transit            Mellor B14F     Simpson,East Whitburn 01
L967 OFL    Mercedes-Benz 711D      Plaxton C25F    Myall,Bassingbourn 97
W689 PTN    LDV Convoy              LDV B16F        Non-PSV 04
X665 ABN    LDV Convoy              LDV B16F        Non-PSV 04
```
FIL 7253*C913 BNG(3/91) & KAZ 2262*J174 WKU(4/01)

U7 P. & C. PORTEOUS.t/a P & C TRAVEL

Depot:Unit 7b,Cricket Street BP,Cricket Street,WIGAN,Greater Manchester.

```
NIL 6345    Volvo B10M-61         Van Hool C53F      Nash,Smethwick 01
WLT  697    Volvo B10M-61         Plaxton C53F       Ramm,Sudden 99
XIL 4668    Volvo B10M-60         Jonckheere C51FT   Urquhart,Grantown-Spey 03
C 32 ETG    Scania N112DRB        EL H43/33F         Nuttall,Penwortham 04
K807 DJN    Mercedes-Benz 811D    Plaxton C33F       F Essex 807 02
```
~~~~~~
NIL 6345*SIB 3934(6/97) & YVO 34Y(8/92), WLT 697*B197 CGA(4/90) &
XIL 4668*H43 VNH(9/03)
~~~~~~

U8 G.R. & K.M. POWIS.t/a NORTON COACHES

Depot:19-21 Chapel Street,NORTON CANES,Staffordshire.

```
E852 BTY    Mercedes-Benz 609D    North West C24F    Johnson,Stanley 97
T999 GRP    Mercedes-Benz O814D   Eurocoach C24F     Enfield Coaches(Ire) 03
W516 SVF    LDV Convoy            LDV B16F           Non-PSV(Hertz) 03
SF51 WPZ    Mercedes-Benz O814D   Essbee C24F        Lamont,Glasgow 04
```
~~~~~~
T999 GRP*99MH 540(3/03) & SF51 WPZ*S333 STS(3/04) & SF51 WPZ(6/03)
~~~~~~

U9 PREMIERESHOW LTD.t/a ROTHWELLs SUPER TRAVEL

Depot:Starkey Street,HEYWOOD,Greater Manchester.

```
HGR 150     Volvo B10M-60         Berkhof C50FT      Cantabrica,St Albans 00
SJI 5589    Scania K112TRS        JE CH55/19CT       Go-Goodwins,Eccles 03
9195  RH    Volvo B10M-60         Van Hool C49FT     Longstaff,Amble 01
163  NHO    Volvo B10M-61         Plaxton C53F       Brown,Crawley 04
387  TYD    Volvo B10M-61         Van Hool C49DT     Protours,Heswall 04
C 90 CHM    Leyland ONLXB/1RH     ECW H42/30F        Rossendale 50 05
N 2  ARV    EOS E180Z             C49FT              Arvonia,Llanrug 05
```
~~~~~~
HGR 150*K700 CCH(11/00), SJI 5589*C366 SVV(9/94),
9195 RH*F533 GWR(3/03) & ALZ 9219(7/00) & F533 GWR(10/07) &
       551 ALW(5/97) & F51 BWY(12/94),
163 NHO*D261 HFX(12/04) & D176 CLC(8/04) & CLC 145(2/96) &
       D261 HFX(8/90) & 387 TYD*E263 OMT(5/94)
~~~~~~

V1 PRESTIGE PEOPLE CARRIERS LTD

Depot:The Sidings,Weston Road,CREWE,Cheshire.

```
J906 OAY    Toyota HDB30R             Caetano C18F   Avis,Heathrow 14 97
J158 SNF    DAF 400                   LSM B16F       Non-PSV(Van) 96
V608 DHC    Toyota BB50R              Caetano C22F   Toyota(Demonstrator) 01
FN02 RXK    Toyota BB50R              Caetano C26F   New 02
FX53 FRC    Mercedes-Benz 413CDI      Ferqui C16F    New 03
CN04 HGJ    LDV Convoy                ? C16F         New 04
```
~~~~~~

V2 D.C. & D.C. PRICE.t/a PADARN COACHES

Depot:Y Glyn Industrial Estate,LLANBERIS,Gwynedd.

```
KIB 7026    Volvo B10M-60         Plaxton C50F       Wint,Butterton 03
LUI 4744    Mercedes-Benz 811D    Carlyle B31F       Jones,Bontnewydd 02
NUI 6001    Mercedes-Benz 709D    Dormobile B29F     James,Tetbury 01
NUI 6002    Mercedes-Benz O814D   Alexander B29F     Arriva Fox 1121 04
NUI 6003    Mercedes-Benz 814D    ACL C24F           Crystal Palace FC 02
E475 CGM    Mercedes-Benz 609D    Robin Hood B20F    Express Travel,Speke 97
```

```
              R870 ACC    Dennis Dart SLF       Plaxton B39F      KMP,Llanberis 05
~~~~~~~~~~~~~~~~~~~~~~~~~~~~~~~~~~~~~~~~~~~~~~~~~~~~~~~~~~~~~~~~~~~~~~~~~~~~~~~~~
KIB 7026*F315 VJS(8/98) & LIJ 595(1/98) & F315 VJS(4/97) & 2080 NT(4/97) &
         F426 DUG(11/93), LUI 4744*G222 EOA(9/01),
NUI 6001*L920 UGA(4/04), NUI 6002*P121 HCH(3/04),
NUI 6003*P111 PFC(5/04) & R870 ACC*R12 CBC(10/02)
~~~~~~~~~~~~~~~~~~~~~~~~~~~~~~~~~~~~~~~~~~~~~~~~~~~~~~~~~~~~~~~~~~~~~~~~~~~~~~~~~
```

V3   **D.W. PRICE**

Depot:Unit 3,Aspley Close,Four Ashes Ind. Estate,FOUR ASHES,Staffordshire.

```
HUI 6828    Volvo B10M-60         Jonckheere C51FT  Coach 2000,Whiston 01
NIL 6346    Ford R1114            Plaxton C53F      Nash,Smethwick 05
SIB 3932    Volvo B10M-62         Plaxton C53F      Dunn-Line,Nottingham 00
SIB 6741    DAF MB200DKTL600      Van Hool C49FT    Lawrence,Weston-s-Mare 05
VJI 5883    Volvo B10M-61         JE CH51/9FT       Day,Kilnhurst 40 05
A 6  BKE    Bova FHD12-290        C49FT             Yeates,Willenhall 05
M677 KVU    Volvo B10M-62         Van Hool C49FT    Shearings 677 03
~~~~~~~~~~~~~~~~~~~~~~~~~~~~~~~~~~~~~~~~~~~~~~~~~~~~~~~~~~~~~~~~~~~~~~~~~~~~~~~~~
HUI 6828*J531 JNH(3/01), NIL 6346*LTG 277X(6/97),
SIB 3932*N762 AHP(3/00) & 95D 41603(3/00),
SIB 6741*OHR 491X(10/93) & 754 DXE(12/90) & 800 XPC(8/88) & KHY 348X(6/85),
VJI 5883*A317 XHE(9/98) & GSU 369(12/97) & A317 XHE(2/88) &
A6 BKE*PAN 80R(6/04) & E673 JNR(4/98)
~~~~~~~~~~~~~~~~~~~~~~~~~~~~~~~~~~~~~~~~~~~~~~~~~~~~~~~~~~~~~~~~~~~~~~~~~~~~~~~~~
```

V4   **T. PRICE.t/a T. PRICE & SON**

Depot:The Haven,Bersham Road,NEW BROUGHTON,Wrexham.

```
ACZ 7669    Leyland ONLXB/1R      ECW H47/28D       Strafford,Coedpoeth 03
CHZ 4871    Leyland ONLXB/1R      ECW H45/32F       Arriva Midlands N. 1967 01
FSU  807    Volvo B10M-61         Van Hool C53F     Barratt,Nantwich 91
GLZ 2710    Kassbohrer S215HDI    C49FT             Lewis,Rhydlewis 99
PCZ 1644    Volvo B10M-60         Plaxton C57F      Pulham,Bourton-on-Water 02
VMW  353    Volvo B10M-61         Plaxton C53F      Denslow,Chard 97
R463 LFM    Mercedes-Benz O814D   Plaxton DP30F     Oares,Brynford 04
~~~~~~~~~~~~~~~~~~~~~~~~~~~~~~~~~~~~~~~~~~~~~~~~~~~~~~~~~~~~~~~~~~~~~~~~~~~~~~~~~
ACZ 7669*BBW 215Y(7/99), CHZ 4871*GFM 110X(2/02), FSU 807*A646 UGD(1/88),
GLZ 2710*F21 YBO(7/00), PCZ 1644*J914 MDG(3/03), VMW 353*GBD 511X(8/93) &
R463 LFM*R10 ARE(6/04)
~~~~~~~~~~~~~~~~~~~~~~~~~~~~~~~~~~~~~~~~~~~~~~~~~~~~~~~~~~~~~~~~~~~~~~~~~~~~~~~~~
```

V5   **J.W. PRITCHARD.t/a JOHNs OF ANGLESEY**

Depot:A5,GWALCHMAI,Anglesey.

```
HIL 7642    Volvo B10M-61         Duple C50FT       Oares,Brynford 05
HUI 4199    Van Hool T815         C53FT             Oares,Brynford 04
PXI  320    Volvo B10M-60         Van Hool C48FT    Oares,Brynford 04
SIB 4631    Mercedes-Benz 410D    Crystals C15F     Humphreys,Gwalchmai 04
UDM  712    Volvo B10M-60         Plaxton C46FT     Oares,Brynford 05
~~~~~~~~~~~~~~~~~~~~~~~~~~~~~~~~~~~~~~~~~~~~~~~~~~~~~~~~~~~~~~~~~~~~~~~~~~~~~~~~~
HIL 7642*D530 YCK(3/92), HUI 4199*367 ARV(2/96) & A947 GPM(5/89),
PXI 320*NXI 553(12/00) & K808 HUM(2/99), SIB 4631*J739 PJC(7/04) &
UDM 712*G439 GJC(5/05)
~~~~~~~~~~~~~~~~~~~~~~~~~~~~~~~~~~~~~~~~~~~~~~~~~~~~~~~~~~~~~~~~~~~~~~~~~~~~~~~~~
```

V6   **F. PROCTER & SON LTD**

Depot:Dewsbury Road,FENTON,Staffordshire.

```
GIL 1682    Volvo B10M-61         Van Hool C49FT    Chapman,Penygraig 05
HIL 2375    DAF SB2300DHS585      Duple C53F        New 87
HIL 2376    Bova FHD12-370        C36FT             New 00
HIL 2378    Bova FHD12-370        C48FT             New 00
HIL 7386    DAF MB230LT615        Van Hool C53F     Smith,Alcester 66 92
```

```
HIL 7613   DAF DE33WSSB3000       Van Hool C55F     Landtourers,Farnham 99
HIL 7614   DAF DE33WSSB3000       Van Hool C55FT    Coupland &,Rossall 99
HIL 7615   Scania L94IB           Irizar C55F       New 98
HIL 7616   Scania L94IB           Irizar C55F       New 98
HIL 7624   Leyland PSU3E/4R       Plaxton C53F      Middleton,Rugeley 80
NIL 3943   EOS E180Z              C48FT             Arriva(Hire Fleet) 05
NIL 3944   DAF SB3000DKV601       Van Hool C53F     London Coaches 97
HRE 128V   Leyland PSU3E/4R       Plaxton C53F      New 79
JRE 354V   Leyland PSU3E/4R       Plaxton C51F      Bassetts,Tittensor 03
E121 KRP   Bova FLD12-290         C55F              Hand,Horsley 04
J946 JJR   Optare MR03            B26F              Tyrer,Nelson 03
K320 FYG   Optare MR03            B28F              Fleetlink(Hire Fleet) 04
K539 RJX   DAF MB230LTRH615       Van Hool C51FT    Leask & Silver,Lerwick 04
K355 SCN   Optare MR03            B26F              McKindless,Wishaw 03
```
~~~~~~
GIL 1682*F760 ENE(3/93), HIL 2375*D294 XCX(3/91), HIL 7386*G977 KJX(3/92),
HIL 7613*R68 GNW(2/99), HIL 7614*P889 PWW(2/99), HIL 7615*R460 SDT(4/98),
HIL 7616*R461 SDT(4/98), HIL 7624*JRE 355V(5/92), NIL 3943*R46 GNW(3/05),
NIL 3944*F260 RJX(4/97) & E121 KRP*B8 AND(4/04) & E121 KRP(2/96)
~~~~~~

V7   PROTOURS (UK) LTD

Depot:Unit 2,Darlingtons Industrial Estate,Chester Rd,HESWALL,Merseyside.

```
 1   FA04 LJU    Volvo B12B              Berkhof C51FT     New 04
 2   FA04 LJV    Volvo B12B              Berkhof C51FT     New 04
 3   FN54 AVX    Volvo B12B              Berkhof C51FT     New 04
 4   FD54 DHJ    Volvo B12B              Berkhof C51FT     New 04
 5   FD54 DHK    Volvo B12B              Berkhof C51FT     New 04
12   M453 EDH    Mercedes-Benz 811D      Marshall B31F     A Midlands North 1233 04
13   F405 KOD    Mercedes-Benz 709D      RB DP25F          Repton,New Haw 02
14   SK02 TYS    Dennis Dart SLF         Plaxton B29F      Operated for Cheshire CC
      284 BHY    Mercedes-Benz 609D      North West C21F   Matthews,Parkgate 96
     M451 EDH    Mercedes-Benz 811D      Marshall B31F     A Midlands North 1231 04
     DK04 UMW    BMC 850                 C35F              New 04
```
~~~~~~
284 BHY*F944 YKD(8/97)
~~~~~~

V8   D.A. PYE.t/a WORTHEN MOTORS

Depots:Station Road,ABERMULE,Powys &
                         Garage,Station Road,MINSTERLEY,Shropshire.

```
FO   8933   DAF SB3000DKV601       Van Hool C55FT    Derbyshire,Sutton-Ashfd 01
FIL  3786   Dennis Javelin         Caetano C51FT     Owen,Oswestry 94
FIL  8299   DAF SB3000DKV601       Van Hool C49FT    Tyrer,Trawden 98
KSU   490   DAF MB200DKTL600       Plaxton C57F      Williams,Worcester 92
UIJ   648   DAF SB2305DHTD585      Duple C57F        Bodman & Heath,Worton 99
VJI  9901   DAF SB3000DKV601       Van Hool C51FT    Yorks Euro,Boroughbrdge 01
YOI  8271   Mercedes-Benz 811D     RB C33F           Jetsie,Hoddesdon 02
 413  MAB   DAF SB2305DHS585       Caetano C53F      Lewis,Greenwich 96
SPP  610W   DAF MB200DKTL600       Plaxton C53F      Dent &,North Kelsey 02
XRP  757W   DAF MB200DKTL600       Jonckheere C51FT  Oakland,Immingham 00
THB  430Y   DAF MB200DKTL600       Plaxton C57F      Morris,Pencoed 91
A203 RHT    Leyland TRCTL11/3R     Plaxton C57F      Reid,Birmingham 04
E523 HTL    Dennis Javelin         Duple C57F        Grayscroft,Mablethorpe 97
E664 KCX    DAF SB2305DHS585       Duple C53F        Reid,Bedford 99
```
~~~~~~
FO 8933*A14 HJT(6/01) & E668 UMS(12/93) & LS 8411(8/93) & E349 EVH(1/93),
FIL 3786*G853 VAY(1/01), SPP 610W*1023 RU(11/97) & SPP 610W(7/86),
FIL 8299*F769 EBV(4/01) & 1606 UK(10/98) & F645 OHD(11/93),
KSU 490*FIL 6676(5/05) & PRM 971X(3/92), UIJ 648*F847 YJX(9/92),
VJI 9901*G607 PUB(4/03) & A4 YET(2/01) & G607 PUB(11/97) & A4 YET(3/97) &
            G816 GWH(2/94) & BUI 1300(12/93) & G420 SNF(11/92),
YOI 8271*F722 SML(1/96), XRP 757W*HIL 9490(3/00) & XRP 757W(7/92),
413 MAB*G920 WAY(3/98) THB 430Y*FO 8933(6/01) & THB 430Y(6/93) &
E523 HTL*TJI 1676(2/97) & E760 HJF(3/95)

V9   Q PARK & FLY LTD.t/a CARMINDER 2

Depots:Isherwood Road,CARRINGTON &
       West Car Park,Thorley Lane,MANCHESTER AIRPORT,Greater Manchester.

```
V380 SVV    Dennis Dart SLF        Plaxton B36F         on loan Dawson
Y653 KNC    LDV Convoy             Concept C12F         New 01
KX54 NKE    Transbus Enviro        B35F                 New 04
KX54 NKF    Transbus Enviro        B35F                 New 04
KX54 NKG    Transbus Enviro        B35F                 New 04
KX54 NKH    Transbus Enviro        B35F                 New 04
```

W1   G.J. QUEENAN.t/a APTSL & ORION TRAVEL

Depot:The Compound,New Bank Street,LONGSIGHT,Greater Manchester.

```
336  JOC    Mercedes-Benz 811D     Ferngrove C29F       Non-PSV 02
H 14 BUS    Toyota HZB50R          Caetano C16F         Hertz,Heathrow 99
H589 WGP    Iveco 70-14            RB B29FL             LB Croydon 04
L 90 ABC    Mercedes-Benz 811D     Bradshaw C27F        Bowe,Salford 02
L703 NWX    Iveco 59-12            Mellor B16FL         Serco,Bradford 2465 04
M953 OBU    Iveco 59-12            WS B24FL             City of Manchester 04
N932 HWX    LDV 400                Customline B14FL     Calderdale MBC 774 03
N509 MAE    Iveco 59-12            LCB DP25FL           LB Southwark 2001 05
N441 NHW    Iveco 59-12            LCB DP25FL           LB Southwark 2003 05
N465 NHW    Iveco 59-12            LCB DP25FL           LB Southwark 2005 02
N261 PDD    Iveco 49-10            Bedwas B20FL         Newport CBC B6266 04
P998 GBG    Iveco 49-10            Bedwas B12FL         City of Manchester 04
P954 JNA    LDV Convoy             Coachsmith C16F      Non-PSV(Van) 01
R 92 HLG    Mercedes-Benz 814L     Balmoral C31F        Prosper,Ringway 04
S 86 ACN    Mercedes-Benz 312D     Ferngrove C16FL      Non-PSV 02
T522 JCA    Mercedes-Benz 814L     Balmoral C29F        Prosper,Ringway 04
T146 YET    Mercedes-Benz 310D     Ferngrove C16FL      Non-PSV 02
W871 SKH    Mercedes-Benz 413CDI   ? B8FL               Non-PSV 05
OV51 HGZ    Renault Master         O&H B8FL             Non-PSV 05
GK02 NVU    Iveco 35S11            Euromotive B8FL      Non-PSV 05
DF03 BUY    Mercedes-Benz 316CDI   ? B8FL               Non-PSV 05
```

336 JOC*P38 RWR(8/04), H14 BUS*L45 DBC(2/99) & L90 ABC*L992 RVF(7/00)

W2   R & D TRAVEL LTD.t/a FORMBY COACHES

Depot:97a Altcar Road,FORMBY,Merseyside.

```
JJI  767    Dennis Javelin         Berkhof C51FT        Dew,Somersham 04
RAZ 9321    Dennis Javelin         Plaxton C52FT        Rooney,Speke 01
M 88 JEJ    Dennis Javelin         Plaxton C49F         B Lancashire 941 02
P595 TYG    Mercedes-Benz 611D     Concept C24F         Cropper,Kirkstall 00
R640 PCF    Dennis Javelin         Berkhof C51FT        James,Rawnsley 04
```

JJI 767*R268 TEG(3/04) & 178 DEW(1/04) & R208 TEG(10/98),
RAZ 9321*K13 BMS(11/03), M88 JEJ*M941 JBO(4/02) &
P595 TYG*P88 LOL(6/04) & P595 TYG(9/02)

W3   RADDONEUR LTD

Depot:Beaufort House,Beaufort Road,BIRKENHEAD,Merseyside.

```
VXU  313    Leyland RT             Roe C49FT            Jenkins,Aberdare 03
J654 JMB    Renault PP160          WS B31FL             Hillier,Foxham 05
R845 FWW    Optare Excel L960      B28F                 on loan Dawson
R846 FWW    Optare Excel L960      B28F                 on loan Dawson
R 88 MMS    Optare Excel L1150     B30F                 on loan Dawson
T247 FLJ    Fiat Ducato(3)         Rohill B14F          Hackney CT LFR7 05
```

```
X476 ADB   Renault Master          Rohill B16F         New 00
X477 ADB   Renault Master          Rohill B16F         New 00
OY02 YFN   Renault Master          OmniNova B16F       New 02
YP52 BRV   Optare Alero            B13F                New 02
YP52 BRX   Optare Alero            B13F                New 02
YR52 WNB   Optare Alero            B13F                New 02
YR52 WNC   Optare Alero            B13F                New 02
YR52 WND   Optare Alero            B13F                New 02
YN03 UYG   Optare Alero            B13F                on loan Dawson
YN03 UYH   Optare Alero            B13F                on loan Dawson
AE54 JPX   MAN 14.220              MCV B39F            New 04
AE54 JPY   MAN 14.220              MCV B39F            New 04
```

OTHER VEHICLES OWNED BY THE COMPANY
* * * * * * *

```
E268 DMB   Renault G13             WS B39FA            Trainer
F 26 TMP   Leyland LBM6T/2RS       RB C37F             Trainer
```

VXU 313*326 WAL(8/96) & A652 EMY(6/89) & R88 MMS*R633 DNH(3/98)

W4   A.T. & L. RADNOR.t/a R & B

Depots:B4214,2 The Garages,Tenbury Road,CLEEHILL &
                          Pleasant View,KNOWLE,Shropshire.

```
HIL 2550   Iveco 49-10             Robin Hood B25F     Hyndburn 31 97
LBZ 6311   Bedford YNT             Wright C53F         Smith,Bristol 96
RIL 3702   Duple 425               C57F                Alexcars,Cirencester 04
TIL 7912   Bedford YNV             Duple C57F          Smith,Ledbury 01
TIL 9064   Bedford YMT             Duple C53F          Griffiths,Leintwardine 97
TJI 4028   Scania K93CRB           Plaxton C51FT       Clarke,Burbage 03
WIL 2191   Bedford YMP             Plaxton C35F        Price,Newcastle 00
G738 JOX   Fiat 49-10              Carlyle B21F        South Warwickshire HA 01
M602 SBL   LDV 400                 LDV B16F            Williams,Kerry 00
V 11 RBT   Optare Solo M850        B29F                New 00
BU53 RBT   Optare Alero            B16F                New 03
BU54 RBT   Optare Solo M880        B ?F                New 04
YK05 CBY   Optare Solo M850        B27F                New 05
```

HIL 2550*F914 HTU(10/99),
LBZ 6311*A123 DUY(10/00) & GBB 254(3/86) & A951 RKH(5/84),
RIL 3702*C152 PAB(3/99), TIL 7912*D83 WWV(7/01), TIL 9064*FCJ 400W(5/02),
TJI 4028*K829 CNB(8/96) & K500 BUL(8/95) &
WIL 2191*E436 SFX(6/03) & RIW 8799(3/97) & E713 TEG(2/96) &
       WSU 484(3/93) & E111 HFH(8/90)

W5   RED DRAGON GROUP TRAVEL LTD

Depot:Kinsale,Dolfor Road,NEWTOWN,Powys.

```
RJI 2722   DAF MB200DKVL600        Duple C49FT         Gittins,Dolanog 99
TJI 4694   Volvo B10M-61           Caetano C57F        Jones,Burley Gate 00
TJI 5404   Van Hool T815H          C49FT               Chapman,Upper Tumble 02
VYC 852W   Leyland PSU3F/5R        Duple C53F          Gunn,South Petherton 02
A 76 NAC   Leyland TRCTL11/2R      Plaxton C47FT       Midland Red South 2 99
```

OTHER VEHICLE OWNED BY THE COMPANY
* * * * * * *

```
JU   963   Leyland KP3             Willowbrook C20F    Preserved(1937)
```

RJI 2722*B999 YFR(9/93), TJI 4694*F894 URP(5/95),
TJI 5404*E291 UTH(6/95) & A76 NAC*491 GAC(5/93) & A191 GVC(4/88)

W6   B.K. REILLEY.t/a MAGHULL COACHES

Depots:1 & 31 Canal Street,BOOTLE,Merseyside.

```
GEY  273    Leyland PSU3E/4R       Plaxton C53F       Aspden,Blackburn 03
MUI 1635    MAN 16.290             Jonckheere C51FT   Tourmaster,Crowland 02
MUI 1636    MAN 16.290             Berkhof C49FT      Bournemouth 331 99
MUI 1637    Mercedes-Benz 609D     Whittaker C24F     Hill,St Helens 99
MUI 1641    Iveco 49-10            Mellor DP10FL      Calderdale MBC 00
MUI 9736    Auwaerter N116/3       C50FT              Clockwork,Crawley 03
MUI 9737    Mercedes-Benz 711D     ACL C24F           Bendrey,Ilford 03
MUI 9836    Mercedes-Benz 609D     Whittaker B24F     McLaughlin,Penworthan 03
MUI 9837    Dennis Dorchester      WS B71F            Ferris,Nantgarw 03
PIL 3252    TAZ D3500              C49FT              Wint,Butterton 01
PIL 4728    Mercedes-Benz 709D     RB C25F            Birkett,Sabden 04
PIL 4729    Mercedes-Benz 609D     RB C25F            Russell &,Kirkby 05
PXI 6348    DAF MB200DKTL600       Jonckheere C53F    Harris,Windsor 87
TIL 6496    Leyland AN68A/1R       NC H43/32F         GM Buses South 4348 97
XBZ 7836    Mercedes-Benz 709D     RB B25F            Wilkins,Cymmer 04
951 RMX     Auwaerter N122/3       CH55/18CT          Moffat &,Gauldry 05
YWC 648F    Leyland PDR1/1         Massey O43/31F     Rallybeam,Clopton 01
OOR 320G    Bedford VAL70          Plaxton C52F       Cavern City,Liverpool 01
RAR 690J    Bedford VAL70          Van Hool C51F      Vals,Chase Terrace 05
SCK  56K    Bedford VAL70          Plaxton C53F       Watson,Birkenhead 02
JWM 689P    Leyland AN68A/1R       EL H43/32F         Preserved 00
ONF 669R    Leyland AN68A/1R       NC H43/32F         Blackpool 466 01
BYX 185V    MCW Metrobus DR101     PO43/28D           A Original London MB185 04
DEM 784Y    Leyland AN68D/1R       AR H43/32F         Non-PSV(Liverpool) 03
URN 169Y    Leyland AN68D/2R       EL H50/36F         Phillips,Holywell 04
URN 171Y    Leyland AN68D/2R       EL H50/36F         Phillips,Holywell 04
A111 HLV    Leyland AN68D/1R       AR H43/32F         Byways,Morecambe 04
C  70 JTU   Leyland TRCTL11/3RH    Duple C49FT        Napier Point,Liverpool 04
C663 LJR    Leyland ONCL10/1RV     ECW CH42/30F       Nuttall,Penwortham 04
C718 NCD    Dennis DDA1005         EL H43/32F         Napier Point,Bootle 04
F226 AWO    Freight Rover Sherpa   Carlyle B20F       Garnett,Ainsdale 95
F639 BKD    Dennis DDA1025         EL H45/31F         Stott,Oldham 04
F126 JGS    Ford Transit           CD C16F            Lumley,Speke 91
G975 ARV    Mercedes-Benz 709D     Alexander B23F     Wilkins,Cymmer 04
H131 CDB    Mercedes-Benz 811D     LHE B31F           Wilkins,Cymmer 04
H109 DVM    Mercedes-Benz 609D     RB C24F            Sykes,Cleveleys 03
J111 SAS    Scania K113CRB         Van Hool C47FT     Excel,Stansted 05
```

OTHER VEHICLE OWNED BY THE COMPANY
* * * * * * *

```
TCK  847    Leyland PD3/5          MC FH41/31F        Preserved(1963)
```

GEY 273*THH 618S(10/87reb), MUI 1635*K214 CBD(6/02),
MUI 1636*L331 BFX(6/02), SCK 56K*DOE 111K(5/02),
MUI 1637*F349 DMS(6/02) & JIW 6434(2/99) & F859 BCW(5/97),
MUI 1641*J286 LBV(6/02), MUI 9736*L459 GKP(1/04), MUI 9737*P849 OKX(1/04),
MUI 9836*G609 JET(1/04), MUI 9837*D957 ENH(1/04) & XAM 731A(3/93),
PIL 3252*G700 UNR(7/98), PIL 4728*E961 FLD(8/98), PIL 4729*F794 UVH(8/98),
PXI 6348*WRK 2X(1/90), TIL 6496*MNC 548W(1/01), XBZ 7836*F700 LCA(5/01) &
951 RMX*K302 JTS(9/05) & BSK 789(6/05) & K302 JTS(1/00)

W7   RHIEW VALLEY MOTORS LTD

Depot:Henfaes Garage,BERRIEW,Powys.

```
PXI 6717    DAF MB230DKFL615       Van Hool C55F      Royston,Eckington 03
E264 AJC    Volvo B10M-61          Jonckheere C53F    Clynnog & Trefor 02
E980 KJF    Dennis Javelin         Duple C53F         Evans,Welshpool 05
F461 YOK    Dennis Javelin         Plaxton C53F       Evans,Welshpool 05
P478 PLO    Mercedes-Benz 814D     ACL C29F           Vickers,Worksop 04
```

PXI 6717*D216 YCW(5/93), E980 KJF*JSK 328(9/97) & E980 KJF(1/96),
E264 AJC*HSU 548(5/01) & E264 AJC(1/96) & A7 KMP(9/95) & E773 YJC(3/95) &
P478 PLO*MCH 85(2/00) & P488 ADO(3/98)

W8 M.J. & M.J. RIMMER t/a RED KITE TRAVEL

Depot:Baxters Lane,Sutton,ST HELENS,Merseyside.

```
BAZ 7386   Mercedes-Benz 814D      ACL C29F          Boomerang,Tewkesbury 04
HIL 9152   Leyland PSU3F/4R        East Lancs B51F   Blue Bus,Horwich 52 02
JIL 2164   LN 11351A/1R            East Lancs B49F   A Fox County 2164 03
RJI 2161   Volvo B58-56            East Lancs DP49F  Blue Bus,Horwich 61 02
F728 LRG   Leyland LX112           B51F              Ashall,Clayton 01
F833 NPP   Ford Transit            CD C16F           Buley,Plymouth 01
F545 WRE   Volvo B10M-60           Plaxton C55F      Hilton,Newton-l-Willows 03
G151 TYT   Volvo B10M-50           AR H46/33F        A Scotland West 951 02
G153 TYT   Volvo B10M-50           AR H46/33F        A Scotland West 953 02
K451 VVR   Volvo B10M-60           Van Hool C49FT    Colefordian,Coalway 04
N577 EUG   Mercedes-Benz O405      Optare B49F       Black Prince,Morley 577 05
P441 SWX   Mercedes-Benz O405      Optare B49F       Black Prince,Morley 441 05
R399 CVR   Iveco 59-12             Mellor B29F       Green Triangle,Atherton 04
R202 YOR   Mercedes-Benz O405      Optare B49F       Black Prince,Morley 202 05
```

BAZ 7386*P938 EHN(8/02), HIL 9152*SCH 150X(11/92reb),
JIL 2164*XNG 760S(8/94reb), RJI 2161*PYD 984V(6/95reb),
F545 WRE*3563 RU(11/96) & F987 HGE(11/91),
K451 VVR*BUD 57Y(7/04) & K451 VVR(7/01) &
R202 YOR*TIL 7902(8/05) & R202 YOR(1/01)

W9 RIVERSIDE COACHES LTD

Depot:Heath Hill,DAWLEY,Shropshire.

```
MIL 2057   Volvo B10M-60        Plaxton C53F       Longstaff,Amble 99
MJI 4988   Volvo B10M-53        PN CH55/12DT       Hurst &,Goose Green 01
NXJ  321   Scania K113CRB       Irizar C49FT       Buzzlines,Hythe 03
SND 483X   Leyland AN68B/1R     NC H43/32F         Mayne,Warrington 6 03
TTT 167X   Leyland AN68C/1R     EL H43/31F         Plymouth 167 02
A 71 OUG   Volvo B10M-61        Plaxton C57F       Collins,Cliffe 01
E179 YWE   Mercedes-Benz 609D   Whittaker C24F     Turner,Great Barton 02
M738 YNW   Volvo B10M-62        Plaxton C53F       Dodsworth,Boroughbridge 00
R151 SUT   Volvo B10M-62        Jonckheere C53F    Burdett,Mosbrough 04
```

MIL 2057*F979 HGE(6/96), MJI 4988*F709 COA(10/95),
NXJ 321*N922 DWJ(7/03) & NBZ 8510(5/03) & N922 DWJ(4/01),
SND 483X*NIL 8256(2/03) & SND 483X(9/97) &
R151 SUT*J8 LOG(7/04) & R151 SUT(6/00)

X1 J. ROBERTS t/a JOHN ALEXANDER COACHES

Depot:High Street,BAGILLT,Flintshire.

```
WDA 924T   Leyland FE30AGR     MCW H43/33F     West Midlands 6924 97
C100 HSJ   Scania N112DRB      EL H47/37F      Ramm,Sudden 00
H  5 CRC   Scania K113CRB      Plaxton C53F    Chambers,Stevenage 99
H  9 KFC   Toyota HDB30R       Caetano C21F    Masters,Finsbury 96
```

H5 CRC*H801 RWJ(6/91)

W.T. ROBERTS t/a RHANDIR GARAGE & W.T. ROBERTS MINI COACHES

Depots:Bryn Bach & Rhandir Garage,Rhandir,EGLWYSBACH,Conwy.

```
A  7 WTR   Mercedes-Benz 814D    WS C35F           MOD 01
B309 YCX   Mercedes-Benz L307D   ? C16F            Ellis,Winsford 97
M199 DWD   LDV 400               ? B8FL            Non-PSV 05
M 48 GRY   Mercedes-Benz 811D    Mellor DP33F      Eurotaxis,Harry Stoke 03
N947 CKJ   Iveco 49-10           Euromotive C16F   Hayward,Carmarthen 04
MR03 WTR   Mercedes-Benz O814D   ACL C33F          New 03
```

B309 YCX*A3 WTR(8/05) & B309 YCX(12/01)

X3   ROBIN HOOD TRAVEL LTD.t/a ROBIN HOOD COACHES

Depot:Highway Garage,Macclesfield Road,RUDYARD,Staffordshire.

```
MKZ 1871   Renault S56           WS DP19F         Lewis,Llanrhystyd 97
MKZ 1872   Bova FHD12-340        C49FT            New 98
MKZ 1873   Bova FHD12-340        C49FT            Rossendale 341 04
MKZ 1874   Bova FHD12-340        C49FT            New 99
MKZ 1875   Bova FHD12-370        C49FT            Redwood,Hemyock 04
MKZ 1876   Bova FHD12-340        C49FT            New 02
MKZ 1877   Bova FHD12-340        C49FT            New 03
POI 2062   Leyland PSU5C/4R      Plaxton C57F     Lloyd,Bagillt 97
RIB 4081   Dennis Javelin        Caetano C53F     New 90
RIB 6120   Dennis Javelin        Duple C35F       New 89
RIB 8289   Duple 425             C49FT            New 90
SBZ 5933   Bedford YLQ           Plaxton C45F     Reynolds,Cheltenham 98
LBJ 999V   Bedford YLQ           Plaxton C45F     Suffolk County Council 01
```
MKZ 1871*F355 HHH(6/04), MKZ 1872*R551 BUX(7/04), MKZ 1873*T341 NBV(6/04),
MKZ 1874*T553 WWT(6/04), MKZ 1875*W93 WTA(8/04) & W2 RED(3/04),
MKZ 1876*YD02 PXR(9/04), MKZ 1877*YJ03 GXU(6/04), POI 2062*GGT 334T(4/90),
RIB 4081*G218 DVT(2/97), RIB 6120*F670 TRE(8/01),
RIB 8289*H212 KEH(12/95) & SBZ 5933*YMG 462T(4/98)

X4   E.E. & K.E. ROGERS.t/a ROGERS COACHES

Depot:4 Maes Hyfryd,GRAIGFECHAN,Denbighshire.

```
DLZ 5484   Kassbohrer S215HR     C53F               Flagfinders,Braintree 99
LIB 8920   Volvo B10M-60         Jonckheere C48FT   Mainwaring,Tonyrefail 04
ACA 189S   Bedford YLQ           Plaxton C45F       Hanmer,Wrexham 79
OOS 923V   Bedford YMT           Plaxton C53F       King,Kirkcowan 85
D434 BCJ   Bedford YNT           Plaxton C53F       Yeomans,Hereford 9 91
D165 KDN   Volkswagen LT55       Optare B25F        Crosville Wales MOV16 90
M865 ATC   Mercedes-Benz 709D    Plaxton B22F       F Bristol 7865 03
```
DLZ 5484*D703 NUH(2/99) & VFJ 687(10/97) & D703 NUH(7/92) &
LIB 8920*K63 BAX(6/04)

X5   E. ROWLEY.t/a TRAVELRITE

Depot:142 Moss Road,STRETFORD,Greater Manchester.

```
LIL 4237   Mercedes-Benz 312D    ? C16F            Non-PSV(Van) 02
B 6  TRV   Iveco 49-12           Whitacre B16FL    City of Manchester 02
B 10 TRV   Mercedes-Benz 308D    Olympus C12F      Non-PSV(Van) 00
MV04 CBY   Mercedes-Benz 413CDI  Olympus C16F      New 04
```
LIL 4237*S862 DWU(9/02), B6 TRV*L436 HDB(4/02) & B10 TRV*J458 GHD(4/02)

X6   C.M. RUBENSAAT & J. LEVICK.t/a ACORN

Depot:c/o Phoenix,Lichfield Road Industrial Estate,TAMWORTH,Staffordshire.

```
E749 SEL   Volvo B10M-61         Van Hool C49FT    Eaststar,Fazeley 03
G 24 HKY   Scania K93CRB         Duple C51FT       City Centre,Cardiff 02
G295 TSL   Mercedes-Benz 709D    Alexander B23F    Beecroft,Fewston 04
N796 PDS   Mercedes-Benz 814D    Mellor C33F       Ash,Wooburn Moor 02
YK53 BTU   Mercedes-Benz 0814D   Plaxton DP33F     Hutchinson,Easingwold 05
```
E749 SEL*PSU 942(7/02) & E749 SEL(6/93) & XEL 254(3/93)

X7   D.W. RYAN & D.S. SOLLOM.t/a RYANs TRAVEL

Depot:Cleveland Business Park,363 Cleveland Street,BIRKENHEAD,Merseyside.

```
L631 VCV   Mercedes-Benz 709D    Plaxton DP25F      F Western National 631 03
L146 XDS   Mercedes-Benz 709D    WS C28FL           HAD,Shotts 04
M303 TSF   Mercedes-Benz 410D    Aitken C16F        Ferguson,East Whitburn 02
P679 FUJ   LDV Convoy            Jubilee C16F       Williams,Llandrindod W. 04
```

X8   City of SALFORD COUNCIL

Depot:Turnpike House,631 Eccles New Road,SALFORD,Greater Manchester.

```
N820 ABU   Iveco 59-12              Mellor B16FL        New 96
N821 ABU   Iveco 59-12              Mellor B16FL        New 96
N822 ABU   Iveco 59-12              Mellor B16FL        New 96
N823 ABU   Iveco 59-12              Mellor B16FL        New 96
N824 ABU   Iveco 59-12              Mellor B16FL        New 96
N825 ABU   Iveco 59-12              Mellor B16FL        New 96
N826 ABU   Iveco 59-12              Mellor B16FL        New 96
P276 KND   Iveco 59-12              Mellor B20FL        New 96
P277 KND   Iveco 59-12              Mellor B20FL        New 96
S494 RVM   Iveco 59-12              Mellor B16FL        New 98
S495 RVM   Iveco 59-12              Mellor B16FL        New 98
S496 RVM   Iveco 59-12              Mellor B16FL        New 98
S503 SRJ   Iveco 59-12              Mellor B20FL        New 98
S504 SRJ   Iveco 59-12              Mellor B20FL        New 98
S505 SRJ   Iveco 59-12              Mellor B20FL        New 98
S506 SRJ   Iveco 59-12              Mellor B20FL        New 98
S507 SRJ   Iveco 59-12              Mellor B20FL        New 98
T853 JJA   Iveco 49-10              Mellor B16FL        New 99
T854 JJA   Iveco 49-10              Mellor B16FL        New 99
T855 JJA   Iveco 59-12              Mellor B20FL        New 99
T856 JJA   Iveco 59-12              Mellor B20FL        New 99
X177 BNH   Mercedes-Benz 0814D      Plaxton B32FL       on loan Dawson
Y337 PNW   Mercedes-Benz 413CDI     UVG B16FL           on loan Dawson
KF52 UAH   Mercedes-Benz 0814D      Plaxton B28FL       on loan Dawson
KF52 UAM   Mercedes-Benz 0814D      Plaxton B28FL       on loan Dawson
KE03 JYN   Mercedes-Benz 413CDI     UVG B16FL           on loan Dawson
```

X9   S.G. SARGEANT

Depot:Station Garage,HODNET,Shropshire.

```
H898 GNC   Mercedes-Benz 609D    MM C24F            New 91
L  3 GWC   Mercedes-Benz 410D    Frank Guy C15F     Cunningham,Cst Bromwich 03
P840 ADO   Mercedes-Benz 814D    ACL C29F           Winrow,Heywood 99
T254 POA   Toyota BB50R          Caetano C23F       Clarke &,Worcester 02
BX04 VKL   Mercedes-Benz 413CDI  ? C16F             New 04
```

Y1   G.E. SCRAGG.t/a BLUE BUSES

Depot:Bucknall Garage,Pennell Street,BUCKNALL,Staffordshire.

```
VT   9284  Mercedes-Benz 709D    RB B25F            Bradshaw,Heywood 02
MUI  1235  Mercedes-Benz 709D    RB DP25F           S Devon 423 99
NUI  5270  Mercedes-Benz 709D    Plaxton B25F       Bradshaw,Heywood 03
NUI  5271  Mercedes-Benz 709D    Plaxton B25F       Bradshaw,Heywood 03
NUI  6172  Mercedes-Benz 709D    Plaxton B25F       Coakley,Motherwell 04
NUI  6173  Mercedes-Benz 709D    Plaxton B23F       Blue Bus,Horwich 96 04
NUI  6174  Mercedes-Benz 709D    Plaxton B23F       Pilkington,Accrington 04
1655  VT   Mercedes-Benz 711D    Plaxton C25F       Cosgrove,Preston 00
```

```
1672   VT      Mercedes-Benz 611D      Van Tech C24F     New 97
4493   VT      Mercedes-Benz O814D     Plaxton C26F      New 02
6727   VT      Mercedes-Benz 709D      Plaxton B22F      Bradshaw,Heywood 03
6879   VT      Mercedes-Benz O814D     Plaxton C33F      Carter,Litcham 03
9685   VT      Dennis Javelin          Plaxton C53F      McColls,Dunoon 01
   1   HVT     Dennis Javelin          Plaxton C53F      Bassetts,Tittenson 03
N602   AWW     Mercedes-Benz 814D      CVC C24F          Rowley,Sale 03
R755   EEH     Mercedes-Benz O814D     Plaxton C33F      Renton,Kirknewton 98
YM03   EPE     Mercedes-Benz O814D     Plaxton C33F      Hatton,Sutton Coldfield 05
DX55   HRE     Mercedes-Benz O814D     ? C25F            New 05
~~~~~~~~~~~~~~~~~~~~~~~~~~~~~~~~~~~~~~~~~~~~~~~~~~~~~~~~~~~~~~~~~~~~~~~~~~~~~~~
VT 9284*F768 FDV(?/01), MUI 1235*F741 FDV(7/02), NUI 5270*L636 VCV(2/04),
NUI 5271*L639 VCV(2/04), NUI 6172*L54 LSG(6/04), NUI 6173*N796 XRA(2/04),
NUI 6174*N907 GHJ(9/04), 1655 VT*N990 KUS(8/00), 1672 VT*R722 EEH(10/03),
4493 VT*DU52 VTW(4/05), 6727 VT*N406 HVT(5/04),
6879 VT*W642 MKY(7/05) & 4493 VT(3/05) & W642 MKY(7/03),
9685 VT*P439 JDT(8/01), 1 HVT*P886 URF(3/03),
N602 AWW*4 NVT(11/05) & B5 TRV(2/04) & N695 WRJ(2/02) &
R755 EEH*1580 VT(7/05) & R755 EEH(3/03) & R321 HFS(10/99)
~~~~~~~~~~~~~~~~~~~~~~~~~~~~~~~~~~~~~~~~~~~~~~~~~~~~~~~~~~~~~~~~~~~~~~~~~~~~~~~
```

Y2   **SEFTON COUNCIL SPECIALIST TRANSPORT UNIT**

```
Depots:Cambridge Road Depot,Cambridge Road,Waterloo,BOOTLE &
       Forest Road Depot,Back Forest Road,SOUTHPORT,Merseyside.

1576   M414 XKA       LDV 400             Cunliffe B11FL     New 95
1578   N781 HEH       Iveco 49-10         Cunliffe B20FL     New 96
1596   W609 XDM       LDV Convoy          LDV B12F           New 00
1713   T749 BRF       Iveco 59-12         LCB B24FL          New 99
1714   S952 ERE       Iveco 59-12         LCB B24FL          New 99
                          * * * * * * *
1727-35  Iveco 59-12   Mellor B24FL   New 00
         X463-9/71/2 ABU.
1727(463)      1729(465)      1731(467)      1733(469)      1735(472)
1728(464)      1730(466)      1732(468)      1734(471)
                          * * * * * * *
1752   MK52 PDO       Iveco 65C15         Mellor B24FL       New 02
1753   MK52 PDU       Iveco 65C15         Mellor B24FL       New 02
1754   MK52 PDX       Iveco 65C15         Mellor B24FL       New 02
1755   MK52 ZWA       Iveco 50C11         Mellor B15FL       New 02
1756   MK52 ZWB       Iveco 50C11         Mellor B15FL       New 02
1757   MK52 ZWC       Iveco 50C11         Mellor B15FL       New 02
1758   MK52 ZVZ       Iveco 50C11         Mellor B15FL       New 02
                          * * * * * * *
1759-64  Mercedes-Benz O814D   Mellor B24FL   New 03
         BJ03 OUV,BW03 ZMV,BJ03 OUU/W/TX/Y.
1759(OUV)      1761(OUU)      1762(OUW)      1763(OTX)      1764(OTY)
1760(ZMV)
                          * * * * * * *
       T695 JBU       Iveco 40-10         Coachsmith B14FL New 99
~~~~~~~~~~~~~~~~~~~~~~~~~~~~~~~~~~~~~~~~~~~~~~~~~~~~~~~~~~~~~~~~~~~~~~~~~~~~~~~
~~~~~~~~~~~~~~~~~~~~~~~~~~~~~~~~~~~~~~~~~~~~~~~~~~~~~~~~~~~~~~~~~~~~~~~~~~~~~~~
```

Y3   **SELWYNS TRAVEL LTD**

```
Depots:Cavendish Farm Road,Weston,RUNCORN,Cheshire,
       Melbourne Avenue,MANCHESTER AIRPORT,Greater Manchester &
            Unit 2,Delphwood Drive,Sherdley Road IE,ST HELENS,Merseyside.

  12   MV04 CDE       MB 413CDI           Olympus C16F       New 04
  13   MX04 CDF       MB 413CDI           Olympus C16F       New 04
  15   YX03 BJK       MB 413CDI           Olympus C16F       New 03
  16   MX03 WPE       MB 413CDI           Olympus C16F       New 03
  22   YN53 VCJ       MB O814DD           Plaxton C29F       New 04
  24   M390 KVR       Dennis Javelin      Berkhof C33F       Arrowline,Knutsford 95
  25   SEL    36      Dennis Javelin      Berkhof C32FT      A North West 844 98
  26   YN53 VBJ       MB O814D            Plaxton C29F       New 04
```

```
27   DA02 PUF   MB O814D              Plaxton C29F      New 02
28   DA02 PVP   MB O814D              Plaxton C29F      New 02
29   W929 RET   MB O814D              Plaxton C29F      New 00
31   M799 HPJ   Dennis Javelin        Berkhof C51FT     Dennis(Demonstrator) 96
32   SEL   23   Dennis Javelin        Berkhof C36FT     Luckett,Fareham 3505 03
45   P861 PWW   DAF DE33WSSB3000      Van Hool C51FT    A North West 861 98
48   YJ04 HHB   DAF DE40XSSB4000      Van Hool C49FT    New 04
49   YJ04 HHC   DAF DE40XSSB4000      Van Hool C49FT    New 04
59   VA02 NTK   Dennis Dart SLF       Plaxton B29F      on loan Mistral
62   Y467 HUA   DAF DE33WSSB3000      Van Hool C49FT    New 01
64   Y469 HUA   DAF DE33WSSB3000      Van Hool C49FT    New 01
65   SEL  853   DAF SB3000DKVF601     Van Hool C49FT    Jay,Greengairs 00
68   Y468 HUA   DAF DE33WSSB3000      Van Hool C49FT    New 01
69   SEL  702   DAF DE33WSSB3000      Van Hool C49FT    Armchair,Brentford 00
71   R 71 ECA   Volvo B10M-62         Plaxton C53F      New 97
72   R 72 ECA   Volvo B10M-62         Plaxton C53F      New 97
73   R 73 KCA   Volvo B10M-62         Plaxton C53F      New 98
74   T174 AUA   DAF DE33WSSB3000      Van Hool C44FT    New 99
75   Y475 HUA   DAF DE33WSSB3000      Van Hool C49FT    New 01
76   Y476 HUA   DAF DE33WSSB3000      Van Hool C49FT    New 01
77   S428 JUA   DAF DE33WSSB3000      Ikarus C49FT      Windmill,Copford 01
79   W226 CDN   DAF DE33WSSB3000      Ikarus C49FT      Airlinks 01
84   YJ51 EKM   DAF DE12CSSB120       Wright B39F       New 01
86   YP52 BPO   Optare Alero          B16F              op. for Cheshire CC
87   YP52 BPU   Optare Alero          B16F              op. for Cheshire CC
88   V899 DNB   Dennis Dart SLF       Plaxton B29F      Mistral(Hire Fleet) 04
90   YJ51 EKX   DAF DE33WSSB3000      Van Hool C49FT    New 02
91   YJ51 EKY   DAF DE33WSSB3000      Van Hool C49FT    New 02
92   YJ51 EKZ   DAF DE33WSSB3000      Van Hool C49FT    New 02
93   TJI 6925   DAF DE33WSSB3000      Van Hool C49FT    Collis,Bristol 02
94   R 36 GNW   DAF DE33WSSB3000      Van Hool C49FT    Armchair,Brentford 02
95   R 59 GNW   DAF DE33WSSB3000      Van Hool C49FT    Armchair,Brentford 02
96   SEL   73   DAF DE33WSSB3000      Van Hool C49FT    A Yorkshire 41 02
97   R 62 GNW   DAF DE33WSSB3000      Van Hool C49FT    Armchair,Brentford 02
98   T 58 AUA   DAF DE33WSSB3000      Van Hool C49FT    Fishwick,Leyland 02
99   SEL  392   DAF DE33WSSB3000      Van Hool C49FT    Armchair,Brentford 02
100  T185 AUA   DAF DE33WSSB3000      Van Hool C49FT    Armchair,Brentford 02
101   352 STG   DAF DE33WSSB3000      Van Hool C49FT    Reading 240 02
102  S426 JUA   DAF DE33WSSB3000      Ikarus C49FT      London,Northfleet 02
103  YJ03 PPY   DAF DE40XSSB4000      Van Hool C49FT    New 03
104  YJ03 PPZ   DAF DE40XSSB4000      Van Hool C49FT    New 03
105  YJ53 VDN   DAF DE40XSSB4000      Van Hool C49FT    New 04
106  YJ53 VDO   DAF DE40XSSB4000      Van Hool C49FT    New 04
107  YJ04 BYH   DAF DE40XSSB4000      Van Hool C49FT    New 04
109  YJ54 CFD   DAF DE40XSSB4000      Van Hool C49FT    New 04
110  YJ05 PVZ   DAF DE40XSSB4000      Van Hool C49FT    New 05
111  YJ05 PWE   DAF DE40XSSB4000      Van Hool C49FT    New 05
112  YJ05 PWF   DAF DE40XSSB4000      Van Hool C49FT    New 05
190  DE52 NWY   Technobus Pantheon    B11F              New 02
191  DE52 NXU   Technobus Pantheon    B11F              New 02
192  DE52 NXV   Technobus Pantheon    B11F              New 02
193  DE52 NYW   Technobus Pantheon    B11F              New 02
194  DE52 NYX   Technobus Pantheon    B11F              New 02
195  DE52 NYY   Technobus Pantheon    B11F              New 02
     SEL  133   Volvo B10M-60         Plaxton C53F      British Airways 05
----------------------------------------------------------------------------
SEL 23*K440 BMO(9/03) & A13 HLC(7/03) & K440 BMO(2/97),
SEL 36*SEL 133(10/01) & K100 SLT(2/00), SEL 73*R61 GNW(8/05),
SEL 133*H301 HLB(7/05), SEL 392*T184 AUA(6/05),
SEL 702*R39 GNW(6/05) & 98D 70419(3/00) & R39 GNW(7/99),
SEL 853*K508 RJX(9/00), TJI 6925*T118 AUA(5/01), 352 STG*N74 FWU(3/04) &
P861 PWW*SEL 73(8/05) & P861 PWW(5/04)
----------------------------------------------------------------------------
```

Y4   **SHAWs TRAVEL LTD/M. GILBERT**

Depot:Unit E7,Halesfield 5,TELFORD,Shropshire.

```
R426 NGO   LDV Convoy              Crest C16F        Watkins,Biggin Hill 03
T898 EAN   LDV Convoy              LDV B16F          Wilday,Horsehay 04
X585 ATE   LDV Convoy              Concept C16F      Ishfaq,Wellington 04
BU02 WVT   Mercedes-Benz 413CDI    ? C16F            Non-PSV 05
BL52 OVK   LDV Convoy              LDV B16F          Holloway(Demonstrator) 04
```
~~~~~~
~~~~~~

SHEARINGS LTD.t/a NATIONAL HOLIDAYS(+) & WALLACE ARNOLD(*)

Depots:
ANLABY(Springfield Way)(+)   LONDON(London Gateway Services,M1)
APPLETON THORN(Barleycastle Lane)   NORMANTON(Mill Lane,Whitwood)
BRISTOL(Severn View Services,M48)   TORQUAY(Barton Hill Way,Barton)(*)
EXHALL(Bayton Road)   TUNBRIDGE WELLS(Lamberts Road)
LEEDS(Lowfields Road)(*)

101-16 Volvo B10M-62 Van Hool C46FT New 99
         T101/2/4-10/97/12-6 JBA.
```
  101      104      106      108      110      112      114      116
  102      105      107      109      111      113      115
                               * * * * * *
  117   T117 JBA   Volvo B10M-62      Jonckheere C46FT New 99
  118   T118 JBA   Volvo B10M-62      Jonckheere C46FT New 99
  119   T119 JBA   Volvo B10M-62      Jonckheere C46FT New 99
  120   T120 JBA   Volvo B10M-62      Jonckheere C46FT New 99
  121   T198 JBA   Volvo B10M-62      Jonckheere C46FT New 99
  122   T122 JBA   Volvo B10M-62      Jonckheere C46FT New 99
                               * * * * * *
```
201-20 Volvo B10M-62 Van Hool C46FT New 00
         W201/2/4/82/3/07-9/84/11-9/85 JBN.
```
  201      205      208      211      213      215      217      219
  202      206      209      212      214      216      218      220
  204      207      210
                               * * * * * *
```
221-30 Volvo B10M-62 Plaxton C50F New 00
         W221/86/23/4/87/26-9/88 JBN.
```
  221      223      225      226      227      228      229      230
  222      224
                               * * * * * *
```
301-15 Volvo B10M-62 Van Hool C46FT New 01
         Y301-4/85/6/07-9/87/11-5 KBN.
```
  301      303      305      307      309      311      313      315
  302      304      306      308      310      312      314
                               * * * * * *
  316   Y388 KBN   Volvo B10M-62      Jonckheere C46FT New 01
  317   Y317 KBN   Volvo B10M-62      Jonckheere C46FT New 01
  318   Y389 KBN   Volvo B10M-62      Jonckheere C46FT New 01
  319   Y319 KBN   Volvo B10M-62      Jonckheere C46FT New 01
  320   Y391 KBN   Volvo B10M-62      Jonckheere C46FT New 01
  321   Y392 KBN   Volvo B10M-62      Jonckheere C46FT New 01
                               * * * * * *
```
351-67 Volvo B10M-62, Jonckheere C48FT New(WA) 01
         Y701-8/18/9/21-4/6/7/31 HWT.
```
  351(701)*    354(704)*    357(707)*    360(719)*    363(723)*    366(727)*
  352(702)*    355(705)*    358(708)*    361(721)*    364(724)*    367(731)*
  353(703)*    356(706)*    359(718)*    362(722)*    365(726)*
                               * * * * * *
```

401-33 Volvo B12M Van Hool C46FT or C42FT(401-10)   New 02
      MV02 UMA-H/J-M/O/R-U/W/X/LK-P/R-U/W-Z.
  401(UMA)   407(UMG)   413(UMO)   419(UMX)   424(ULO)   429(ULU)
  402(UMB)   408(UMH)   414(UMR)   420(ULK)   425(ULP)   430(ULW)
  403(UMC)   409(UMJ)   415(UMS)   421(ULL)   426(ULR)   431(ULX)
  404(UMD)   410(UMK)   416(UMT)   422(ULM)   427(ULS)   432(ULY)
  405(UME)   411(UML)   417(UMU)   423(ULN)   428(ULT)   433(ULZ)
  406(UMF)   412(UMM)   418(UMW)
                       * * * * * * *
451-9 Volvo B12M Plaxton C48FT New(WA) 02
      YC02 CFJ-M/O/P/U/V/X.
  451(CFJ)*   453(CFL)*   455(CFO)*   457(CFU)*   458(CFV)*   459(CFX)*
  452(CFK)*   454(CFM)*   456(CFP)*
                       * * * * * * *
  460* YC02 CHD   Volvo B12M   SUN C48FT   New(WA) 02
  461* YC02 CHF   Volvo B12M   SUN C48FT   New(WA) 02
  462* YC02 CHG   Volvo B12M   SUN C48FT   New(WA) 02
  463* YC02 CHH   Volvo B12M   SUN C48FT   New(WA) 02
  464* YC02 CHJ   Volvo B12M   SUN C48FT   New(WA) 02
  465* YC02 CHK   Volvo B12M   SUN C48FT   New(WA) 02
                       * * * * * * *
466-91 Volvo B12M Jonckheere C48FT New(WA) 02
      YC02 DFJ-L/N/P/V/X/Z/GE/F/O/HK-M/O/P/V/X/Z/JD-F/J/K/U/X
  466(DFJ)*   471(DFV)*   476(DGO)*   480(DHO)*   484(DHZ)*   488(DJJ)*
  467(DFK)*   472(DFX)*   477(DHK)*   481(DHP)*   485(DJD)*   489(DJK)*
  468(DFL)*   473(DFZ)*   478(DHL)*   482(DHV)*   486(DJE)*   490(DJU)*
  469(DFN)*   474(DGE)*   479(DHM)*   483(DHX)*   487(DJF)*   491(DJX)*
  470(DFP)*   475(DGF)*
                       * * * * * * *
501-20 Volvo B12M Van Hool C48FT or C42FT(501-10)   New 03
      MX03 AAE/F/K/N/U/V/Y/Z/BF/K/N/U/V/Z/CF/J/U/V/Y/Z.
  501(AAE)   505(AAU)   509(ABF)   512(ABU)   515(ACF)   518(ACV)
  502(AAF)   506(AAV)   510(ABK)   513(ABV)   516(ACJ)   519(ACY)
  503(AAK)   507(AAY)   511(ABN)   514(ABZ)   517(ACU)   520(ACZ)
  504(AAN)   508(AAZ)
                       * * * * * * *
521-30 Volvo B12M Jonckheere C48FT New 03
      MX03 ADU/V/Z/EA-G.
  521(ADU)   523(ADZ)   525(AEB)   527(AED)   529(AEF)   530(AEG)
  522(ADV)   524(AEA)   526(AEC)   528(AEE)
                       * * * * * * *
531-40 Volvo B12M Plaxton C48FT New 03
      MX03 AEJ-N/P/T-W.
  531(AEJ)   533(AEL)   535(AEN)   537(AET)   539(AEV)   540(AEW)
  532(AEK)   534(AEM)   536(AEP)   538(AEU)
                       * * * * * * *
551-83 Volvo B12M Plaxton C48FT, C44FT(582) or C42FT(583)   New(WA) 03
      YJ03 VMH/K-M/P/R/T/U/W-Z/NA-G/S/V/OA-D/F-H/K/M/P/T/Y.
  551(VMH)*   557(VMT)*   563(VNA)*   569(VNG)*   574(VOC)*   579(VOK)*
  552(VMK)*   558(VMU)*   564(VNB)*   570(VNS)*   575(VOD)*   580(VOM)*
  553(VML)*   559(VMW)*   565(VNC)*   571(VNV)*   576(VOF)*   581(VOP)*
  554(VMM)*   560(VMX)*   566(VND)*   572(VOA)*   577(VOG)*   582(VOT)*
  555(VMP)*   561(VMY)*   567(VNE)*   573(VOB)*   578(VOH)*   583(VOY)*
  556(VMR)*   562(VMZ)*   568(VNF)*
                       * * * * * * *
  584* YJ03 VPA   Volvo B12B   Plaxton C48FT   New(WA) 03
                       * * * * * * *
601-10 Volvo B12M Van Hool C42FT New 04
      MX04 AEA-G/J-L.
  601(AEA)   603(AEC)   605(AEE)   607(AEG)   609(AEK)   610(AEL)
  602(AEB)   604(AED)   606(AEF)   608(AEJ)
                       * * * * * * *
611-26 Volvo B12M Plaxton C48FT New 04
      MX04 AEM/N/P/T-W/Y/Z/FA/E/F/J/K/N/U.
  611(AEM)   614(AET)   617(AEW)   620(AFA)   623(AFJ)   625(AFN)
  612(AEN)   615(AEU)   618(AEY)   621(AFE)   624(AFK)   626(AFU)
  613(AEP)   616(AEV)   619(AEZ)   622(AFF)

```
701-15  Volvo B12M  Van Hool C42FT  New 05
        MX05 AFU/V/Y/Z/GO/U/V/Y/Z/HA/C-G.
701(AFU)      704(AFZ)    707(AGV)    710(AHA)    712(AHD)    714(AHF)
702(AFV)      705(AGO)    708(AGY)    711(AHC)    713(AHE)    715(AHG)
703(AFY)      706(AGU)    709(AGZ)
                              * * * * * * *
716   MX05 AHJ    Volvo B12M      Jonckheere C42FT New 05
717   MX05 AHK    Volvo B12M      Jonckheere C42FT New 05
718   MX05 AHL    Volvo B12M      Jonckheere C42FT New 05
719   MX05 AHN    Volvo B12M      Jonckheere C42FT New 05
720   MX05 AHO    Volvo B12M      Jonckheere C42FT New 05
                              * * * * * * *
721-30  Volvo B12M  Plaxton C42FT  New 05
        MX05 AHP/U/V/Y/Z/JO/U/V/Y/KF.
721(AHP)      723(AHV)    725(AHZ)    727(AJU)    729(AJY)    730(AKF)
722(AHU)      724(AHY)    726(AJO)    728(AJV)
                              * * * * * * *
751-60  Volvo B12M  Plaxton C36FT  New(WA) 04
        GT04 AGT,BGT,CGT,DGT,EGT,NNN,RRR,UUU,YYY,ZZZ.
761(AGT)*     763(CGT)*   765(EGT)*   767(RRR)*   769(YYY)*   770(ZZZ)*
762(BGT)*     764(DGT)*   766(NNN)*   768(UUU)*
                              * * * * * * *
761-76  Volvo B12M  Jonckheere C36FT  New(WA) 03
        GT03 AAA,BBB,CCC,DDD,EEE,FFF,GGG,HHH,JJJ,KKK,LLL,MMM,PPP,SSS,TTT,
        GT03 VVV.
761(AAA)*     764(DDD)*   767(GGG)*   770(KKK)*   773(PPP)*   775(TTT)*
762(BBB)*     765(EEE)*   768(HHH)*   771(LLL)*   774(SSS)*   776(VVV)*
763(CCC)*     766(FFF)*   769(JJJ)*   772(MMM)*
                              * * * * * * *
777*  GT03 WWW    Volvo B12M      Plaxton C36FT    New(WA) 03
                              * * * * * * *
781-90  Volvo B12M  Jonckheere C36FT  New(WA) 02
        GT02 BUS/Z,WAG/M/P/R/S/X-Z.
781(BUS)*     783(WAG)*   785(WAP)*   787(WAS)*   789(WAY)*   790(WAZ)*
782(BUZ)*     784(WAM)*   786(WAR)*   788(WAX)*
                              * * * * * * *
791*  Y174 RVY    Volvo B10M-62   Jonckheere C32FT New(WA) 01
901+  KSU  455    Volvo B10M-62   Plaxton C50F    National Holidays 82 01
902+  KSU  456    Volvo B10M-62   Plaxton C50F    National Holidays 83 01
903+  KSU  465    Volvo B10M-62   Plaxton C50F    National Holidays 84 01
904+  OXK  373    Volvo B10M-62   Plaxton C50F    National Holidays 81 01
905+  491  JVX    Volvo B10M-62   Plaxton C50F    National Holidays 85 01
906+  926  BWV    Volvo B10M-62   Plaxton C50F    National Holidays 86 01
907+  N218 HWX    Volvo B10M-62   Plaxton C50F    New(WA) 96
908+  N221 HWX    Volvo B10M-62   Plaxton C50F    New(WA) 96
909+  N224 HWX    Volvo B10M-62   Plaxton C50F    New(WA) 96
910+  N225 HWX    Volvo B10M-62   Plaxton C50F    New(WA) 96
911+  N236 HWX    Volvo B10M-62   Plaxton C50F    New(WA) 96
912+  N244 HWX    Volvo B10M-62   Plaxton C50F    New(WA) 96
913+  N245 HWX    Volvo B10M-62   Plaxton C50F    New(WA) 96
                              * * * * * * *
914-23  Volvo B10M-62  Plaxton C53F or C49FT(920/1)  Kirkby(Hire) 02
        N961/2 DWJ,N371/3/4/9/80 EAK,P170/83/4 NAK.
914(961)+     916(371)+   918(374)+   920(380)+   922(183)+   923(184)+
915(962)+     917(373)+   919(379)+   921(170)+
                              * * * * * * *
924-36  Volvo B10M-62  Plaxton C48FT or C50F(934-6)  New(WA) 97
        P316-25/39/42/5 VWR.
924(316)+     927(319)+   929(321)+   931(323)+   933(325)+   935(342)+
925(317)+     928(320)+   930(322)+   932(324)+   934(339)+   936(345)+
926(318)+
                              * * * * * * *
937+  R 3  ONH    Volvo B10M-62   Plaxton C51F    National Holidays 63 01
938+  R 4  ONH    Volvo B10M-62   Plaxton C51F    National Holidays 64 01
939+  R 5  ONH    Volvo B10M-62   Plaxton C51F    National Holidays 65 01
940+  S 3  ONH    Volvo B10M-62   Plaxton C49FT   National Holidays 79 01
941+  T 3  ONH    Volvo B10M-62   Plaxton C51F    National Holidays 80 01
                              * * * * * * *
```

942-51 Volvo B10M-62 Plaxton C48FT or C46FT(524) New(WA) 99
         T502-11 EUB.
942+   944+   946+   947+   948+   949+   950+   951+
943+   945+
                              * * * * * * *
952-61 Volvo B10M-62 Jonckheere C50F New 99
         T199/24-32 JBA.
952(199)+   954(125)+   956(127)+   958(129)+   960(131)+   961(132)+
953(124)+   955(126)+   957(128)+   959(130)+
                              * * * * * * *
962-71 Volvo B10M-62 Plaxton C48FT New(WA) 00
         W641-9/51 EUB.
962(641)+   964(643)+   966(645)+   968(647)+   970(649)+   971(651)+
963(642)+   965(644)+   967(646)+   969(648)+
                              * * * * * * *
972-81 Volvo B10M-62 Plaxton C48FT New(WA) 01
         Y732-8/51-3 HWT.
972(732)+   974(734)+   976(736)+   978(738)+   980(752)+   981(753)+
973(733)+   975(735)+   977(737)+   979(751)+
                              * * * * * * *
A 2* BUF 267C   Leyland PD3/4   NC FH39/30F   Weardale,Stanhope 95
A 3* BUF 425C   Leyland PD3/4   NC FCO39/30F   Harris,West Thurrock 94

OTHER VEHICLES OWNED BY THE COMPANY
                              * * * * * * *
A 1* 8332 U   AEC Reliance   Plaxton C41C   Preserved(1958)
A 4* TUT 191R   Ailsa B55-10   Alexander CH24D Hospitality Unit

KSU 455*M119 UWY(2/03), KSU 456*M120 UWY(2/03), KSU 465*M121 UWY(2/03),
OXK 373*M122 UWY(2/03), 926 BWV*M123 UWY(2/03), 491 JVX*M124 UWY(2/03),
TUT 191R*WA 3399(7/05) & TUT 191R(12/96) & CVS 999(2/94) & NET 520R(9/91),
Y701 HWT*7243 WA(6/05) & Y701 HWT(2/05),
Y702 HWT*3333 WA(6/05) & Y702 HWT(2/05),
Y703 HWT*7820 WA(6/05) & Y703 HWT(2/05),
Y704 HWT*8665 WA(6/05) & Y704 HWT(2/05),
Y731 HWT*8980 WA(6/05) & Y731 HWT(9/01) & Y174 RVY*4 WA(6/05)

N.B.:- Vehicles shown as ex National Holidays 01 were purchased with that
company by Wallace Arnold 1/01.Wallace Arnold were then taken over
by Shearings 2/05 and vehicles new to them are shown as New(WA).

Y6   **SHROPSHIRE COUNTY COUNCIL**

Main Depot:107 Longden Road,SHREWSBURY,Shropshire.

N1503   W764 BAW   Peugeot Boxer(3)   Rohill B16F   New 00
N1504   DU02 AXD   Peugeot Boxer(3)   Rohill B16F   New 02
N1645   N301 WUJ   Iveco 49-10   Mellor B25F   New 96
N1646   N149 WUJ   LDV 400   LDV B16F   New 96
N1730   H772 RAW   MB 609D   Steedrive B12FL   New 91
N1732   H771 RAW   MB 609D   Steedrive B12FL   New 91
N1735   M819 UMB   Iveco 49-10   Mellor B15FL   New 94
N1740   N296 FMA   Iveco 49-10   Mellor B15FL   New 96
N1741   N273 FMA   Iveco 49-10   Mellor B15FL   New 96
N1742   N302 WUJ   Iveco 49-10   Bedwas B15FL   New 96
N1744   P330 FAW   Iveco 49-10   Mellor B16F   New 97
N1745   R837 EAW   Iveco 49-10   UVG B15FL   New 98
N1746   R663 BOK   Renault Master   Crystals B14F   New 98
N1747   T696 MAW   Iveco 49-10   Mellor B16FL   New 99
N1748   V509 KAW   MB 308D   Mellor B12FL   New 99
N1749   V806 ENT   Iveco 49-10   Mellor DP16F   New 99
N1750   V807 ENT   Iveco 49-10   Mellor DP16F   New 00
N1752   W701 PNT   Iveco 49-10   ? B ?FL   New 00
N1753   W702 PNT   Iveco 49-10   ? B ?FL   New 00
N1754   W703 PNT   Iveco 49-10   ? B ?FL   New 00
N1761   FJ54 LOD   Iveco 50C13   ? B ?FL   New 04
N1763   FH05 OXT   Iveco 50C13   O&H B16FL   New 05

```
N1764   FH05 OXV   Iveco 50C13        O&H B16FL         New 05
N4211   J  3 KCB   MB 609D            MM C24F           Brook,Werneth 94
N4212   L767 LAW   MB 609D            ACL C24F          New 94
N4213   M791 UMB   Iveco 49-10        Mellor B15FL      New 94
N4214   N297 FMA   Iveco 49-10        Mellor B15FL      New 96
N4215   N303 WUJ   Iveco 49-10        Bedwas B15FL      New 96
N4216   N304 WUJ   Iveco 49-10        Bedwas B15FL      New 96
N4221   R838 EAW   Iveco 49-10        UVG B15FL         New 98
N4223   BP51 LOJ   Iveco 50C13        Mellor B16FL      New 02
N4224   FJ03 MSV   Iveco 49-10        ? B16F            New 03
N4225   T943 LNT   Iveco 49-10        Mellor B16FL      Non-PSV(Burnt Tree) 05
N4226   FH05 OXS   Iveco 50C13        O&H B16FL         New 05
N4330   N482 XAW   MB 308D            WS B12FL          New 96
N4331   P410 BAW   MB 308D            UVG B7FL          New 97
N4332   P934 CUX   MB 308D            UVG B4FL          New 97
N4334   R662 BOK   Renault Master     Crystals B8FL     New 98
N4515   M485 OUJ   LDV 400            LDV B16F          New 94
N4550   WK02 VBB   LDV Convoy         LDV B16F          Non-PSV(Hertz) 03
N4551   WK02 VBD   LDV Convoy         LDV B16F          Non-PSV(Hertz) 03
N4552   WK02 VBJ   LDV Convoy         LDV B16F          Non-PSV(Hertz) 03
N4553   CE02 SBV   LDV Convoy         LDV B16F          Non-PSV(Hertz) 03
N4555   CE02 SDO   LDV Convoy         LDV B16F          Non-PSV(Hertz) 03
N4557   DX54 RVZ   Renault Master     ? B16F            New 04
N4707   YG52 DHE   Optare M920        B28F              New 02
N4908   DS52 AXF   Optare L1180       B42F              Boulton,Cardington 05
N4909   GN03 CKU   Renault Master     Rohill B15F       Gough,Wall 05
N5108   E194 UNT   MB 609D            Steedrive B12FL   New 88
        S405 TMB   Dennis Dart SLF    Plaxton B41F      on loan Dawson
        DX54 RWE   Renault Master     ? B16F            New 04
        FH05 OXU   Iveco 50C13        O&H B16FL         New 05
        FH05 OXW   Iveco 50C13        O&H B16FL         New 05
        FH05 OYB   Iveco 50C13        O&H B16FL         New 05
        FH05 OYC   Iveco 50C13        O&H B16FL         New 05
```
S405 TMB*98D 70810(10/01) & S405 TMB(12/99)

Y7   SILVER STAR COACH HOLIDAYS LTD

Depots:3 Lon Cae Darbi,Cibyn Industrial Estate,CAERNARFON,
         Bryn Awel,LLANDWROG & Tyrfan Ranger Garage,RHOSGADFAN,Gwynedd.

```
MUI 7389   Volvo B10M-61         Van Hool C53F     Evans,Newchurch 05
RIL 3899   MAN 11.190            Optare B41F       Wellington,Kingsbridge 02
UVX  6S    Bristol LH6L          ECW B45F          Hedingham & Dist. L113 00
MNM  31V   Leyland PSU3E/4R      Plaxton C53F      Winson,Loughborough 45 02
WCC  92V   Bedford YMT           Plaxton C53F      New 80
JUH 229W   Leyland PSU4F/2R      Duple B43F        Evans,Carmarthen 05
JEY 554Y   Leyland TRCTL11/3R    Plaxton C49F      Hughes,Llandudno 04
J622 KCU   Dennis Dart           Wright B40F       Dennis,Dukinfield DW3 05
J198 PEY   Dennis Dart           Plaxton B40F      New 92
L772 RWW   Mercedes-Benz 811D    Plaxton B31F      Arriva Midlands Nth 112 02
L775 RWW   Mercedes-Benz 811D    Plaxton B31F      Arriva Midlands Nth 115 02
M244 JHB   Mercedes-Benz 811D    Plaxton B31F      Williams,Cross Keys 28 01
N  3 EDW   Auwaerter N516SHD     C44FT             Parry,Cheslyn Hay 03
N  6 EDW   Auwaerter N516SHD     C44FT             Parry,Cheslyn Hay 03
P260 KCC   Mercedes-Benz 811D    Plaxton B33F      First Hydro,Llanberis 04
P553 KCC   Dennis Dart SLF       Plaxton B39F      New 97
T375 JJC   Dennis Dart SLF       Plaxton B38F      New 99
V258 DCC   Mercedes-Benz O814D   Plaxton B31F      New 99
CX03 DYP   Auwaerter N316SHD     C49FT             New 03
CX04 DFE   Kassbohrer S415HD     C49FT             New 04
```

                OTHER VEHICLE OWNED BY THE COMPANY
                         * * * * * * *
```
LPT  328   AEC Regal III         Burlingham C33F   Preserved(1950)
```

MUI 7389*D345 KVE(1/03) & DAZ 4300(11/02) & D345 KVE(5/95),
RIL 3899*J367 BNW(6/99), MNM 31V*FJU 973(10/02) & MNM 31V(11/99),

JEY 554Y*HCC 852(9/98) & UTN 956Y(5/89), N3 EDW*W914 MDT(2/03) &
N6 EDW*W915 MDT(2/03)

Y8   ELLEN SMITH (TOURS) LTD

Depot:Mandale Park,Corporation Road,ROCHDALE,Greater Manchester.

```
T344 NBV   Bova FHD12-340           C49FT            New 99
W885 BNA   Iveco 391E               Beulas C49FT     Jones,Walkden 03
FG03 JDU   Iveco 397E               Beulas C49FT     New 03
BX54 EBA   Mercedes-Benz 1836RL     C49FT            New 04
YJ55 EYV   Bova FHD12-340           C53FT            New 05
```

W885 BNA*J20 NES(4/03)

Y9   L.W. SMITH & G. LEWIS.t/a AVON BUSES & AVON COACHES

Depot:10 Brookway,North Cheshire Industrial Estate,PRENTON,Merseyside.

```
  4   B   4  AVN   Dennis Lance SLF   Berkhof B37D       Menzies,Heathrow 961 03
  5   B   5  AVN   Dennis Lance SLF   Berkhof B37D       Menzies,Heathrow 184 03
154   S  54  NCW   Dennis Dart SLF    East Lancs B37F    New 99
155   SN55 DVF    Dennis Dart SLF    Plaxton B37F       New 05
185   M185 UAN    Dennis Lance SLF   Berkhof B37D       McKindless,Wishaw 04
191   M191 UAN    Dennis Lance SLF   Berkhof B37D       McKindless,Wishaw 04
197   M197 UAN    Dennis Lance SLF   Berkhof B37D       Wilson,Gourock 04
213   Y213 BGB    Dennis Dart SLF    Plaxton B37F       Beattie,Renfrew 05
242   A  17 AVN   LD ONCL10/1RZ      AR H45/30F         A North East 7209 03
243   A  19 AVN   LD ONCL10/1RZ      AR H45/30F         A North West 243 01
244   B  17 AVN   LD ONCL10/1RZ      AR H45/30F         A North East 7204 03
246   B  18 AVN   LD ONCL10/1RZ      AR H45/30F         A North East 7210 03
248   B  19 AVN   LD ONCL10/1RZ      AR H45/30F         A North East 7201 03
250   B  20 AVN   LD ONCL10/1RZ      AR H45/30F         A North East 7202 03
255   SN55 DVG    Dennis Dart SLF    Plaxton B37F       New 05
272   L272 LHH    Volvo B6           Alexander B40F     S North West 30272 05
273   L273 LHH    Volvo B6           Alexander B40F     S North West 30273 05
274   L274 LHH    Volvo B6           Alexander B40F     S North West 30274 05
288   L288 ETG    Scania N113CRB     Alexander B48F     Cardiff 288 04
290   L290 ETG    Scania N113CRB     Alexander B48F     Cardiff 290 04
291   L291 ETG    Scania N113CRB     Alexander B48F     Cardiff 291 04
293   L293 ETG    Scania N113CRB     Alexander B48F     Cardiff 293 04
355   SN55 DVP    Dennis Dart SLF    Plaxton B37F       New 05
486   Y486 TSU    Dennis Dart SLF    Plaxton B37F       Beattie,Renfrew 05
509   S509 NFR    Dennis Dart SLF    East Lancs B30F    Express Travel,Speke 03
511   S511 KFL    Dennis Dart SLF    Marshall B37F      Bleasdale,Liverpool 02
512   S512 KFL    Dennis Dart SLF    Marshall B37F      Bleasdale,Liverpool 02
821   X821 XCK    Dennis Dart SLF    East Lancs B36F    New 00
822   X822 XCK    Dennis Dart SLF    East Lancs B36F    New 00
840   T840 CCK    Dennis Dart SLF    East Lancs B30F    Express Travel,Speke 03
841   T841 CCK    Dennis Dart SLF    East Lancs B30F    Express Travel,Speke 03
966   M966 SDP    Dennis Lance SLF   Berkhof B37D       Wilson,Gourock 04
```

A17 AVN*F242 YTJ(8/05), A19 AVN*F243 YTJ(8/05), B4 AVN*M961 SDP(4/03),
B5 AVN*M184 UAN(8/03), B17 AVN*F244 YTJ(8/05), B18 AVN*F246 YTJ(8/05),
B19 AVN*F248 YTJ(8/05), B20 AVN*F250 YTJ(8/05),
M966 SDP*WIL 9216(6/05) & M966 SDP(5/03) &
M197 UAN*WIL 9217(6/05) & M197 UAN(5/03)

AA   SMITHs OF MARPLE LTD

Depots:6 Pennine Services,Bredbury Park Way,BREDBURY &
                             72 Cross Lane,MARPLE,Greater Manchester.

```
ILZ 8205    Volvo B10M-60           Plaxton C57F      County,Heaton Chapel 05
PFC 514W    Bristol VRT/SL3/6LXB    ECW H43/30F       Hulme Hall,Cheadle H. 05
TSO  15X    Leyland ONLXB/1R        ECW H45/32F       Elite,Stockport 04
DBV 134Y    Leyland ONLXB/1R        ECW H45/32F       S South 14134 04
B745 GCN    Leyland ONCL10/1RV      ECW H45/32F       Redline,Penwortham 05
C110 CHM    Leyland ONLXB/1RH       ECW H42/30F       Elite,Stockport 05
C120 CHM    Leyland ONLXB/1RH       ECW H42/30F       Elite,Stockport 05
C666 LJR    Leyland ONCL10/1RV      ECW H45/32F       Redline,Penwortham 05
C  9 SOM    Volvo B10M-62           Van Hool C49FT    Sleaford Taxi Co 03
R 55 SOM    Scania L94IB            Irizar C49FT      Allan,Castleford 04
```

ILZ 8205*G390 NNS(4/02), SIB 3933*L735 RUM(3/01),
C9 SOM*P314 UBD(8/04) & OFE 486(7/03) & P169 OBD(1/02) & N85 DVV(1/01) &
      L1 ONC(8/00) & R55 SOM*T566 FUM(8/04) & UOI 880(6/04)

G.H. BROOKFIELD.t/a FRESHFIELD COACHES (Associated Company)

```
SIB 3933    Volvo B10M-62           Plaxton C53F      Price,Four Ashes 05
M678 KVU    Volvo B10M-62           Van Hool C49FT    Price,Shareshill 05
YJ54 EXG    Bova FHD13-340          C53FT             New 04
```

AC   SOLUS TRAVEL LTD.t/a SOLUS COACHES

Depot:Clarkes Commercials,66 Fazeley Road,FAZELEY,Staffordshire.

```
RJI 8920    Volvo B10M-61           Van Hool C53      Taylor,Sutton Scotney 05
P720 JYA    Bova FHD12-340          C49FT             Amport & Dist,Thruxton 04
R384 RMJ    LDV Convoy              LDV B16F          Reese,Canons Park 05
T 52 MOA    Volvo B10M-62           Berkhof C49FT     Sharp,Church Gresley 05
W604 GUG    Bova FHD12-340          C49FT             Ellison,St Helens 05
SN51 GBO    Scania L94IB            Van Hool C49FT    Renton,Kirknewton 05
```

RJI 8920*E442 RCV(3/94), T52 MOA*HST 11(10/04) & T52 MOA(4/02) &
W604 GUG*GFF 405(12/04) & W604 GUG(2/03)

AD   A.J. STANSFIELD & J. BOOTH.t/a A & J TRAVEL

Depot:Lisburne Lane Service Station,OFFERTON,Greater Manchester.

```
M919 HSU    Mercedes-Benz 711D      Crystals C24FL    Thorn,Rayleigh 02
M108 HVP    Renault Master          MinO B12FL        Stockport BC BUS208 02
N324 XOA    Renault Master          MinO B16FL        Stockport BC BUS212 02
N327 XOA    Renault Master          MinO B16FL        Stockport BC BUS213 03
P314 LBK    Renault Master          O&H B10F          G Manchester Ambulance 05
P134 LOG    Renault Master          MinO B14FL        Stockport BC BUS214 03
R882 YWB    LDV Convoy              LDV B16F          Non-PSV(Sixt Kenning) 01
V291 JDM    LDV Convoy              LDV B16F          Non-PSV 03
W106 CYG    Renault Master          O&H B13FL         Bradford City Council 05
W215 RRE    LDV Convoy              LDV B16F          Non-PSV(Afford) 04
X799 ADT    Renault Master          Excel B5F         Non-PSV 05
X936 JDS    Mercedes-Benz 0814D     Essbee C24F       Holmeswood Coaches 04
```

M919 HSU*M3 MCT(4/99)

AE   F. & D. STEELE.t/a OAKWOOD TRAVEL

Depot:Unit 13,Garston Ind. Estate,Brunswick Street,GARSTON,Merseyside.

```
AIG 1905    Volvo B10M-62         Jonckheere C50FT   Shearings 723 04
AIG 1906    Toyota HZB50R         Caetano C21F       Walker,Speke 03
AIG 1907    Van Hool TD824        CH57/27FT          Walker,Speke 03
AIG 1908    Mercedes-Benz 410D    Crystals C16F      Non-PSV(Liverpool) 04
BOV  415    MB O303/15RHD         C49FT              TW,South Molton 03
NXI  608    Leyland TRCTL11/2R    Plaxton C53F       Stables,Newmill 05
OFB 605Y    Kassbohrer S215HD     C49FT              Birch,Speke 04
S 2  DLT    Mercedes-Benz O1120L  Ferqui C35F        Dans,South Woodford 04
W399 HOB    Mercedes-Benz O404    Hispano C49FT      Boorman,Henlow 05
```
AIG 1905*N723 UVR(6/05), AIG 1906*N898 SFP(6/05),
AIG 1907*C256 FHJ(6/05) & A20 HWD(5/02) & 201 SC(3/99) & A4 HWD(10/98) &
       C256 FHJ(12/96), AIG 1908*H310 GKF(6/05), BOV 415*F66 WCV(3/94),
NXI 608*NDW 145X(10/92) &
OFB 605Y*MIL 4684(10/05) & OFB 605Y(6/96) & 275 MHU(2/96) & OFB 605Y(3/85)

AF   R. STOCKTON & L.A. HANDLEY.t/a RS TRAVEL

Depot:Brooks Lane,MIDDLEWICH,Cheshire.

```
HIB  967    Bova FHD12-280        C49FT              Clarke,Byfleet 01
MIL 1062    Bova FHD12-290        C49FT              Curnow,Hobson 99
F108 NRT    Volvo B10M-61         Plaxton C49FT      Tomlinson,Winsford 04
K 2  APT    Bova FHD12-290        C46FT              Thorn,Rayleigh 02
K809 EET    Toyota HDB30R         Caetano C19F       Moores,Crewe 99
L768 YTN    Bova FHD12-340        C48FT              Classic,Annfield Plain 03
M802 WKW    Bova FHD12-340        C49FT              Clark,Stairfoot 03
```
HIB 967*B469 YKJ(8/90), MIL 1062*PJI 8332(1/96) & E220 FUT(3/93),
F108 NRT*1918 KH(3/04) & F108 NRT(8/97),
K2 APT*WLT 859(1/01) & K121 HWF(5/94) &
L768 YTN*WSV 572(11/03) & L768 YTN(1/95)

AH   STODDARDs LTD.t/a SWALLOW COACHES

Depot:Greenhill Garage,Leek Road,CHEADLE,Staffordshire.

```
SFS  246    Bova EL26/581         C53F               Milton Keynes,Dunstable 87
387  STT    Bova EL29/581         C53F               Price,Halesowen 86
A 20 MPS    Bova FHD12-290        C53F               Wray,Harrogate 93
A 15 STO    Bova FHD12-290        C53F               Poulsom,Copford 94
A 20 STO    Bova FLD12-290        C53F               Bonas,Coventry 91
D312 SDS    Dodge S56             Alexander B25F     Buslink,Willenhall 97
R651 RWR    Bova FHD12-340        C53F               Moseley(Demonstrator) 99
```
SFS 246*B249 YKX(6/02) & LIJ 7851(3/01) & B249 YKX(8/87),
387 STT*A805 JAY(7/88), A20 MPS*G791 URY(?/93), A15 STO*F263 RHJ(7/94),
A20 STO*F773 RHP(3/92) & R651 RWR*PMS 1M(1/04) & R651 RWR(4/02)

AJ   J.B. STONES.t/a JIM STONES COACHES

Depot:Derby Street West,LEIGH,Greater Manchester.

```
BUS   1N    Dennis Dart SLF       Plaxton B29F       New 02
BUS   1S    Dennis Dart SLF       Plaxton B34F       New 04
BUS   1T    Dennis Dart SLF       Plaxton B29F       New 03
BUS  51T    Dennis Dart SLF       Plaxton B37F       New 01
A499 MHG    Leyland DAB           B41F               Leyland(Demonstrator) 87
B 1  BUS    Dennis Dart SLF       Plaxton B29F       New 03
B 1  JYM    Dennis Dart SLF       Plaxton B34F       New 04
B 10 JYM    Leyland TRCTL11/3LZ   East Lancs B53F    MOD 96
```

```
B 11 JYM   Leyland TRCTL11/3RZ   East Lancs B53F   MOD 97
B 16 TYG   Leyland TRCTL11/3LZM  Plaxton B54FA     MOD 96
H  1 JYM   Dennis Dart SLF       Plaxton B37F      New 05
J  5 BUS   Dennis Dart SLF       Plaxton B29F      New 04
M  1 BUS   Dennis Dart SLF       Plaxton B29F      New 03
T  1 KET   Dennis Dart SLF       Plaxton B29F      New 04
JB51 BUS   Dennis Dart SLF       Plaxton B29F      New 02
BU52 LEE   Dennis Dart SLF       Plaxton B29F      New 04
```
A499 MHG*BUS 1T(2/99) & A499 MHG(11/91) & B11 JYM*C529 GVU(1/99)

AK   STOTTs TOURS (OLDHAM) LTD

Depots: Little Bank Street & Roundthorn Road, OLDHAM, Greater Manchester.

```
GIB 1437   Leyland TRCTL11/3RZ   Plaxton C53F      Hills,Tredegar 91
LUI 5801   MCW Metrobus DR102    H43/30F           West Midlands 2704 01
LUI 5802   MCW Metrobus DR102    H43/30F           West Midlands 2616 01
LUI 5803   MCW Metrobus DR102    H43/30F           West Midlands 2643 01
LUI 5810   MCW Metrobus DR102    H43/30F           West Midlands 2454 01
LUI 5816   MCW Metrobus DR102    H43/30F           West Midlands 2802 01
D171 PYB   Leyland TRCTL11/3RZ   Plaxton C57F      Denslow,Chard 90
E479 UOF   MCW Metrobus DR102    H45/30F           Longstaff,Mirfield 99
F995 HGE   Volvo B10M-60         Plaxton C53F      Park,Hamilton 90
F808 YLV   MCW Metrobus DR132    H46/31F           A North West 3808 03
F813 YLV   MCW Metrobus DR132    H46/31F           A North West 3813 03
F819 YLV   MCW Metrobus DR132    H46/31F           A North West 3819 03
F820 YLV   MCW Metrobus DR132    H46/31F           A North West 3820 03
F822 YLV   MCW Metrobus DR132    H46/31F           A North West 3822 03
F823 YLV   MCW Metrobus DR132    H46/31F           A North West 3823 03
G313 DPA   Leyland LX2R          B49F              A North West 1713 03
G314 DPA   Leyland LX2R          B49F              A North West 1714 03
G315 DPA   Leyland LX2R          B49F              A North West 1715 03
G627 EKA   Dennis DDA1031        EL CH43/25F       North Western 627 97
G602 KTX   Scania N113DRB        AR H47/33F        Cardiff 602 00
G606 KTX   Scania N113DRB        AR H47/33F        Cardiff 606 00
H 29 MJN   Leyland LX2R          B49F              A North West 8184 03
J608 VDW   Scania N113DRB        AR H47/31F        Cardiff 608 00
J609 VDW   Scania N113DRB        AR H47/31F        Cardiff 609 00
J610 VDW   Scania N113DRB        AR H47/31F        Cardiff 610 00
K247 HKV   Volvo B10B-58         NC B49F           West Midlands 8001 01
M 74 WYG   MAN 11.190            Optare B42F       Sassarini,Wemyss Bay 01
KE53 HGP   Mercedes-Benz O814D   Plaxton B27F      New 03
KE53 HGU   Mercedes-Benz O814D   Plaxton B27F      New 03
KE53 HGX   Mercedes-Benz O814D   Plaxton B27F      New 03
KE53 HGY   Mercedes-Benz O814D   Plaxton B27F      New 03
```
GIB 1437*B614 CKG(8/91), LUI 5801*A704 UOE(3/02),
LUI 5802*ROX 616Y(10/01), LUI 5803*ROX 643Y(10/01),
LUI 5810*NOA 454X(1/02) & LUI 5816*B802 AOP(4/02)

AL   G.A. STRAFFORD.t/a STRAFFORD COACHES

Depot: Units 7/8, Five Crosses Industrial Estate, COEDPOETH, Wrexham.

```
ACZ 7668   Leyland ONLXB/1R      ECW H47/28D       City of Oxford 219 99
HIL 5682   Mercedes-Benz 814D    Optare C28F       Heaton,Mayford 00
LIL 8045   Van Hool T815         C49FT             Cattermole,Bristol 99
SJI 5619   Mercedes-Benz 811D    Coachcraft C20F   Mansfield,Swindon 95
TJI 7518   Van Hool T815         C49FT             Patterson,Seahouses 95
E842 KAS   Mercedes-Benz 609D    RB C25F           Bluebird Buses 342 98
G256 EHD   DAF MB230LB615        Van Hool C55F     Edwards,Bwlchgwyn 04
G261 EHD   DAF SB2305DHTD585     Plaxton C57F      Edwards,Bwlchgwyn 03
H 29 CFR   DAF SB2305DHTD585     Duple C57F        Viceroy,Saffron Walden 01
W651 SJF   Iveco CC80E           Indcar C29F       Hunter,Felling 02
SC54 GAS   Scania K124EB6        Irizar C49FT      New 05
```

ACZ 7668*CUD 219Y(7/99), HIL 5682*K938 GWR(1/99),
LIL 8045*G451 XHW(4/96), SJI 5619*D246 ABV(4/95) &
TJI 7518*LAT 255(8/95) & A514 HBC(1/89)

AM   STREETWAYS LTD.t/a LYNCH PRIVATE HIRE

Depot:Wesley Street,SWINTON,Greater Manchester.

G671 TFW	Ford Transit	Dormobile B16F	Non-PSV 97
S594 UVR	LDV Convoy	Concept C16F	New 99
T783 FWW	LDV Convoy	Concept C16F	Ridings,Swarcliffe 04
V437 LMA	Mercedes-Benz 412D	ABC C16F	Non-PSV 04

AN   SUPERTRAVEL OMNIBUS LTD

Depot:STC House,Speke Hall Road,SPEKE,Merseyside.

001	W365 ABD	Dennis Dart SLF	Plaxton B29F	Dawson(Hire Fleet) 01
002	T 74 JBA	Dennis Dart SLF	Plaxton B29F	Mistral(Hire Fleet) 01
004	V263 BNV	Dennis Dart SLF	Plaxton B29F	New 99
005	X 11 STM	Dennis Dart SLF	Plaxton B29F	New 00
006	V264 BNV	Dennis Dart SLF	Plaxton B29F	New 99
007	V262 BNV	Dennis Dart SLF	Plaxton B29F	New 99
008	T 7 STM	Dennis Dart SLF	Plaxton B29F	New 99
009	Y185 KNB	Dennis Dart SLF	Alexander B29F	New 01
010	T 6 STM	Dennis Dart SLF	Plaxton B29F	New 99
011	S 9 STM	Dennis Dart SLF	Plaxton B39F	Bus Eireann DPL8 01
012	KP51 SYC	Dennis Dart SLF	Plaxton B29F	New 01
014	Y184 KNB	Dennis Dart SLF	Alexander B29F	New 01
015	S 8 STM	Dennis Dart SLF	Plaxton B39F	Bus Eireann DPL21 01
016	V261 BNV	Dennis Dart SLF	Plaxton B29F	New 99
019	KP51 SYR	Dennis Dart SLF	Plaxton B29F	New 01
020	V268 BNV	Dennis Dart SLF	Plaxton B29F	New 99
021	X 1 STM	Dennis Dart SLF	Plaxton B29F	New 00
022	KP51 SYA	Dennis Dart SLF	Plaxton B29F	New 01
023	KP51 SXZ	Dennis Dart SLF	Plaxton B29F	New 01
024	KP51 SYE	Dennis Dart SLF	Plaxton B29F	New 01
031	V331 CVV	Dennis Dart SLF	Plaxton B29F	Dawson(Hire Fleet) 01
050	Y942 GEU	Renault Master	Rohill B14F	New 01
	TOP 659	Mercedes-Benz 308D	Advanced B8F	Non-PSV 03
	M110 TVH	Mercedes-Benz 814D	Plaxton C33F	E Brook,Werneth 97
	N435 MGF	Mercedes-Benz 711D	Crystals C23F	Bodman &,Worton 03
	P157 VSU	Mercedes-Benz 711D	Adamson C24F	Grenfell,Motherwell 01
	R112 VLX	Marshall Midibus	B26F	F Centrewest ML112 00
	S 7 STM	MB O1120L	Ferqui C35F	New 98
	S 10 STM	Dennis Dart SLF	Plaxton B39F	Mistral(Hire Fleet) 04
	X313 FVV	MB 311CDI	? C16F	Non-PSV(Van) 03
	Y773 OEE	MB 1223L	Ferqui C39F	Shaftesbury & Dist. 04
	PJ02 RGZ	Dennis Dart SLF	Plaxton B37F	Probus,West Bromwich 04
	YN53 ZWH	Optare Solo M920	B33F	New 03
	YN53 ZWJ	Optare Solo M920	B33F	New 03
	MX54 KYJ	Optare Solo M920	B33F	New 05
	VX54 CLU	MB O814D	Mellor C33F	New 05
	MX55 BYC	Optare Solo M920	B33F	New 05
	MX55 BYD	Optare Solo M920	B33F	New 05
	MX55 BYF	Optare Solo M920	B33F	New 05

HOME JAMES TRAVEL LTD.t/a COMPASS COACHES & MITCHELLs COACHES

SJI 5027	Dennis Javelin	Berkhof C53F	Mitchell,Speke 04
YIL 2267	Scania K113CRB	Irizar C49FT	Forsyth,Glasgow 02
YIL 2270	Mercedes-Benz 814D	ACL C33F	Compass,Speke 02
F656 JJR	Mercedes-Benz 811D	RB C33F	JP Minicoaches,Forfar 05
N232 EBG	LDV 400	Deansgate C16F	Mitchell,Speke 05
P811 GBA	Volvo B10M-62	Van Hool C52FT	Shearings 811 04
T669 LNT	Mercedes-Benz O1120L	Ferqui C35F	Lakeside,Ellesmere 05

```
SJI 5027*J10 DJM(10/96), TOP 659*V451 WBW(7/03), YIL 2267*N920 DWJ(3/04),
YIL 2270*K809 HWX(3/04), F656 JJR*825 BGE(9/04) & F656 JJR(2/03),
S8  STM*S726 KNV(3/02) & 99D 81371(1/01) & S726 KNV(1/00),
S9  STM*T438 EBD(3/02) & 99D 80529(6/01) & T438 EBD(12/99) &
S10 STM*S783 RNE(1/04) & 99D 68554(8/00) & S783 RNE(7/99)
```

AP   SWANS TRAVEL LTD

Depots:c/o Rowley Transport,Wincham Lane,NORTHWICH,Cheshire &
       The Travel Centre,Cobden Street,CHADDERTON,Greater Manchester.

```
W586 YDM   Dennis Dart SLF        Plaxton B29F    Selwyns,Runcorn 80 05
MK02 VFM   Volvo B7R              Plaxton C53F    New 02
VU02 TSY   Optare Solo M920       B33F            Brylaine,Boston 05
FY52 RZC   Optare Solo M920       B33F            Brylaine,Boston 05
MK52 YCN   Volvo B10M-62          Plaxton C53F    New 02
MK52 YCO   Volvo B10M-62          Plaxton C49FT   New 02
MK52 YCP   Volvo B10M-62          Plaxton C53F    New 02
FX03 ECE   Mercedes-Benz 1223L    Ferqui C35F     New 03
MX04 AAE   Volvo B7R              Plaxton C53F    New 04
YN05 HVK   Mercedes-Benz O814D    Plaxton C33F    New 05
YN05 WSU   Scania K114EB4         Irizar C49FT    New 05
```

AR   SWIFTSURE TRAVEL (BURTON ON TRENT) LTD

Depot:Stanton Commercials,Stanton Road,BURTON-UPON-TRENT,Staffordshire.

```
2   KBZ 2539   DAF MB230LT615    Van Hool C51FT   Berkeley,Hemel Hemp. 02
5   XBZ 7737   Toyota BB50R      Caetano C22F     New 04
6   MBZ 7438   DAF MB230LB615    Van Hool C55F    Hanmer,Southsea 95
8   GBZ 5537   Bova FHD12-340    C49FT            New 98
9   WBZ 4794   MB O814D          ACL C29F         New 04
    YX55 ANP   LDV Convoy        Excel C16F       New 05
```
GBZ 5537*R930 JYG(4/03), KBZ 2539*M626 RCP(6/02) & MBZ 7438*G257 EHD(4/96)

AT   T TRAVEL LTD

Depot:3 Pool Street,BIRKENHEAD,Merseyside.

```
K345 NKB   Mercedes-Benz 609D    North West C21F  Hoerty & Moore,Upton 96
P  3 SET   Mercedes-Benz 711D    Crest C24F       Streamline,Maidstone 00
S884 AGD   LDV Convoy            LDV B16F         Collinson,Ribchester 02
W383 WGE   LDV Convoy            Concept C16F     Jordan,Cramlington 00
PO51 OLT   LDV Convoy            Crest C16F       New 01
```

AU   J. TANKARD.t/a STANWAYs COACHES

Depot:Unit 1,Old Gas Works IE,Hardingswood Road,KIDSGROVE,Staffordshire.

```
IIL 1347   Volvo B10M-60         Jonckheere C51FT Vale of Llan.,Cefn Mawr 01
NXI 6843   Mercedes-Benz 709D    Wright B25F      Ulsterbus 843 04
PIL 9740   Volvo B10M-61         Plaxton C51FT    Roberts,Cefn Mawr 95
PIL 9741   Volvo B10M-61         Plaxton C49FT    Harrison,Morecambe 98
PIL 9742   Volvo B10M-62         Jonckheere C51FT Vale of Llan.,Cefn Mawr 99
VIL 5450   DAF SB2305DHS585      Van Hool C53F    Collingtree Minibus 04
EAV 813V   Volvo B58-56          Duple C53F       Mycock,Woodley 00
F639 SAY   Dennis Javelin        Duple C57F       Coppenhall,Sandbach 03
L 25 MWJ   Mercedes-Benz 609D    CVC C24F         Peoplemovers,Felthorpe 04
```
IIL 1347*VLT 250(10/01) & VLT 293(8/97) & G146 MNH(4/93),
PIL 9740*B653 FFM(1/99) & 6400 VT(9/94) & B679 FCA(4/87),

```
PIL 9741*E908 UNW(1/99) & 5108 VX(9/97) & E908 UNW(7/92),
PIL 9742*G586 JJC(3/99) & VLT 280(11/98) & G147 MNH(5/93),
VIL 5450*F613 HGO(11/02) & EAV 813V*SJI 1961(12/00) & EAV 813V(10/94)
```

AV   J. & J.E. TANSEY

Depot:43 Manchester Road,Woolston,WARRINGTON,Cheshire.

```
GIB 4881    Kassbohrer S211H        C34FT           Heaton,Sheffield 05
LUI 8630    Leyland TRCTL11/3R      Plaxton C57F    Mayne,Warrington 17 00
LUI 9640    DAF MB230LB615          Caetano C53F    New 91
LUI 9650    Volvo B10M-61           Van Hool C49FT  Morant &,Beetley 97
TJI 6323    Scania K112CRB          Van Hool C55F   Wells &,Canning Town 04
A533 XLG    Leyland TRCTL11/3R      Plaxton C57F    Mayne,Warrington 15 00
G167 YRE    Mercedes-Benz 709D      LHE B29F        Flosshaul,Port Glasgow 03
```
```
GIB 4881*A384 GPA(6/02) & 3427 HP(12/01) & 194 AER(5/92) & 156 AER(3/85) &
         A202 EPA(10/83),
LUI 8630*B224 FMB(9/02) & UOL 337(2/00) & B425 RNA(11/85),
LUI 9640*H524 YTU(9/02),
LUI 9650*A767 OVF(9/02) & GDZ 623(6/97) & 904 YPU(3/95) & A566 GBA(4/92) &
         MSP 333(4/91) & A566 GBA(11/90) & SPR 35(11/89) & A200 MNE(7/88),
TJI 6323*F160 DET(2/96) & A533 XLG*YPL 764(3/00) & A418 HND(11/85)
```

AW   TARGETFLEET LTD

Depot:Europa Business Park,Bird Hall La,CHEADLE HEATH,Greater Manchester.

```
JIL 4386    Volvo B10M-60           Van Hool C49FT  Irving,Dalston 05
NUI 9251    Mercedes-Benz 609D      Central C24F    Goodridge,Rawmarsh 04
K618 ORL    Mercedes-Benz 709D      Plaxton DP25F   F Western National 6618 03
W537 CDN    Mercedes-Benz 614D      Crest C22F      Hutchinson,Easingwold 04
W259 KDO    Mercedes-Benz 614D      ACL C24F        Hoban,Workington 05
Y643 UOV    MAN 11.220              Caetano C35F    Wickson,Walsall Wood 04
```
```
JIL 4386*G370 CCV(9/95), NUI 9251*J656 MNE(3/05) & Y643 UOV*Y2 WCT(11/04)
```

AX   TELFORD & WREKIN COUNCIL INTEGRATED TRANSPORT

Main Depot:St Georges Way,DONNINGTON WOOD,Shropshire.

```
M871    T263 VAW    Peugeot Boxer(3)    Rohill B16F         New 99
M872    T264 VAW    Peugeot Boxer(3)    Rohill B16F         New 99
M874    Y134 UOM    Volkswagen LT46     Advanced B15FL      New 01
M875    Y136 UOM    Volkswagen LT46     Advanced B15FL      New 01
M876    YT51 AXP    Optare Alero        C13F                New 01
M877    YT51 AXO    Optare Alero        C13F                New 01
M878    VU02 ZXD    MB 614D             Whitacre B16FL      New 02
M879    VU02 ZXE    MB 614D             Whitacre B16FL      New 02
M880    VU02 ZXX    MB 614D             Whitacre B16FL      New 02
M884    VU02 ZXY    MB 614D             Whitacre B16FL      New 02
M898    VU02 ZXZ    MB 614D             Whitacre B16FL      New 02
M902    BJ03 JRZ    MB 413CDI           Frank Guy B15FL     New 03
M903    BU03 UJF    MB 614D             Whitacre B16FL      New 03
M907    NK53 HKE    MB 411CDI           Frank Guy B15FL     New 03
M914    S974 OVP    Volkswagen LT46     Advanced B15FL      New 99
M915    S972 OVP    Volkswagen LT46     Advanced B15FL      New 99
M916    S973 OVP    Volkswagen LT46     Advanced B15FL      New 99
M917    S971 OVP    Volkswagen LT46     Advanced B15FL      New 99
M918    S976 OVP    Volkswagen LT46     Advanced B15FL      New 99
M920    VX53 WJA    MB 614D             O & H B16FL         New 04
M921    T686 XUY    MB 614D             Advanced B16FL      New 99
M922    T687 XUY    MB 614D             Advanced B16FL      New 99
M924    VX53 WHV    MB 614D             O & H B16FL         New 04
M926    VX53 WHZ    MB 614D             O & H B16FL         New 04
M927    T688 XUY    MB 614D             Advanced B16FL      New 99
```

```
M928  RX53 LMJ  Fiat Ducato(3)        Rohill   B16FL  New 04
M929  RX53 LMK  Fiat Ducato(3)        Rohill   B16FL  New 04
M935  T689 XUY  MB 614D               Advanced B16FL  New 99
M962  T690 XUY  MB 614D               Whitacre B16FL  New 99
M965  T691 XUY  MB 614D               Advanced B16FL  New 99
M966  W658 BOE  Volkswagen LT46       Advanced B15FL  New 00
M967  W659 BOE  Volkswagen LT46       Advanced B15FL  New 00
M972  T692 XUY  MB 614D               Advanced B16FL  New 99
M973  T263 KOB  Volkswagen LT46       Advanced B15FL  New 99
M974  T264 KOB  Volkswagen LT46       Advanced B15FL  New 99
M976  T502 LNT  Renault Master        Advanced B16FL  New 99
M982  X721 LUY  MB 614D               Advanced B16FL  New 01
M986  X722 LUY  MB 614D               Advanced B16FL  New 01
M995  VX53 VDJ  MB 413CDI             Driveline B15FL New 04
M996  VX53 VDK  MB 413CDI             Driveline B15FL New 04
```

P. THELWELL/T.J. THELWELL.t/a PAULINEs CARS & PAULINEs OF WEM

Depot:Unit C17,Wem Industrial Estate,Soulton Road,WEM,Shropshire.

```
S190  TNM  LDV Convoy                 ? B16F            Non-PSV 00
W235  YVE  LDV Convoy                 LDV B16F          Non-PSV(Budget) 03
BU53  TNK  Renault Master             O & H B8FL        New 03
BU53  TNL  Renault Master             O & H B8FL        New 03
MD53  WKT  Mercedes-Benz 411CDI       Concept C16F      New 04
```

BA   C.J. THOMAS & M.E. WILLIAMS.t/a FOUR GIRLS

Depot:Old Post Office Yard,Corwen Road,PONTYBODKIN,Flintshire.

```
KUI 2243  Volvo B10M-61              Plaxton C49FT     Lloyd,Bagillt 00
LUI 4506  Volvo B10M-60              Plaxton C49FT     Tappin,Didcot 03
OIW 7113  DAF SB2300DHS585           Plaxton C53F      Machins,Ashby-d-l-Zouch 98
VIB 7822  Volvo B58-61               Plaxton C51F      Griffiths,Y Felin Heli 97
VIB 7823  Volvo B10M-61              Plaxton C53F      Star,Ossett 03
VIB 7824  Volvo B10M-61              Plaxton C50F      Ashley,Renishaw 02
J 45 DYR  Toyota HDB30R              Caetano C21F      Minsterley,Stiperstones 02
P548 OVG  LDV Convoy                 LDV B16F          Non-PSV 98
```
KUI 2243*5182 PO(1/00) & E28 TYG(4/94), LUI 4506*G506 LWU(6/02),
OIW 7113*C649 TUT(5/94),
VIB 7822*XCC 752V(4/98) & TOT 987(1/97) & BRN 796V(2/89) & 95 COP(11/88) &
        BBN 868V(6/83),
VIB 7823*E599 UHS(7/03) & EIJ 599(3/03) & E599 UHS(3/01),
VIB 7824*C109 DWR(10/02) & HIL 2367(3/02) & C109 DWR(3/91) &
J45 DYR*536 ANA(2/96) & J507 LRY(5/95)

BC   TIMELINE LTD.t/a MAYPOLE COACHES & WINGATES TOURS

Depots:73 Gas Street,BOLTON,Greater Manchester &
                    43 Spencers Lane,MELLING,Merseyside.

```
OHV 715Y  Leyland TNLXB/2RR          Leyland H44/24D   Coachmaster,Melling 04
A853 SUL  Leyland TNLXB/2RR          Leyland H44/26D   Coachmaster,Melling 04
A906 SYE  Leyland TNLXB/2RR          Leyland H44/26D   Coachmaster,Melling 04
A957 SYE  Leyland TNLXB/2RR          Leyland H44/26D   Coachmaster,Melling 04
A977 SYE  Leyland TNLXB/2RR          Leyland H44/26D   Coachmaster,Melling 04
A611 THV  Leyland TNLXB/2RR          Leyland H44/26D   Coachmaster,Melling 04
A615 THV  Leyland TNLXB/2RR          Leyland H44/26D   Coachmaster,Melling 04
A647 THV  Leyland TNLXB/2RR          Leyland H44/26D   Coachmaster,Melling 04
A653 THV  Leyland TNLXB/2RR          Leyland H44/26D   Coachmaster,Melling 04
B 85 WUV  Leyland TNLXB/2RR          Leyland H44/26D   Coachmaster,Melling 04
D324 UTU  Volvo B10M-61              Plaxton C51FT     Coachmaster,Melling 04
H407 LVC  Volvo B10M-60              Ikarus C51FT      Coachmaster,Melling 04
```

```
H130 MRW  Volvo B10M-60          Ikarus C51FT           Coachmaster,Melling 04
H131 MRW  Volvo B10M-60          Ikarus C49FT           Coachmaster,Melling 04
J691 CGK  Optare MR03            B26F                   Coachmaster,Melling 04
J844 RAC  Volvo B10M-60          Ikarus C49FT           Coachmaster,Melling 04
J845 RAC  Volvo B10M-60          Ikarus C49FT           Coachmaster,Melling 04
K 59 BAX  Volvo B10M-60          Jonckheere C48FT       Coachmaster,Melling 04
L649 ADS  Volvo B10M-60          Van Hool C49FT         Coachmaster,Melling 04
L655 ADS  Volvo B10M-60          Van Hool C49FT         Coachmaster,Melling 04
L998 CRY  Volvo B10M-62          Jonckheere C51FT       Greenhalgh,Widnes 04
N377 YNB  Mercedes-Benz 410D     Concept C16F           Coachmaster,Melling 04
S315 KNW  Optare MR15            B29F                   Coachmaster,Melling 04
```
D324 UTU*VLT 177(11/95) & VLT 229(3/95) & 1260 VT(4/94) & VLT 288(3/93) &
     D289 UDM(8/87), L649 ADS*HSK 647(11/94) & L655 ADS*HSK 648(11/94)

BD   **TRANZCARE TRAVEL LTD**

Depot:Unit 1b,Bealey IE,Dumers Lane,RADCLIFFE,Greater Manchester.

```
SIL 1894  Scania K113TRB         Irizar C49FT           Dover,Hetton-le-Hole 05
M 31 FJR  Renault Master         O & H B11FL            Birkett,Padiham 02
M665 GJF  Toyota HZB50R          Caetano C18F           Avis,Heathrow 5 00
M246 KBB  Renault Master         O & H B11FL            Durham,Hetton-le-Hole 99
M254 KBB  Renault Master         O & H B11FL            Globe,Barnsley 00
M913 XKA  Mercedes-Benz 609D     DC DP16FL              GM Accessible Transport 01
M915 XKA  Mercedes-Benz 609D     DC DP16FL              GM Accessible Transport 02
M936 XKA  Mercedes-Benz 609D     DC DP16FL              GM Accessible Transport 01
N841 JBX  Renault Master         Cymric C12FL           City of Liverpool 01
N859 JBX  Renault Master         Cymric C12FL           City of Liverpool 01
P202 CAY  Toyota BB50R           Caetano C14F           Avis,Heathrow 2 04
P730 KDT  Iveco 45-10            Mellor B16FL           Non-PSV(TLS) 02
R468 MJU  Mercedes-Benz 410D     Mellor B15FL           WMSNT,Birmingham 05
T223 BBR  Renault Master         O & H B9FL             Classic,Annfield Plain 03
W804 GEJ  Renault Master         Cymric C8F             Airport,Morriston 02
X708 ANW  Renault Master         Crest C16FL            Baker,Acomb 04
YN51 KGV  Mercedes-Benz 413CDI   Excel C16F             New 02
GX02 AOD  Scania K114EB4         Irizar C49FT           Redline,Penwortham 05
MF52 RZJ  Citroen Relay(3)       Cunliffe B16FL         Cunliffe(Demonstrator) 03
```
SIL 1894*N697 AHL(1/00) & X708 ANW*W17 BUS(4/03)

BE   **TRENT VALLEY TRAVEL (RUGELEY) LTD**

Depots:Station Works,RUGELEY,Staffordshire &
                              Williams House,CAWSTON,Warwickshire.

```
C 96 NNV  DAF MB200DKFL600       Caetano C53F           Clews,Wolverhampton 97
M344 PNT  LDV 400                WMB B6FL               Non-PSV 95
M850 RAW  LDV 400                WMB B6FL               Non-PSV 95
N 20 TGM  Volvo B10M-62          Van Hool C49FT         Peacock,Stockton-o-Tees 04
S629 UUG  LDV Convoy             Concept C16F           DH Cars,Denstone 05
```
S629 UUG*A16 DHC(2/04) & S629 UUG(9/00)

BF   **T. TURNER.t/a HUYTON MINI COACHES**

Depot:c/o John Mason,Wilson Road,HUYTON,Merseyside.

```
FIL 8605  Bedford YMP            Plaxton C35F           Neal,Deal 03
B 44 MRF  Bedford YMP            Plaxton C35F           Stanley,Great Houghton 04
B563 PCC  Bedford YMP            Plaxton C35F           Calderbank &,Maghull 02
F848 LHS  Mercedes-Benz 609D     North West C24F        New 89
P530 RFS  Mercedes-Benz 612D     Adamson C24F           McVay,Edinburgh 03
W591 XDM  LDV Convoy             LDV B16F               Non-PSV 04
```
FIL 8605*B13 RTT(9/02) & B821 KRY(1/00),

```
B563 PCC*A7 WTR(3/95) & B722 RNG(10/94) &
P530 RFS*CSU 253(6/00) & P593 CFT(3/00)
```

BH   TUSSAUDs THEME PARKS LTD

Depot:Alton Towers,ALTON,Staffordshire.

```
P178 ANR   Volvo B10M-62           Caetano C53F      on loan Dawson
VX51 RBY   Dennis Dart SLF         Alexander B38F    on loan Mistral
KF52 UAG   Mercedes-Benz 0814D     Plaxton B28FL     on loan Dawson
MX03 PUF   Mercedes-Benz 413CDI    Onyx C16F         New 03
MX03 PUH   Mercedes-Benz 413CDI    Onyx C16F         New 03
MX54 KXY   Optare Solo M920        B29F              New 05
MX05 ELV   Optare Solo M920        B29F              New 05
MX05 EMJ   Optare Solo M920        B29F              New 05
MX05 EMK   Optare Solo M920        B29F              New 05
```

BJ   **UK & NORTH ENTERPRISES LTD/GREATER MANCHESTER BUSES LTD**

Depots:Bondmark Road & Taw Works,Gorton Lane,GORTON,Greater Manchester.

```
100  M605 RCP   DAF SB220LT550    Ikarus B49F    Simonds,Botesdale 99
101  M630 RCP   DAF SB220LT550    NC B49F        Fuggles,Benenden 99
102  M763 RCP   DAF DE02LTSB220   Ikarus B49F    Arriva(Hire Fleet) 99
103  M822 RCP   DAF SB220LT550    NC B49F        Arriva(Hire Fleet) 00
104  M833 RCP   DAF SB220LT550    Ikarus B49F    Arriva(Hire Fleet) 99
105  M845 RCP   DAF SB220LT550    NC B49F        Fuggles,Benenden 99
106  P902 PWW   DAF SB220LT550    NC B49F        Speedlink 902 99
107  P909 PWW   DAF SB220LT550    NC B49F        Airlinks 909 99
110  R396 XDA   DAF DE02GSSB220   NC B42F        A North West 1701 99
111  R397 XDA   DAF DE02GSSB220   NC B42F        A North West 1702 99
112  T164 AUA   DAF DE02GSSB220   Ikarus B43F    Ludlow,Halesowen 00
113  W176 CDN   DAF DE02GSSB220   Ikarus B44F    New 00
114  W177 CDN   DAF DE02GSSB220   Ikarus B44F    New 00
115  W178 CDN   DAF DE02GSSB220   Ikarus B44F    New 00
116  T510 APS   Volvo B10BLE      Alexander B44F F Manchester 802 04
                              * * * * * * *
200-19 *Volvo Olympian   East Lancs H51/32F  London Buses 340etc 03-5
           *211 is H51/28D & 202-7 are H51/35F
       P340/4/51/2 ROO,R354/6/7/9 XVX,P342/6/38/49/50 ROO,
       R370/1/68/4-6 DJN,P341 ROO.
200(340)       204(354)      208(342)     211(349)   214(371)   217(365)
201(344)       205(356)      209(346)     212(350)   215(368)   218(366)
202(351)       206(357)      210(338)     213(370)   216(364)   219(341)
203(352)       207(359)
                              * * * * * * *
220  R367 DJN   Volvo Olympian    EL H51/32F     Anglian,Ellough 501 05
221  R369 DJN   Volvo Olympian    EL H51/32F     Anglian,Ellough 502 05
290  P317 KTW   DAF DE02RSDB250   NC H47/30F     London Buses 317 01
300  V651 LWT   DAF DE02RSDB250   AR H45/24F     New 99
301  V652 LWT   DAF DE02RSDB250   AR H45/24F     New 99
302  V654 LWT   DAF DE02RSDB250   AR H45/24F     New 99
303  V655 LWT   DAF DE02RSDB250   AR H45/24F     New 99
     L407 GDC   Volvo B6          Plaxton B40F   GA North East 8407 05
```

BK   **VALE OF LLANGOLLEN TRAVEL LTD.t/a VALE TRAVEL**

Depots:Station Yard,WAVERTON,Cheshire & Cefn Garage,CEFN MAWR,Wrexham.

```
PIL 6350   Volvo B10M-60          Jonckheere C49FT  Young,Ross-on-Wye 05
RIB 9468   Mercedes-Benz 811D     RB C33F           Holt,Thornton-le-Dale 02
VLT  483   Mercedes-Benz 814D     RB C33F           Castleways,Winchcombe 00
VLT  935   Leyland TRCTL11/3ARZ   Duple C61F        Kirkham,Altham 03
```

```
467    VT    DAF SB220LC550        Optare B49F         Claribel,Birmingham 05
2090   VT    MCW Metrobus DR102    H43/30F             West Midlands 2330 99
3810   VT    MCW Metrobus DR102    H43/30F             West Midlands 2370 99
5958   VT    Volvo B55-10          AR H44/37F          Merseyside 0071 95
6052   VT    Volvo B10M-61         Jonckheere C53F     Dalybus,Goose Green 04
7239   VT    Volvo B10M-61         Plaxton C49FT       Jones,Pontypridd 99
8177   VT    Volvo B10M-61         Jonckheere C51FT    Turbostyle,Crawley 98
8701   VT    Volvo B55-10          AR H44/37F          Merseyside 0073 95
9509   VT    Volvo B10M-61         Jonckheere C49FT    Griffiths,Y Felin Heli 05
9975   VT    Volvo B55-10          AR H44/37F          Merseyside 0075 95
EJC 508X     Volvo B10M-61         Duple C52FT         O'Toole,Eltham 99
A209 OKJ     MCW Metrobus DR102    H46/31F             Bleasdale,Liverpool 02
F604 RPG     Dennis DDA1026        EL H45/31F          Thamesdown 76 04
F606 RPG     Dennis DDA1026        EL H45/31F          Thamesdown 77 04
F608 RPG     Dennis DDA1026        EL H45/31F          Thamesdown 78 04
G434 ART     Mercedes-Benz 609D    Whittaker C24F      Galloway,Mendlesham 00
H719 LOX     Mercedes-Benz 709D    Carlyle B25F        West Midlands 9219 02
H146 UUA     Optare MR03           B26F                Bleasdale,Liverpool 03
K431 HWY     Optare MR03           B26F                Chase,Chasetown 21 03
K435 HWY     Optare MR03           B29F                Chase,Chasetown 23 03
N149 BOF     Optare MR15           B31F                West Midlands 167 02
```
~~~~~~
```
PIL 6350*J533 JNH(5/98), RIB 9468*F74 SHY(2/95), VLT 483*H383 HFH(9/01),
VLT 935*LUI 1509(1/03) & F59 YBO(6/01), 467 VT*H537 YCX(2/05),
2090 VT*LOA 330X(8/99), 3810 VT*LOA 370X(8/99), 5958 VT*A153 HLV(10/96),
6052 VT*RIB 6844(8/05) & NVV 555Y(6/92), 8701 VT*A155 HLV(11/96),
7239 VT*PNH 182(5/99) & D875 EEH(1/90), 9975 VT*A157 HLV(10/96),
8177 VT*TJI 6309(8/98) & YRX 481(8/95) & A370 UNH(10/88),
9509 VT*660 MAE(4/05) & 310 CCH(10/94) & D31 RKX(10/90),
EJC 508X*VLT 288(4/00) & YFJ 64X(7/99) & 719 KHU(3/87) & OHE 266X(6/85) &
G434 ART*VLT 290(2/05) & G434 ART(3/00).
```
~~~~~~

BL   **VALEs COACHES (MANCHESTER) LTD**

Depot:49 Broughton Street,CHEETHAM,Greater Manchester.

```
G  97 MRN    Mercedes-Benz 811D    RB B31F             Ribble 797 00
N416 CBU     Mercedes-Benz 709D    Plaxton B27F        New 96
N417 CBU     Mercedes-Benz 709D    Plaxton B27F        New 96
P419 HNF     Mercedes-Benz 709D    ARB B23F            New 96
P299 PVR     Mercedes-Benz 709D    Plaxton B27F        Walsh,Middleton 00
S737 RNE     Mercedes-Benz O814D   Plaxton B27F        Mistral(Hire Fleet) 00
S738 RNE     Mercedes-Benz O814D   Plaxton B27F        New 98
S739 RNE     Mercedes-Benz O814D   Plaxton B27F        New 98
S249 UTD     Mercedes-Benz O814D   Plaxton B31F        Walsh,Middleton 02
T982 OGA     Mercedes-Benz O814D   Plaxton B27F        Aztecbird,Guiseley 04
T291 ROF     Mercedes-Benz O814D   Plaxton B31F        Stones,Leigh 00
```
~~~~~~
```
P299 PVR*P3 JPT(3/00) & S249 UTD*S3 JPT(4/02)
```
~~~~~~

BM   **VALS CLASSIC COACHES LTD**

Depots:The Garage,Redbrook Lane,BRERETON &
96-8 Cannock Road,CHASE TERRACE,Staffordshire.

```
605 NOH      Leyland TRCTL11/3R    Plaxton C53F        Chase,Chasetown 25 02
KPC 204P     Bedford YRQ           Plaxton C45F        Non-PSV(Hinchley Wood) 99
```
~~~~~~

OTHER VEHICLES OWNED BY THE COMPANY
* * * * * * *

```
8518  FM     Leyland RT            Roe C49FT           Preserved(1984)
EHL 472D     Bedford VAL14         Plaxton C52F        Preserved(1966)
UWX 981F     Bedford VAL70         Plaxton C52F        Preserved(1968)
RBC 345G     Bedford VAL70         DN C52F             Preserved(1969)
VBD 310H     Bedford VAL70         Plaxton C48F        Preserved(1970)
WHE 349J     Leyland PSU3A/4R      RV                  Towing Vehicle
SGS 504W     Leyland TRCTL11/3R    Plaxton C53F        Preserved(1981)
```

```
B605 LSO   MCW Metroliner HR131  C48FT          Preserved(1985)
B459 WHJ   MCW Metroliner CR126  C51F           Preserved(1984)
C307 SAO   Duple 425             C55FT          Preserved(1985)
~~~~~~~~~~~~~~~~~~~~~~~~~~~~~~~~~~~~~~~~~~~~~~~~~~~~~~~~~~~~~~~~~~~~~~~~~~~~~
8518 FM*NIL 2467(3/03) & LHJ 736(2/97) & A567 UTC(5/93) & A677 LBV(8/88),
605 NOH*XUX 370Y(5/04) & FSV 428(5/02) & PSU 954(12/99) & KGS 488Y(3/90),
B459 WHJ*SJI 9333(9/04) & B459 WHJ(4/95) &
C307 SAO*LIL 9812(7/04) & C307 SAO(9/00) & ESK 978(5/00) &
         C326 VNP(12/91) & JPY 505(10/87)
~~~~~~~~~~~~~~~~~~~~~~~~~~~~~~~~~~~~~~~~~~~~~~~~~~~~~~~~~~~~~~~~~~~~~~~~~~~~~
```

BN   VIA TRAVEL LTD

Depot:271 Newcastle Road,SHAVINGTON,Cheshire.

```
B115 KPF   Leyland TRCTL11/3RH   Berkhof C53F         Meakin,Crewe 01
F 97 CBD   MAN 16.290            Jonckheere C51FT     Dawson(Hire Fleet) 04
F238 OFP   Volvo B10M-60         Plaxton C53F         Meredith,Malpas 03
K612 UFR   Mercedes-Benz 709D    ARB B25F             S North West 40812 04
~~~~~~~~~~~~~~~~~~~~~~~~~~~~~~~~~~~~~~~~~~~~~~~~~~~~~~~~~~~~~~~~~~~~~~~~~~~~~
F97 CBD*SJI 9444(4/98) & F97 CBD(4/96) &
F238 OFP*JCM 396(8/03) & F238 OFP(9/90)
~~~~~~~~~~~~~~~~~~~~~~~~~~~~~~~~~~~~~~~~~~~~~~~~~~~~~~~~~~~~~~~~~~~~~~~~~~~~~
```

BP   VOEL COACHES LTD

Depots:c/o Jones,The Bus & Coach Depot,LLANFAETHLU,Anglesey &
       Penisa Filling Station,Ffordd Talargoch,DYSERTH,Denbighshire.

```
CHZ 4872   Leyland ONLXB/1R      ECW H45/32F          Price,New Broughton 03
XDM  300   Volvo B10M-60         Van Hool C53F        Clarke,Lower Sydenham 97
 776  VC   Volvo B12M            Plaxton C48FT        Wallace Arnold 03
1760  VC   Volvo B10M-62         Plaxton C48FT        Wallace Arnold 03
3377  VC   Scania K113CRB        Van Hool C53FT       New 95
6499  VC   Volvo B10M-61         Van Hool C50FT       New 84
7488  VC   Volvo B10M-61         Van Hool C50FT       New 84
7934  VC   Volvo B58-61          Plaxton C57F         Shaw,Barnsley 83
8214  VC   Volvo B10M-62         Plaxton C48FT        Wallace Arnold 03
8868  VC   Scania K113CRB        Van Hool C53F        New 95
9155  VC   Volvo B10M-60         Van Hool C53F        Clarke,Lower Sydenham 97
VVV  63S   Bristol VRT/SL3/6LXB  AR H45/27D           Northampton 63 92
HFM 962T   Volvo B58-56          Plaxton C53F         Hanmer,Southsea 79
FVR 264V   Leyland AN68A/1R      NC H43/32F           G Manchester South 4264 96
MNC 525V   Leyland AN68A/1R      NC H43/32F           G Manchester South 4325 96
JTY 406X   Leyland ONLXB/1R      ECW H45/32F          Peacock,Stockton-o-Tees 03
JKM 583Y   Leyland ONTL11/1R     NC H43/33F           Andrews,Tideswell 05
UTN 509Y   MCW Metrobus DR132    H46/31F              GA North East 3509 02
A108 WVP   MCW Metrobus GR133    H43/30F              NX West Midlands 2968 05
B851 AOP   MCW Metrobus DR102    H43/30F              NX West Midlands 2851 05
C 40 CHM   Leyland ONLXB/1RH     ECW H42/30F          Rossendale 40 04
M874 UEJ   Volvo B10M-62         Jonckheere C51FT     KMP,Llanberis 04
N104 WRC   Mercedes-Benz 811D    Plaxton B31F         Horsburgh,Pumpherston 04
W  2 OVC   Mercedes-Benz O404    Hispano C49FT        New 00
W  3 OVC   Mercedes-Benz O404    Hispano C49FT        New 00
BU02 FWV   Renault Master        Excel C16F           Feeney,Redcar 04
CX02 KDV   Auwaerter N316SHD     C44FT                KMP,Llanberis 04
CX02 KEJ   Auwaerter N316SHD     C44FT                KMP,Llanberis 04
SA02 LHC   Volvo B12M            Van Hool C51FT       Garelochhead Minibus 04
MW52 PZC   Optare Solo M920      B33F                 Aston,Worcester 04
~~~~~~~~~~~~~~~~~~~~~~~~~~~~~~~~~~~~~~~~~~~~~~~~~~~~~~~~~~~~~~~~~~~~~~~~~~~~~
             OTHER VEHICLE OWNED BY THE COMPANY
                     * * * * * * *
JC  9736   Guy Wolf              Barnard B21F         Preserved(1949)
~~~~~~~~~~~~~~~~~~~~~~~~~~~~~~~~~~~~~~~~~~~~~~~~~~~~~~~~~~~~~~~~~~~~~~~~~~~~~
CHZ 4872*EEH 907Y(2/02), XDM 300*F674 TFH(3/97), 776 VC*X664 VWT(5/03),
1760 VC*Y743 HWT(5/03), 3377 VC*M2 OVC(12/99), 7934 VC*HKY 614W(4/87),
8214 VC*Y745 HWT(5/03), 8868 VC*M3 OVC(12/99), 9155 VC*F168 RJF(6/97),
JKM 583Y*ANA 4Y(3/03), M874 UEJ*K7 KMP(5/04) & M874 UEJ(4/97),
CX02 KDV*M77 KMP(5/04) & CX02 KEJ*L77 KMP(5/04)
```

BR   M.J. WALKER & R. GASKELL.t/a WALKERs MINI-BUS HIRE

Depot:4 Shentonfield Road,Sharston,GATLEY,Greater Manchester.

```
H 14 JYM    Mercedes-Benz 609D      Whittaker C24F    Bradshaw,Heywood 01
K294 YPY    Mercedes-Benz 609D      Cunliffe B21FL    Singh,Huddersfield 02
N719 CKU    Mercedes-Benz 312D      ? C16F            Non-PSV 00
N621 ORG    Iveco 45-10             Mellor B16FL      Non-PSV(Sale) 02
N185 OYL    Iveco 49-10             DC B16FL          Non-PSV 03
N601 PFG    DAF DE33WSSB3000        Ikarus C53F       Eastbourne 1 03
P312 BVN    Iveco 49-10             Crystals C15FL    Non-PSV(TLS) 04
R576 ODC    Iveco 49-10             Mellor B16FL      Non-PSV(Wigan) 03
R662 UMJ    Volkswagen LT35         Courtside B14F    Non-PSV(Budget) 00
W684 PTN    LDV Convoy              LDV B16F          Non-PSV 04
```

BT   T.J. WALKER

Depots:Unit F,Progress Business Centre,Brookfield Drive,CANNOCK &
        Limepit Lane,PYE GREEN,Staffordshire.

```
S185 ERC    Mercedes-Benz 312D      Advanced B16F     Non-PSV(Nottingham) 02
BD02 HDX    Mercedes-Benz 413CDI    Koch C16F         Holloway(Demonstrator) 02
BF52 KJK    Mercedes-Benz 413CDI    ? C16F            New 02
BF52 KJN    Mercedes-Benz 413CDI    ? C16F            New 02
```

BU   WALLS OF WIGAN LTD

Depot:Brown Street,Higher Ince,WIGAN,Greater Manchester.

```
FXI  547    Scania K112CRS          Jonckheere C51FT  Mitchell,Plean 91
LIL 5947    Leyland TRCTL11/3R      Plaxton C57F      New 85
LIL 6147    Leyland TRCTL11/3RZ     Plaxton C57F      British Airways CC8009 88
RIB 7856    Volvo B10M-61           Jonckheere C51FT  Cass,Moreton 00
XIL 3672    Volvo B10M-60           Jonckheere C53F   Hilton,Newton-l-Willows 98
XIL 3673    Volvo B10M-62           Van Hool C53F     Park,Hamilton 98
XIL 3674    Volvo B10M-62           Van Hool C53F     Edinburgh Castle 02
XIL 3675    Volvo B10M-62           Jonckheere C51FT  Hilton,Newton-l-Willows 01
XIL 3679    Volvo B10M-60           Van Hool C49FT    Hallmark,Luton 97
XIL 3680    Volvo B10M-60           Van Hool C52FT    Clyde Coast,Ardrossan 93
XIL 3681    Volvo B10M-60           Van Hool C49FT    Hallmark,Luton 97
ACH 942A    Leyland PSU5C/4R        Plaxton C57F      Stubbs,Wigan 92
STM 238W    Volvo B58-61            Plaxton C57F      Cass,Greasby 87
B153 NKB    Leyland TRCTL11/3R      JE CH47/12FT      Toppings,Wavertree 95
G902 WAY    Volvo B10M-60           Caetano C57F      Globe,Barnsley 93
H461 BEU    Volvo B10M-60           Plaxton C57F      Roadlease(Hire Fleet) 97
H919 SWF    Mercedes-Benz 811D      RB C25F           South Wales Police 96
L412 CDB    Mercedes-Benz 811D      ACL C18F          Presley &,Bolton 95
M598 RFS    Mercedes-Benz 814D      Plaxton C33F      Walsh,Middleton 01
P832 CCK    Volvo B10M-62           Van Hool C55F     Hilton,Newton-l-Willows 03
P312 VWR    Volvo B10M-62           Van Hool C46FT    Wallace Arnold 00
R997 PEO    Volvo B10M-62           Van Hool C55F     Hilton,Newton-l-Willows 04
R998 PEO    Volvo B10M-62           Van Hool C55F     Hilton,Newton-l-Willows 04
S299 JRM    Mercedes-Benz O814D     ACL C33F          Hilton,Newton-l-Willows 05
W657 FRN    Volvo B10M-62           Jonckheere C49FT  Hilton,Newton-l-Willows 05
W682 FRN    Volvo B10M-62           Jonckheere C49FT  Hilton,Newton-l-Willows 05
Y709 HWT    Volvo B10M-62           Jonckheere C48FT  Wallace Arnold 03
Y711 HWT    Volvo B10M-62           Jonckheere C48FT  Wallace Arnold 03
FP51 EUL    Volvo B12M              Jonckheere C51FT  Volvo(hire Fleet) 05
FP51 EUM    Volvo B12M              Jonckheere C51FT  Volvo(hire Fleet) 05
MW52 UCS    Mercedes-Benz O814D     Plaxton C33F      New 03
SA52 AXV    Mercedes-Benz O814D     Essbee C24F       Hilton,Newton-l-Willows 05
```

OTHER VEHICLE OWNED BY THE COMPANY
* * * * * * *

```
HEK  88G   Bedford J2SZ10        Plaxton C20F      Preserved(1969)
~~~~~~~~~~~~~~~~~~~~~~~~~~~~~~~~~~~~~~~~~~~~~~~~~~~~~~~~~~~~~~~~~~~~~~~~
FXI 547*B904 JRP(6/90) & PR 1787(3/88) & B519 CBD(2/87),
LIL 5947*B690 BFV(2/96), LIL 6147*C752 FMC(2/96), RIB 7856*C407 LRP(6/93),
XIL 3672*K838 HUM(8/03), XIL 3673*M832 HNS(8/03) & LSK 496(10/97),
XIL 3674*M592 DSJ(8/03) & CCZ 9018(3/02) & M592 DSJ(3/02) & HSK 642(12/95),
XIL 3675*L950 NWW(8/03),
XIL 3679*H583 JDB(9/03) & ESU 121(4/96) & H191 JNE(3/92) & SPR 35(1/92),
XIL 3680*J867 JNS(8/03), XIL 3681*H584 JDB(9/03) & 5140 RU(4/96),
ACH 942A*NGP 86V(4/91), B153 NKB*TOP 11N(4/95) & B764 UHG(5/87),
P832 CCK*97LS 1(4/03), R997 PEO*98TN 1(5/04), R998 PEO*98WD 1(5/04),
W657 FRN*OOKY 4026(5/05) & W682 FRN*OOKY 4025(5/05)
~~~~~~~~~~~~~~~~~~~~~~~~~~~~~~~~~~~~~~~~~~~~~~~~~~~~~~~~~~~~~~~~~~~~~~~~
```

H. WALSH/J. WALSH.t/a REGENT TRAVEL & SCHOOL TRANSPORT SERVICES

Depot:Unit 43b,Golden Triangle Industrial Estate,Ditton,WIDNES,Cheshire.

```
GIL 6343    TAZ D3200          C49FT           Lamb & Lacey,Morecambe 00
SIL 9528    LAG Panoramic      C49FT           Gordon,Easton Bridge 03
WWM 920W    Leyland AN68B/1R   WK H45/33F      Coleman,Widnes 99
A684 HNB    Leyland AN68D/1R   NC H43/32F      Bennett,Warrington 04
~~~~~~~~~~~~~~~~~~~~~~~~~~~~~~~~~~~~~~~~~~~~~~~~~~~~~~~~~~~~~~~~~~~~~~~~
GIL 6343*F877 ONR(9/97) &
SIL 9528*F630 SRP(5/00) & 670 DHO(1/00) & F630 SRP(12/97)
~~~~~~~~~~~~~~~~~~~~~~~~~~~~~~~~~~~~~~~~~~~~~~~~~~~~~~~~~~~~~~~~~~~~~~~~
```

BW   P.V.,J.C. & M.D. WALSH.t/a JP EXECUTIVE TRAVEL

Depot:The Coach House,Joshua Lane,MIDDLETON,Greater Manchester.

```
 5   Y 2  JPT   Dennis Dart SLF      Plaxton B29F    New 01
 6   Y 3  JPT   Dennis Dart SLF      Plaxton B29F    New 01
 7   X703 UKS   Dennis Dart SLF      Plaxton B29F    Shevill,Carluke 05
 8   V390 HGG   Dennis Dart SLF      Plaxton B28F    Blythswood(Hire) 03
 9   V389 HGG   Dennis Dart SLF      Plaxton B28F    Blythswood(Hire) 03
10   V387 HGG   Dennis Dart SLF      Plaxton B28F    Blythswood(Hire) 03
11   V 2  JPT   Dennis Dart SLF      Plaxton B29F    Dennis(Demonstrator) 01
12   T467 HNH   Dennis Dart SLF      Plaxton B29F    Probus,West Bromwich 04
13   T466 HNH   Dennis Dart SLF      Plaxton B29F    Probus,West Bromwich 04
14   T547 HNH   Dennis Dart SLF      Plaxton B29F    Probus,West Bromwich 05
15   T544 HNH   Dennis Dart SLF      Plaxton B29F    Probus,West Bromwich 04
16   T552 HNH   Dennis Dart SLF      Plaxton B29F    Probus,West Bromwich 05
17   T551 HNH   Dennis Dart SLF      Plaxton B29F    Probus,West Bromwich 05
18   P 6  JPT   Mercedes-Benz 811D   Plaxton B31F    New 97
19   P 2  JPT   Dennis Dart SLF      Plaxton B37F    Fuggles,Benenden 99
20   P879 PWW   Dennis Dart SLF      Plaxton B37F    Luton Airport 99
21   N 9  ABC   Optare MR31          B24F            C & M,Aintree 6022 02
22   N 8  ABC   Optare MR31          B24F            C & M,Aintree 6021 02
23   M750 WWR   Optare MR15          B31F            A Yorkshire 750 05
24   M 77 ABC   Optare MR31          B24F            C & M,Aintree 6017 02
25   M 7  ABC   Optare MR31          B24F            C & M,Aintree 6016 02
26   M247 XWX   Optare MR15          B31F            A Yorkshire 747 05
32   L972 WTY   Optare MR03          B26F            GA North East 372 04
34   L392 AVK   Optare MR13          B25F            GA North East 392 04
35   L196 DVM   Mercedes-Benz 709D   Wright B27F     New 93
36   K123 AJA   Mercedes-Benz 709D   Wright B27F     New 93
37   F245 YTJ   Leyland ONCL10/1RZ   AR H45/30F      A North West 245 01
38   E222 WBG   Leyland ONCL10/1RZ   AR H45/30F      A North West 222 01
     L391 AVK   Optare MR13          B25F            GA North East 391 04
     L658 MFL   Volvo B6             Marshall B32F   NBM Hire,Penrith 04
     L668 MFL   Volvo B6             Marshall B34F   Smith & Lewis,Prenton 04
     L975 WTY   Optare MR03          B26F            GA North East 375 04
     M444 HPF   Optare MR17          B29F            A North East 2730 05
     M446 HPF   Optare MR17          B29F            A North East 2732 05
     M448 HPF   Optare MR17          B29F            A North East 2734 05
```

```
         M866 KCU   Optare MR17          B29F              A North East 866 05
         M615 XKF   Iveco 49-10          WS B16FL          City of Liverpool 05
         T430 EBD   Dennis Dart SLF      Plaxton B39F      Probus,West Bromwich 05
```

P2 JPT*P876 PWW(10/02) & V2 JPT*V680 FPB(8/02)

BX   **ALLAN WALTON TRAVEL LTD**

Depots:Unit 7,Skypark Industrial Estate,Speke Hall Avenue &
       Yard D,Triumph Trading Park,Speke Hall Road,SPEKE,Merseyside.

```
832  DDV    Volvo B10M-62         Van Hool C48FT    Jacobs,Hedge End 05
D230 BJB    Kassbohrer S215HD     C49FT             Lyles,Mirfield 04
J 3  OPM    Toyota HDB30R         Caetano C21F      Elite,Formby 05
P842 WUG    Volvo B10M-62         Van Hool C50FT    Express,Speke 03
X722 AAK    Mercedes-Benz O815D   Sitcar C27F       Eddon,Guisborough 03
Y864 GDV    Volvo B10M-62         Caetano C49FT     Bus Eireann VC201 05
```
832 DDV*M213 UYD(12/95),
D230 BJB*7586 VM(5/04) & D230 BJB(7/01) & 159 FCG(2/01),
J3 OPM*J295 KFP(4/98) & Y864 GDV*01D 60715(6/05)

BY   **A. WARBURTON.t/a VIKING COACHES**

Depot:Doctor Fold Farm,Doctor Fold Lane,HEYWOOD,Greater Manchester.

```
MIL 6214    Duple 425             C70F              Lainton,Clayton 05
VCZ 3862    Volvo B10M-62         Plaxton C53F      Atkinson,Ingleby 00
VCZ 3942    Volvo B10M-60         Plaxton C53F      Warren,Tenterden 01
VCZ 8586    Volvo B10M-62         Jonckheere C53F   Shearings 608 03
```
MIL 6214*D660 GBF(12/96) & 112 ETU(9/96) & D525 BBV(6/93),
VCZ 3862*M417 SHN(2/04), VCZ 3942*K756 FYG(2/04) & VCZ 8586*M608 ORJ(4/04)

CA   D.J. WARDLE.t/a JACKs OF NORTON & WARDLE TRANSPORT

Depot:Unit 3,Rafferty Industrial Park,Sneyd TE,BURSLEM,Staffordshire.

```
EEZ 7362    Mercedes-Benz 411CDI  MinO B16FL        Ellesmere Port CT 03
FCZ 3413    Mercedes-Benz 416CDI  ? B16FL           Tinsley &,Belfast(NI) 05
GCZ 5416    Mercedes-Benz 413CDI  Olympus C16F      Monaghan,Belfast(NI) 04
IJZ 2331    Mercedes-Benz 612D    Mellor B16FL      Nightingale,Maidenhd 04
OKZ 9847    Mercedes-Benz 410D    Mellor B16FL      Non-PSV(Burnt Tree) 05
OLZ 7276    Mercedes-Benz 308D    Frank Guy B4FL    Telford Integrated 05
OUI 3925    Mercedes-Benz 413CDI  Concept C16FL     Hall,Stafford 02
XIL 6924    Mercedes-Benz 412D    AMC B16FL         WMSNT,Birmingham 03
XIL 7242    Mercedes-Benz 412D    AMC B12FL         WMSNT,Birmingham 03
XIL 7320    Mercedes-Benz 412D    Concept C16F      Hall,Stafford 02
XIL 8793    Mercedes-Benz 410D    Olympus B16FL     F West Yorkshire 50242 04
YIL 1689    Iveco 45-10           Euromotive B16FL  Non-PSV(TLS) 02
B 13 STA    Volvo B10M-62         Jonckheere C51F   Hawkins,Mirfield 05
K345 OFM    Leyland ON3R          AR CH49/37F       Overseas(Hong Kong) 04
K346 OFM    Leyland ON3R          AR CH49/37F       Overseas(Hong Kong) 04
K347 OFM    Leyland ON3R          AR CH49/37F       Overseas(Hong Kong) 04
P175 UAD    Mercedes-Benz 508D    ? B15FL           Non-PSV 02
P801 VYS    LDV Convoy            Stewart B6FL      Glasgow City Council 02
R692 LKX    Renault Master        O & H B3FL        Non-PSV 02
S260 JUG    Mercedes-Benz 614D    UVG B16FL         Leeds City Council 05
V903 WUB    Mercedes-Benz 410D    Olympus B16FL     F West Yorks. 50243 04
W216 JND    Mercedes-Benz 312D    Concept B12FL     Janeway,Wythenshawe 02
Y477 TSU    Mercedes-Benz O814D   Plaxton C33F      Rennie,Dunfermline 03
BV51 ENL    Mercedes-Benz 413CDI  Excel C16F        Brookfleet,Blackheath 03
DK51 LTU    Mercedes-Benz 413CDI  Onyx C16FL        Plant,Cheadle 30 04
LV02 ODW    Mercedes-Benz 411CDI  Advanced B16FL    Edsor,Billingshurst 04
OV02 WCX    Iveco 50C13           ? B16FL           Iveco-Ford(Demonstr.) 03
YP52 BPE    Optare Alero          B16F              op Stoke City Council
```

```
YP52 BPF   Optare Alero              B16F            op Stoke City Council
YP52 BPK   Optare Alero              B16F            op Stoke City Council
PO53 VNP   Iveco 50C13               ? B16FL         New 03
YN53 EMF   Optare Solo M850          B23F            op Stoke City Council
YX53 CYZ   Mercedes-Benz 413CDI Onyx B16FL           New 03
SF04 RGY   Mercedes-Benz 413CDI Onyx B16FL           Osman,Leyton 05
BU54 ALL   Optare Solo M780SL        B23F            New 04
HX55 EZF   Mercedes-Benz 416CDI Driveline B16FL      Driveline(Demonstr.) 05
YX55 BGY   Mercedes-Benz 413CDI Onyx B16FL           New 05
~~~~~~~~~~~~~~~~~~~~~~~~~~~~~~~~~~~~~~~~~~~~~~~~~~~~~~~~~~~~~~~~~~~~~~~~~~~~
EEZ 2362*X798 ULG(8/05), IJZ 2331*R876 DCA(3/05),
OKZ 9847*T160 RWK(11/05), OLZ 7276*N731 BWG(5/05),
OUI 3925*Y181 KNE(9/05), XIL 6924*N282 YOA(1/04), XIL 7242*N290 YOA(1/04),
XIL 7320*P687 HHF(11/03), XIL 8793*T59 BUB(2/04),
YIL 1689*S906 UKL(5/04) &
B13 STA*M314 KRY(6/02) & 95TN 1(4/02) & M314 KRY(6/96)
~~~~~~~~~~~~~~~~~~~~~~~~~~~~~~~~~~~~~~~~~~~~~~~~~~~~~~~~~~~~~~~~~~~~~~~~~~~~
CC              WARRINGTON BOROUGH TRANSPORT LTD

Depot:Wilderspool Causeway,WARRINGTON,Cheshire.

1-29   Dennis Dart SLF  Marshall B40F or B41F(19-28) New 99-02
       T201-8 AFM,V209-18 JLG,Y619/29/1-4/31/26-8 GFM,DE02 URX.
    1        5        9       13       17       21       24      27
    2        6       10       14       18       22       25      28
    3        7       11       15       19       23       26      29
    4        8       12       16       20
                              *  *  *  *  *  *  *
   30   DA52 ZVM   Dennis Dart SLF    MCV B40F       New 03
   31   DA52 ZVK   Dennis Dart SLF    MCV B40F       New 03
   32   DA52 ZVL   Dennis Dart SLF    MCV B40F       New 03
   33   DF52 ABU   Dennis Dart SLF    MCV B40F       New 03
   34   DF52 AXG   Dennis Dart SLF    MCV B40F       New 03
                              *  *  *  *  *  *  *
35-52    DAF DE12BSSB120   Wright B39F   New 03-5
         DG53 FLH/J/JY/X/V/U,DE04 YNG/F/H/B-D,DK55 HMH/G/F/J/O/U.
   35(FLH)         39(FJV)         43(YNH)        47(HMH)        50(HMJ)
   36(FLJ)         40(FJU)         44(YNB)        48(HMG)        51(HMO)
   37(FJY)         41(YNG)         45(YNC)        49(HMF)        52(HMU)
   38(FJX)         42(YNF)         46(YND)
                              *  *  *  *  *  *  *
   59   H214 PVW   Leyland ON2R    ARB H47/33F     Dublin Bus RH77 04
   60   H146 PVW   Leyland ON2R    ARB H47/33F     Dublin Bus RH76 04
   61   H187 PVW   Leyland ON2R    ARB H47/33F     Dublin Bus RH99 04
   62   H191 PVW   Leyland ON2R    ARB H47/33F     Dublin Bus RH92 04
   63   H514 RWX   Leyland ON2R    NC  H47/30F     B Harrogate & D. 394 03
   64   H515 RWX   Leyland ON2R    NC  H47/30F     B Harrogate & D. 395 03
   65   K711 ASC   Leyland ON2R    AR  H47/32F     B Sovereign 61 03
   66   K712 ASC   Leyland ON2R    AR  H47/32F     B Sovereign 62 03
   67   H513 RWX   Leyland ON2R    NC  H47/30F     B Keighley & Dist 398 04
   68   H516 RWX   Leyland ON2R    NC  H47/30F     B Keighley & Dist 396 04
   69   H517 RWX   Leyland ON2R    NC  H47/30F     B Keighley & Dist 397 04
   70   H519 RWX   Leyland ON2R    NC  H47/30F     B Keighley & Dist 336 04
                              *  *  *  *  *  *  *
71-7   Leyland ONLXB/1R   ECW H45/32F   A North West 654/6/8/68/2/04 00
       HBA 157Y,PFM 129Y,A140/2 SMA,A153 UDM,A140 MRN.
   71(157)         73(SMA)         74(142)        76(153)        77(140)
   72(129)
                              *  *  *  *  *  *  *
   81   F121 XEM   Dennis DDA1018     EL H51/31F     New 88
   82   F122 XEM   Dennis DDA1018     EL H51/31F     New 88
                              *  *  *  *  *  *  *
91-9   Dennis Dominator DDA1017   East Lancs H51/37F  New 88/9
       F101-4 XEM,F95-9 STB.
   91         93         94         95         96         97         98         99
   92
                              *  *  *  *  *  *  *
```

```
100   C100 UBC   Dennis DDA1010        EL H46/33F       Leicester 100 89
101   C101 UBC   Dennis DDA1010        EL H46/33F       Leicester 101 89
102   C102 UBC   Dennis DDA1010        EL H46/33F       Leicester 102 89
103   C103 UBC   Dennis DDA1010        EL H46/33F       Leicester 103 89
                            * * * * * * *
112-23  Optare Metrorider MR35    B25F    New 98/9
        S112-21 GUB,T322/3 ELG.
112         114         116         118         120         121         122         123
113         115         117         119
                            * * * * * * *
214   H842 NOC   Dennis Dart           Carlyle B35F     New 91
216   H844 NOC   Dennis Dart           Carlyle B35F     New 91
                            * * * * * * *
226-35  Dennis Dart    Northern Counties B35F    New 93/4
        L226-35 SWM.
226         228         230         231         232         233         234         235
227         229
                            * * * * * * *
236   M236 YKD   Dennis Dart           Plaxton B35F     New 95
237   M237 YKD   Dennis Dart           Plaxton B35F     New 95
238   M238 YKD   Dennis Dart           Plaxton B35F     New 95
239   M239 YCM   Dennis Dart           Marshall B35F    New 95
240   M240 YCM   Dennis Dart           Marshall B35F    New 95
241   M241 YCM   Dennis Dart           Marshall B35F    New 95
242   M242 YCM   Dennis Dart           Marshall B35F    New 95
243   M243 YCM   Dennis Dart           Marshall B35F    New 95
244   M593 HKH   Dennis Dart           Plaxton B40F     Plaxton(Demonstrator) 95
245   M284 HRH   Dennis Dart           Plaxton B40F     Plaxton(Demonstrator) 95
246   M246 YWM   Dennis Dart           Plaxton B40F     New 95
247   M247 YWM   Dennis Dart           Marshall B40F    New 95
248   M248 YWM   Dennis Dart           Marshall B40F    New 95
```

OTHER VEHICLE OWNED BY THE COMPANY
* * * * * * *
```
148   BED 729C   Leyland PD2/40        EL H34/30F       Preserved
```

H146 PVW*91D 1076(3/04), H187 PVW*91D 1099(5/04), H191 PVW*91D 1092(5/04),
H214 PVW*91D 1077(6/04) & H513 RWX*H12 SDW(6/04) & H513 RWX(2/96)

CD   WARRINGTON COMMUNITY TRANSPORT.t/a COMMUNITY 2000

Depot:19 Athlone Road,WARRINGTON,Cheshire.

```
 1    M616 XMB   Iveco 49-10       Mellor DP14FL    Chester Dial-a-Ride 98
 3    P452 GAW   LDV Convoy        LDV B16FL        Caerphilly CB Council 01
 4    M 84 UHD   LDV 400           Mellor B9FL      Bradford City Council 01
 9    FD03 YAU   Iveco 50C13       ? B16FL          New 03
10    FD03 YAV   Iveco 50C13       ? B16FL          New 03
12    R321 OPY   Iveco 49-10       Mellor B16FL     Non-PSV(Wigan) 04
14    R634 XAW   Iveco 49-10       ? B16FL          Non-PSV(Burnt Tree) 04
15    P851 VUB   LDV Convoy        Mellor B12FL     Bradford City Council 03
16    X284 VDY   Ford Transit      LCB B13FL        New 00
```

CE   S. WARRINGTON

Depot:The Cottage,ILAM,Staffordshire.

```
H153 DJU   Dennis Javelin          Plaxton C53F     New 90
P369 JSP   Mercedes-Benz 814D      Plaxton C33F     Smith,Coupar Angus 99
T866 JVR   LDV Convoy              Concept C16F     New 99
W636 MKY   Dennis Javelin          Plaxton C57F     New 00
YX51 DVK   LDV Convoy              Crest C16F       Bacon,Riddings 03
BX54 FRV   LDV Convoy              LDV B16F         New 04
BX54 VTL   BMC 850                 C35F             New 04
```

CF   WARSTONE MOTORS LTD.t/a GREEN BUS SERVICE

Depot:Jacobs Hall Lane,GREAT WYRLEY,Staffordshire.

```
 1   K136 ARE    MB 709D            Wright B29F        A Midlands 46 03
 2   L327 CHB    MB 811D            Marshall B33F      S Red & White 327 03
 3   NFR 748T    Leyland PSU4E/2R   EL DP43F           Ribble 948 97
 5   J418 PRW    MB 811D            Wright B33F        S Midland Red S 41518 03
 6   NBZ 1676    Leyland PSU4D/4R   East Lancs B47F    Yorkshire Rider 8527 92
 7   E  67 MVV   MB 709D            Robin Hood B29F    Castle,Landovery 03
 8   L328 CHB    MB 811D            Marshall B33F      S Red & White 328 03
 9   L255 NFA    MB 709D            WS B29F            Non-PSV(Coates Heath) 04
10   MFV  31T    Leyland PSU4E/4R   East Lancs B47F    Nicholls,Garway 01
11   PNY 391R    Leyland PSU5A/4R   East Lancs B51F    Williams,Porthcawl 96
12   GNY 432C    Leyland PD3/4      Massey L35/33RD    Rhymney Valley 32 81
14   K321 YKG    MB 709D            ARB B25F           S Bluebird 40594 05
16   G170 YRE    MB 709D            LHE B29F           A Midlands North 170 02
18   K623 UFR    MB 709D            Alexander B25F     S North West 40823 05
19   G173 YRE    MB 709D            LHE B29F           A Midlands North 173 02
23   YBO  17T    Leyland PSU3E/2R   East Lancs B51F    Parfitt,Rhymney Bdge. 94
29   L113 YAB    Iveco 59-12        ECC B29F           Redline,Lickey End 98
30   N114 YAB    Iveco 59-12        ECC B29F           Redline,Lickey End 98
```

OTHER VEHICLES OWNED BY THE COMPANY
               * * * * * * *

```
 4   GZ  2248    Bedford OWB        Duple B32F         Preserved(1944)
15   GCA  747    Bedford OB         Duple C29F         Preserved(1950)
```

NBZ 1676*RWT 527R(10/95reb)

CH   T.A. WATKIN.t/a AW COACHES

Depot:Brodawel Garage,Wesley Street,LLANFAIR CAEREINION,Powys.

```
B804 ETG    Leyland TRCTL11/3R   Duple C57F         Thomas,Porth 97
C674 BCR    Leyland TRCTL11/3R   Van Hool C53F      Brockhurst,Maudlin 87
D243 PAW    Mercedes-Benz 709D   Hughes C18F        New 87
H154 DVM    Scania K113CRB       Van Hool C49FT     Shearings 154 94
P991 HWF    Dennis Javelin       Auwaerter C49FT    New 96
```

B804 ETG*JEP 609(3/95) & B733 ATG(6/90) &
C674 BCR*SEL 813(12/02) & C674 BCR(7/87)

CJ   B.D. WHITE/B. & E. WHITE.t/a GREYHOUND TRAVEL

Depot:Unit 9,Simonswood Ind. Estate,Stopgate Lane,KIRKBY,Merseyside.

```
M630 XKF    Iveco 49-10          Mellor B16FL       City of Liverpool 04
M637 XKF    Iveco 49-10          Mellor B16FL       City of Liverpool 04
M638 XKF    Iveco 49-10          Mellor B16FL       City of Liverpool 04
M644 XKF    Iveco 49-10          Mellor B16FL       City of Liverpool 04
R746 GWC    LDV Convoy           LDV B16F           Non-PSV 01
```

CK   WHITEGATE TRAVEL LTD/K.L. PRINCE

Depots:15 Beauty Bank,WHITEGATE &
        Unit 6,Atlantic Park,Waterloo Road,WIDNES,Cheshire.

```
K524 EFL    Iveco 49-10          Marshall B25F      S Midland Red South 524 98
K635 GVX    Mercedes-Benz 709D   Plaxton DP25F      F Essex 2635 02
L638 VCV    Mercedes-Benz 709D   Plaxton DP25F      F Western National 6638 03
MV02 UBP    LDV Convoy           Concept C16F       New 02
MK52 ORU    LDV Convoy           Concept C16F       New 02
MW03 FTU    LDV Convoy           Concept C16F       New 03
```

```
MX53 FPO   LDV Convoy              Concept C16F    New 03
MX53 FSJ   LDV Convoy              Concept C16F    New 03
MV04 GNZ   LDV Convoy              Concept C16F    New 04
MX04 YWC   LDV Convoy              Concept C16F    New 04
PO54 MJU   LDV Convoy              ?       C16F    New 04
PN05 PZR   LDV Convoy              ?       C16F    New 05
```

CL   J.M. WHITEHEAD.t/a PIONEER

Depot:Mandale Park,Corporation Road,ROCHDALE,Greater Manchester.

```
479  DKH   Volvo B10M-50           EL  CH45/33F    Rossendale 33 01
E 25 BTU   Dennis Javelin          Duple   C55F    Chester 25 01
H229 TCP   DAF SBR3000DKZ570       PN  CH55/19CT   Horseman,Reading 00
J289 NNC   Scania K93CRB           Plaxton C55F    Coach Europe(Hire) 01
M269 HPF   Mercedes-Benz 609D      Olympus C24F    Newton,Walcote 02
MW03 KHU   Mercedes-Benz 0814D     Olympus C24F    New 03
```
479 DKH*B183 FDM(10/01)

CM   P. WILCOCKSON.t/a ROADRUNNER TRAVEL

Depot:c/o Crown Car Park,East Bond Street,LEIGH,Greater Manchester.

```
RIW 4510   Dennis Javelin          Plaxton C35F    K&J Logistics,Rufforth 05
YOI  949   Mercedes-Benz 814D      Plaxton C33F    Stephenson,Cowan Bridge 03
F998 EKK   Dennis Javelin          Plaxton C35F    Holmeswood Coaches 04
K936 GWR   Mercedes-Benz 814D      Optare  C28F    Chambers,Bures 02
```
RIW 4510*E744 JAY(1/03), YOI 949*L247 YNV(5/98) & A12 CLN(10/97) &
F998 EKK*JHF 826(4/05) & F998 EKK(6/02)

CN   A.A. WILD.t/a LETS TRAVEL

Depot:Unit 3,486 Hawthorne Road,BOOTLE,Merseyside.

```
J815 MLK   Mercedes-Benz 814L      North West C31F Roberts,Bootle 97
M504 XFY   Mercedes-Benz 609D      North West C21F Roberts,Bootle 05
R412 CDC   Mercedes-Benz 814D      ACL     C24F    Jones &,Newton Aycliffe 05
R508 GMA   Mercedes-Benz 310D      Advanced B15F   Non-PSV(Salford) 04
```
R412 CDC*R9 NEV(5/05) & R50 LEX(12/02) & R69 VVP(9/98)

CP   E. WILLIAMS.t/a WILLIAMS OF CRICCIETH

Depot:Old Council Depot,Cae Pawb,PORTHMADOG,Gwynedd.

```
G241 GCC   Mercedes-Benz 709D      Phoenix DP25F   Dickson,Erskine 03
H880 NFS   Mercedes-Benz 709D      PMT     B29F    Hill,Congleton 04
L232 HRF   Mercedes-Benz 709D      Dormobile B27F  Lloyd,Machynlleth 05
M482 VRC   Mercedes-Benz 609D      ACL     C23F    Woods,Wigston 05
R269 EBX   Renault Master          Cymric  C14F    Russell,Wall 02
X108 MGN   Volkswagen LT35         Frank Guy B8FL  Central Parkng,Heathrow 05
```
M482 VRC*6962 WF(1/05) & M354 TMJ(9/00)

| CR | H.B. WILLIAMS.t/a GOLD STAR SERVICES |

Depot:Old Central Dairies,Lower Canal Road,NEWTOWN,Powys.

```
GJZ 4724   DAF SB3000DKV601     Van Hool C49FT    Firth,Ackworth 04
LIL 6287   Dennis Javelin       Plaxton C57F      TRS,Leicester 03
BBV 774Y   Bedford YNT          Plaxton C53F      Weale,Llandegley 02
N 21 BDT   Toyota HZB50R        Caetano C21F      Kelly,Seacroft 03
Y945 JUJ   LDV Convoy           LDV B16F          Prosper,Manchester 03
Y288 NHJ   LDV Convoy           LDV B16F          Non-PSV(Sixt) 03
~~~~~~~~~~~~~~~~~~~~~~~~~~~~~~~~~~~~~~~~~~~~~~~~~~~~~~~~~~~~~~~~~~~~~~~
GJZ 4724*PHE 692(2/04) & F268 RJX(3/95), LIL 6287*F627 SAY(10/95),
BBV 774Y*HAZ 2958(9/97) & BBV 774Y(8/95) &
N21 BDT*KLY 399(4/02) & N21 BDT(9/97)
~~~~~~~~~~~~~~~~~~~~~~~~~~~~~~~~~~~~~~~~~~~~~~~~~~~~~~~~~~~~~~~~~~~~~~~
```

| CT | I.W.,E. & H. WILLIAMS.t/a IEUAN WILLIAMS COACHES |

Depot:Glanffrwd,Galt-y-foel,DEINIOLEN,Gwynedd.

```
UIW 9201   Volvo B10M-61        Van Hool C48FT    Clyde Coast,Ardrossan 97
WJI 6163   Volvo B10M-62        Plaxton C48FT     Brown,Roecliffe 05
CWU 324T   Bristol VRT/SL3/6LXB ECW H43/31F       Griffiths,Y Felin Heli 05
UEY 551T   Bristol VRT/SL3/6LXB ECW H43/31F       Arriva North West 00
WDA 968T   Leyland FE30AGR      MCW H43/33F       Helms,Bootle 00
BEY 938W   Bristol VRT/SL3/6LXB ECW H43/31F       Griffiths,Y Felin Heli 98
G 94 KUB   Mercedes-Benz 811D   Optare B26F       HMB,Gateshead 99
R134 XWF   Volvo B10M-62        Plaxton C49F      Steel,Skipton 72 04
W384 WGE   Mercedes-Benz O814D  Plaxton C29F      Crichton,Low Fell 04
~~~~~~~~~~~~~~~~~~~~~~~~~~~~~~~~~~~~~~~~~~~~~~~~~~~~~~~~~~~~~~~~~~~~~~~
UIW 9201*A960 ASJ(3/98) & RJI 7976(9/97) & XRY 278(4/95),
WJI 6163*N213 HWX(4/05) & A16 EBT(12/04) & N213 HWX(12/01),
UEY 551T*WJI 6163(4/05) & BAU 179T(2/99) & BEY 938W*YMB 507W(5/98)
~~~~~~~~~~~~~~~~~~~~~~~~~~~~~~~~~~~~~~~~~~~~~~~~~~~~~~~~~~~~~~~~~~~~~~~
```

| CU | P.J. & P.A. WILLIAMSON.t/a MALBANK MINI COACHES |

Depot:Cheerbrook House,Newcastle Road,WILLASTON,Cheshire.

```
SIL 7991   Iveco 49-10           MinO B16FL       Non-PSV(Speke) 03
X598 ATE   LDV Convoy            Concept C16F     New 00
BF52 JFX   LDV Convoy            Concept C16F     New 02
MX04 YMY   Mercedes-Benz 413CDI  ? C16F           New 04
~~~~~~~~~~~~~~~~~~~~~~~~~~~~~~~~~~~~~~~~~~~~~~~~~~~~~~~~~~~~~~~~~~~~~~~
SIL 7991*R31 HFR(10/03)
~~~~~~~~~~~~~~~~~~~~~~~~~~~~~~~~~~~~~~~~~~~~~~~~~~~~~~~~~~~~~~~~~~~~~~~
```

| CV | A.C. & M.J. WINT.t/a WINTs COACHES |

Depot:Montana,Wetton Road,BUTTERTON,Staffordshire.

```
HIL 8244   Mercedes-Benz O303    C53F             Pullmanor,Camberwell 6 96
IIL 7480   MB O303/15RHP         C53F             Williams,Brecon 02
NIL 8261   MB O303/15R           C53F             Pullmanor,Camberwell 97
PYY 198    Volvo B58-56          Plaxton C53F     Houghton,Basildon 00
UIL 2528   Kassbohrer S215HD     C49FT            Maye,Astley 04
F702 PAY   MB O303/15R           C53F             East Yorkshire 55 03
F705 PAY   MB O303/15R           C53F             East Yorkshire 56 03
H284 HLM   Mercedes-Benz 814D    North West C24F  Hall,Yeadon 98
P968 HWF   Dennis Javelin        Auwaerter C49FT  Golden Tours,Victoria 03
~~~~~~~~~~~~~~~~~~~~~~~~~~~~~~~~~~~~~~~~~~~~~~~~~~~~~~~~~~~~~~~~~~~~~~~
HIL 8244*E994 KJF(7/96),
IIL 7480*GWO 1L(2/01) & ALJ 805A(6/92) & PUL 93Y(3/87),
NIL 8261*F709 PAY(12/97), PYY 198*GWC 33T(12/87) &
UIL 2528*VPA 109X(9/03) & 8603 PH(10/01) & VPA 109X(2/84)
~~~~~~~~~~~~~~~~~~~~~~~~~~~~~~~~~~~~~~~~~~~~~~~~~~~~~~~~~~~~~~~~~~~~~~~
```

CW   C. WOODCOCK.t/a ALCO MINI TRAVEL

Depots:c/o C &C,912-914 Manchester Road &
         Mount Street,Castleton,ROCHDALE,Greater Manchester.

```
N241 YRJ   LDV 400        Olympus C16F    Bibby,Ingleton 05
P528 FDB   LDV Convoy     Concept C16F    Coach Options,Middleton 05
P885 KNF   LDV 400        Olympus C16F    Bibby,Ingleton 05
S579 YSU   LDV Convoy     Mellor B12FL    E Dunbartonshire Coun. 04
```
N241 YRJ*BIB 9842(3/05) & N241 YRJ(3/99) &
P885 KNF*VWU 529(3/05) & P885 KNF(7/02)

CX   T.H. & B.A. WOODS.t/a KENMORE COACHES

Depots:Unit 26a,Bradley Hall Trading Estate,Bradley Lane &
         229 Preston Road,STANDISH,Greater Manchester.

```
GIL 7547   Volvo B10M-61          Plaxton C57F    Moor-Dale,Newcastle 97
KIW 7241   Scania K93CRB          Plaxton C57F    Tarhum,Nailsea 03
LBZ 4328   Duple 425              C59F            Henderson,Newcastle 97
WIB 7051   Bova FHD12-290         C55F            Q Drive,Battersea 00
WIB 7543   Duple 425              C55F            Evans,New Tredegar 95
G815 BPG   Volvo B10M-60          Plaxton C53F    Holmeswood Coaches 02
N207 CKP   Mercedes-Benz 709D     Plaxton C29F    A Kent 1207 02
N910 DWJ   Dennis Javelin         Berkhof C41F    Holmeswood Coaches 03
N940 EWG   Dennis Javelin         Plaxton C43FT   Bowman,Craignure 05
P522 NMA   Volvo B10M-62          Plaxton C57F    Selwyns,Runcorn 63 04
P220 OLC   Mercedes-Benz O814D    ACL C29F        Donaldson,Strathkinness 03
P238 RUM   DAF DE33WSSB3000       Plaxton C57F    Jackson,Blackpool 05
```
GIL 7547*D481 KJT(3/91) & XEL 4(11/88) & D270 HFX(11/87),
KIW 7241*J279 NNC(4/04), LBZ 4328*D124 FDF(5/96),
WIB 7051*G819 YJF(4/00) & WIB 7543*D967 AFV(3/96)

CY   F. WOOLLEY.t/a WOOLLEYs COACHES

Depot:Pont Crug Uchaf,LLANEDWEN,Anglesey.

```
E638 DPD   Mercedes-Benz 609D    Advanced C24F   Roberts,Rhandir 03
E  49 UKL  Mercedes-Benz 609D    RB B20F         Pritchard,Gaerwen 04
G101 KUB   Mercedes-Benz 811D    Optare B33F     Thomas,Llanddulas 03
J302 TUH   Mercedes-Benz 709D    PMT B25F        Tims Travel,Sheerness 03
```

DA   WORLDFLIGHT LTD.t/a ROADLINER TRAVEL

Depot:Renown Garage,Wistaston Road,CREWE,Cheshire.

```
CIW 1939   Leyland TRCTL11/3R   Plaxton C52F      Lawrence,Packmoor 3 02
MJI 6254   Volvo B10M-60        Plaxton C50F      Cooper,Newbiggin-by-Sea 01
SIL 1897   Volvo B10M-60        Plaxton C49FT     Dunn-Line,Nottingham 02
F194 LSA   Volvo B10M-61        Jonckheere C51FT  Greenhalgh,Widnes 04
N554 SJF   Volvo B10M-62        Jonckheere C53F   Clarke,Lower Sydenham 04
N730 UVR   Volvo B10M-62        Jonckheere C46FT  Shearings 730 05
```
CIW 1939*UEH 522X(?/91) & 9346 PL(9/89) & XGS 768X(7/86),
MJI 6254*J709 CWT(4/96), SIL 1897*J265 NNC(2/00) &
F194 LSA*RBZ 5358(8/03) & F194 LSA(2/01) & YOI 890(8/00) & PSU 627(8/99) &
     F913 YNV(12/91)

DC G.A. WORTH

Depot:Golden Green Garage,LONGNOR,Staffordshire.

```
E880 SPW   Mercedes-Benz 609D    RB C19F         Nuttall,Barnoldswick 99
W173 WFM   Mercedes-Benz 614D    Onyx C19F       Plant,Cheadle 26 04
YN51 AJO   Mercedes-Benz 614D    Onyx C24F       New 01
YD52 RNA   Mercedes-Benz 0815D   Sitcar C33F     New 02
YU04 XJL   Mercedes-Benz 0814D   Plaxton C33F    New 04
YJ54 EXD   Mercedes-Benz 0815D   Sitcar C33F     New 04
```

DD WPS EXPRESS LTD.t/a TOP TRAVEL INTERNATIONAL

Depot:Tollgate Industrial Estate,STAFFORD,Staffordshire.

```
 7   R303 VUJ   LDV Convoy           LDV B16F        Leons,Stafford 150 03
 8   S537 UAW   LDV Convoy           LDV B14F        Non-PSV(Afford) 01
 9   S540 UAW   LDV Convoy           LDV B16F        Non-PSV(Afford) 01
     LJI 5631   DAF MB200DKFL600     Plaxton C49FT   Trent Valley,Rugeley 04
     L847 LVT   LDV 400              LDV B12F        Non-PSV(Stafford) 05
     R162 WBC   MB O814D             LCB C29F        Halls,Stafford 2 02
```

LJI 5631*B568 NJF(5/89)

DE WRIGLEYs COACHES LTD

Depot:4 Fiddlers Lane,IRLAM,Greater Manchester.

```
LIL 4725   Leyland TRCTL11/3RH   Plaxton C48FT     Titlesure,Bedlington 99
TIL 6042   Kassbohrer S228DT     CH54/20CT         Wiffen,Lower Kingswood 04
 26  GNW   MAN 18.310            Noge C48FT        New 98
 37  GNW   MAN 18.350            Auwaerter C49FT   Home James,Totton 01
EFW 863X   Auwaerter N122/3      CH53/18CT         Ebdon,Sidcup 99
D938 NDA   MCW Metrobus DR102    CH43/27F          West Midlands 2938 02
G339 KWE   Auwaerter N116/3      C48FT             Parry,Cheslyn Hay 93
J440 KUT   Toyota HDB30R         Caetano C21F      Ferguson &,Shipley 91
T555 GNW   MAN 18.350            Auwaerter C48FT   New 99
```
LIL 4725*B456 SFA(8/95) & 8636 PL(11/90) & B29 OBF(10/87),
TIL 6042*A410 GPY(2/01) & 365 WHT(12/00) & A410 GPY(10/90),
37 GNW*S2 HJC(11/01), 555 GNW*H46 VNH(3/91) &
G339 KWE*37 GNW(11/01) & G339 KWE(1/94)

DF WYTHENSHAWE MOBILE LTD

Depots:130 Sale Road,Northern Moor,GATLEY, Hammerstone Road,GORTON &
        Shentonfield Road,SHARSTON,Greater Manchester.

```
P187 AJU   Mercedes-Benz 412D    Frank Guy B13FL   WMSNT,Birmingham 03
R224 FGX   Ford Transit          CD B15FL          New 98
R225 FGX   Ford Transit          CD B15FL          New 98
R759 YDB   Mercedes-Benz 410D    UVG B14FL         GM Accessible Transport 04
S260 KJF   Mercedes-Benz 310D    LCB B12FL         WMSNT,Birmingham 03
S263 KJF   Mercedes-Benz 310D    LCB B12FL         WMSNT,Birmingham 03
S264 KJF   Mercedes-Benz 310D    LCB B12FL         WMSNT,Birmingham 03
S153 SWE   Iveco 49-10           Frank Guy B16FL   Non-PSV(Sixt Kenning) 02
S156 SWE   Iveco 49-10           Frank Guy B16FL   Non-PSV(Sixt Kenning) 02
V 51 EWB   Mercedes-Benz 410D    MinO B12FL        New 99
V 52 EWB   Mercedes-Benz 410D    MinO B12FL        New 99
X638 BPY   Iveco 50C11           Mellor B16FL      Non-PSV(TLS) 05
MH03 RHE   Optare Alero          B16F              New 03
MH03 RHF   Optare Alero          B16F              New 03
MX05 CRF   Volkswagen LT46       ? B16FL           New 05
```

OC   OTHER PSV VEHICLES IN CHESHIRE

BIL 9862	LDV Convoy	Concept C16F	Webb,Northwich
IIL 6436	Leyland TRCTL11/3R	Duple C50F	Bowker,Rode Heath
LIJ 7851	Bova FHD12-280	C53F	Pickles & Birkin,Congleton
LIL 9397	Volvo B10M-61	Caetano C53F	Johnson &,Macclesfield
MIL 2173	DAF MB230LT615	Plaxton C53F	Kelsall,Alsager
MIL 5571	DAF MB200DKFL600	Duple C53F	Bowker,Rode Heath
RFV 41	Volvo B10M-61	Van Hool C51FT	Loyns,Widnes
RIL 9851	Mercedes-Benz 410D	Olympus C16F	Driver,Winsford
RIL 9852	Ford Transit	G & M C12F	Driver,Winsford
RJI 6769	Volvo B10M-61	Van Hool C49FT	Brooks &,Macclesfield
RXI 6746	Mercedes-Benz 709D	Alexander C25F	Ashcroft,Widnes
SIL 3340	Volvo B10M-61	Duple C49FT	Dixon,Great Sankey
TIL 4687	Bedford YNT	Plaxton C53F	Johnson &,Macclesfield
UIL 7815	Volvo B10M-61	Caetano C49FT	Beardsmore,Rudheath
XIB 8401	Mercedes-Benz 609D	RB C25F	Taylor,Penketh
248 FOU	Volvo B10M-60	Van Hool C49FT	Moores,Middlewich
123 LYN	LAG Panoramic	C16FT	Link Hospitality,Ollerton
EUU 117J	AEC Reliance	Plaxton C34C	Regency,Northwich
WFR 167K	AEC Reliance	Plaxton C45F	Regency,Northwich
WDK 562T	AEC Reliance	Plaxton C53F	Regency,Northwich
CKC 626X	Leyland TRCTL11/2R	Duple C49F	Ashcroft,Widnes
KYV 482X	Leyland TNLXB/2RR	Leyland H44/24D	Meadows,Crewe
SND 120X	MCW Metrobus DR102	H43/30F	Bowker,Kidsgrove
FRU 675Y	Leyland TRCTL11/3R	Plaxton C53F	Bowker,Rode Heath
A 7 HLC	Scania K113CRB	Irizar C49FT	Meadows,Crewe
A987 POD	Bedford YNT	Plaxton C53F	Bowker,Kidsgrove
C320 CWS	Leyland RT	Van Hool C53F	Howard,Great Sankey
C894 GYD	Ford Transit	Robin Hood B16F	Povey,Ledsham
C643 MNL	Mercedes-Benz L608D	Steedrive C16FL	Franklin,Warrington
E373 FKX	Leyland TRCTL11/3ARZ	Plaxton C57F	Fraser,Widnes
G116 ERF	Mercedes-Benz 609D	North West C24F	Tormey,Warrington
G189 PAO	Mercedes-Benz 709D	Alexander B23F	Evans,Tiverton Heath
H881 LOX	Dennis Dart	Carlyle B35F	Howard,Great Sankey
J 21 GCP	DAF 400	Concept C16F	Cook,Great Sankey
J152 SNF	DAF 400	LSM B16F	Ashley,Crewe
K374 BRE	Mercedes-Benz 811D	ACL C29F	Davies,Alpraham
L 7 DLJ	LDV Convoy	LDV B16F	Olleveant,Moore
L214 HUK	DAF 400	DAF B16F	Moores,Crewe
L724 JBF	Iveco 49-10	VanTech C14F	Pickles & Birkin,Congleton
L988 MUA	Renault B110	Mellor B14FL	Franklin,Warrington
L636 RGU	Iveco 49-10	PG B8FL	Twigg,Winsford
L561 YCC	Volvo B10M-62	Jonckheere C51FT	Moores,Middlewich
M219 FMR	Mercedes-Benz 814D	ACL C33F	Allman,Coddington
M331 LHP	Mercedes-Benz 709D	ARB B23F	Accessassist,Wincham
M342 LHP	Mercedes-Benz 709D	ARB B23F	Dixon,Great Sankey
M842 LNC	LDV 400	Concept C16F	Larsen,Wilmslow
M308 TFR	Ford Transit	Mellor DP16FL	Franklin,Warrington
N 81 KHW	LDV 400	? B13FL	Tormey,Warrington
N200 OAT	Mercedes-Benz 410D	Olympus C16F	Taylor,Penketh
N727 XHN	LDV 400	DC B16FL	Pumford,Latchford
P572 AAW	LDV Convoy	Mellor C16FL	Wortley,Penketh
P318 BVN	Iveco 49-10	Crystals B14FL	Clavin,Middlewich
P704 CRM	Mercedes-Benz 611D	Olympus C24F	Pickles & Birkin,Congleton
P190 EUJ	LDV Convoy	Concept C16F	Kelly,Culcheth
P843 NKK	Iveco 45-10	Euromotive B16FL	Vaughan,Burland
P808 VYS	LDV Convoy	Mellor C16FL	Airport,Runcorn
P708 WUB	LDV Convoy	Concept C16F	Busybus,Little Budworth
R939 CMB	Mercedes-Benz 412D	Olympus C16F	Brown,Willaston
R596 DOB	LDV Convoy	LDV B16F	Cooper,Crewe
R431 PTH	LDV Convoy	Cymric C16F	Tomlinson,Winsford
R917 UWJ	Iveco 49-10	Frank Guy B15FL	Sure & Safe,Warrington
R702 YOA	LDV Convoy	LDV B16F	Westwood,Warrington
S539 KJF	LDV Convoy	LDV B16F	N Ellis,Winsford
S304 TEW	Mercedes-Benz 814D	Bradshaw C24F	Loyns,Widnes
S912 UKL	Iveco 49-10	Euromotive B16FL	Vaughan,Burland
T334 ABV	LDV Convoy	LDV B16F	Morris,Winsford
T 31 BUS	Renault Master	Jubilee C15F	Busybus,Little Budworth

```
T548 FLJ  LDV Convoy             LDV B16F             Moores,Crewe
T868 JKE  Iveco 49-10            Euromotive B16FL     Coe,Middlewich
T320 JRH  LDV Convoy             LDV B16F             Morris,Winsford
T834 JVR  LDV Convoy             Coachsmith C16F      Michalski,Weaverham
T584 LPP  Volkswagen LT35        Mansell C16F         Twigg,Winsford
T  59 RJL Mercedes-Benz 0814D    ACL C33F             Fraser,Widnes
T105 SVK  Mercedes-Benz 614D     Excel C16F           Harrier,Crewe
T752 UCH  Volvo B10M-62          Berkhof C51FT        Moores,Middlewich
V689 DDC  Volkswagen LT46        ? B13FL              Twigg,Winsford
V151 EVR  Mercedes-Benz 412D     Concept C16F         Manley,Knutsford
V245 FEC  LDV Convoy             Jaycas C16F          Michalski,Weaverham
V489 RDN  LDV Convoy             Concept C16F         Webb,Northwich
W129 SBA  Mercedes-Benz 308D     Olympus C14F         Motive Custom,Rudheath
W906 XKJ  Iveco 40-10            Crystals B8F         Morris,Winsford
X117 BFJ  LDV Convoy             LDV B16F             Hadley,Crewe
Y816 JPM  LDV Convoy             LDV B16F             Smith,Macclesfield
PO51 WZC  LDV Convoy             LDV B16F             Quinn,Orford
AF02 SGV  LDV Convoy             LDV B16F             Tormey,Warrington
FM02 HPY  LDV Convoy             LDV B16F             Guest,Winsford
FM02 HRD  LDV Convoy             LDV B16F             Kirwan,Winsford
FN52 GUD  Iveco 391E             Beulas C51FT         Shaw-Pollard,Tarvin
MF52 HDN  Mercedes-Benz 413CDI   Concept C16F         Accessassist,Wincham
SK03 BGK  Mercedes-Benz 313CDI   Olympus C8F          Kelly,Culcheth
AE04 WLN  LDV Convoy             LDV B16F             Loyns,Widnes
MX04 UBH  LDV Convoy             Concept C16F         Cook,Great Sankey
PN04 UXH  LDV Convoy             ? C16F               Cook,Great Sankey
BU54 MCA  Renault Master         ? C8F                Cowle,Saughall
PN05 PZU  LDV Convoy             Olympus C16F         Dixon,Great Sankey
```
~~~~~~
BIL 9862*R730 FND(12/02) & R4 MTE(11/01),
IIL 6436*A477 NJK(11/01) & 419 DCD(10/90) & A809 CCD(8/87),
LIJ 7851*SFS 246(3/01) & B331 ORY(12/88),
LIL 9397*B776 SFA(5/96) & LJI 8160(2/93) & B664 SEH(11/89) & 18 XWC(3/87),
MIL 2173*G228 HCP(5/96), MIL 5571*D214 LNW(7/94), RFV 41*A648 UGD(11/95),
RIL 9851*M675 KPD(4/01), RIL 9852*G563 UYL(4/01),
RJI 6769*GNF 471Y(6/94) & ESU 117(9/88) & ENF 579Y(12/86),
RXI 6746*E50 CHH(8/04), SIL 3340*D528 YCK(11/00), TIL 4687*B267 NUT(9/01),
UIL 7815*MIL 2978(9/04) & 821 FTA(2/04) & B728 MBC(12/99),
XIB 8401*F250 PSE(7/96), 248 FOU*F687 ONR(2/98),
123 LYN*G992 FVV(4/04) & A7 GYC(8/03) & G992 FVV(12/00) & B11 TFC(4/00) &
    G992 FVV(4/00), FRU 675Y*RIB 8744(1/95) & KGS 490Y(5/92),
A7 HLC*P130 GHE(12/00), C320 CWS*863 EXX(4/05) & C320 CWS(4/89),
J21 GCP*J3 MTE(1/00) & J21 GCP(12/98), L7 DLJ*P140 DFR(5/05),
L561 YCC*L77 KMP(4/02), S304 TEW*FIL 3017(5/04) & S304 TEW(10/03),
T31 BUS*W684 DOP(2/01), T752 UCH*99G 333(7/05), V489 RDN*V3 MTE(11/01) &
BU54 MCA*MK54 XPR(3/05)
~~~~~~

OG   OTHER PSV VEHICLES IN GREATER MANCHESTER

```
AIG 7273  Kassbohrer S215HD      C49FT                Fulcher,Stockport
CCZ 8895  Mercedes-Benz 814D     ACL C25F             Rodriguez,Moss Nook
DSK  660  Volvo B10M-60          Van Hool C49FT       Pemberton,Mossley
FIL 2688  Volvo B10M-62          Plaxton C53F         Bradshaw,Heywood
FIL 3017  Mercedes-Benz 709D     Plaxton B29F         Bradshaw,Heywood
FIL 6815  Iveco 49-10            Crystals B16F        Leader,Horwich
GSU  369  Kassbohrer S215HD      C49FT                Griffiths,Walkden
IIL 7549  Auwaerter N122/3       CH57/20CT            Painter,Moston
JUI 1584  Mercedes-Benz 609D     DC C24F              Everall,Clifton
MBZ 4746  Mercedes-Benz 609D     North West C16F      Jones,Milnrow
MIL 6971  Toyota HDB30R          Caetano C21F         Platt,Oldham
MIL 6972  Bedford YNT            Plaxton C53F         Platt,Oldham
MKZ 2088  Mercedes-Benz 609D     Coachcraft C16F      Jenkins,Leigh
PJI 3043  Scania K112CRB         Van Hool C53F        Ellis,Gatley
PLZ 2879  Mercedes-Benz 709D     ARB B25F             Bradshaw,Heywood
PSV  591  DAF MB200DKFL600       Plaxton C50F         Smith,Hyde
RIL 5820  Volvo B10M-60          Van Hool C49FT       Pemberton,Mossley
RIW 8126  Mercedes-Benz 609D     RB C19F              Horricks,New Moston
RJI 5712  Van Hool T815          C49FT                Bolton,Audenshaw
```

Reg	Chassis	Body	Operator
SJI 1961	DAF SB2305DHS585	Caetano C53F	Mycock,Woodley
TDZ 3392	Volvo B10M-46	Plaxton DP35C	King,Dukinfield
TIL 7205	Kassbohrer S215HD	C49FT	Atkinson,Bolton
TSU 706	Kassbohrer S228DT	CH54/20CT	Painter,Moston
UIB 5302	Volvo B10M-61	Duple C49FT	Jedstone,Bolton
UOI 1830	Volvo B10M-61	Van Hool C52F	O'Brien,Farnworth
VOI 2652	Volvo B10M-61	Jonckheere C51FT	Jedstone,Bolton
VOI 5836	Dennis Javelin	Plaxton C53F	Ellis,Gatley
YSK 331	Volvo B10M-60	Van Hool C49FT	Rust & McKinney,Sale
YYD 932	LDV 400	Jubilee C16F	Mycock,Woodley
4717 VR	Ford R192	Plaxton C45F	Booth,Hyde
963 FHT	Toyota HDB30R	Caetano C21F	Hilton,Hindley
89 GWP	Volkswagen LT46	? C16F	Marmion,Irlam
DST 58C	Iveco 50C11	Mellor B16FL	Stewart,Castleton
BRN 639V	Bedford VAS5	Plaxton C29F	Unsworth,Tyldesley
TUM 998W	Bedford YMT	Duple C53F	Griffiths,Walkden
ENW 769Y	Leyland PSU5D/5R	Duple C57F	Bolton,Audenshaw
A417 MWD	Bedford YNT	Plaxton C57F	Williams &,Platt Bridge
A 2 XPJ	Mercedes-Benz 410D	Concept C16F	Jackson,Bredbury
B501 NAB	Leyland TRCTL11/3RZ	Plaxton C49FT	Griffiths,Walkden
D 19 LOM	Iveco 391E	Beulas C51FT	Williamson,Stockport
D357 OAK	Mercedes-Benz L307D	Whittaker C12F	Ryan,Flixton
E160 NEU	Mercedes-Benz 609D	RB C23F	Jackson,Baguley
F 32 HGG	Volvo B10M-60	Plaxton C47FT	Rodriguez,Moss Nook
F271 LND	Mercedes-Benz L307D	NC B12FL	Pollard,Offerton
F 66 YTJ	Ford Transit	Dormobile C16F	Frederiksen,Atherton
G619 FEY	Mercedes-Benz 609D	Steedrive B16FL	Pollard,Offerton
G175 ONV	Mercedes-Benz 709D	RB B24FL	Monk,Heaton Chapel
G485 TEC	DAF 400	Crystals C16F	Turner,Greenacres
G 95 VFP	Bova FHD12-290	C53F	Walker,Newall Green
H605 OVW	Mercedes-Benz 709D	RB C25F	Jackson,Baguley
J444 CKA	Mercedes-Benz 413CDI	UVS C16F	Bailey,Horwich
J148 JJX	Mercedes-Benz 709D	Ramm C16F	Ryan,Flixton
J966 JNL	Optare MR03	B25F	Tattersall,Bolton
J306 KFP	Toyota HDB30R	Caetano C21F	McLaughlin,Stretford
J450 MDB	Mercedes-Benz 609D	MM C24F	Dale,Alkrington
J531 NJF	Toyota HDB30R	Caetano C21F	Booth,Bury
J111 TMT	Mercedes-Benz 310D	? C15F	McDowell,Chadderton
K441 DRW	Mercedes-Benz 609D	Cunliffe B8FL	Glynn,Mossley
K830 HVJ	Renault Master	Cymric C15F	Marsh,Standish
K 60 JWH	Mercedes-Benz 811D	Coachliners C25F	Thomasson,Ashton-u-Lyne
K200 SLT	Toyota HDB30R	Caetano C16F	King,Dukinfield
K477 WBA	DAF 400	Cunliffe B12FL	Brown,Tyldesley
K984 XND	DAF 400	MM C16F	Tomlinson,Tyldesley
L702 CNR	Toyota HZB50R	Caetano C16F	Cook,Denton
L374 EVU	DAF 400	Concept C16F	Charleson,Salford
L418 JBD	Volvo B6	Alexander B40F	Wigan Buses
L757 JHD	DAF 400	Cunliffe B12FL	Fenton,Ashton-under-Lyne
L322 NSX	Mercedes-Benz 410D	DC B8FL	Monk,Heaton Chapel
L194 SCM	Mercedes-Benz 709D	North West C24F	Hughes,Irlam
L921 UGA	DAF 400	Deansgate C16F	Crabtree,Chadderton
L403 VGP	Iveco 49-10	Nuova C19F	Walley,Dunham Massey
L848 WDS	Mercedes-Benz 709D	Dormobile B29F	Everall,Clifton
M665 AWW	LDV 400	Mellor B12FL	Bentley,Mossley
M772 DRK	Toyota HZB50R	Caetano C16F	Drinnan,Bolton
M277 FNS	Mercedes-Benz 811D	WS B33F	McGeehan,Horwich
M423 PNB	Mercedes-Benz 410D	Excel C15F	Beddows,Bolton
M328 RNC	LDV 400	Cunliffe B14FL	Nightingale,Astley
M305 SSX	Iveco 59-12	Mellor B24FL	Stewart,Castleton
M400 STR	Dennis Javelin	Auwaerter C50FT	Travel Master,Stretford
M507 VSP	Iveco 49-10	Mellor B16FL	M Travel,Old Trafford
M267 WEM	LDV 400	LDV B16F	Farrell,Stretford
M931 XKA	Mercedes-Benz 410D	DC B14FL	O'Hara,Clifton
M530 YOR	Renault Master	SLS B12F	Stewart,Castleton
N334 CVP	Dennis Javelin	WS C47F	Orchard,Moston
N618 CWX	Ford Transit	Mellor B14F	Unsworth,Tyldesley
N459 DWX	LDV 400	Mellor B8FL	Delaney,Mossley
N357 GUB	LDV 400	Mellor B12FL	Hamblett,Oldham
N978 HEH	LDV 400	LDV B16F	Beddows,Bolton

N 4	HMC	Auwaerter N116/3	C48FT		Fulcher,Stockport
N934	HWX	LDV 400	Cunliffe B14FL		Drinnan,Bolton
N729	KHT	Iveco 49-10	DC B15FL		Henderson,Harwood
N279	KHW	Iveco 49-10	DC B18FL		Bellis,Lower Ince
N784	OGA	Mercedes-Benz 412D	? C16F		Parmar,Great Lever
N569	SOA	Renault Master	Premier C16F		Crabtree,Chadderton
N485	UJH	LDV 400	LDV B16F		Ali,Oldham
P377	DOF	Mercedes-Benz 412D	AMC B16FL		Ace,Great Lever
P465	FDB	LDV Convoy	Concept C16F		Donnell,Tottington
P522	FDB	LDV Convoy	Concept C16F		Cocks,Bredbury
P493	HNE	LDV Convoy	Olympus C16FL		Woodhall,Cadishead
P813	HOF	LDV Convoy	LDV B16F		Christodoulou,Oldham
P308	LBK	Renault Master	O&H B10F		Hughes,Ashton-on-Mersey
P490	MDM	Iveco 49-10	Frank Guy DP16FL		Ashton,Middleton
P422	NJA	LDV Convoy	Concept C16F		Tomlinson,Tyldesley
P163	NVM	LDV Convoy	LDV B16F		Gordon,Crumpsall
P583	PRJ	Renault Master	? C16F		Tomlinson,Tyldesley
P214	RUU	Kassbohrer S250	C48FT		Painter,Moston
P 41	RWR	Mercedes-Benz 312D	Coachliners C12F		Glynn,Mossley
P792	VYS	LDV Convoy	Stewart B16FL		Stubbs,Westhoughton
P807	VYS	LDV Convoy	LDV B16F		Wild,Moorside
P517	WBV	Iveco 40-10	Whitacre B15FL		M Travel,Old Trafford
P233	WWX	Mercedes-Benz 611D	Mellor DP16FL		Beech,Ramsbottom
R974	ARP	LDV Convoy	Mellor B8FL		Rajput,Chadderton
R824	BEG	LDV Convoy	Concept C16F		Maguire,Bredbury
R625	CTX	Toyota BB50R	Caetano C21F		Walley,Dunham Massey
R182	CUD	Mercedes-Benz 312D	Coachliners C15F		Banton,Offerton
R946	DDM	LDV Convoy	LDV B16F		Horricks,New Moston
R 45	DVM	LDV Convoy	LDV B16F		Charles,Tottington
R846	EAW	Iveco 45-10	Mellor B16FL		TC Travel,Baguley
R802	KCU	Mercedes-Benz 614D	Crystals C24F		Horricks,New Moston
R934	KSC	Mercedes-Benz 614D	Adamson C24F		Orchard,Moston
R967	KWT	LDV Convoy	Concept C16F		Edwards,Droylsden
R242	MDM	Iveco 49-10	Frank Guy B16FL		Brown,Tyldesley
R427	MEH	Volvo B10M-62	Plaxton C49FT		Eastern European,Rochdale
R464	MJU	Mercedes-Benz 410D	Mellor B15FL		Curtis,Chorlton
R529	MJU	Mercedes-Benz 410D	Mellor B15FL		Curtis,Chorlton
R319	OPY	Iveco 45-10	Mellor B15FL		Coop,Leigh
R624	RSA	LDV Convoy	LDV B16F		Davenport,Hollinwood
R147	TWF	Mercedes-Benz 410D	Frank Guy B15FL		Foster,Winstanley
R724	UOP	LDV Convoy	LDV B16F		Glynn,Shaw
R304	VUJ	LDV Convoy	LDV B16F		Rust & McKinney,Sale
R462	WOB	LDV Convoy	LDV B16F		Winstanley,Hawkley Hall
R852	WRM	Iveco 49-10	Mellor B16FL		Glynn,Mossley
R 71	WSD	Iveco 35-10	? B15F		Spence,Ashton-under-Lyne
R636	XAW	Iveco 45-10	Mellor B16FL		TC Travel,Baguley
R473	YDT	Scania L94IB	Irizar C49FT		Bywater,Rochdale
S172	BLG	Mercedes-Benz 614D	Olympus C24F		Dale,Alkrington
S 4	DGY	LDV Convoy	LDV B16F		Sedgewicke,Shaw
S897	DVA	LDV Convoy	LDV B16F		GEMS Schools,Urmston
S 57	JFV	LDV Convoy	LDV B16F		Charleson,Salford
S170	JUB	Mercedes-Benz 614D	Crest C24F		Thomasson,Ashton-u-Lyne
S977	RKM	Mercedes-Benz 410D	Olympus C16F		Jones,Heaton Chapel
S379	TMB	Mercedes-Benz 310D	Rosebury B15FL		Brown,Tyldesley
S375	XNE	LDV Convoy	LDV B16F		Harding &,Reddish
T239	ABF	LDV Convoy	LDV B16F		Beaver,Reddish
T 3	BUS	Toyota BB50R	Caetano C24F		Chariots,Heald Green
T942	LNT	Iveco 49-10	Mellor B15FL		TC Travel,Baguley
T737	MNE	LDV Convoy	LDV B16F		Booth,Bury
T801	MNH	LDV Convoy	LDV B16F		Percival,Denton
T625	NMJ	LDV Convoy	LDV B16F		Kearns,Reddish
T459	PCK	LDV Convoy	LDV B16F		Parkshield,Flixton
T476	RCE	LDV Convoy	LDV B16F		Haslam,Horwich
V211	DBX	Renault Master	Cymric C16F		Dulson,Bredbury
V938	ECU	Mercedes-Benz 614D	Crest C24F		Clayton,Heywood
V544	EHE	LDV Convoy	LDV B16F		A1,Dukinfield
V548	EHE	LDV Convoy	LDV B16F		Parkshield,Flixton
V386	HGG	LDV Convoy	Coachliners C16F		Jackson,Bredbury
V949	HKW	Mercedes-Benz O814D	Plaxton C25F		Hood,Bolton

V405 MOA	Toyota BB50R		Caetano C22F	Halliwell,Westhoughton
W533 BOV	LDV Convoy		LDV B16F	Jackson,Oldham
W235 COM	LDV Convoy		? C16F	Wooliscroft,Ashton-u-Lyne
W564 HNH	Mercedes-Benz 310D		? C16F	Ace,Great Lever
W634 HNH	Mercedes-Benz 311CDI		? C16F	Marmion,Irlam
W575 JVV	Mercedes-Benz 0814D		Plaxton B31F	Poole,Mossley
W576 JVV	Mercedes-Benz 0814D		Plaxton B31F	Poole,Mossley
W614 KFE	Mercedes-Benz 614D		ACL C24F	Limbert,Royton
W394 MDT	Mercedes-Benz 311CDI		? C13F	E Southern,Bolton
W294 PTD	LDV Convoy		LDV B16F	Tailor,Ashton-under-Lyne
W662 SJF	Iveco 391E		Beulas C48FT	Fulcher,Stockport
W 58 SJH	Toyota BB50R		Caetano C26F	Jackson,Baguley
W291 TNV	Mercedes-Benz 311CDI		Ramm C16F	Connolly,Irlam
W379 WGE	Mercedes-Benz 0814D		Plaxton C29F	White,Hindley Green
X977 ANC	Mercedes-Benz 310D		Concept C16F	E Southern,Bolton
X208 APY	Iveco 50C11		Mellor B16FL	Marshall,Stalybridge
X132 BHR	Mercedes-Benz 411CDI		? C16F	Taylor,Milnrow
X521 EBU	Mercedes-Benz 311CDI		Concept C16F	Limos Direct,Stockport
X111 ELS	Mercedes-Benz 413CDI		Olympus C16F	Elite,Crumpsall
X168 LFV	Renault Master		? C16F	Executive Travel,Eccles
X823 MFL	LDV Convoy		LDV B16F	Curtis,Baguley
X837 MFL	LDV Convoy		LDV B16F	Travel Master,Stretford
X 91 WYG	LDV Convoy		LDV B16F	Curtis,Baguley
X263 XBX	Renault Master		Cymric C14F	Coop,Leigh
Y591 ANV	Mercedes-Benz 311CDI		? C16F	Limbert,Royton
Y868 CGN	LDV Convoy		LDV B16F	Walker & Duffield,Denton
Y201 JPM	LDV Convoy		LDV B16F	Scott,Hyde
Y812 JPM	LDV Convoy		LDV B16F	Shaw,Great Moor
Y366 KCB	LDV Convoy		Concept C16F	Connelly,Offerton
Y262 KJA	Renault Mascott		Mellor B14FL	Rust & McKinney,Sale
Y679 LCF	LDV Convoy		LDV B16F	Ali,Oldham
Y899 LDP	LDV Convoy		LDV B16F	Ali,Oldham
Y221 SNB	Mercedes-Benz 411CDI		Olympus C16F	Chariots,Heald Green
Y679 YNA	Mercedes-Benz 0814D		CVC C24F	Orchard,Moston
BV51 EKR	Mercedes-Benz 614D		Central C24FL	Robertson,Dukinfield
BX51 ZWY	LDV Convoy		LDV B16F	Unsworth,Tyldesley
DE51 CPU	Mercedes-Benz 411CDI		? C14FL	Marmion,Irlam
EK51 KXO	LDV Convoy		Concept C16F	Kearns,Levenshulme
FX51 BUU	Mercedes-Benz 1223L		Ferqui C39F	Halliwell,Westhoughton
LF51 EHJ	LDV Convoy		LDV B16F	Marshall,Stalybridge
MU51 HHM	Mercedes-Benz 413CDI		Onyx C16FL	Robertson,Dukinfield
AD02 HAA	LDV Convoy		LDV B16F	Proos,Reddish
BL02 XYC	LDV Convoy		LDV B16F	Jeffries,Northenden
DA02 KPL	Mercedes-Benz 413CDI		Onyx C16F	Taylor,Norden
DY02 BJU	LDV Convoy		LDV B16F	Hart,Chadderton
FP02 YKM	LDV Convoy		LDV B16F	Smith,Failsworth
LG02 ZVA	LDV Convoy		LDV B16F	Percival,Denton
YG02 KZX	LDV Convoy		LDV B16F	Dulson,Bredbury
YG02 KZY	LDV Convoy		LDV B16F	Raby,Bolton
CE52 WJM	Mercedes-Benz 413CDI		Cymric C16F	Tully & Cain,Rochdale
BJ03 FMM	LDV Convoy		LDV B16F	Coop,Leigh
DK03 PXM	Mercedes-Benz 416CDI		Crest C16F	Taylor,Norden
MW03 TKN	LDV Convoy		Concept C16F	Shaw,Great Moor
RY03 FSA	LDV Convoy		LDV B16F	White,Hindley Green
YK03 HKM	LDV Convoy		LDV B16F	Parkshield,Flixton
YN03 LVK	Mercedes-Benz 413CDI		Excel C16F	Carousel,Haughton Green
YN03 LVL	Mercedes-Benz 413CDI		Excel C16F	Carousel,Haughton Green
YX03 HRU	LDV Convoy		Excel C16F	Williamson,Stockport
VX53 AUY	Mercedes-Benz 0814D		Plaxton DP33F	Walley,Dunham Massey
MV04 HKT	Mercedes-Benz 311CDI		? C16F	Tandy,Timperley
MV04 KVS	Mercedes-Benz 311CDI		? C16F	Vali,Bolton
MX04 VBU	Mercedes-Benz 311CDI		? C16F	Vali,Bolton
MX04 YNM	Mercedes-Benz 413CDI		Olympus C16F	Maguire,Bredbury
SN04 LFG	Volkswagen LT46		Kusters C16F	Radio Cabs,Ashton-u-Lyne
SA54 UWN	Renault Master		? C16F	Tully & Cain,Rochdale
YN54 AED	Iveco 95E18		Indcar C29F	Williamson,Stockport
BX05 AHL	Renault Master		? C16F	Tallents,Oldham
MX05 MGV	Mercedes-Benz 413CDI		Concept C16F	Booth,Bury
RS05 EUR	Mercedes-Benz 1836RL		C49FT	Eurorider,Offerton

SN05 HHF   Volkswagen LT46   Kusters C16F   Radio Cabs,Ashton-u-Lyne
~~~~~~
AIG 7273*H901 EDL(10/05) & SIL 4696(9/05) & H901 EDL(3/02) &
            PDL 298(2/00) & H901 EDL(8/98) & WDL 142(9/97) & H901 EDL(10/95),
CCZ 8895*N473 DRP(1/00) & L10 NBB(3/99),
DSK 660*B12 APT(1/99) & K291 GDT(4/98),
FIL 2688*N286 OYE(9/05) & XIL 7396(2/05) & N286 OYE(11/03) &
            ALZ 8697(5/00) & N286 OYE(1/00),
FIL 3017*P298 PVR(6/05) & P1 JPT(3/00), FIL 6815*N208 HLN(1/05),
GSU 369*J92 YAR(1/98), IIL 7549*F632 CWJ(7/94), JUI 1584*H879 XUL(10/01),
MBZ 4746*E196 UBG(4/95), MIL 6971*H566 ERG(12/96),
MIL 6972*E908 EAY(12/96),
MKZ 2088*F777 YCS(8/04) & MIL 2180(12/01) & F777 YCS(6/96),
PJI 3043*F99 CWG(9/92), PLZ 2879*K494 FFS(8/05), PSV 591*A706 GPR(5/00),
RIL 5820*J243 NNC(7/99), RIW 8126*E814 WAK(12/95),
RJI 5712*H628 TKU(8/94), SJI 1961*NIL 2990(12/00) & E996 KJF(3/97),
TDZ 3392*C858 EML(6/04),
TIL 7205*APA 672Y(8/01) & HUI 6828(3/01) & APA 672Y(4/00) &
            531 FCG(6/99) & APA 672Y(2/86),
TSU 706*A949 SKL(3/96) & HR 55(12/95) & A475 HPE(12/94),
UIB 5302*A700 EAU(10/97),
UOI 1830*NSK 361(5/03) & PSV 258(4/93) & GS 7640(2/93) & TOS 369X(8/92) &
            790 CVD(5/92) & CSM 550X(10/89), VOI 2652*B172 NJF(3/90),
VOI 5836*J241 MFP(1/03), YSK 331*K473 VVR(12/01), YYD 932*M881 UMJ(9/04),
4717 VR*NTU 191L(3/88), 963 FHT*K885 BRW(10/99),
89 GWP*S935 XNF(2/03) & M18 MPS(8/01), DST 58C*X748 UAT(5/04),
BRN 639V*5581 VB(9/87) & GPA 606V(6/85),
TUM 998W*MIL 9813(3/03) & TUM 998W(10/01),
A417 MWD*WBW 556(2/99) & A383 AHB(8/94) & YSV 648(3/93) & A476 TBX(12/88),
A2 XPJ*T686 MRJ(11/99),
B501 NAB*805 AFC(3/01) & B2 HCR(3/00) & DSK 516(4/99) & RJI 8029(1/98) &
            948 RJO(3/94) & SWN 159(8/92) & B34 UNW(2/89),
D19 LOM*W762 GPS(12/04) & W10 HAY(11/03),
G95 VFP*C18 OVA(6/04) & G95 VFP(11/03), J444 CKA*MA51 FCC(5/05),
J111 TMT*T68 CNW(6/05), K200 SLT*K380 NHU(5/97),
M772 DRK*536 ANA(6/00) & M491 HBC(1/97),
M400 STR*N6 HMC(7/05) & KBZ 6282(6/05) & N6 HMC(6/02),
N334 CVP*N812 BJO(8/02),
N569 SOA*SIL 2949(10/03) & N569 SOA(8/02) & B62 GSC(12/01) &
            N569 SOA(5/00), R934 KSC*R6 DWA(2/00) & R249 DJR(5/98),
R427 MEH*A6 FTG(11/00), R473 YDT*98D 41114(7/02), S4 DGY*W472 BAW(7/04),
S375 XNE*S4 MTE(8/99), V949 HKW*V3 TGT(6/03) & X111 ELS*MF52 HBG(2/04)
~~~~~~

OM   **OTHER PSV VEHICLES IN MERSEYSIDE**

```
NIB 3214   LAG E180Z              C53FT              Doherty &,Southport
NIL 6469   Kassbohrer S215HD      C49FT              Wibberley,Huyton
PJI 8366   DAF SB2300DHS585       Jonckheere C51FT   Smith,Rainhill
RSY  883   GM DUKW                Tanmill B30R       Pearlwild,Liverpool
SIL 5957   Van Hool T815          C49FT              Coleman,Garston
TJI 3146   Volvo B10M-61          Plaxton C53F       KGB Travel,Kirkby
YIL 1112   Bova FHD12-290         C49FT              Franklin,Southport
YSJ  668   GM DUKW                Tanmill B30R       Pearlwild,Liverpool
101  CLT   AEC Routemaster        PR H36/28R         Tennant,Birkenhead
297  DAF   DAF SB2005DHU605       Jonckheere C48FT   Tierney,Litherland
BYC 669B   Van Hool T815          C49FT              Tierney,Litherland
NML 645E   AEC Routemaster        PR H40/32R         McGerty &,Allerton
JPO   55P  Leyland PSU3C/4R       Duple C53F         Tierney,Litherland
A665 EMY   Bova FHD12-280         C49FT              Fusco,Southport
A  68 FPJ  Dennis Lancet          Van Hool C33F      Coleman,Garston
B  16 ABM  Scania K112CRB         Jonckheere C51FT   Myring,Whiston
C339 UFP   MB O303/15RHD          C49FT              Doherty &,Southport
E229 AAO   Mercedes-Benz 609D     RB B19FL           Murray,Huyton
E462 CGM   Mercedes-Benz 609D     Robin Hood C19F    Phoenix,Eastham
F276 LND   Mercedes-Benz L307D    NC B2FL            McVey,Fazakerley
F  76 NLH  Mercedes-Benz 407D     Coachcraft C15F    Derbyshire,Moreton
G574 BHP   Talbot Freeway         B16FL              Derbyshire,Moreton
G442 ETW   Ford Transit           CD C16F            Berry,Formby
```

Reg	Vehicle	Body	Operator
H688 BCK	Ford Transit	Cunliffe B10FL	Russell & Dowling,Kirkby
H434 BVU	Mercedes-Benz 410D	Onyx C15F	Grayson,St Helens
H447 OHB	Mercedes-Benz 811D	WJW C18F	McVey,Fazakerley
J 63 NKJ	Ford Transit	Dormobile B8FL	Whitefield Centre,Anfield
J229 YWG	DAF 400	Crystals C16F	Cleaton &,St Helens
K776 YBA	Mercedes-Benz 709D	Mellor C29F	Honnor,Prescot
L 20 ARK	Toyota HZB50R	Caetano C18F	Ark,Wallasey
L630 VCV	Mercedes-Benz 709D	Plaxton B23F	Southworth,Southport
M178 JNY	Iveco 59-12	Keillor B20FL	Roberts,Walton Park
M741 LNC	DAF 400	Concept C16F	Horne,Wallasey
M236 RHG	Mercedes-Benz 308D	? C14F	J Hatton,St Helens
M625 XKF	Iveco 49-10	WS B16FL	Woods &,West Derby
M882 YEH	Dennis Javelin	Plaxton C57F	Brady & Gormley,Kirkby
N520 BFY	Mercedes-Benz 410D	Concept C16F	Hill,St Helens
N393 CWR	Mercedes-Benz 711D	Onyx C26F	McVey,Fazakerley
N238 DHE	Mercedes-Benz 609D	Frank Guy B16FL	Fagan,Mossley Hill
N913 DWJ	Mercedes-Benz 814D	Robin Hood C25F	Coleman,Garston
N701 DWM	LDV 400	LDV B16F	Smith & Bolderson,Hoylake
N115 FHK	Kassbohrer S250	C48FT	Wilkinson,Waterloo
N737 NDD	Toyota HZB50R	Caetano C16F	McCaughran,Kirkby
N414 WJL	Mercedes-Benz 410D	ACL C16F	F Hagan,Huyton
P867 DCW	LDV Convoy	LDV B16F	McMurray,Garswood
P152 LMB	Iveco 49-10	Frank Guy B16FL	Edge,Kirkby
P478 MDM	Iveco 49-10	Frank Guy B16FL	Russell & Dowling,Kirkby
P487 MDM	Iveco 49-10	Frank Guy B16FL	Spencer,Litherland
P845 NKK	Iveco 45-10	Euromotive B16FL	Garton,Newton-le-Willows
P977 ONC	LDV Convoy	LDV B16F	Roy,Speke
P842 WUB	LDV Convoy	LDV B16FL	Russell,Kirkby
R945 DDM	LDV Convoy	LDV B16F	Carney,Bootle
R732 EGD	LDV Convoy	? B12FL	Whitefield Centre,Anfield
R860 JGE	Bova FHD12-340	C49FT	Riley,Broad Green
R546 PFJ	LDV Convoy	LDV B16F	Garton,Newton-le-Willows
R 27 YOE	Mercedes-Benz 412D	Concept C16F	Lowe,Southport
R675 YPO	LDV Convoy	LDV B16F	Murray,Huyton
S 53 LGA	Bova FHD12-340	C49FT	Riley,Broad Green
S848 SCA	LDV Convoy	LDV B16F	Out of Hours,Allerton
T103 EVV	Volkswagen LT35	? C14F	Hill,St Helens
V950 FEN	LDV Convoy	UVG B15FL	Whitefield Centre,Anfield
W487 PNT	LDV Convoy	LDV B16F	Liverpool Direct,Netherton
W319 SBC	Toyota BB50R	Caetano C26FL	Southworth,Southport
W761 XCE	LDV Convoy	LDV B16F	Nodwell,Kirkby
W601 XDM	LDV Convoy	LDV B16F	Scott,Billinge
W166 XTM	LDV Convoy	LDV B16F	Robinson,Rainhill
W379 XVE	LDV Convoy	LDV B16F	McGerty &,Allerton
W451 XVE	LDV Convoy	LDV B16F	McGerty &,Allerton
X493 JCK	LDV Convoy	LDV B16F	Cleaton &,St Helens
Y735 EAJ	Renault Master	? C16F	McKenna,Tuebrook
Y326 SNB	LDV Convoy	LDV B16F	Sullivan,Prescot
MX51 EOV	Volkswagen LT35	Advanced B13F	Rimmer,Sutton Leach
YJ51 EOB	LDV Convoy	Crest C16F	Tidbury,Newton-le-Willows
YX51 MBU	LDV Convoy	LDV B16F	Mann,Eastham
BD02 HYS	Iveco 45C13	Crest C16F	Travel Connex,Birkenhead
MK02 HGA	LDV Convoy	LDV B16F	Blanshard &,Moreton
PX03 EKD	Bova FHD12-340	C49FT	Fusco,Southport
PO54 MJJ	LDV Convoy	? C16F	Kay,Garswood
MY55 TAR	Bova FHD12-340	C49FT	Riley,Broad Green

```
NIB 3214*G439 NVV(3/03) & HSK 857(4/00) & G439 NVV(4/93),
NIL 6469*J902 LDL(9/97) & WDL 748(9/97) & J902 LDL(10/95),
PJI 8366*B190 AGK(4/93),
SIL 5957*GIL 6948(7/00) & LYS 508Y(9/90), TJI 3146*FAV 17Y(6/95),
YIL 1112*B14 JCT(5/04) & F648 EET(10/98) & JIL 3716(1/98) &
        F648 EET(5/94),
101 CLT*KFF 367(11/02) & KGH 969A(8/95) & 101 CLT(12/90),
297 DAF*XNV 155W(2/82), BYC 669B*BBU 533B(8/85) & EMB 774X(5/85),
A665 EMY*XCO 182(10/98) & HIL 7964(4/98) & A665 EMY(3/92),
A68 FPJ*YIJ 392(7/01) & A68 FPJ(1/01) & SJI 1966(6/00) & A68 FPJ(4/94),
B16 ABM*E510 KNV(3/97),
F76 NLH*DNZ 2507(3/04) & F76 NLH(9/03) & BNZ 9817(9/02) & F76 NLH(11/01),
```

```
H434 BVU*KWU 942(11/00) & H434 BVU(6/94),
H447 OHB*TIL 5081(4/02) & H447 OHB(11/00), L20 ARK*L703 CNR(4/02) &
N115 FHK*C9 SOM(8/04) & N115 FHK(1/02)
----------------------------------------------------------------------
```

ON   OTHER PSV VEHICLES IN NORTH WALES

```
ALZ 7276    Mercedes-Benz 709D    North West C26F   Holden,Gwernymynydd
BXI   33    Mercedes-Benz 814D    Plaxton C33F      Evans,Wrexham
DAZ 4296    DAF MB200DKTL600      Jonckheere C57F   Williams,Chirk
EOW  288    Kassbohrer S215HD     C49FT             Buchan,Sandycroft
HIW 6168    Mercedes-Benz 811D    Coachcraft C19F   Howard,Coedpoeth
JXI  835    Leyland TRCTL11/3R    Plaxton C51F      Evans,Pentrefoelas
MIL 2180    Volvo B10M-61         Plaxton C51F      Challinor,Bettws Gwerfil G
NIB 9313    Volvo B58-56          Jonckheere C49FT  Challinor,Bettws Gwerfil G
NIL 4809    Mercedes-Benz 408D    DC C16F           Beattie,Buckley
RIL 1760    Toyota HZB50R         Caetano C21F      Pritchard,Star
TBZ 4086    Mercedes-Benz 609D    MM C19F           Owen,Rhosybol
TIL 4790    Dennis Javelin        Duple C35F        Egerton,Prestatyn
TJI 6302    Leyland TRCTL11/3R    Plaxton C50F      Jones,Blaenau Ffestiniog
UIL 7812    Scania K113CRB        Van Hool C49FT    Bowen,Newtown
  8 HCR     Mercedes-Benz 312D    DC C15F           Taylor,Wrexham
607 VYC     Volvo B10M-61         Plaxton C49FT     Evans,Wrexham
946 WAE     Bedford VAM14         Farrar O16/18RO   Chester Heritage,Bretton
939 WFM     LDV Convoy            LDV B16F          Magee,Tre'arddur Bay
AEF 368A    DAF SB2305DHTD585     Plaxton C53F      Egerton,Prestatyn
PJC 630S    Ford R1114            Duple C53F        Evans,Pentrefoelas
GLP 422T    LN 11351A/3R          B33D              P & O Ferries,Holyhead
HFG 514T    Volvo B58-56          Plaxton C53F      Williams,Chirk
KMA 401T    LN 11351A/1R          B49F              Challinor,Bettws Gwerfil G
TCC   2T    Ford R1114            Duple C53F        Evans,Pentrefoelas
DSR 476V    Volvo B58-56          Plaxton C53F      Williams,Bala
JUM 524V    Volvo B58-56          Plaxton C53F      Williams,Bala
NNS 344V    DAF MB200DKTL600      Plaxton C57F      Jones,Meifod
RLN 236W    Leyland-DAB           Roe AB45T         P & O Ferries,Holyhead
AAC 785X    Bedford YNT           Plaxton C53F      Jones,Blaenau Ffestiniog
B341 BBV    Ford R1115            Plaxton C53F      Davies,Pantydwr
B659 CET    Leyland ONLXB/1R      ECW H45/32F       Hughes,Glan Conwy
B116 DTG    Bedford YNT           Duple C53F        Jones,Blaenau Ffestiniog
B  11 GJC   Mercedes-Benz O303    C49FT             Jones,Meifod
C  23 MBV   Bedford YNV           Duple C57F        Reynolds,Felindre
C925 PFL    Ford R1115            Plaxton C53F      Davies,Pantydwr
D204 FYM    Leyland ONLXB/1RH     ECW H42/26D       Hughes,Glan Conwy
D206 FYM    Leyland ONLXB/1RH     ECW H42/26D       Hughes,Glan Conwy
E274 CGJ    Ford Transit          CD DP16F          Owen,Rhosybol
E  68 MVV   Mercedes-Benz 709D    Robin Hood B25F   Jones,Bethania
E432 YHL    Mercedes-Benz 709D    RB B25F           Bowden,Cyfronydd
F715 FDV    Mercedes-Benz 709D    RB DP25F          Ithell,Southsea
F320 UJV    Mercedes-Benz 308D    PMT C14F          Davies,Old Churchstoke
F148 WDE    Leyland TRCTL11/3ARZ  Duple C53FT       Jones,Aberystwyth
G194 CLF    DAF SB220LC590        Hispano B45D      P & O Ferries,Holyhead
G  27 MFR   DAF SB2305DHTD585     Duple C57F        Reynolds,Felindre
G665 OVO    Mercedes-Benz 814D    RB C33F           Gittins,Dolanog
G965 SFT    Toyota HB31R          Caetano C21F      Jones,Meifod
G952 TDV    Mercedes-Benz 709D    Carlyle B29F      Ithell,Southsea
G115 TNL    Mercedes-Benz 814D    RB C33F           Williams,Bala
G643 YVS    Mercedes-Benz 814D    RB C29F           Hughes,Llanaelhaearn
H  54 AAB   Toyota HDB30R         Caetano C21F      Egerton,Prestatyn
H524 GKN    Mercedes-Benz 609D    Crystals C20F     Thomas,Llanddulas
H272 LJC    Mercedes-Benz 811D    Optare B33F       Woolley,Bodfordd
H  14 SPB   LDV Convoy            LDV B16F          Bennett,Llanidloes
H998 VRB    Mercedes-Benz 811D    Phoenix C16F      Ithell,Southsea
J   6 GFM   Mercedes-Benz 609D    Olympus C24F      Strafford &,Coedpoeth
J360 LAY    Bova FHD12-290        C55F              Gittins,Dolanog
J277 OSJ    Mercedes-Benz 709D    RB B25F           Woolley,Bodfordd
K451 ATF    Mercedes-Benz 410D    G & M C14F        Hardie,Conwy
L896 MWG    DAF 400               Whitacre B16FL    Davies,Bodedern
L484 YDF    Ford Transit          Crystals B16FL    Jones,Clwt-y-Bont
M582 BVL    Mercedes-Benz 814D    ACL C29F          Howard,Coedpoeth
```

M933 CHU	Toyota HZB50R		Caetano C18F	Craig-y-Don Travel
M714 HBC	Dennis Javelin		Marcopolo C51F	Jones,Aberystwyth
M 50 TCC	Kassbohrer S250		C48FT	Corfield,Llanidloes
M206 XWY	LDV 400		LDV B16F	Jacobs,Kinmel Bay
N762 AOV	Renault Master		Jubilee C14F	Bentham,Capel Bangor
N543 BFY	Mercedes-Benz 410D		Concept C16F	Baines,Derwen
N107 GSJ	Mercedes-Benz 814D		Plaxton C33F	Taylor,Llanrwst
P428 ACT	Mercedes-Benz 711D		ACL C24F	Pritchard,Llangefni
P195 CUJ	LDV Convoy		LDV B16F	Pritchard,Llanrwst
P 5 DMW	MAN 18.370		Caetano C49FT	Lewis,Llanfair Caereinion
P423 FDB	LDV 400		Concept C16F	Thomas,Llanddulas
P253 JHE	Mercedes-Benz 412D		Crystals C15F	Pritchard,Llangefni
P 94 KCA	Mercedes-Benz 814L		Balmoral C35F	Holden,Gwernymynydd
P773 NKE	Kassbohrer S250		C48FT	Corfield,Llanidloes
P929 ONC	LDV Convoy		LDV B16F	Magee,Tre'arddur Bay
P869 PGO	LDV Convoy		LDV B16F	Jones,Eyton
P 38 RYV	LDV Convoy		LDV B16F	Taylor,Wrexham
P942 UGA	Volkswagen LT35		? B8F	Baines,Derwen
R484 BKU	Mercedes-Benz 310D		? C15F	Global Taxis,Bala
R281 BNE	LDV Convoy		Concept C16F	Mervyns,Llanrwst
R195 LBC	MAN 11.220		Caetano C35F	Gittins,Dolanog
R322 LRY	Iveco 52-10		G & M C16F	Beattie,Buckley
R 35 NFT	LDV Convoy		Crest C16F	Thomas,Llanddulas
S726 BMA	LDV Convoy		LDV B16F	Mervyns,Llanrwst
S906 KGD	Mercedes-Benz O814D		Onyx C24F	Bowden,Cyfronydd
T237 ABF	LDV Convoy		LDV B16F	Wycherley,Wrexham
T868 GFP	LDV Convoy		LDV B16F	Williams,Hope
T579 GJF	Iveco CC80E		Indcar C24F	Craig-y-Don Travel
T749 MBV	LDV Convoy		LDV B16F	Airport Express,Abergele
T 7 WYS	Mercedes-Benz 411CDI		Crest C16F	Jones,Glasinfryn
V327 XDO	Mercedes-Benz 410D		ACL C16F	Bowen,Newtown
W492 HOB	Mercedes-Benz 410D		Olympus C16F	Wright,Llanfyllin
W296 PTD	LDV Convoy		LDV B16F	Owen,Rhosybol
W697 UUH	LDV Convoy		LDV B16F	GAP Recruitment,Wrexham
W539 WRV	LDV Convoy		LDV B16F	GAP Recruitment,Wrexham
X331 DKV	Mercedes-Benz 311CDI		? C16F	Soane,Rhuddlan
X 92 DNT	LDV Convoy		WJW C16F	Williams,Kerry
X479 EEB	LDV Convoy		LDV B16F	Jones,Aberystwyth
X352 FVE	LDV Convoy		LDV B16F	Jones,Bangor
X754 KBO	LDV Convoy		LDV B16F	Wilson,Llandudno
Y486 HWE	Mercedes-Benz 413CDI		Excel C16F	Hardie,Conwy
Y784 HYG	Renault Master		? B12F	Holden,Gwernymynydd
MA51 BYO	Mercedes-Benz 413CDI		Crest C16F	Wilson,Llandudno
MK02 HDA	LDV Convoy		Concept C16F	Dimelow & Jones,Gwytherin
MM02 WKC	Mercedes-Benz 411CDI		? C16F	Roberts,Prestatyn 43
BF52 VRM	LDV Convoy		Concept C16F	Dimelow & Jones,Gwytherin
CX52 WCZ	Mercedes-Benz 413CDI		Concept C16F	Haynes,Prestatyn
BK03 YPY	LDV Convoy		LDV B14F	Royal Mail,Aberystwyth
GN03 ZPX	Mercedes-Benz 411CDI		Stanford C16F	Dooner,New Brighton
MX03 OYT	LDV Convoy		Concept C16F	Roberts,Prestatyn
AF53 MMF	Bova FHD13-340		C59F	Meirion,Aberystwyth
DK04 UUF	Mercedes-Benz 311CDI		? C16F	Dimelow & Jones,Gwytherin

```
ALZ 7276*F96 SWS(4/02), BXI 33*P398 MDY(7/04), DAZ 4296*WRK 9X(11/94),
EOW 288*MRP 80Y(4/87),
HIW 6168*E483 AJC(2/98) & NIA 841(1/98) & E69 DVL(6/95),
JXI 835*FSW 40Y(2/90), MIL 2180*RSJ 814Y(12/01),
NIB 9313*BUR 63S(11/90) & 310 CCH(1/84) & UKW 555S(10/82),
NIL 4809*G508 JHB(5/98), RIL 1760*P70 JDS(5/99), TBZ 4086*E702 UND(2/03),
TIL 4790*E255 PEL(11/01) & BCV 96T(9/01) & E255 PEL(4/98),
TJI 6302*RJI 5703(8/95) & YPJ 210Y(7/94),
UIL 7812*M544 TOC(5/02) & 95C 4711(5/01), 607 VYC*RME 972Y(10/86),
939 WFM*P378 VWU(12/03) & B3 HOD(8/03) & P378 VWU(6/99),
AEF 368A*D286 XCX(4/96),
HFG 514T*CLC 553T(10/96) & YDL 435(4/95) & 685 CLC(11/93) &
             595 CLC(1/88) & APH 515T(6/87),
DSR 476V*XOD 665(8/03) & DSR 476V(8/01) & VSR 591(9/97) & DSR 476V(5/84),
JUM 524V*TIA 1642(3/04) & JUM 524V(12/96),
AAC 785X*CEC 62(7/85) & XVC 10X(6/83),
```

```
B116 DTG*FIL 7297(8/03) & B116 DTG(3/99),
B11 GJC*C224 SAO(4/97) & 3937 TR(8/96),
C23 MBV*YTH 632(6/98) & C23 MBV(2/96) & 86WX 330(8/95) & C23 MBV(5/92),
E274 CGJ*367 ARV(6/03) & E274 CGJ(4/00) & NMC 528(6/94) & E821 EVS(5/89),
F148 WDE*WJB 490(1/03) & F882 EAX(3/01) & UIJ 742(12/96) &
     F254 CDW(10/94), G194 CLF*CAP 9(9/99),
H54 AAB*C21 BUS(5/05) & TIB 2893(5/04) & MIL 1085(5/02) & H395 CFT(7/97),
H14 SPB*V979 FAU(1/04), H998 VRB*A8 RVC(5/02) & H998 VRB(10/01),
T579 GJF*D19 LOM(12/04) & T579 GJF(6/03) & DAZ 4519(10/02) &
T7 WYS*W953 YKK(5/05)
```

OR   OTHER VEHICLES IN SHROPSHIRE

```
HDZ 2610   Mercedes-Benz 811D     Wright B26F        Owen,Vennington
KIJ  117   DAF MB200DKFL600       Van Hool C53F      Elmes,Pontesbury
MUI 6061   Bova FHD12-290         C49FT              Bedstone College
RHJ  697   Scania K113CRB         Irizar C48FT       Jones,St Martins
6804  VC   Leyland TRCTL11/3R     Plaxton C51F       Newport,Knockin Heath
JAW  84V   Mercedes-Benz 413CDI   Onyx C16F          MP Mini Coaches,Telford
XFP 836Y   Bristol LHS6L          Duple C35F         Newport,Knockin Heath
B 20 PCL   Volvo B10M-61          Jonckheere C51FT   Pritchards,Shifnal
G 73 APO   Mercedes-Benz 709D     Alexander DP25F    Bradbury,Stiperstones
H831 DRY   Ford Transit           LCB B8FL           Marshall,Shifnal
J 11 BOT   Mercedes-Benz 412D     ? C16F             Bremner,Telford
J 12 BOT   LDV Convoy             WJW C16F           Bremner,Telford
J 19 BRA   LDV Convoy             Concept C16F       Braddick,Wellington
J866 TAX   Mercedes-Benz 408D     DC B15FL           Ironbridge,Madeley
K663 VNF   DAF 400                MM C16F            Tinsley,Maesbury Marsh
K 25 VRY   Toyota HDB30R          Caetano C18F       Amies,Shrewsbury
L401 BBC   Mercedes-Benz 811D     WS B31FL           Owen,Vennington
L352 BRY   MAN MT8.160            GCS C29F           Amies,Shrewsbury
M  4 KNM   Iveco 45-10            Crest C16F         Newport,Knockin Heath
M359 PNT   LDV 400                ? B8FL             Bradbury,Stiperstones
M 31 UYG   Mercedes-Benz 410D     ACL C16F           MP Mini Coaches,Telford
N313 DSX   Renault Master         Cymric C16F        Amies,Shrewsbury
N243 NNR   Toyota HZB50R          Caetano C16F       Johnson,Montford Bridge
N470 RTA   LDV 400                G & M C16F         Aldridge,Wellington
P845 BJF   LDV Convoy             Crystals C16F      Millership,Telford
P441 EAW   LDV Convoy             LDV B16F           Johnson,Montford Bridge
P164 ORJ   LDV Convoy             Concept C16F       Ironbridge,Madeley
P 80 PPS   Auwaerter N316SHD      C49FT              Patterson,Trench Lock
R879 EFL   LDV Convoy             Concept C16F       Walton,Telford
R 46 MEW   LDV Convoy             Concept C16F       Horler,Wellington
S305 VAW   LDV Convoy             LDV B16F           Bedstone College
T695 EJB   LDV Convoy             LDV B16F           Ercall Nursery,Leegomery
T810 OGB   LDV Convoy             LDV B16F           Aston & Howells,Newport
V471 RDN   LDV Convoy             Concept C16F       Jones,St Martins
W768 FOL   Toyota BB50R           Caetano C26F       Newport,Knockin Heath
W296 NWG   Mercedes-Benz 413CDI   Ferqui C16F        Tinsley,Maesbury Marsh
Y212 BBA   Iveco 391E             Beulas C51FT       Jones,St Martins
Y197 KNF   LDV Convoy             LDV B16F           Van Rossem,Hodnet
SN51 OSJ   Mercedes-Benz 413CDI   KVC C16F           Bains,Trench
YE51 UDB   Mercedes-Benz 311CDI   ? C12F             Ironbridge,Madeley
YN51 HKF   LDV Convoy             Excel C16F         Horler,Wellington
AF02 RYW   LDV Convoy             LDV B16F           Central,Horsehay
BN52 BBJ   LDV Convoy             Concept C16F       Horler,Wellington
DU52 MBO   LDV Convoy             LDV B16F           MRC,Telford
YR52 UNB   LDV Convoy             Jaycas C16F        Tandy,Bayston Hill
```

```
KIJ 117*6306 FH(9/90) & FHJ 83Y(7/87),
MUI 6061*B15 JCT(10/03) & G888 EFX(5/98), RHJ 697*L8 PCC(10/02),
6804 VC*C473 CAP(8/91) & WVT 618(11/90),
JAW 84V*X735 ULG(4/05) & X16 JLT(3/05) & X735 ULG(1/03),
B20 PCL*B10 MMT(1/00) & F952 RNV(2/96),
G483 PDH*A15 WTH(1/03) & G483 PDH(9/93), J12 BOT*V980 FAU(11/02),
J19 BRA*MV03 AON(8/03), N313 DSX*L8 TVL(8/04) & N313 DSX(5/04) &
Y212 BBA*Y55 SOM(5/03)
```

OS OTHER VEHICLES IN STAFFORDSHIRE

ATS 689	Bedford OB	Duple C29F	Keeling,Tunstall
GIL 2784	Bova FHD12-290	C53F	Kaur & Kale,Longton
JXI 6133	Leyland CU435	Wright DP35FL	Evans,Stoke-on-Trent
KUI 2298	Mercedes-Benz 709D	RB C25F	Rumplan,Newcastle-u-Lyme
LIL 2033	Volvo B10M-60	Van Hool C53F	Feeley,Pelsall
MIW 2427	Volvo B10M-61	Ikarus C49FT	Miller,Shenstone
NIW 3033	Bedford YMP	Plaxton C35F	Fitch,Biddulph
RIB 7197	Mercedes-Benz 609D	Beaumont C16F	Windsor,Chesterton
SIB 6176	Van Hool T815	C48FT	Meek,Cannock
UJW 123	Mercedes-Benz 412D	Olympus C16FL	Wright,Longton
WSV 539	DAF MB230LB615	Van Hool C51FT	Hawley,Uttoxeter
XIL 8147	Dennis Javelin	Auwaerter C49FT	Feeley,Pelsall
MKH 487A	Duple 425	C51FT	Copeland,Brown Lees
A 15 DHC	Leyland TRCL10/3ARZM	Plaxton C51FT	DH Cars,Denstone
A 16 DHC	Mercedes-Benz 413CDI	Crest C16F	DH Cars,Denstone
A798 JAY	Bova EL28/581	Duple C53F	Clews,Armitage
D424 POF	Bova FHD12-280	C53F	Clews,Armitage
E785 BTV	Leyland RT	Leyland C53F	Elkin & Wood,Tamworth
E327 EVH	DAF MB230LB615	Plaxton C53F	Mels,Norton Canes
E182 UEJ	Volvo B10M-61	Ikarus C53FT	Feeley,Pelsall
F829 GKO	Scania K92CRS	Duple C55F	Copeland,Brown Lees
G110 APC	Toyota HB31R	Caetano C16F	Lote,Chasetown
G293 OFR	Ford Transit	Dormobile B4FL	Shirley,Great Wyrley
G717 TAG	Volvo B10M-60	Plaxton C53F	Blurton,Dosthill
H 13 BED	Scania K93CRB	Plaxton C55F	Moseley,Rugeley
J175 KKE	Ford Transit	Dormobile B12FL	Elizabeth Anne,Tamworth
J618 PNE	Mercedes-Benz 308D	Vantech C12F	Windsor,Chesterton
K 20 AMB	Volvo B10M-60	Plaxton C49FT	Meek,Cannock
K424 ARW	Mercedes-Benz 811D	Wright B31F	Hall,Winkhill
L611 XJF	Mercedes-Benz 410D	Central C14F	Rumplan,Newcastle-u-Lyme
M481 KHP	Mercedes-Benz 308D	? C16F	Randhawa,Wombourne
M372 NWN	Mercedes-Benz 609D	Cymric C24F	Clews,Armitage
M969 RKJ	Ford Transit	DC C16F	Butler,Dosthill
M573 STO	LDV 400	JJ C16F	Boston,Heath Hayes
N775 BWF	LDV 400	ACL C16F	Moses,Abbey Hulton
N908 LUF	LDV 400	Crest B ?FL	Shirley,Great Wyrley
N753 VCY	DAF MB230LT615	Van Hool C49FT	Elkin & Wood,Tamworth
N590 WND	Mercedes-Benz 709D	ARB B27F	Autism GB,Blithbury
N119 XNU	LDV Convoy	LDV B16F	Price,Hednesford
P 90 ASH	Scania K113TRB	Irizar C49FT	Dawson,Newcastle-u-Lyme
P679 DAW	LDV Convoy	Jubilee C16F	Earley,Leek
P325 DDV	LDV Convoy	Kenning B16FL	Brumpton &,Essington
P422 EAW	LDV Convoy	? C16F	Rashid,Burton-upon-Trent
P935 EOP	Iveco 49-10	Central C16F	Maritza,Norton Canes
P989 KOF	LDV Convoy	LDV B16F	Wright,Rugeley
P810 VYS	LDV Convoy	Scott B8FL	Burrows,Chasetown
R745 AOE	LDV Convoy	LDV B16F	Advance Personnel,Hanley
R250 DWY	Mercedes-Benz 410D	UVG B15FL	Williams,Cannock
R569 MVN	LDV Convoy	? B12FL	Randhawa,Wombourne
R184 PNN	LDV Convoy	LDV B16F	Brown,Uttoxeter
R643 VUX	Mercedes-Benz 614D	Crest C24F	Stanton,Hednesford
R210 XWE	Mercedes-Benz 410D	Frank Guy B12FL	Bedward,Coven
S976 BOU	LDV Convoy	Coachsmith C16F	Boston,Heath Hayes
S 55 BPS	Scania L94IB	Irizar C49FT	Proctor,Talke
T342 COJ	Mercedes-Benz 312D	WJW C14F	Joyce,Cannock
T131 ONG	LDV Convoy	LDV B16F	Aspray,Cheslyn Hay
T427 REL	LDV Convoy	LDV B16F	Chapman,Shepherd &,Longton
V664 NUM	Mercedes-Benz 412D	Crest C16F	Stanton,Hednesford
W244 HBX	Renault Master	Cymric C16F	Prestwood,Hednesford
W187 RRE	LDV Convoy	LDV B16F	Chapman,Shepherd &,Longton
W711 WAK	Mercedes-Benz 614D	Excel C24F	DH Cars,Denstone
W739 XCE	LDV Convoy	LDV B16F	James,Fenton
X905 AEN	LDV Convoy	Concept C16FL	Bedward,Coven
X752 NUG	LDV Convoy	LDV B16F	Chapman,Shepherd &,Longton
NX51 GOJ	Iveco 35S11	? B15FL	Stanton,Hednesford
BD02 RWE	Toyota BB50R	Caetano C22F	Elson,Chase Terrace
EO02 UGL	LDV Convoy	LDV B16F	Moses,Abbey Hulton

```
HJ02 OPX  LDV Convoy        LDV B16F        Morgan,Norton Canes
AK52 LVZ  LDV Convoy        LDV B16F        Elizabeth Anne,Tamworth
BU05 KFK  LDV Convoy        LDV B15F        Royal Mail,Stafford
```
~~~~~~
```
GIL 2784*F680 JKR(3/90), KUI 2298*G918 UPP(3/00),
LIL 2033*G631 WFG(1/01) & A12 GPS(4/00) & G518 OGP(9/99),
MIW 2427*E780 VKU(11/91),
NIW 3033*D172 MEA(4/98) & YHA 116(7/96) & D949 CFR(5/94) & FTG 5(2/94) &
     D793 SGB(?/91), RIB 7197*D714 NAX(3/93),
SIB 6176*9740 EL(11/92) & ROF 882(7/88) & FKK 238Y(10/85),
UJW 123*P830 LVT(7/02), WSV 539*ILZ 6279(8/03) & G971 KJX(3/02),
XIL 8147*R281 THL(11/04),
A15 DHC*F683 SRN(2/04) & WSV 539(7/03) & MIB 236(2/98) & F683 SRN(8/90),
A16 DHC*YX03 CCE(2/04),
E785 BTV*854 WKP(10/04) & E785 BTV(7/02) & 75 RTO(4/02) & E785 BTV(2/96),
E327 EVH*B19 DAF(3/02) & E327 EVH(1/97),
E182 UEJ*9 GUV(1/00) & E182 UEJ(6/88),
G717 TAG*39 EYD(3/04) & 508 DKH(10/97) & G56 SAG(4/97),
H13 BED*H199 MSX(2/97) & H6 CRC(9/96) & H802 RWJ(6/91),
R643 VUX*C9 ULY(10/00) & R410 DGU(4/00),
S55 BPS*S359 SET(10/03) & 99D 8466(4/02) &
W711 WAK*A15 DHC(1/04) & W711 WAK(2/03)
```
~~~~~~

INDEX OF ABBREVIATIONS USED IN THIS PUBLICATION

```
ACL   Autobus Classique              MC    Metro-Cammell
ACS   Auto Conversions               MCV   MCV Bus & Coach
AR    Alexander                      MCW   Metro-Cammell Weymann
ARB   Alexander Belfast              MinO  Minibus Options
BL    Bristol                        MM    Made 2 Measure
CD    Chassis Developments           MMCI  Macedonian Motor Coach Industries
Con   Constables                     NC    Northern Counties
CVC   Corporate Vehicle Conversion   O&H   Oughtred & Harrison
DC    Devon Conversions              PCT   Preston Corporation Transport
DN    Duple Northern                 PG    Pilcher Greene
ECC   European Coach Conversions     PN    Plaxton
ECW   Eastern Coach Works            PR    Park Royal
EL    East Lancs                     RB    Reeve Burgess
GM    General Motors                 RH    Robin Hood
JE    Jonckheere                     RV    "Recovery Vehicle"
JJ    J & J Travel                   SCC   SC Coachbuilders (Caetano UK)
KA    Kassbohrer                     SUN   Sunsundegui
LCB   Leicester Carriage Builders    VH    Van Hool
LD    Leyland                        WJ    Wright Jenkins
LN    Leyland National               WJW   WJW Conversions
LSM   Lockitt Street Motors          WK    Willowbrook
LVD   Leinster Vehicle Distributor   WMB   Walsall Motor Bodies
MB    Mercedes-Benz                  WS    Wadham Stringer
```

OPERATOR LOCATION INDEX

ANGLESEY:

AMLWCH	J7,L7	LLANEDWEN	CY
BRYNTEG	J7	LLANERCHYMEDD	J7
CARREGLEFN	L8	LLANFAETHLU	K3,BP
GAERWEN	H2	LLANGEFNI	H2
GWALCHMAI	H5,V5	LLANGRISTIOLUS	L7
HOLYHEAD	H3,K3		

CEREDIGION:

PENRHYNCOCH   N8

CHESHIRE:

APPLETON THORN	A2,A6,F7,Y5	NORTHWICH	AP
BYLEY	46	RUNCORN	17,P4,P7(x2),Y3
CHESTER	56	SHAVINGTON	BN
CONGLETON	38	SUTTON LANE END	49
CREWE	N6,V1,DA	THREAPWOOD	H7
CROUGHTON	T9	WARRINGTON	23,D7,N5,N9,R1(x2), AV,CC,CD
ELLESMERE PORT	50,T7		
KEY GREEN	M3	WAVERTON	BK
LOSTOCK GRALAM	84	WHITEGATE	CK
LOWER WHITLEY	98	WIDNES	D3,D4,H1,BV,CK
MACCLESFIELD	J8,N2	WILLASTON	CU
MALPAS	N7	WINCHAM	84
MIDDLEWICH	R5,AF	WINSFORD	C4
NANTWICH	19	WINTERLEY	77

CONWY:

EGLWYSBACH	X2(x2)	LLANRWST	F9,K2
LLANDUDNO	F9	MORFA CONWY	J2
LLANFAIRFECHAN	J2		

DENBIGHSHIRE:

BETTWS GWERFIL G.	81	MOLD	86
BODELWYDDAN	24,83	PENTRE LLANRHAEADR	99
BRYNFORD	R8	RHYL	F9
DENBIGH	24	RUTHIN	83
DYSERTH	BP	TREFNANT	T2
GRAIGFECHAN	X4		

FLINTSHIRE:

BAGILLT	X1	LEESWOOD	80
BUCKLEY	H6	MOSTYN	10
FLINT	J3	NORTHOP	L5
GREENFIELD	M2,U3	PONTYBODKIN	BA
HOLYWELL	U3		

GREATER MANCHESTER:

ALTRINCHAM	98,K4	LONGSIGHT	W1
ASHTON-MAKERFIELD	87	MANCHESTER AIRPORT	N3,V9,Y3
ATHERTON	88,A9	MARPLE	M9,AA
BOLTON	13,29,33,BC	MIDDLETON	28,62,BW
BREDBURY	1,L2,P3,AA	OFFERTON	AD
BURY	79,E8	OLDHAM	18,E5,H9,AK(x2)
CARRINGTON	V9	OPENSHAW	70
CHADDERTON	74,R3,AP	PENDLETON	K9,N1
CHEADLE	42(x2)	RADCLIFFE	U6,BD
CHEADLE HEATH	AW	REDDISH	43
CHEADLE HULME	H4	ROCHDALE	P5,R7,Y8,CL,CW(x2)
CHEETHAM	C8,BL	ROYTON	27,E5
CLAYTON	N5(x2)	SALFORD	71,X8
ECCLES	C5,D6	SHARSTON	7,DF
GATLEY	BR,DF	SMITHY BRIDGE	41
GOLBORNE	93	STANDISH	78,CX(x2)
GORTON	5,E4,BJ,DF	STOCKPORT	92,A8
HAZEL GROVE	63,L3	STRETFORD	68(x2),X5
HEATON CHAPEL	22,39,43,A3	SWINTON	4,AM
HEYWOOD	14,64,82,F1,U9,BY	URMSTON	92
		WALKDEN	57,J6
HINDLEY	L9	WHITEFIELD	C7
HINDLEY GREEN	L4	WIGAN	59,A4,A9,E6,U7,BU
IRLAM	DE	WYTHENSHAWE	P6
LEIGH	D5,AJ,CM		

GWYNEDD:

BLAENAU FFESTINIOG	90,F9	PENYGROES	J5
BONTNEWYDD	J5	PORTHMADOG	CP
CAERNARFON	Y7	PWLLHELI	K5
DEINIOLEN	CT	RHIWLAS	T3
DOLGELLAU	96(x2)	RHOSGADFAN	Y7
LLANBERIS	A5,K7,V2	TANYGRISIAU	A5
LLANDWROG	Y7	TREFOR	61,J1(x2)
LLANIESTYN	97	TYWYN	F9
LLANRUG	11	Y FELIN HELI	D1
NEFYN	T1		

MERSEYSIDE:

AINTREE	6,58(x2)	LIVERPOOL	P9,R6
BIRKENHEAD	2, 8,76,A1,W3,X7,AT	MAGHULL	48,55,U4
		MELLING	C2,BC
BOOTLE	76,F4,W6(x2),Y2,CN	MORETON	51,F8
		NETHERTON	52
EASTHAM	55	NEWTON-LE-WILLOWS	E9
FORMBY	76,W2	PRENTON	3,Y9
GARSTON	15(x2),AE	PRESCOT	A7
HAYDOCK	U2	ST HELENS	12,16,35,94,E2,E3(x2),R9,W8,Y3
HESWALL	V7		
HOYLAKE	21	SOUTHPORT	76,E7,Y2
HUYTON	E1(x2),H8,BF	SPEKE	67,D8,AN,BX(x2)
IRBY	69	TARBOCK	M5(x2)
KIRKBY	34,CJ	WALLASEY	C1

POWYS:

ABERMULE	V8	LLANFYLLIN	P2
BERRIEW	W7	LLANGEDWYN	P2
FOUR CROSSES	T5	LLANIDLOES	K1(x3)
HOPE	72	LLANRHAEADR-YM-M.	P2
KNIGHTON	T4	MACHYNLLETH	M1(x2)
LLANFAIR CAEREIN.	CH	NEWTOWN	N8,W5,CR

SHROPSHIRE:

BASCHURCH	26	KNOWLE	W4
BROCKTON	F5	LITTLE WENLOCK	M6
CARDINGTON	30	MADELEY	91
CHILDS ERCALL	45	MINSTERLEY	V8
CLEEHILL	W4	NEWPORT	F3
CLEOBURY MORTIMER	N4	PONTESBURY	M4
CLUNGUNFORD	R4	SHREWSBURY	Y6
DAWLEY	W9	STIPERSTONES	P1
DONNINGTON WOOD	AX	TELFORD	37,Y4
EDSTASTON	R2	TRENCH	37
ELLESMERE	L1(x2)	WALL	47
HADLEY	37,M8	WELLINGTON	91
HODNET	X9	WEM	AY

STAFFORDSHIRE:

ADDERLEY GREEN	66	HEDNESFORD	C3
ALTON	BH	ILAM	CE
BIDDULPH	D2,F2	KIDSGROVE	AU
BRERETON	BM	LEEK	C6
BUCKNALL	Y1	LONGNOR	60,DC
BURNTWOOD	36	LONGTON	77,P8
BURSLEM	CA	MEIR	73
BURTON-UPON-TRENT	44,A9,AR	NORTON CANES	U8
BUTTERTON	CV	PENKRIDGE	75
CANNOCK	95,BT	PYE GREEN	BT
CHASE TERRACE	BM	RUDYARD	X3
CHASETOWN	54	RUGELEY	BE
CHEADLE	C6,U5,AH	SHARESHILL	F6
CHESLYN HAY	T8	SHENSTONE	K8
COTES HEATH	25	SPATH	9,T6
FAZELEY	20,AC	STAFFORD	D9,K6,L6,M7,DD
FENTON	V6	TALKE	53
FOUR ASHES	V3	TAMWORTH	31,X6
GREAT WYRLEY	CF	WINKHILL	32
HARRISEAHEAD	85		

WREXHAM:

ACREFAIR	J4	NEW BROUGHTON	81,U1,V4
BWLCHGWYN	89	RHOSLLANERCHRUGOG	J9
CEFN MAWR	P2,BK	RUABON	40
COEDPOETH	AL	WREXHAM	65,81

N.B.:- Depots outside the area of this publication are at: Anlaby(Y5), Bessingby(31),Bristol(Y5),Buckingham(31),Castle Donington(N3), Cawston(BE),Cleobury Mortimer(N4),Cogenhoe(31),Darwen(13), Exhall(Y5),Greens Norton(31),Grimsby(31),Helmdon(31),Leeds(Y5), Lincoln(31),London(Y5),Normanton(Y5),North Somercoates(31), Torquay(Y5),Tunbridge Wells(Y5),Wednesfield(77) & Witney(31)

REGISTRATION INDEX

FO	8933	V8	CNZ	1530	N8	FNR	923	H4	HIL	2077	E9	JCK	892	J3
GZ	2248	CF	CNZ	1531	N8	FNZ	7729	31	HIL	2375	V6	JED	904	N7
HC	8726	57	CNZ	1532	N8	FSU	343	78	HIL	2376	V6	JIB	1470	90
JC	2772	F9	CNZ	2250	77	FSU	356	D9	HIL	2378	V6	JIB	3515	F7
JC	9736	BP	DAZ	4296	ON	FSU	802	19	HIL	2381	R9	JIL	2161	M2
JU	963	W5	DAZ	6503	T7	FSU	803	72	HIL	2550	W4	JIL	2164	W8
KP	6894	P9	DFC	586	78	FSU	804	19	HIL	3931	H7	JIL	3123	32
VT	9284	Y1	DHZ	3261	92	FSU	807	V4	HIL	3932	H7	JIL	4386	AW
ZV	1460	J5	DHZ	6774	D8	FSV	305	31	HIL	3935	H7	JIL	5293	K2
			DJZ	1919	1	FSV	428	54	HIL	4091	E9	JIL	5807	T1
			DJZ	8085	E4	FSV	720	31	HIL	4349	K3	JIL	7424	25
			DJZ	9918	77	FXI	547	BU	HIL	5659	T2	JIL	7651	13
ACZ	7668	AL	DLZ	5484	X4	GAZ	6666	C6	HIL	5663	83	JIL	8216	52
ACZ	7669	V4	DNZ	3062	77	GBZ	5537	AR	HIL	5682	AL	JJI	459	75
AEY	365	K3	DSK	660	OG	GCA	747	CF	HIL	6245	J6	JJI	767	W2
AIA	9000	2	DSV	712	92	GCC	572	L8	HIL	6248	92	JJZ	3488	M2
AIG	1905	AE	DXI	1454	25	GCZ	5416	CA	HIL	6411	92	JLZ	8845	77
AIG	1906	AE	ECT	912	K3	GEY	124	L8	HIL	6584	91	JSU	986	61
AIG	1907	AE	ECZ	1586	88	GEY	273	W6	HIL	7020	L9	JUI	1584	OG
AIG	1908	AE	ECZ	3448	88	GEY	371	L8	HIL	7386	V6	JUI	3995	72
AIG	7273	OG	ECZ	9144	31	GFF	405	94	HIL	7591	T6	JUI	5011	L3
ALZ	1221	8	EDZ	215	R3	GFW	496	42	HIL	7592	81	JVJ	529	D2
ALZ	2928	8	EEZ	7362	CA	GHZ	6067	M2	HIL	7593	81	JXI	835	ON
ALZ	3102	8	EHZ	5491	F4	GIB	1020	24	HIL	7613	V6	JXI	6133	OS
ALZ	3561	8	EIL	829	91	GIB	1437	AK	HIL	7614	V6	KAZ	777	C6
ALZ	4161	8	EIL	1607	91	GIB	1555	24	HIL	7615	V6	KAZ	2262	U6
ALZ	7276	ON	EJZ	2291	77	GIB	4881	AV	HIL	7616	V6	KAZ	4133	9
ANZ	9881	77	ELZ	2972	60	GIL	1682	V6	HIL	7624	V6	KAZ	6917	T2
ASV	257	81	ENF	565	L6	GIL	1909	32	HIL	7642	V5	KBZ	2539	AR
ASV	764	N5	ENZ	2127	77	GIL	2195	32	HIL	7923	U1	KDZ	5805	H8
ATS	689	OS	ENZ	4634	77	GIL	2784	OS	HIL	8244	CV	KIB	2352	97
BAZ	6851	51	ENZ	4635	77	GIL	2786	H7	HIL	8286	25	KIB	7026	V2
BAZ	7386	W8	EOW	288	ON	GIL	6343	BV	HIL	9152	W8	KIB	9059	97
BHZ	8675	77	ESK	697	R5	GIL	7547	CX	HIW	6168	ON	KIB	9308	97
BHZ	8677	77	ESK	841	R5	GJI	5040	30	HJI	843	N7	KIJ	117	OR
BHZ	9544	D8	ESK	879	H7	GJZ	4274	CR	HJZ	1918	N5	KIW	4391	M4
BIL	9862	OC	ESK	882	H7	GLZ	2710	V4	HKF	151	55	KIW	5201	D4
BIW	2848	D4	ESK	896	31	GLZ	6557	31	HOI	2804	H7	KIW	7241	CX
BIW	7176	34	ESK	897	31	GLZ	7478	L3	HSK	511	31	KIW	8609	25
BJZ	6751	F9	ESU	635	31	GNZ	3406	77	HSU	548	61	KLZ	3438	M8
BJZ	6752	F9	ESU	735	81	GNZ	3420	77	HSV	674	D9	KNT	780	30
BOV	415	AE	EUK	978	N5	GNZ	3461	77	HUI	4199	V5	KOI	4484	T9
BUI	1484	42	EXI	790	J5	GNZ	3462	77	HUI	4560	R5	KOI	7625	J5
BUI	2649	E4	EXI	1726	J5	GNZ	3471	77	HUI	6828	V3	KPR	698	31
BXI	33	ON	EXI	6387	50	GNZ	3561	77	HUI	9695	C3	KSU	411	25
BXI	2573	C9	FBZ	1473	T2	GNZ	3562	77	HVJ	203	30	KSU	455	Y5
BXI	2598	C9	FBZ	9239	A9	GSU	368	H3	HXI	3009	R6	KSU	456	Y5
CAZ	2818	D9	FCZ	3413	CA	GSU	369	OG	IAZ	3454	P2	KSU	465	Y5
CAZ	5104	T4	FDJ	75	94	GSU	388	D5	IAZ	4775	N5	KSU	490	V8
CBU	860	N6	FDZ	6695	R3	GSV	494	H2	IAZ	4776	N5	KSV	361	61
CCC	596	F9	FIL	2688	OG	GSX	846	D7	IIB	6819	J5	KUI	2243	BA
CCZ	8895	OG	FIL	3017	OG	GUI	441	C5	IIL	1347	AU	KUI	2298	OS
CDZ	8671	U6	FIL	3786	V8	GUJ	356	N7	IIL	2944	92	LAO	630	93
CHZ	4871	V4	FIL	6815	OG	GXI	516	E9	IIL	3506	81	LAZ	4408	M4
CHZ	4872	BP	FIL	7253	U6	HAZ	2958	32	IIL	6436	OC	LAZ	5876	L3
CHZ	8960	77	FIL	7485	81	HCZ	4676	J5	IIL	7480	CV	LBZ	4071	R9
CIB	7866	81	FIL	8299	V8	HDZ	2602	A5	IIL	7549	OG	LBZ	4328	CX
CIW	1939	DA	FIL	8540	90	HDZ	2610	OR	IIL	9169	81	LBZ	6311	W4
CKZ	5994	77	FIL	8605	BF	HDZ	2614	A5	IJI	3294	J7	LCZ	9668	L2
CNZ	1521	N8	FJC	239	L8	HFF	234	R9	IJZ	2331	CA	LEC	214	K3
CNZ	1522	N8	FJZ	4196	77	HGR	150	U9	ILZ	8205	AA	LIB	6437	N5
CNZ	1524	N8	FJZ	9714	5	HIB	967	AF	JAZ	9864	F9	LIB	6439	N5

LIB	8920	X4	MIB	236	73	MUI	7828	72	ODM	101	99	POI	6312	M2
LIJ	7851	OC	MIB	246	73	MUI	9736	W6	ODZ	9487	J8	PRN	761	E9
LIL	2033	OS	MIB	268	73	MUI	9737	W6	OED	201	N5	PSU	906	54
LIL	2063	10	MIB	278	73	MUI	9836	W6	OIB	8606	C6	PSU	954	54
LIL	2104	96	MIB	279	73	MUI	9837	W6	OIL	3927	20	PSU	969	54
LIL	4237	X5	MIB	302	73	MXI	7848	T6	OIL	5269	E9	PSU	987	54
LIL	4725	DE	MIB	346	73	NAX	511	N7	OIW	7026	91	PSU	988	54
LIL	5947	BU	MIB	394	73	NBZ	1676	CF	OIW	7027	91	PSU	989	54
LIL	6147	BU	MIB	516	73	NDZ	3160	N5	OIW	7113	BA	PSV	456	46
LIL	6287	CR	MIB	520	73	NDZ	3161	N5	OJB	53	94	PSV	591	OG
LIL	7810	N7	MIB	536	73	NEJ	722	D1	OJC	496	J5	PXI	320	V5
LIL	8045	AL	MIB	537	73	NIB	3214	OM	OJI	8786	95	PXI	6348	W6
LIL	8971	M3	MIB	542	73	NIB	3264	25	OKZ	4941	N1	PXI	6717	W7
LIL	9239	10	MIB	580	D9	NIB	4162	N5	OKZ	4942	N1	PYY	198	CV
LIL	9397	OC	MIB	614	73	NIB	8317	F2	OKZ	9847	CA	RAZ	2228	97
LIW	1336	50	MIB	615	73	NIB	8318	F2	OLG	7	N7	RAZ	5171	N5
LIW	9272	K9	MIB	746	73	NIB	9313	ON	OLZ	1919	1	RAZ	8628	E4
LJI	1697	K2	MIB	761	73	NIL	3943	V6	OLZ	7276	CA	RAZ	9321	W2
LJI	3740	K2	MIB	783	73	NIL	3944	V6	ONL	122	A8	RBZ	2674	U4
LJI	5631	DD	MIB	864	73	NIL	4809	ON	ONU	77	94	RDM	378	J3
LJI	6786	K2	MIB	905	73	NIL	5651	M4	OSV	519	L9	RFV	41	OC
LJI	7211	K2	MIB	970	73	NIL	6345	U7	OTK	802	H4	RHJ	697	OR
LJI	8023	81	MIB	7416	E4	NIL	6346	V3	OUI	2298	31	RHY	147	81
LJI	8702	K2	MIL	1062	AF	NIL	6469	OM	OUI	2342	A8	RIB	1080	60
LLZ	2349	77	MIL	1215	E3	NIL	7948	F8	OUI	2343	A8	RIB	3324	60
LLZ	2452	77	MIL	1846	F8	NIL	8256	N5	OUI	2344	A8	RIB	3524	60
LLZ	5719	31	MIL	2057	W9	NIL	8258	N5	OUI	3914	31	RIB	4081	X3
LMA	284	42	MIL	2172	73	NIL	8261	CV	OUI	3916	31	RIB	4323	32
LPT	328	Y7	MIL	2173	OC	NIL	8657	81	OUI	3918	31	RIB	5092	T9
LSK	527	81	MIL	2174	R9	NIL	8662	25	OUI	3920	31	RIB	6120	X3
LUI	1525	31	MIL	2180	ON	NIL	9774	N5	OUI	3921	92	RIB	6277	60
LUI	3409	H2	MIL	4418	25	NIW	2232	L7	OUI	3922	92	RIB	7197	OS
LUI	4506	BA	MIL	4420	M9	NIW	3033	OS	OUI	3925	CA	RIB	7409	96
LUI	4742	J5	MIL	5571	OC	NIW	4120	37	OUI	3996	92	RIB	7854	M2
LUI	4743	J5	MIL	6214	BY	NIW	6519	J1	OUI	3997	92	RIB	7856	BU
LUI	4744	V2	MIL	6971	OG	NJC	393	L8	OUI	4659	31	RIB	8034	32
LUI	4745	J5	MIL	6972	OG	NJI	4736	K1	OUI	4797	31	RIB	8289	X3
LUI	5798	40	MIL	7104	10	NKZ	2490	31	OXK	76	94	RIB	8636	60
LUI	5801	AK	MIW	2418	53	NMX	643	N5	OXK	373	Y5	RIB	9468	BK
LUI	5802	AK	MIW	2427	OS	NSV	539	J8	OYU	807	N2	RIJ	397	69
LUI	5803	AK	MIW	2430	L3	NUI	1576	K1	PAZ	3873	J3	RIJ	7003	H3
LUI	5804	L9	MJI	4988	W9	NUI	1589	31	PAZ	3875	J3	RIL	1015	F2
LUI	5806	L9	MJI	5765	N5	NUI	2418	32	PAZ	5463	23	RIL	1016	F2
LUI	5810	AK	MJI	6254	DA	NUI	4154	60	PCZ	1644	V4	RIL	1017	F2
LUI	5816	AK	MKZ	1871	X3	NUI	4181	31	PDZ	4202	50	RIL	1026	69
LUI	7858	F4	MKZ	1872	X3	NUI	4247	52	PIL	3252	W6	RIL	1058	E3
LUI	7871	31	MKZ	1873	X3	NUI	4249	52	PIL	4059	P2	RIL	1555	79
LUI	7872	85	MKZ	1874	X3	NUI	5270	Y1	PIL	4728	W6	RIL	1760	ON
LUI	8310	96	MKZ	1875	X3	NUI	5271	Y1	PIL	4729	W6	RIL	2650	22
LUI	8630	AV	MKZ	1876	X3	NUI	6001	V2	PIL	6350	BK	RIL	3702	W4
LUI	9582	77	MKZ	1877	X3	NUI	6002	V2	PIL	8615	22	RIL	3744	T2
LUI	9583	77	MKZ	2088	OG	NUI	6003	V2	PIL	9338	40	RIL	3899	Y7
LUI	9633	77	MSM	953	D1	NUI	6172	Y1	PIL	9376	N4	RIL	5820	OG
LUI	9639	77	MSV	372	99	NUI	6173	Y1	PIL	9546	J7	RIL	7976	L9
LUI	9640	AV	MUI	1235	Y1	NUI	6174	Y1	PIL	9740	AU	RIL	8160	N5
LUI	9649	77	MUI	1393	31	NUI	7726	31	PIL	9741	AU	RIL	8242	L4
LUI	9650	AV	MUI	1635	W6	NUI	8671	97	PIL	9742	AU	RIL	9160	F8
MAZ	5839	M4	MUI	1636	W6	NUI	8672	97	PJI	3043	OG	RIL	9161	F8
MBX	447	F9	MUI	1637	W6	NUI	9251	AW	PJI	5628	53	RIL	9162	F8
MBZ	4746	OG	MUI	1641	W6	NXI	608	AE	PJI	6085	N6	RIL	9163	F8
MBZ	7438	AR	MUI	6061	OR	NXI	6828	F5	PJI	8326	85	RIL	9658	69
MBZ	7705	L9	MUI	7124	5	NXI	6843	AU	PJI	8366	OM	RIL	9659	69
MFE	504	H7	MUI	7251	25	NXJ	321	W9	PLZ	2879	OG	RIL	9707	45
MIB	116	73	MUI	7389	Y7	OCC	765	46	POI	2062	X3	RIL	9851	OC

RIL	9852	OC	SIL	7991	CU	TJI	7518	AL	VJI	6694	H4	XIL	3679	BU
RIL	9865	33	SIL	9528	BV	TKU	540	N5	VJI	6850	H4	XIL	3680	BU
RIL	9923	L9	SIW	8268	40	TOI	6161	32	VJI	9901	V8	XIL	3681	BU
RIW	4037	J9	SJI	1884	P2	TOP	659	AN	VKX	510	31	XIL	4365	22
RIW	4510	CM	SJI	1885	19	TOT	987	D1	VLT	483	BK	XIL	4668	U7
RIW	8126	OG	SJI	1961	OG	TSU	608	T1	VLT	935	BK	XIL	5299	31
RJI	2161	W8	SJI	2583	J7	TSU	706	OG	VMW	353	V4	XIL	6835	H2
RJI	2717	72	SJI	5027	AN	TVY	659	31	VNP	893	31	XIL	6907	77
RJI	2722	W5	SJI	5028	37	UAS	749	81	VOI	2652	OG	XIL	6914	77
RJI	4378	T2	SJI	5589	U9	UBZ	3362	81	VOI	3339	57	XIL	6919	77
RJI	5712	OG	SJI	5619	AL	UCE	665	N5	VOI	4611	57	XIL	6924	CA
RJI	5720	J8	SRU	925	78	UCK	277	L7	VOI	5836	OG	XIL	7242	CA
RJI	6769	OC	SSU	632	61	UDM	712	V5	VOI	6874	25	XIL	7307	78
RJI	8603	K1	SSV	269	N5	UFC	221	31	VOV	723	25	XIL	7308	78
RJI	8682	L3	SYK	901	31	UIB	3074	N4	VPR	938	19	XIL	7320	CA
RJI	8721	15	TAZ	9612	N6	UIB	5302	OG	VUP	850	F9	XIL	7989	32
RJI	8917	N9	TAZ	9613	N6	UIJ	648	V8	VXT	571	31	XIL	8147	OS
RJI	8920	AC	TAZ	9629	N6	UIL	1680	F8	VXU	313	W3	XIL	8148	78
RSU	407	K2	TBX	713	F9	UIL	2528	CV	WAW	367	N7	XIL	8793	CA
RSY	883	OM	TBZ	1102	J8	UIL	4706	40	WAZ	4435	T2	XIW	9187	15
RXI	6746	OC	TBZ	4086	ON	UIL	7812	ON	WBZ	4794	AR	XJI	4396	15
RXO	828	J5	TCK	847	W6	UIL	7815	OC	WDM	904	J3	XNR	876	P2
SAZ	5101	N1	TDR	725	D9	UIW	9201	CT	WDZ	4127	72	XPD	976	C7
SAZ	9157	22	TDZ	3392	OG	UJI	1758	A4	WDZ	4138	J5	XSU	653	61
SBZ	3938	F3	TGY	698	31	UJI	4522	76	WIB	1701	81	XVY	392	31
SBZ	5933	X3	TIB	2387	A9	UJT	631	16	WIB	7051	CX	XWG	254	31
SBZ	9346	A9	TIB	2865	32	UJW	123	OS	WIB	7543	CX	YBJ	403	54
SDZ	6286	H3	TIB	3439	R8	UOI	1830	OG	WIL	2191	W4	YCZ	2393	L2
SDZ	6287	25	TIB	5908	D4	UOL	337	N5	WJI	6161	J7	YCZ	4809	74
SED	253	N7	TIB	9157	F9	USU	907	75	WJI	6162	67	YCZ	4810	74
SEL	23	Y3	TIL	1182	D1	UYM	551	81	WJI	6163	CT	YCZ	4811	74
SEL	36	Y3	TIL	1894	61	VAZ	2607	90	WJI	7955	P8	YCZ	4812	74
SEL	73	Y3	TIL	2099	76	VBW	846	31	WLT	697	U7	YCZ	4813	74
SEL	133	Y3	TIL	4687	OC	VCZ	3862	BY	WND	477	F9	YCZ	4814	74
SEL	392	Y3	TIL	4790	ON	VCZ	3942	BY	WPT	456	57	YCZ	8660	F8
SEL	702	Y3	TIL	5187	U3	VCZ	8586	BY	WPX	852	31	YCZ	8661	F8
SEL	853	Y3	TIL	5411	T4	VDV	534	A9	WSV	539	OS	YCZ	8662	F8
SFS	246	AH	TIL	5930	19	VHM	847	31	WSV	541	C5	YIL	1112	OM
SIB	1998	L8	TIL	6042	DE	VIA	2220	10	WSV	550	C5	YIL	1201	T1
SIB	2014	H4	TIL	6496	W6	VIA	4511	19	WSV	551	C5	YIL	1202	M1
SIB	3258	C6	TIL	6875	F8	VIA	8311	61	WSV	552	C5	YIL	1203	M1
SIB	3932	V3	TIL	7205	OG	VIB	6165	32	WSV	553	C5	YIL	1204	T1
SIB	3933	AA	TIL	7583	81	VIB	7660	H7	WWN	191	C9	YIL	1689	CA
SIB	4631	V5	TIL	7912	W4	VIB	7822	BA	XBZ	7737	AR	YIL	1840	31
SIB	6176	OS	TIL	8034	81	VIB	7823	BA	XBZ	7802	96	YIL	1845	79
SIB	6741	V3	TIL	8035	81	VIB	7824	BA	XBZ	7836	W6	YIL	1846	79
SIJ	1673	J6	TIL	9064	W4	VIL	5450	AU	XCZ	4123	E4	YIL	2267	AN
SIL	1392	T2	TIL	9773	97	VIL	7107	22	XCZ	7782	L3	YIL	2270	AN
SIL	1610	26	TIL	9872	40	VIL	8287	M4	XDL	304	61	YIL	2271	32
SIL	1701	45	TIW	2363	37	VIL	8577	77	XDM	300	BP	YIL	2804	22
SIL	1891	F1	TIW	2364	37	VIL	8578	L9	XEA	745	31	YIL	2862	77
SIL	1892	J6	TIW	2367	26	VIL	8615	R3	XEL	587	19	YIL	2905	77
SIL	1893	92	TIW	9024	19	VIL	8677	77	XHO	856	31	YIL	3183	77
SIL	1894	BD	TJI	1684	K1	VIL	8678	F8	XIB	3473	L9	YIL	3202	E3
SIL	1897	DA	TJI	3141	61	VIL	8679	F8	XIB	8401	OC	YIL	3203	E3
SIL	2243	T4	TJI	3146	OM	VIL	8680	F8	XIL	1387	M4	YIL	3204	E3
SIL	3340	OC	TJI	4028	W4	VIL	8681	F8	XIL	2249	77	YIL	4027	E4
SIL	3856	N5	TJI	4694	W5	VIL	8682	F8	XIL	3143	77	YIL	5906	E3
SIL	4466	J1	TJI	4822	32	VIL	9477	77	XIL	3642	N9	YIL	5907	78
SIL	5957	OM	TJI	4828	E9	VIL	9897	26	XIL	3647	N9	YIL	5923	F8
SIL	6349	16	TJI	5404	W5	VIW	7407	85	XIL	3672	BU	YIL	5927	F8
SIL	6427	25	TJI	6302	ON	VJI	2996	M4	XIL	3673	BU	YIL	7713	31
SIL	6456	78	TJI	6323	AV	VJI	5882	90	XIL	3674	BU	YIL	7729	57
SIL	7473	38	TJI	6925	Y3	VJI	5883	V3	XIL	3675	BU	YIW	4273	89

```
YJI  5584    48    8150  RU   D2   556  DHO  32    74   YKP  94
YJI  6038    31    8399  RU   D2   479  DKH  CL
YJI  6040    51    8439  RU   D2   510  DMY  P1
YJI  8597    31    8830  RU   D2   684  DYX  N7                    SCK   56K  W6
YLP   528    81    9530  RU   D2   997  EAY  L8    AAL  520A  R9   WFR  167K  OC
YOI   949    CM    9995  RU   D2   465  FBC  38    AAX  590A  M1
YOI  8271    V8    6853  TU   A6   846  FHA  31    ACH  942A  BU
YPL   764    N5    9284  UN   99   963  FHT  OG    AEF  368A  ON
YSJ   668    OM     776  VC   BP   248  FOU  OC    MKH  487A  OS   DKC  300L   6
YSK   331    OG    1760  VC   BP   821  FTA  19    PAG  366A  T6   RBY   43L  78
YSU   446    61    3377  VC   BP   906  GAU  N5    PAG  429A  T6   RFM  299L  N5
YSU   491    D7    6499  VC   BP    26  GNW  DE    PAG  525A  T6   WWY  905L  K3
YSU   916    15    6804  VC   OR    37  GNW  DE    XSL  596A  55
YSV   815    31    7488  VC   BP    89  GWP  OG
YSV   908    38    7934  VC   BP   449  GYN  L9
YWO   182    H7    8214  VC   BP     8  HCR  ON                    BWP  755M  77
YXI  3048    32    8868  VC   BP   938  HNM  31    ALD  978B  55
YXI  6366    60    9155  VC   BP     1  HVT  Y1    BYC  669B  OM
YYD   932    OG    4717  VR   OG   800  HYD  T4
                   8859  VR   N5   149  JHY  J6                    BUS    1N  AJ
                    467  VT   BK   279  JJO  31                    HEN  867N  F9
                   1655  VT   Y1   336  JOC  W1    BED  729C  CC   PAR  460N  T6
8332   U     Y5    1672  VT   Y1   195  JOH  31    BUF  267C  Y5
3493   CD    31    2090  VT   BK   491  JVX  Y5    BUF  425C  Y5
1245   FH    J3    3810  VT   BK   947  JWD  D9    CDK  853C  93
6306   FH    J3    4493  VT   Y1   872  KMY  31    DST   58C  OG   JPO   55P  OM
8518   FM    BM    5958  VT   BK   469  KNP  N7    GNY  432C  CF   JWM  689P  W6
1862   HX    F9    6052  VT   BK   271  KTA  93    MMY  991C  C9   KHU  323P  C9
7326   KF    F9    6727  VT   Y1   349  LVO  K1    NTU  946C  N7   KPC  204P  BM
2583   KP    25    6879  VT   Y1   123  LYN  OC                    MLC    2P  93
8002   KV    19    7239  VT   BK   413  MAB  V8                    MLC    3P  93
1839   LJ    34    8177  VT   BK   660  MAE  D1                    MLC    9P  93
7506   LZ    45    8701  VT   BK   846  MBF  99    EHL  472D  BM
8297   ME    J5    9509  VT   BK   405  MDV  31
5457   NF    25    9685  VT   Y1   798  MMA  N7
1398   NT    91    9975  VT   BK   884  MMB  N7                    MDL  651R  F9
1577   NT    91    2876  WU   N7   917  MMB  R6    MKH   82E  N8   NDL  654R  F9
3572   NT    91                    882  MMY  T9    NML  645E  OM   NWS  288R  H3
3408   NT    91                    163  NHO  U9                    OJD   55R  M3
8443   PH    J5                    605  NOH  BM                    OJD  858R  54
9346   PL    L6     240  AJB   6   552  OHU  81                    OJD  868R  54
5182   PO    M2     443  ALA  L9   647  PJO  31    SMK  723F   6   OJD  870R  54
5373   PO    M2     802  AOJ  31   572  RKJ  T4    UWX  981F  BM   ONF  669R  W6
6709   PO    M2     477  AOP  C5   852  RKN  N7    YWC  648F  W6   PNY  391R  CF
2809   PP    C5     367  ARV  11   951  RMX  W6                    PUF  586R  F9
9195   RH    U9     112  AXN  31   352  STG  Y3                    ROC  300R  55
5615   RO    31     904  AXY  N6   387  STT  AH                    TEL  493R  54
1497   RU    D2     403  BGO  N5   826  THU  78    HEK   88G  BU   TUB  250R  55
1513   RU    D2     284  BHY  V7    83  TWC  15    MJA  893G  A4   TUT  191R  Y5
1879   RU    D2     122  BLM  N7   387  TYD  U9    OOR  320G  W6
3093   RU    D2     196  BLU  28   510  UMA  ON    RBC  345G  BM
3102   RU    D2     270  BLU  28   405  UPJ  U1    TBD  278G  J5
3275   RU    D2     479  BOC   6   772  URB  C5                    ACA  189S  X4
3353   RU    D2     289  BUA  N5   102  UTF  H3                    BUS    1S  AJ
3566   RU    D2     926  BVY  Y5   440  UXG  L9                    CFM   87S  F9
3601   RU    D2      62  BYL  46   147  VKN  31    DFM  347H  56   PJC  630S  ON
4085   RU    D2     476  CEL  23   515  VTB  H4    VBD  310H  BM   RJE   40S  61
4614   RU    D2     421  CKH  53   487  VYA  31                    THX  149S  54
5658   RU    D2     101  CLT  OM   607  VYC  ON                    THX  160S  54
5946   RU    D2     474  CUH  47   946  WAE  ON                    THX  193S  54
6280   RU    D2     297  DAF  OM   939  WFM  ON    EDJ  244J  73   THX  209S  54
6697   RU    K7     917  DBO  D9   470  WYA  73    EUU  117J  OC   THX  260S  54
7025   RU    D2     294  DDM  J3   151  WYB  61    RAR  690J  W6   THX  264S  54
7092   RU    D2     832  DDV  BX    18  XWC  D9    WHE  349J  BM   THX  266S  54
```

```
TOF 690S   54      BYW 366V   54      HJB 460W   F9      OKY 822X   A9      ROX 667Y   H3
TRM  15S   61      BYW 382V   54      HJB 461W   F9      PEW 622X   D9      SHE 308Y   P2
URU 689S   F9      BYW 418V   54      HJB 463W   F9      SCK 225X   31      SHE 310Y   T6
UUX 841S   99      BYX 185V   W6      JFR   7W   55      SCK 226X   31      SHE 618Y   F9
UVX   6S   Y7      CUL  95V   A4      JFR   8W   55      SKL 683X   81      SHE 621Y   D8
UWV 622S   J5      CUL 189V   A4      JHE 167W   K7      SND 120X   OC      SHE 624Y   J7
VPR 484S   F9      DJB 866V   61      JUH 229W   Y7      SND 483X   W9      SJR 616Y   F9
VVV  63S   BP      DSP 922V   U1      LCW 411W   F4      TPB 194X   16      THB 430Y   V8
VVV  66S   31      DSR 476V   ON      LCW 731W   72      TPD 118X   31      UKY 627Y   F9
                   EAV 813V   AU      LFJ 874W   61      TSO  15X   AA      URN 169Y   W6
                   ECS 889V   25      LRC  21W   F5      TTT 167X   W9      URN 171Y   W6
                   EPD 508V   54      LRR 446W   A9      UCW 430X   K3      UTN 509Y   BP
AAP 651T   F9      EWF 209V   D7      MBS 281W   L7      UJT 989X   D7      VBV  19Y   52
ANT 856T   17      FAO 427V   F7      MNC 487W   N5      UWW   2X   56      VRA 124Y   56
AYR 309T   54      FVR 264V   BP      MNC 488W   N5      VAH 278X   81      VRA 125Y   56
AYR 317T   54      HRE 128V   V6      MNC 519W   67      VEX 291X   H4      WDL 692Y   H4
AYR 330T   54      JAW  84V   OR      MNC 525W   BP      VEX 299X   81      WPH 118Y   P2
AYR 339T   54      JRE 354V   V6      MTV 311W   F5      VJO 204X   31      WPH 137Y   P2
AYR 343T   54      JUM 524V   ON      MTV 313W   55      VRY   1X   60      WPH 141Y   P2
BPL 478T   54      JUX 103V   91      NNN 476W   84      WDF 998X   K1      XFP 836Y   OR
BUS   1T   AJ      KBC   1V   61      ODV 203W   K7      WDF 999X   K1      XSA   5Y   T3
BUS  51T   AJ      KTA 356V   P1      PFC 513W   D1      WWL 209X   31      YPD 101Y   F9
CHH 210T   54      LBJ 999V   X3      PFC 514W   AA      WWL 211X   31      YPJ 208Y   U3
CWU 324T   CT      LUA 257V   A9      PFC 515W   H4      YRF 321X   C5      YVR   1Y   L4
DAY   1T   J5      LUA 267V   D9      RLN 236W   ON
EAC 876T   72      LUA 714V   F9      SGS 499W   N9
GLP 422T   ON      MHP  17V   P1      SGS 504W   BM
GMB 390T   M1      MNM  31V   Y7      SPP 610W   V8      AEF 990Y   F9      A586 AAK   K3
GMB 392T   F9      NNS 344V   ON      STM 238W   BU      ANA 448Y   90      A325 AKU   L5
GSU   7T   32      OLG   1V   86      TUM 998W   OG      ANA 449Y   90      A   9 ALS    8
HFG 514T   ON      OOS 923V   X4      URP 939W   61      ANA 546Y   U3      A  13 ALS    8
HFM 962T   BP      PCA 419V   F9      VYC 852W   W5      ANA 627Y   51      A  14 ALS    8
JMB 406T   F9      PCA 422V   F9      WTU 468W   H4      BBV 774Y   CR      A  16 ALS    8
KFM 190T   56      PCA 425V   F9      WTU 470W   K3      BMS 515Y   P2      A  17 ALS    8
KFM 192T   56      RMA 442V   F9      WTU 499W   F9      BPA 370Y   84      A  10 APL   72
KMA 397T   F9      SDM  95V   56      WWM 920W   BV      BPF 137Y   M2      A  16 ATC   R4
KMA 401T   ON      SDM  96V   56      XRP 757W   V8      CKM 137Y   F9      A  17 AVN   Y9
KMA 402T   96      SDM  97V   56      YMB 503W   F9      CWR 507Y   J5      A  19 AVN   Y9
MFV  31T   CF      SDM  98V   56      YMB 509W   D1      DBV 134Y   AA      A698 AWB   F9
NFR 748T   CF      SFM  10V   J9      YMB 516W   F9      DBV 137Y   31      A722 BAB   K6
TCC   2T   ON      TRN 809V   54      YMB 517W   F9      DEM 784Y   W6      A   2 BDO    3
UEY 551T   CT      WCC  92V   Y7      YMB 518W   F9      ENW 769Y   OG      A   2 BEO    3
WDA 924T   X1      XFU 128V   L7                         ETA 978Y   91      A   6 BKE   V3
WDA 968T   CT      XJG 812V   25                         FEW 227Y   33      A   6 BNT   25
WDK 562T   OC      XJJ 660V   61                         FRU 675Y   OC      A   7 BNT   25
WTG 351T   61      XJJ 664V   61      AAC 785X   ON      FUM 484Y    6      A  10 BNT   25
WTG 367T   61      YBN 630V   H7      ACM 757X   15      HBA 157Y   CC      A  12 BNT   25
WYV  27T   A4                         ANK 318X   92      HSB 948Y   16      A  13 BNT   25
WYV  57T   A4                         CKC 626X   OC      HSB 949Y   16      A  14 BNT   25
XAK 910T   F9                         CLV  41X    6      JEY 554Y   Y7      A  15 BNT   25
XSD 602T   T3      BCA 992W   R5      DCA 525X   D1      JKM 583Y   BP      A  16 BNT   25
YBO  17T   CF      BEY   7W   F9      DCA 530X   F7      JWR 137Y   F9      A  17 BNT   25
YPL 448T   54      BEY 938W   CT      DFE 503X   C6      JWR 150Y   D8      A  18 BNT   25
YRY 508T   99      BGR 683W   P1      EFW 863X   DE      KLG 109Y   56      A  19 BNT   25
YYE 274T   54      BGR 684W   P1      EJC 508X   BK      OFB 605Y   AE      A  20 BNT   25
                   BMA 520W   F9      EJC 518X   61      OHV 715Y   BC      A   2 BTO    3
                   BMA 521W   D1      HMA 105X   56      OHV 800Y   A4      A   2 BXO    3
                   BMA 523W   K3      HSR  38X   C4      OJD 841Y   K7      A698 DDL   M2
AFB 597V   C9      BTU 825W   D9      HSR  40X   C4      ONS 348Y   E6      A  15 DHC   OS
AHU 512V   D1      DBV  30W   61      HSR  50X   C4      PFM 129Y   CC      A  16 DHC   OS
BCB 613V   56      DBX 548W   81      JSL 282X   56      PGE 381Y   U3      A139 DPE   M2
BRN 639V   OG      DPX 685W   H4      JTY 406X   BP      PGE 859Y   31      A140 DPE   M2
BYW 357V   54      DWH 700W   84      KYV 482X   OC      ROX 614Y   H3      A754 DUY   25
BYW 365V   54      GYE 387W   J7      MHX  58X    3      ROX 653Y   K7      A   7 EJS   J9
```

150

A665	EMY	OM	A 12	TBT	44	B549	CHJ	92	B 16	TYG	AJ	C472	LKU	J9
A 2	EXC	91	A 13	TBT	44	B116	DTG	ON	B101	UAT	84	C 23	MBV	ON
A148	FPG	M2	A 14	TBT	44	B197	DTU	M2	B405	UOD	P2	C 4	MFY	76
A150	FPG	M2	A 17	TBT	44	B201	EFM	56	B459	WHJ	BM	C 7	MFY	76
A 68	FPJ	OM	A602	THV	A4	B202	EFM	56	B447	WKE	A2	C 1	MLC	93
A 45	FRS	P2	A611	THV	BC	B203	EFM	56	B962	WRN	55	C643	MNL	OC
A 46	FRS	P2	A615	THV	BC	B204	EFM	56	B966	WRN	81	C771	MVH	37
A 47	FRS	P2	A622	THV	84	B321	EGE	F4	B125	WUL	K7	C 6	NCB	R2
A 15	GHA	81	A647	THV	BC	B804	ETG	CH	B 85	WUV	BC	C 7	NCB	R2
A233	GHN	81	A653	THV	BC	B234	FMB	80	B113	WUV	M3	C 8	NCB	R2
A235	GHN	D8	A725	THV	6	B745	GCN	AA	B118	WUV	A4	C 19	NCB	R2
A646	GLD	K1	A289	TSN	E9	B 11	GJC	ON	B309	YCX	X2	C 20	NCB	R2
A647	GLD	D9	A111	UCA	56	B534	GNV	R4	B348	YSL	33	C718	NCD	W6
A122	GSA	L7	A148	UDM	F9	B822	GPT	M3				C670	NMB	80
A548	HAC	81	A149	UDM	F9	B977	HNT	A9				C 96	NNV	BE
A549	HAC	81	A153	UDM	CC	B153	JVK	P2				C750	OCN	67
A 7	HLC	OC	A606	UGD	K1	B 1	JYM	AJ	C283	BBP	L7	C760	OCN	67
A111	HLV	W6	A181	VDE	P8	B 10	JYM	AJ	C674	BCR	CH	C925	PFL	ON
A123	HLV	15	A345	VEP	K3	B 11	JYM	AJ	C 3	BSS	29	C207	PPE	E6
A684	HNB	BV	A 82	WDM	J3	B102	KPF	P2	C 5	BSS	29	C 97	RVV	80
A695	HNB	84	A632	WDT	6	B105	KPF	P2	C 6	BSS	29	C307	SAO	BM
A698	HNB	L7	A 12	WEJ	J7	B109	KPF	P2	C 7	BSS	29	C 9	SOM	AA
A798	JAY	OS	A503	WGF	9	B115	KPF	BN	C 8	BSS	29	C262	SPC	P2
A 23	JBV	U3	A 7	WTR	X2	B605	LSO	BM	C 9	BSS	29	C 4	SSU	51
A 28	JBV	52	A103	WVP	H3	B 10	MPT	D1	C 16	BSS	29	C353	SVV	K3
A 20	JDA	K3	A108	WVP	BP	B 44	MRF	BF	C378	CAS	56	C257	UAJ	F9
A 7	KMP	K7	A 4	XCL	91	B 10	MTC	43	C379	CAS	56	C100	UBC	CC
A105	KRN	56	A 40	XHE	P2	B501	NAB	OG	C380	CAS	56	C101	UBC	CC
A801	LEY	F9	A 41	XHE	P2	B 9	NCB	R2	C 10	CBC	J1	C102	UBC	CC
A150	LFR	E3	A419	XHL	D9	B 10	NCB	R2	C 39	CHM	K3	C103	UBC	CC
A732	LFR	R5	A 8	XLA	M8	B 11	NCB	R2	C 40	CHM	BP	C112	UBC	N5
A704	LNC	84	A 10	XLA	M8	B 12	NCB	R2	C 85	CHM	K3	C113	UBC	N5
A499	MHG	AJ	A533	XLG	AV	B 14	NCB	R2	C 88	CHM	61	C307	UFP	N2
A 20	MPS	AH	A 2	XPJ	OG	B 15	NCB	R2	C 89	CHM	61	C339	UFP	OM
A140	MRN	CC	A302	XWF	K3	B 17	NCB	R2	C 90	CHM	U9	C934	VLB	K3
A417	MWD	OG	A316	XWG	L5	B 18	NCB	R2	C 96	CHM	61	C963	XVC	M2
A683	MWX	M2	A 2	YEY	L8	B153	NKB	BU	C110	CHM	AA	C156	YBA	61
A685	MWX	M2	A 20	YEY	L8	B222	NUT	R4	C114	CHM	M2	C158	YBA	61
A 76	NAC	W5	A536	YHE	53	B910	ODU	F9	C120	CHM	AA	C174	YBA	51
A735	NNA	84				B911	ODU	F9	C320	CWS	OC			
A750	NNA	84				B960	ODU	6	C514	DND	D9			
A646	OCX	F9				B961	ODU	81	C201	DYE	A2			
A648	OCX	F9	B 16	ABM	OM	B 2	OVA	J5	C 11	ECB	C5	D325	ACK	F9
A649	OCX	D8	B701	AKM	M3	B 4	OVA	J5	C 7	EJS	J9	D864	AHG	A6
A654	OCX	F9	B851	AOP	BP	B563	PCC	BF	C310	ENA	N9	D434	BCJ	X4
A209	OKJ	BK	B553	ATX	8	B 20	PCL	OR	C 32	ETG	U7	D230	BJB	BX
A 7	ORJ	K3	B 4	AVN	Y9	B252	PHN	M2	C670	GET	F9	D163	BRE	P8
A 8	ORJ	K3	B 5	AVN	Y9	B 74	PJA	A2	C795	GHD	34	D523	DSX	81
A976	OST	56	B 17	AVN	Y9	B424	RNA	N5	C208	GTU	6	D129	FYM	M2
A 71	OUG	W9	B 18	AVN	Y9	B231	RRU	T9	C209	GTU	81	D130	FYM	M2
A987	POD	OC	B 19	AVN	Y9	B532	SAJ	M3	C210	GTU	M2	D204	FYM	ON
A 15	RBL	81	B 20	AVN	Y9	B110	SJA	61	C560	GWO	8	D206	FYM	ON
A 20	RBL	81	B341	BBV	ON	B 13	STA	CA	C562	GWO	8	D258	HFX	D9
A105	RGE	C6	B 3	BCL	19	B 85	SWX	6	C894	GYD	OC	D121	HML	E6
A203	RHT	V8	B 4	BCL	19	B148	TRN	81	C100	HSJ	X1	D146	HML	T3
A140	SMA	CC	B183	BLG	D8	B151	TRN	M2	C327	HWJ	L5	D165	KDN	X4
A142	SMA	CC	B189	BLG	A4	B153	TRN	F9	C330	HWJ	81	D734	LAX	P2
A 15	STO	AH	B694	BPU	15	B154	TRN	F9	C331	HWJ	L5	D 19	LOM	OG
A 20	STO	AH	B 1	BUS	AJ	B155	TRN	F9	C461	JCP	90	D212	MKK	51
A853	SUL	BC	B 14	CBC	J1	B 6	TRV	X5	C 70	JTU	W6	D547	MVR	T6
A876	SUL	52	B 5	CCH	C6	B 10	TRV	X5	C649	LJR	31	D552	MVR	T6
A906	SYE	BC	B834	CDM	38	B902	TVR	D8	C660	LJR	31	D916	NDA	F7
A957	SYE	BC	B659	CET	ON	B909	TVR	64	C663	LJR	W6	D938	NDA	DE
A977	SYE	BC	B663	CET	64	B920	TVR	K9	C666	LJR	AA	D287	OAK	A9

151

D357	OAK	OG	E992	NMK	P2	F459	BKF	A2	F803	NGU	8	F245	YTJ	BW
D 84	OVM	A3	E749	NSE	30	F527	BUX	30	F557	NJM	D8	F111	YVP	H7
D243	PAW	CH	E585	OEF	92	F555	CAW	91	F 76	NLH	OM			
D424	POF	OS	E170	OMD	T4	F 97	CBD	BN	F833	NPP	W8			
D171	PYB	AK	E284	OMG	T3	F505	CBO	56	F108	NRT	AF			
D312	SDS	AH	E285	OMG	90	F368	CHE	T9	F314	NSP	43	G683	AAD	61
D128	SHE	26	E927	PBE	M2	F327	COV	45	F810	NST	L1	G110	APC	OS
D700	STU	99	E929	PBE	L5	F623	CWJ	19	F238	OFP	BN	G 73	APO	OR
D343	SWB	N2	E187	PFV	N9	F625	CWJ	5	F623	OHD	80	G434	ART	BK
D822	UTF	A2	E131	PLJ	20	F700	CWJ	92	F986	OJO	U1	G975	ARV	W6
D823	UTF	A2	E536	PRU	30	F 50	CWY	J7	F201	OPD	40	G574	BHP	OM
D324	UTU	BC	E245	RBE	15	F210	DCC	F9	F477	PAE	3	G815	BPG	CX
D 68	VDV	47	E138	SAT	6	F211	DCC	F9	F702	PAY	CV	G610	BPH	P9
D215	YCW	80	E749	SEL	X6	F212	DCC	F9	F705	PAY	CV	G638	BPH	55
			E880	SPW	DC	F216	DCC	F9	F119	PHM	F7	G644	BPH	C9
			E182	UEJ	OS	F395	DHL	60	F125	PHM	J1	G619	CEF	55
			E712	UHB	T4	F130	DMB	99	F142	PHM	J1	G194	CLF	ON
E229	AAO	OM	E576	UHS	E6	F995	DRN	P2	F869	RFP	F2	G900	CRW	T9
E151	AGG	J1	E 49	UKL	CY	F 53	EAT	P2	F333	RJF	R4	G 24	CSG	H7
E264	AJC	W7	E678	UNE	H4	F985	EDS	95	F234	RJX	D7	G313	DPA	AK
E463	ANC	T9	E687	UNE	P5	F315	EJO	P2	F238	RJX	64	G314	DPA	AK
E829	AWA	81	E694	UNE	P5	F998	EKK	CM	F604	RPG	BK	G315	DPA	AK
E 25	BTU	CL	E194	UNT	Y6	F772	EKM	6	F606	RPG	BK	G450	DSB	P2
E785	BTV	OS	E479	UOF	AK	F 52	ENF	42	F608	RPG	BK	G256	EHD	AL
E852	BTY	U8	E591	UVR	F4	F811	FAO	81	F969	RSE	38	G261	EHD	AL
E328	BVO	F7	E467	VNT	30	F715	FDV	ON	F834	RVL	C4	G440	EJL	F3
E304	BWL	T9	E202	WBG	8	F724	FDV	81	F639	SAY	AU	G627	EKA	AK
E274	CGJ	ON	E203	WBG	8	F160	FWY	H7	F323	SMD	88	G116	ERF	OC
E456	CGM	F9	E204	WBG	8	F177	FWY	F5	F899	SMU	N8	G442	ETW	OM
E462	CGM	OM	E204	WBG	8	F423	GAT	24	F682	SRN	42	G619	FEY	OG
E475	CGM	V2	E205	WBG	8	F822	GDT	L3	F 95	STB	CC	G106	FJW	6
E905	CRM	P2	E206	WBG	8	F 90	GGC	C6	F 96	STB	CC	G112	FJW	6
E998	DGS	20	E207	WBG	8	F625	GKM	D7	<u>F 97	STB	CC</u>	G120	FJW	6
E741	DJO	31	E208	WBG	8	F626	GKM	D7	F 98	STB	CC	G429	FKG	36
E268	DMB	W3	E209	WBG	8	F829	GKO	OS	F 99	STB	CC	G241	GCC	CP
E638	DPD	CY	E210	WBG	8	F985	HGE	M1	F 26	TMP	W3	G 46	HDW	T9
E704	EFG	N5	E212	WBG	8	F995	HGE	AK	F916	TTP	F9	G 24	HKY	X6
E705	EFG	N5	E216	WBG	76	F 32	HGG	OG	F401	UAD	M4	G142	JCC	F9
E706	EFG	N5	E217	WBG	R6	F620	HGO	T9	F100	UEH	H1	G738	JOX	W4
E709	EFG	N5	E218	WBG	76	F112	HNC	N5	F320	UJV	ON	G 50	JWX	R4
E835	EUT	3	E222	WBG	BW	F113	HNC	N5	F309	URU	C2	G602	KTX	AK
E327	EVH	OS	E225	WBG	R3	F278	HOD	M2	F882	VSJ	56	G606	KTX	AK
E373	FKX	OC	E460	WJK	T3	F126	JGS	W6	F148	WDE	ON	G 82	KUB	J7
E227	FLD	K3	E432	YHL	ON	F656	JJR	AN	F545	WRE	W8	G 94	KUB	CT
E233	FLD	K3	E700	YNS	86	F209	JMB	56	F101	XEM	CC	G100	KUB	F5
E 47	HBV	F7	E402	YNT	30	F210	JMB	56	F102	XEM	CC	G101	KUB	CY
E523	HTL	V8	E510	YSU	F4	F307	JTY	A2	F103	XEM	CC	G339	KWE	DE
E659	JAR	E9	E 91	YWB	9	F721	KCA	99	F104	XEM	CC	G231	LDW	C6
E746	JAY	30	E179	YWE	W9	F803	KCJ	P2	F121	XEM	CC	G532	LWU	N6
E842	KAS	AL				F404	KOD	P2	F122	XEM	CC	G 27	MFR	ON
E979	KCK	35				F405	KOD	V7	F808	YLV	AK	G 97	MRN	BL
E664	KCX	V8				F413	KOD	F5	F813	YLV	AK	G759	MRR	58
E980	KJF	W7	F442	AKB	55	F285	LCN	48	F819	YLV	AK	G416	MUX	D9
E121	KRP	V6	F480	AKC	31	F711	LFG	N5	F820	YLV	AK	G705	MWD	D4
E916	KYR	55	F483	AKC	C1	F716	LFG	N5	F822	YLV	AK	G105	NGN	P9
E928	KYR	42	F 68	AWM	12	F848	LHS	BF	F823	YLV	AK	G108	NGN	P9
E689	LBT	A9	F226	AWO	W6	F271	LND	OG	F668	YOG	H2	G737	NNS	77
E 77	LFR	E2	F258	BHF	T3	F276	LND	OM	F461	YOK	W7	G141	NPT	P2
E 77	LRN	H2	F631	BKD	40	F728	LRG	W8	F 66	YTJ	OG	G816	ODM	A7
E807	MOU	38	F634	BKD	F9	F736	LRS	J1	F231	YTJ	42	G293	OFR	OS
E 67	MVV	CF	F635	BKD	A2	F194	LSA	DA	F232	YTJ	42	G689	OHE	D2
E 68	MVV	ON	F639	BKD	W6	F377	MCA	K1	F237	YTJ	42	G175	ONV	OG
E183	MYM	A7	F455	BKF	A2	F725	MCA	J3	F238	YTJ	42	G665	OVO	ON
E160	NEU	OG	F458	BKF	55	F886	NAR	15	F239	YTJ	42	G183	PAO	81

G187	PAO	P4			H102	MOB	23	J861	COO	F7	J 7	OPC	U1
G189	PAO	OC			H104	MOB	23	J138	DUV	K7	J 3	OPM	BX
G 91	PES	E9	H 54	AAB	ON	H130	MOB	23	J139	DUV	H8	J277	OSJ	ON
G 94	PES	P9	H272	AAL	48	H131	MOB	23	J141	DUV	76	J634	PDH	U6
G100	PES	E9	H808	AGX	8	H130	MRW	BC	J 45	DYR	BA	J994	PDH	27
G101	PES	E9	H809	AGX	8	H131	MRW	BC	J 51	EDM	56	J995	PDH	68
G114	PGT	77	H810	AGX	8	H880	NFS	CP	J 52	EDM	56	J198	PEY	Y7
G121	PGT	C9	H811	AGX	8	H842	NOC	CC	J 53	EDM	56	J618	PNE	OS
G122	PGT	77	H831	AHS	M4	H844	NOC	CC	J 54	EDM	56	J418	PRW	CF
G590	PKL	J7	H674	ATN	A9	H967	NTX	H1	J155	EDM	56	J854	PUD	J4
G576	PRM	77	H688	BCK	OM	H447	OHB	OM	J 3	ERN	32	J844	RAC	BC
G144	RCA	99	H 13	BED	OS	H603	OVW	N8	J 21	GCP	OC	J845	RAC	BC
G 72	RGG	P1	H461	BEU	BU	H605	OVW	OG	J 51	GCX	52	J310	REL	50
G 93	RGG	91	H712	BRG	99	H 11	PSV	37	J 6	GFM	ON	J111	SAS	W6
G996	RKN	58	H 14	BUS	W1	H916	PTG	D5	J812	GGW	8	J727	SNE	E5
G911	RPN	86	H434	BVU	OM	H146	PVW	CC	J813	GGW	8	J152	SNF	OC
G115	SBA	N5	H131	CDB	W6	H187	PVW	CC	J380	GKH	76	J158	SNF	V1
G116	SBA	N5	H 29	CFR	AL	H191	PVW	CC	J381	GKH	M3	J 52	SNY	K1
G117	SBA	N5	H 78	CFV	81	H214	PVW	CC	J396	GKH	M3	J248	SOC	P7
G965	SFT	ON	H482	CJS	N6	H771	RAW	Y6	J419	HDS	J8	J866	TAX	OR
G999	SJR	45	H 5	CRC	X1	H772	RAW	Y6	J946	JJR	V6	J111	TMT	OG
G423	SNF	42	H162	DDB	M5	H175	RBO	61	J148	JJX	OG	J302	TUH	CY
G717	TAG	OS	H153	DJU	CE	H513	RWX	CC	J654	JMB	W3	J 29	UNY	P2
G142	TBD	M3	H831	DRY	OR	H514	RWX	CC	J987	JNJ	K7	J129	VAW	F7
G531	TBD	77	H109	DVM	W6	H515	RWX	CC	J989	JNJ	K7	J608	VDW	AK
G541	TBD	77	H154	DVM	CH	H516	RWX	CC	J966	JNL	OG	J609	VDW	AK
G952	TDV	ON	H158	DVM	K6	H517	RWX	CC	J293	JNS	79	J610	VDW	AK
G485	TEC	OG	H171	DVM	77	H519	RWX	CC	J203	JRP	77	J184	VOJ	U6
G671	TFW	AM	H434	DVM	T9	H 18	SHH	K2	J204	JRP	77	J639	VUJ	69
G119	TND	H7	H627	DVU	M5	H 14	SPB	ON	J726	KBC	T4	J758	WAR	U6
G115	TNL	ON	H397	ECK	75	H919	SWF	BU	J730	KBC	81	J604	WHJ	H7
G295	TSL	X6	H175	EJF	37	H198	TCP	U1	J 3	KCB	Y6	J609	WHJ	81
G299	TSL	T6	H642	FCM	C1	H229	TCP	CL	J380	KCM	58	J612	WHJ	81
G149	TYT	P9	H643	FCM	C1	H257	THL	R4	J622	KCU	Y7	J216	XKY	C6
G151	TYT	W8	H231	FFE	L1	H738	TWB	81	J627	KCU	C9	J947	YAK	58
G153	TYT	W8	H988	FTT	K2	H146	UUA	BK	J633	KCU	23	J229	YWG	OM
G838	UDV	H7	H625	GBC	E8	H501	UWF	58	J635	KCU	C9	J370	YWX	55
G997	UOD	D7	H524	GKN	ON	H101	VFV	23	J638	KCU	C9			
G908	UPP	90	H551	GKX	76	H103	VFV	23	J306	KFP	OG			
G302	UYK	55	H553	GKX	76	H745	VHS	90	J307	KFP	M4			
G305	UYK	R6	H558	GKX	76	H998	VRB	ON	J175	KKE	OS	K 2	ABA	M3
G761	UYT	55	H562	GKX	76	H191	VVG	P2	J440	KUT	DE	K123	AJA	BW
G846	VAY	C3	H898	GNC	X9	H589	WGP	W1	J360	LAY	ON	K 20	AMB	OS
G849	VAY	K3	H726	GPG	12	H273	WMA	C1	J520	LRY	31	K 22	ANT	17
G855	VAY	92	H543	GTJ	M5	H162	WWT	H7	J521	LRY	31	K555	ANT	17
G 95	VFP	OG	H794	HEM	3	H537	XGK	41	J332	LVM	84	K 2	APT	AF
G 98	VMM	P2	H284	HLM	CV	H835	XGK	41	J450	MDB	OG	K136	ARE	CF
G347	VTA	N2	H 89	JJA	C1	H 71	XKH	J2	J 45	MFP	47	K424	ARW	OS
G513	VYE	23	H 1	JYM	AJ	H523	YCX	37	J944	MFT	23	K425	ARW	J5
G902	WAY	BU	H 14	JYM	BR	H690	YGO	59	J923	MKC	D3	K711	ASC	CC
G771	WFC	56	H 9	KFC	X1				J924	MKC	D3	K712	ASC	CC
G773	WFC	56	H641	LCS	C1				J926	MKC	D3	K451	ATF	ON
G774	WFC	56	H610	LEF	58				J927	MKC	D3	K 59	BAX	BC
G592	WFW	F6	H466	LEY	H3	J444	ABC	L7	J853	MLC	K9	K374	BRE	OC
G343	WHY	L6	H964	LEY	K3	J710	AUB	E8	J854	MLC	K9	K 6	BUS	27
G 25	WNF	E5	H366	LFA	F6	J 11	BOT	OR	J815	MLK	CN	K 18	CCL	D8
G163	XJF	N4	H272	LJC	ON	J 12	BOT	OR	J403	MUE	A7	K 2	CJT	U2
G410	YAY	81	H 59	LOM	D7	J 19	BRA	OR	J434	NCP	37	K963	CNE	D2
G421	YAY	84	H719	LOX	BK	J200	BUL	42	J531	NJF	OG	K769	CNF	E8
G167	YRE	AV	H881	LOX	OC	J 5	BUS	AJ	J471	NJU	31	K129	DAO	81
G170	YRE	CF	H201	LRF	J1	J 10	BUS	F2	J 63	NKJ	OM	K130	DAO	81
G173	YRE	CF	H407	LVC	BC	J691	CGK	BC	J215	NNC	K1	K131	DAO	81
G643	YVS	ON	H 29	MJN	AK	J697	CGK	E2	J289	NNC	CL	K772	DAO	81
			H 87	MOB	23	J444	CKA	OG	J906	OAY	V1	K781	DAO	81

K807	DJN	U7	K374	RTY	C9	L139	BFV	P5	L694	JUJ	M7	L233	SWM	CC
K441	DRW	OG	K355	SCN	V6	L119	BPH	M7	L643	KDA	H2	L234	SWM	CC
K440	DVT	37	K362	SCN	59	L136	BPH	F6	L 77	KMP	K7	L235	SWM	CC
K726	DWN	F6	K363	SCN	59	L212	BPL	E3	L777	KMP	K7	L 6	TCC	C2
K455	EDT	D2	K 2	SLT	C9	L352	BRY	OR	L767	LAW	Y6	L796	TFM	58
K809	EET	AF	K 3	SLT	C9	L 10	BUL	42	L802	LDP	98	L979	UAH	5
K524	EFL	CK	K 40	SLT	C9	L 20	BUL	42	L403	LHE	E1	L921	UGA	OG
K540	EHE	F6	K 50	SLT	C9	L 2	CBC	J1	L272	LHH	Y9	L675	UKF	E8
K 6	FHC	A5	K200	SLT	OG	L242	CCK	5	L273	LHH	Y9	L268	ULX	22
K405	FHJ	77	K553	SRK	C6	L254	CCK	5	L274	LHH	Y9	L269	ULX	76
K265	FUV	30	K264	SSD	M4	L238	CCW	76	L707	LKY	T1	L628	VCV	84
K320	FYG	V6	K463	SSU	85	L412	CDB	BU	L293	LND	K9	L630	VCV	OM
K871	GHH	N1	K533	TBV	1	L327	CHB	CF	L 24	LSG	60	L631	VCV	X7
K481	GNN	P9	K536	TBV	1	L328	CHB	CF	L 36	LSG	21	L638	VCV	CK
K635	GVX	CK	K115	TCP	45	L811	CJF	C9	L847	LVT	DD	L403	VGP	OG
K638	GVX	J2	K125	TCP	N3	L812	CJF	C9	L656	MFL	U1	L258	VSU	95
K936	GWR	CM	K127	TCP	N3	L892	CJW	1	L658	MFL	BW	L265	VUS	E4
K 1	HDC	D9	K 2	TGE	M4	L702	CNR	OG	L668	MFL	BW	L848	WDS	OG
K 11	HDC	D9	K367	TJF	J4	L 83	CNY	H8	L344	MKU	E5	L972	WTY	BW
K247	HKV	AK	K 55	TOP	16	L998	CRY	BC	L346	MKU	K2	L973	WTY	59
K826	HUM	K1	K113	TTY	21	L 42	DBC	42	L 2	MTE	63	L974	WTY	59
K830	HVJ	OG	K485	UAG	R6	L 8	DHR	H9	L988	MUA	OC	L975	WTY	BW
K431	HWY	BK	K 97	UFP	31	L 9	DHR	H9	L896	MWG	ON	L146	XDS	X7
K435	HWY	BK	K 98	UFP	31	L 10	DHR	H9	L 25	MWJ	AU	L611	XJF	OS
K 60	JWH	OG	K612	UFR	BN	L487	DKM	21	L 39	MWJ	H6	L407	XMR	86
K977	JWW	N3	K617	UFR	60	L 7	DLJ	OC	L834	MWT	57	L544	XUT	D5
K978	JWW	N3	K623	UFR	CF	L114	DNA	N5	L657	MYG	C9	L113	YAB	CF
K709	KGU	22	K589	VBC	37	L516	DNX	95	L659	MYG	81	L561	YCC	OC
K129	LGO	N5	K913	VDV	L5	L483	DOA	84	L 6	NCP	A5	L484	YDF	ON
K149	LGO	41	K925	VDV	L5	L932	DOH	1	L255	NFA	CF	L376	YFT	59
K 56	LLG	56	K358	VFK	E8	L933	DOH	1	L 73	NSX	22	L378	YFT	59
K 57	LLG	56	K662	VNF	58	L934	DOH	1	L322	NSX	OG	L382	YFT	59
K 58	LLG	56	K663	VNF	OR	L196	DVM	BW	L488	NTO	P9	L804	YTL	K2
K 59	LLG	56	K 25	VRY	OR	L530	EHD	78	L489	NTO	P9	L768	YTN	AF
K580	MGT	76	K 28	VRY	K6	L536	EHD	89	L703	NWX	W1			
K852	MTJ	D3	K987	VVH	36	L 58	ENC	1	L967	OFL	U6			
K853	MTJ	D3	K451	VVR	W8	L811	ENC	1	L 36	OKV	J1			
K659	NGB	81	K477	WBA	C6	L288	ETG	Y9	L 37	OKV	77	M 7	ABC	BW
K285	NHU	J1	K822	WFJ	U3	L290	ETG	Y9	L 65	ORB	T2	M 77	ABC	BW
K345	NKB	AT	K228	WNH	R4	L291	ETG	Y9	L610	OWB	C9	M515	ACC	F9
K819	NKH	K7	K424	WUT	37	L293	ETG	Y9	L974	OWY	F7	M569	ACK	R9
K603	OCA	F8	K984	XND	C9	L374	EVU	OG	L 61	PDM	56	M 43	AEH	D4
K861	ODY	61	K776	YBA	OM	L447	FFR	L5	L 62	PDM	56	M222	ALP	41
K862	ODY	61	K312	YKG	J1	L448	FFR	L5	L160	PDM	56	M888	ALP	F9
K863	ODY	61	K313	YKG	J1	L602	FHN	59	L636	RGU	OC	M333	ANT	17
K867	ODY	60	K321	YKG	CF	L807	FRD	57	L772	RWW	Y7	M 10	ARE	R8
K868	ODY	61	K294	YPY	BR	L154	FRJ	F9	L775	RWW	Y7	M865	ATC	X4
K869	ODY	61				L533	FRJ	E8	L194	SCM	OG	M665	AWW	OG
K345	OFM	CA				L134	GBA	1	L884	SDY	M9	M307	BAV	78
K346	OFM	CA				L407	GDC	BJ	L276	SEM	A7	M243	BBX	D7
K347	OFM	CA	L 90	ABC	W1	L408	GDC	31	L278	SEM	A7	M 1	BCL	19
K315	OKF	35	L649	ADS	BC	L 3	GWC	X9	L283	SEM	A7	M412	BEY	31
K618	ORL	AW	L655	ADS	BC	L232	HRF	CP	L284	SEM	A7	M413	BEY	81
K243	PAG	41	L691	AEA	M9	L214	HUK	OC	L291	SEM	A7	M637	BEY	K7
K247	PAG	41	L698	AEA	E8	L418	JBD	OG	L 63	SFM	56	M378	BJC	J1
K248	PAG	41	L236	ANR	E5	L724	JBF	OC	L 64	SFM	56	M 1	BUS	AJ
K856	PCN	77	L111	ANT	17	L248	JBV	85	L 91	SMB	79	M 13	BUS	2
K864	PCN	77	L 20	ARK	OM	L452	JEE	R9	L226	SWM	CC	M582	BVL	ON
K351	PHD	E8	L391	AVK	BW	L551	JFS	21	L227	SWM	CC	M933	CHU	ON
K802	PLM	F5	L392	AVK	BW	L968	JFU	15	L228	SWM	CC	M883	DDS	M3
K200	PTS	K2	L371	BBC	5	L757	JHD	OG	L229	SWM	CC	M 89	DEW	E3
K539	RJX	V6	L401	BBC	OR	L901	JRN	76	L230	SWM	CC	M772	DRK	OG
K356	RKE	68	L673	BFR	79	L907	JRN	76	L231	SWM	CC	M199	DWD	X2
K372	RTY	U1	L138	BFV	P5	L908	JRN	K7	L232	SWM	CC	M451	EDH	V7

M453	EDH	V7	M809	LNC	T7	M 88	SLT	C9	M936	XKA	BD	N404	ARA	55
M458	EDH	N8	M842	LNC	OC	M 99	SLT	C9	M615	XKF	BW	N 21	ARC	78
M351	ENS	P7	M304	LOD	A7	M 87	SRD	58	M620	XKF	T7	N 2	ARV	U9
M 6	ERN	T4	M116	MBD	31	M561	SRE	84	M625	XKF	OM	N602	AWW	Y1
M799	EUS	31	M264	MOJ	49	M305	SSX	OG	M630	XKF	CJ	N 21	BDT	CR
M 31	FJR	BD	M788	NBA	42	M573	STO	OS	M637	XKF	CJ	N520	BFY	OM
M219	FMR	OC	M789	NBA	42	M400	STR	OG	M638	XKF	CJ	N543	BFY	ON
M277	FNS	OG	M790	NBA	42	M 85	TAK	79	M639	XKF	68	N104	BHL	M4
M933	FTN	41	M210	NDB	N5	M259	TAK	78	M644	XKF	CJ	N 17	BLU	L7
M935	FTN	41	M211	NDB	N5	M 50	TCC	ON	M648	XKF	27	N149	BOF	BK
M 5	GHA	81	M372	NWN	OS	M455	TCH	C9	M165	XMA	56	N775	BWF	OS
M 7	GHA	81	M951	OBU	48	M405	TCK	E2	M166	XMA	56	N990	BWJ	T5
M 10	GHA	81	M953	OBU	W1	M308	TFR	OC	M590	XMB	3	N416	CBU	BL
M662	GJF	12	M826	OKJ	N4	M373	THG	58	M616	XMB	CD	N417	CBU	BL
M665	GJF	BD	M 42	ONF	N5	M969	TKL	3	M618	XMB	35	N461	CBU	N4
M 48	GRY	X2	M 7	OPC	T6	M303	TSF	X7	M239	XWS	K1	N 17	CCL	9
M422	GUS	K6	M622	ORJ	U4	M110	TVH	AN	M247	XWX	BW	N564	CHE	20
M714	HBC	ON	M485	OUJ	Y6	M674	TVH	N2	M204	XWY	M5	N776	CJC	K7
M593	HKH	CC	M123	OUX	91	M387	TWU	P8	M206	XWY	ON	N371	CKA	70
M269	HPF	CL	M446	OUX	K8	M530	TWX	L4	M209	XWY	A7	N811	CKA	59
M444	HPF	BW	M910	OVR	28	M185	UAN	Y9	M212	XWY	A7	N947	CKJ	X2
M446	HPF	BW	M359	OVU	N3	M191	UAN	Y9	M125	YCM	C6	N207	CKP	CX
M448	HPF	BW	M360	OVU	N3	M197	UAN	Y9	M127	YCM	60	N719	CKU	BR
M799	HPJ	Y3	M361	OVU	N3	M874	UEJ	BP	M129	YCM	60	N156	CNW	D7
M284	HRH	CC	M362	OVU	N3	M 84	UHD	CD	M239	YCM	CC	N205	CUD	81
M954	HRY	T5	M423	PNB	OG	M791	UMB	Y6	M240	YCM	CC	N334	CVP	OG
M919	HSU	AD	M954	PNC	98	M817	UMB	35	M241	YCM	CC	N393	CWF	OM
M108	HVP	AD	M344	PNT	BE	M819	UMB	Y6	M242	YCM	CC	N618	CWX	OG
M359	JBO	N8	M359	PNT	OR	M231	UTM	T3	M243	YCM	CC	N238	DHE	OM
M 88	JEJ	W2	M430	POJ	M7	M 21	UUA	57	M882	YEH	OM	N811	DKU	31
M244	JHB	Y7	M 51	PRA	C9	M459	UUR	81	M236	YKD	CC	N812	DKU	31
M178	JNY	OM	M 52	PRA	C9	M461	UUR	81	M237	YKD	CC	N813	DKU	31
M463	JPA	81	M 54	PRA	C9	M 31	UYG	OR	M238	YKD	CC	N814	DKU	31
M509	JRY	77	M794	PRS	8	M829	VCA	99	M 4	YNC	N5	N815	DKU	31
M 70	JWH	C7	M795	PRS	8	M316	VET	31	M 4	YNF	N5	N828	DKU	78
M 32	KAX	H3	M796	PRS	8	M317	VET	31	M738	YNW	W9	N829	DKU	78
M246	KBB	BD	M797	PRS	8	M318	VET	31	M530	YOR	OG	N 2	DOT	R9
M254	KBB	BD	M798	PRS	8	M319	VET	31	M822	YUA	M8	N313	DSX	OR
M866	KCU	BW	M799	PRS	E4	M106	VHE	D6	M246	YWM	CC	N258	DUR	C9
M870	KCU	E2	M423	PUY	C7	M505	VJO	31	M247	YWM	CC	N106	DWG	K2
M481	KHP	OS	M850	RAW	BE	M517	VJO	31	M248	YWM	CC	N910	DWJ	CX
M 20	KJM	F6	M605	RCP	BJ	M482	VRC	CP				N913	DWJ	OM
M731	KJU	85	M630	RCP	BJ	M507	VSP	OG				N961	DWJ	Y5
M 7	KMP	K7	M763	RCP	BJ	M626	VUM	P4				N962	DWJ	Y5
M 77	KMP	K7	M807	RCP	78	M780	WAK	36	N 8	ABC	BW	N701	DWM	OM
M777	KMP	K7	M822	RCP	BJ	M889	WAK	M1	N 9	ABC	BW	N459	DWX	OG
M 4	KNM	OR	M833	RCP	BJ	M267	WEM	OG	N820	ABU	X8	N371	EAK	Y5
M458	KON	36	M845	RCP	BJ	M802	WKW	AF	N821	ABU	X8	N373	EAK	Y5
M365	KVR	C6	M345	RCW	58	M292	WSX	1	N822	ABU	X8	N374	EAK	Y5
M390	KVR	Y3	M346	RCW	58	M293	WSX	1	N823	ABU	X8	N379	EAK	Y5
M628	KVU	E4	M347	RCW	58	M926	WUG	21	N824	ABU	X8	N380	EAK	Y5
M677	KVU	V3	M598	RFS	BU	M748	WWR	E2	N825	ABU	X8	N232	EBG	AN
M678	KVU	AA	M236	RHG	OM	M750	WWR	BW	N826	ABU	X8	N 3	EDW	Y7
M687	KVU	U1	M510	RHG	A6	M 74	WYG	AK	N578	ACP	P1	N 6	EDW	Y7
M 68	LAG	K9	M969	RKJ	OS	M232	XEO	E1	N579	ACP	P1	N459	EEY	C9
M361	LAX	N8	M971	RKJ	3	M504	XFY	CN	N 3	ALP	F9	N418	EJC	J1
M598	LDB	68	M991	RKJ	36	M772	XHW	K1	N 4	ALP	F9	N 7	EJS	J9
M849	LFP	31	M328	RNC	OG	M414	XKA	Y2	N 17	ALS	8	N577	EUG	W8
M850	LFP	31	M113	RNK	N5	M416	XKA	F7	N100	ALS	8	N 31	EVT	C9
M331	LHP	OC	M702	RVS	A2	M912	XKA	70	N900	ALS	8	N 32	EVT	C9
M342	LHP	OC	M602	SBL	W4	M913	XKA	BD	N762	AOV	ON	N767	EWG	P2
M166	LNC	C9	M966	SDP	Y9	M915	XKA	BD	N401	ARA	55	N940	EWG	CX
M167	LNC	C9	M206	SKE	81	M922	XKA	E8	N402	ARA	55	N848	FDT	K7
M741	LNC	OM	M882	SKU	97	M931	XKA	OG	N403	ARA	55	N115	FHK	OM

N514	FJC	T1	N509	MAE	W1	N590	WND	OS	P933	CUX	21	P510	HNE	49
N519	FJC	J1	N449	MCN	D6	N976	WNE	97	P934	CUX	Y6	P512	HNE	T7
N703	FLN	E4	N435	MGF	AN	N104	WRC	BP	P679	DAW	OS	P419	HNF	BL
N263	FMA	84	N941	MGG	77	N149	WUJ	Y6	P867	DCW	OM	P 54	HNT	45
N273	FMA	Y6	N942	MGG	77	N301	WUJ	Y6	P325	DDV	OS	P630	HOF	27
N296	FMA	Y6	N472	MRN	75	N302	WUJ	Y6	P 5	DMW	ON	P714	HOF	27
N297	FMA	Y6	N481	NBV	23	N303	WUJ	Y6	P377	DOF	OG	P813	HOF	OG
N985	FWT	J3	N737	NDD	OM	N304	WUJ	Y6	P138	DVN	L4	P471	HRJ	N2
N 21	FWU	81	N807	NHS	5	N803	WVM	68	P422	EAW	OS	P 19	HUW	H2
N 76	FWU	37	N441	NHW	W1	N482	XAW	Y6	P441	EAW	OR	P417	HVR	H6
N619	GAH	K3	N465	NHW	W1	N621	XBU	42	P460	EFL	T5	P968	HWF	CV
N587	GBW	N6	N243	NNR	OR	N985	XCT	H6	P287	ENT	91	P991	HWF	CH
N589	GBW	N6	N249	NNR	R4	N727	XHN	OC	P289	ENT	91	P550	JEG	41
N 2	GHA	81	N253	NNR	P2	N255	XNT	T5	P935	EOP	OS	P253	JHE	ON
N 3	GHA	81	N200	OAT	OC	N119	XNU	OS	P930	EST	36	P291	JHE	M9
N 3	GPD	82	N354	OBC	C6	N324	XOA	AD	P169	EUJ	65	P578	JJA	D4
N133	GRF	C9	N978	ODS	K8	N327	XOA	AD	P190	EUJ	OC	P212	JKL	T1
N107	GSJ	ON	N539	OFE	31	N599	XRJ	N3	P330	FAW	Y6	P661	JKN	27
N357	GUB	OG	N135	OFW	31	N601	XRJ	N3	P770	FAW	91	P954	JNA	W1
N263	HBX	21	N784	OGA	OG	N602	XRJ	N3	P423	FDB	ON	P 2	JPT	BW
N 10	HDA	H2	N212	ONL	H1	N114	YAB	CF	P465	FDB	OG	P 6	JPT	BW
N781	HEH	Y2	N 7	OPC	U1	N681	YAV	A3	P522	FDB	OG	P369	JSP	CE
N978	HEH	OG	N621	ORG	BR	N131	YEF	H8	P528	FDB	CW	P720	JYA	AC
N612	HFM	79	N792	ORY	A9	N132	YEF	21	P382	FEA	H1	P289	KAV	36
N 4	HMC	OG	N794	ORY	A6	N377	YNB	BC	P397	FEA	M1	P401	KAV	56
N463	HRN	L5	N185	OYL	BR	N507	YNB	97	P198	FGM	79	P403	KAV	41
N670	HSC	85	N 2	PCL	J3	N241	YRJ	CW	P891	FMO	37	P407	KAV	56
N586	HTE	K9	N261	PDD	W1	N 67	YVR	N5	P153	FUJ	L1	P 94	KCA	ON
N657	HTE	K9	N796	PDS	X6	N 68	YVR	N5	P679	FUJ	X7	P260	KCC	Y7
N976	HTE	K9	N802	PDS	K6				P452	GAW	CD	P553	KCC	Y7
N409	HVT	10	N807	PDS	77				P811	GBA	AN	P730	KDT	BD
N218	HWX	Y5	N808	PDS	77				P998	GBG	W1	P734	KDT	H8
N221	HWX	Y5	N601	PFG	W1	P727	AAA	L1	P899	GCC	62	P 7	KMP	K7
N224	HWX	Y5	N713	PFU	H8	P572	AAW	OC	P869	GEY	H5	P276	KND	X8
N225	HWX	Y5	N253	PGD	31	P 5	ACL	55	P 3	GHA	81	P277	KND	X8
N236	HWX	Y5	N944	RBC	96	P428	ACT	ON	P 4	GHA	81	P885	KNF	CW
N237	HWX	P1	N722	RDD	81	P450	ACT	79	P122	GHE	K4	P959	KOF	4
N240	HWX	P1	N724	RDD	81	P840	ADO	X9	P124	GHE	53	P989	KOF	OS
N244	HWX	Y5	N819	RFP	C9	P172	AJU	4	P141	GHE	E5	P317	KTW	BJ
N245	HWX	Y5	N470	RTA	OR	P174	AJU	4	P148	GHE	31	P308	LBK	OG
N932	HWX	W1	N500	SAS	F1	P181	AJU	4	P149	GHE	31	P314	LBK	AD
N934	HWX	OG	N546	SJF	M4	P187	AJU	DF	P511	GLV	A7	P208	LDA	39
N936	HWX	J1	N554	SJF	DA	P 5	ALP	F9	P 5	GPD	82	P209	LDA	39
N502	HWY	E4	N789	SJU	31	P777	ALS	8	P 6	GPD	82	P213	LDA	39
N414	JBV	55	N792	SJU	P2	P888	ALS	8	P 10	GPD	82	P214	LDA	39
N415	JBV	55	N569	SOA	OG	P166	ANR	86	P480	HBA	42	P215	LDA	39
N419	JBV	55	N716	SOP	36	P178	ANR	BH	P482	HBA	42	P223	LKK	D5
N421	JBV	55	N902	TAY	H6	P 30	ANT	17	P483	HBA	42	P225	LKK	81
N422	JBV	55	N 20	TGM	BE	P323	ARU	A6	P484	HBA	42	P149	LMA	56
N841	JBX	BD	N 80	THN	L7	P 2	ARV	11	P485	HBA	42	P150	LMA	56
N859	JBX	BD	N671	TPF	M7	P385	ARY	N6	P486	HBA	42	P152	LMB	OM
N722	JLW	M8	N202	UHH	M1	P 90	ASH	OS	P131	HBG	1	P134	LOG	AD
N729	KHT	OG	N485	UJH	OG	P410	BAW	Y6	P115	HCF	P2	P478	MDM	OM
N 81	KHW	OC	N730	UVR	DA	P845	BJF	OR	P654	HEG	E3	P481	MDM	3
N279	KHW	OG	N753	VCY	OS	P 13	BLU	28	P655	HEG	E3	P482	MDM	3
N 77	KMP	K7	N454	VOD	81	P 14	BLU	28	P573	HHF	E5	P487	MDM	OM
N777	KMP	K7	N458	VOD	81	P312	BVN	BR	P 99	HMC	M4	P490	MDM	OG
N201	LCK	81	N466	VOD	60	P318	BVN	OC	P101	HNC	E4	P403	MDT	P1
N202	LCK	76	N206	VRX	E1	P202	CAY	BD	P102	HNC	E4	P134	MEH	77
N205	LCK	76	N962	WJA	N3	P832	CCK	BU	P103	HNC	N5	P744	MKJ	D7
N206	LCK	81	N963	WJA	N3	P829	CLJ	L1	P104	HNC	N5	P345	MOG	P8
N202	LFV	M1	N964	WJA	N3	P704	CRM	OC	P493	HNE	OG	P 49	MRE	68
N504	LUA	E4	N414	WJL	OM	P466	CTN	27	P502	HNE	5	P913	MVM	F1
N908	LUF	OS	N209	WMS	T5	P195	CUJ	ON	P509	HNE	P3	P169	NAK	T9

P170	NAK	Y5	P238	RUM	CX				R837	EAW	Y6	R427	MEH	OG
P183	NAK	Y5	P208	RUU	16				R838	EAW	Y6	R 46	MEW	OR
P184	NAK	Y5	P214	RUU	OG	R870	ACC	V2	R846	EAW	OG	R712	MEW	D3
P188	NAK	C2	P 41	RWR	OG	R 55	ACL	55	R269	EBX	CP	R713	MEW	D3
P690	NAV	41	P 61	RWR	D7	R 6	ALP	F9	R 71	ECA	Y3	R714	MEW	D3
P422	NJA	OG	P209	RWR	T9	R 14	ALS	8	R 72	ECA	Y3	R862	MFE	31
P773	NKE	ON	P218	RWR	R9	R 15	ALS	8	R732	ECT	79	R863	MFE	31
P843	NKK	OC	P719	RWU	8	R936	AMB	A1	R755	EEH	Y1	R969	MGB	J9
P845	NKK	OM	P 31	RYV	13	R948	AMB	D2	R879	EFL	OR	R975	MGB	69
P992	NKU	86	P 38	RYV	ON	R 40	ANT	17	R732	EGD	OM	R 4	MHL	N8
P993	NKU	86	P 3	SET	AT	R745	AOE	OS	R253	EJV	31	R464	MJU	OG
P522	NMA	CX	P441	SWX	W8	R219	AOR	41	R 81	EMB	56	R468	MJU	BD
P 16	NTS	U5	P445	SWX	H8	R 10	ARE	R8	R 82	EMB	56	R509	MJU	1
P163	NVM	OG	P450	SWX	2	R974	ARP	OG	R 83	EMB	56	R527	MJU	1
P166	NVM	P7	P451	SWX	H8	R824	BEG	OG	R 84	EMB	56	R529	MJU	OG
P 10	OAH	E1	P491	TGA	K6	R484	BKU	ON	R 85	EMB	56	R 88	MMS	W3
P341	OEW	56	P125	TUG	21	R 40	BLU	28	R 86	EMB	56	R569	MVN	OS
P342	OEW	56	P595	TYG	W2	R281	BNE	ON	R 1	EMS	J5	R649	NEP	P2
P343	OEW	56	P175	UAD	CA	R662	BOK	Y6	R413	EOS	R3	R 35	NFT	ON
P344	OEW	56	P851	UCA	41	R663	BOK	Y6	R987	EWU	77	R577	NFX	22
P257	OJA	D4	P853	UCA	6	R741	BUJ	77	R224	FGX	DF	R426	NGO	Y4
P220	OLC	CX	P942	UGA	ON	R742	BUJ	77	R225	FGX	DF	R326	NRU	F7
P221	OLC	K8	P740	UWW	J1	R743	BUJ	77	R714	FLG	L1	R327	NRU	F7
P 16	OLY	R7	P157	VSU	AN	R744	BUJ	77	R722	FOJ	15	R329	NRU	R8
P929	ONC	ON	P851	VUB	CD	R 29	BYG	1	R845	FWW	W3	R354	NRU	R8
P977	ONC	OM	P464	VVL	35	R 2	CBC	J1	R846	FWW	W3	R355	NRU	R8
P 7	OPC	U1	P312	VWR	BU	R 12	CBC	J1	R960	FYS	U2	R 10	OAH	E1
P164	ORJ	OR	P316	VWR	Y5	R 45	CDB	N5	R578	GDS	23	R 20	OAH	E1
P117	ORP	31	P317	VWR	Y5	R 46	CDB	N5	R 2	GHA	81	R576	ODC	BR
P548	OVG	BA	P318	VWR	Y5	R 47	CDB	N5	R 5	GHA	81	R 3	ONH	Y5
P869	PGO	ON	P319	VWR	Y5	R 48	CDB	N5	R508	GMA	CN	R 4	ONH	Y5
P478	PLO	W7	P320	VWR	Y5	R 49	CDB	N5	R 35	GNW	87	R 5	ONH	Y5
P897	PMB	5	P321	VWR	Y5	R412	CDC	CN	R 36	GNW	Y3	R319	OPY	OG
P544	PNE	M2	P322	VWR	Y5	R233	CJW	3	R 59	GNW	Y3	R321	OPY	CD
P 43	PNF	H8	P323	VWR	Y5	R258	CJW	3	R 62	GNW	Y3	R210	OWR	69
P 80	PPS	OR	P324	VWR	Y5	R939	CMB	OC	R104	GNW	C9	R 50	PCE	99
P562	PRE	36	P325	VWR	Y5	R205	CNY	H8	R108	GNW	T2	R640	PCF	W2
P583	PRJ	OG	P339	VWR	Y5	R625	CTX	OG	R156	GNW	R9	R997	PEO	BU
P980	PTM	41	P342	VWR	Y5	R182	CUD	OG	R173	GNW	8	R998	PEO	BU
P299	PVR	BL	P345	VWR	Y5	R134	CUX	L1	R174	GNW	8	R546	PFJ	OM
P861	PWW	Y3	P787	VYS	R1	R290	CVM	42	R776	GVC	21	R 3	PHL	N8
P868	PWW	87	P792	VYS	OG	R291	CVM	42	R746	GWC	CJ	R 84	PHY	H8
P869	PWW	87	P796	VYS	36	R292	CVM	42	R 92	HLG	W1	R 85	PHY	H8
P870	PWW	87	P801	VYS	CA	R293	CVM	42	R227	HNE	F6	R 86	PHY	H8
P879	PWW	BW	P807	VYS	OG	R845	CVM	66	R860	JGE	OM	R530	PJH	T7
P894	PWW	45	P808	VYS	OC	R399	CVR	W8	R286	JVK	79	R184	PNN	OS
P902	PWW	BJ	P810	VYS	OS	R852	DCA	1	R131	KAE	T4	R431	PTH	OC
P909	PWW	BJ	P814	VYS	R1	R945	DDM	OM	R 73	KCA	Y3	R 70	RAW	H5
P248	PYW	1	P815	VYS	36	R946	DDM	OG	R802	KCU	OG	R956	RCH	M4
P287	PYW	1	P820	VYS	36	R364	DJN	BJ	R 7	KMP	K7	R384	RMJ	AC
P850	RDM	27	P 2	WAL	89	R365	DJN	BJ	R934	KSC	OG	R624	RSA	OG
P530	RFS	BF	P517	WBV	OG	R366	DJN	BJ	R967	KWT	OG	R651	RWR	AH
P338	ROO	BJ	P708	WUB	OC	R367	DJN	BJ	R921	LAA	91	R880	SDT	E1
P340	ROO	BJ	P842	WUB	OM	R368	DJN	BJ	R922	LAA	91	R890	SDT	E1
P341	ROO	BJ	P842	WUB	BX	R369	DJN	BJ	R925	LAA	91	R168	SEF	U8
P342	ROO	BJ	P388	WVL	31	R370	DJN	BJ	R190	LBC	88	R 6	SGT	N8
P344	ROO	BJ	P233	WWX	OG	R371	DJN	BJ	R195	LBC	ON	R 2	SOH	F6
P346	ROO	BJ	P237	WWX	J2	R191	DNM	61	R463	LFM	V4	R 55	SOM	AA
P347	ROO	C9	P 42	XGG	1	R596	DOB	OC	R815	LFV	R4	R 38	SSA	L2
P349	ROO	BJ	P165	XWO	K2	R 12	DOT	R9	R692	LKX	CA	R 20	STR	T5
P350	ROO	BJ	P741	YCK	H3	R 10	DTS	K4	R350	LPR	R8	R 1	STW	N8
P351	ROO	BJ	P218	YGG	J1	R 45	DVM	OG	R997	LRF	58	R151	SUT	W9
P352	ROO	BJ	P219	YGG	F2	R250	DWY	OS	R322	LRY	ON	R111	TAY	58
P632	ROU	R4				R582	DYG	C3	R242	MDM	OG	R178	TKU	18

R429	TKU	70	R357	XVX	BJ	S 8	GPD	82	S848	SCA	OM	T133	ARE	77
R701	TRV	L9	R359	XVX	BJ	S112	GUB	CC	S334	SET	F6	T135	ARE	77
R702	TRV	L9	R210	XWE	OS	S113	GUB	CC	S364	SET	F6	T574	ARM	37
R147	TWF	OG	R134	XWF	CT	S114	GUB	CC	S 24	SLT	C9	T 58	AUA	Y3
R669	UCC	40	R108	YBA	N5	S115	GUB	CC	S 25	SLT	C9	T120	AUA	87
R662	UMJ	BR	R109	YBA	N5	S116	GUB	CC	S 26	SLT	C9	T159	AUA	J3
R989	UOK	3	R754	YDB	71	S117	GUB	CC	S559	SMJ	30	T164	AUA	BJ
R724	UOP	OG	R759	YDB	DF	S118	GUB	CC	S503	SRJ	X8	T174	AUA	Y3
R553	UOT	P2	R449	YDT	F6	S119	GUB	CC	S504	SRJ	X8	T183	AUA	L1
R556	UOT	T2	R468	YDT	L6	S120	GUB	CC	S505	SRJ	X8	T185	AUA	Y3
R563	UOT	R9	R473	YDT	OG	S121	GUB	CC	S506	SRJ	X8	T223	BBR	BD
R564	UOT	T2	R475	YDT	48	S390	HVV	77	S507	SRJ	X8	T672	BDM	A7
R570	UOT	A6	R691	YLH	H8	S391	HVV	D2	S 7	STM	AN	T 2	BLU	28
R917	UWJ	OC	R 24	YNC	N5	S 87	JBA	E4	S 8	STM	AN	T332	BNL	A9
R101	VLX	41	R226	YNN	P5	S111	JBA	2	S 9	STM	AN	T749	BRF	Y2
R104	VLX	41	R702	YOA	OC	S908	JCC	40	S 10	STM	AN	T 37	BUB	L9
R107	VLX	6	R 27	YOE	OM	S 43	JFV	K8	S933	SVM	41	T 54	BUB	P6
R112	VLX	AN	R202	YOR	W8	S 57	JFV	OG	S153	SWE	DF	T 3	BUS	OG
R113	VLX	41	R675	YPO	OM	S190	JGB	E1	S156	SWE	DF	T 31	BUS	OC
R114	VLX	K5	R702	YPO	K4	S464	JGB	E4	S235	SWF	L4	T840	CCK	Y9
R622	VNN	78	R621	YWB	70	S299	JRM	BU	S 4	SYA	L7	T841	CCK	Y9
R630	VNN	K2	R882	YWB	AD	S507	JSW	D6	S303	TEW	F1	T342	COJ	OS
R633	VNN	31	R918	YWB	P7	S808	JSW	H5	S304	TEW	OC	T 2	DBC	16
R637	VNN	31				S403	JUA	89	S379	TMB	OG	T731	DGD	C9
R645	VNN	31				S426	JUA	Y3	S405	TMB	Y6	T898	EAN	Y4
R110	VNT	77				S428	JUA	Y3	S190	TNM	AY	T428	EBD	77
R211	VNT	77	S 86	ACN	W1	S170	JUB	OG	S163	UAL	52	T429	EBD	77
R303	VUJ	DD	S577	ACT	30	S176	JUB	P6	S537	UAW	DD	T430	EBD	BW
R304	VUJ	OG	S884	AGD	AT	S260	JUG	CA	S539	UAW	A3	T448	EBD	77
R643	VUX	OS	S100	ALP	F9	S511	KFL	Y9	S540	UAW	DD	T695	EJB	OS
R 73	VVP	M2	S 70	ANT	17	S512	KFL	Y9	S175	UBU	70	T322	ELG	CC
R 74	VVP	M2	S 80	ANT	17	S906	KGD	ON	S912	UKL	OC	T323	ELG	CC
R162	WBC	DD	S416	AWP	M1	S260	KJF	DF	S957	URJ	42	T502	EUB	Y5
R902	WEC	E5	S 11	BFC	62	S263	KJF	DF	S958	URJ	42	T503	EUB	Y5
R 77	WES	C5	S151	BLG	H5	S264	KJF	DF	S959	URJ	42	T504	EUB	Y5
R801	WJA	41	S172	BLG	OG	S539	KJF	OC	S960	URJ	42	T505	EUB	Y5
R805	WJA	41	S 5	BLU	28	S315	KNW	BC	S249	UTD	BL	T506	EUB	Y5
R807	WJA	41	S 6	BLU	28	S940	KRG	N4	S617	UUG	1	T507	EUB	Y5
R811	WJA	E3	S726	BMA	ON	S620	KUT	T9	S629	UUG	BE	T508	EUB	Y5
R812	WJA	E3	S976	BOU	OS	S 53	LGA	OM	S594	UVR	AM	T509	EUB	Y5
R462	WOB	OG	S 55	BPS	OS	S451	LGN	74	S305	VAW	OR	T510	EUB	Y5
R852	WRM	OG	S484	BSC	H8	S903	LHG	T4	S612	VAY	79	T511	EUB	Y5
R 71	WSD	OG	S 10	BUS	L9	S377	MCC	K7	S375	XNE	OG	T103	EVV	OM
R146	XAW	36	S 12	CBC	J1	S295	MHN	D6	S579	YSU	CW	T 68	FBN	42
R504	XAW	T5	S 2	CLA	77	S 54	NCW	Y9				T 69	FBN	42
R505	XAW	T5	S 3	CLA	77	S509	NFR	Y9				T247	FLJ	W3
R634	XAW	CD	S392	CRC	M7	S 3	ONH	Y5				T548	FLJ	OC
R636	XAW	OG	S846	DGX	C9	S971	OVP	AX	T237	ABF	ON	T345	FWR	30
R811	XBA	70	S858	DGX	C9	S972	OVP	AX	T239	ABF	OG	T783	FWW	AM
R812	XBA	70	S 4	DGY	OG	S973	OVP	AX	T242	ABF	C6	T868	GFP	ON
R396	XDA	BJ	S310	DLG	BJ	S974	OVP	AX	T244	ABF	J1	T579	GJF	ON
R397	XDA	BJ	S316	DLG	L7	S976	OVP	AX	T245	ABF	C6	T923	GJH	M9
R222	XDY	37	S 2	DLT	AE	S376	PGB	A6	T334	ABV	OC	T555	GNW	DE
R402	XFL	R9	S897	DVA	OG	S735	RET	75	T201	AFM	CC	T999	GRP	U8
R403	XFL	R9	S 1	EMS	J5	S977	RKM	OG	T202	AFM	CC	T 30	HAY	T5
R405	XFL	J5	S185	ERC	BT	S737	RNE	BL	T203	AFM	CC	T456	HNH	D2
R407	XFL	R9	S952	ERE	Y2	S738	RNE	BL	T204	AFM	CC	T466	HNH	BW
R408	XFL	D3	S194	FFM	D3	S739	RNE	BL	T205	AFM	CC	T467	HNH	BW
R409	XFL	D3	S195	FFM	D3	S745	RNE	E4	T206	AFM	CC	T544	HNH	BW
R410	XFL	D3	S196	FFM	D3	S760	RNE	T9	T207	AFM	CC	T547	HNH	BW
R411	XFL	E3	S197	FFM	D3	S781	RNE	77	T208	AFM	CC	T551	HNH	BW
R311	XNC	98	S195	FVK	79	S494	RVM	X8	T 4	AHL	L7	T552	HNH	BW
R354	XVX	BJ	S 42	FWY	2	S495	RVM	X8	T 7	ALP	F9	T 48	JBA	25
R356	XVX	BJ	S 6	GHA	81	S496	RVM	X8	T510	APS	BJ	T 49	JBA	D2

T 73	JBA	28	T581	JTD	P1	T752	UCH	OC	V950	FEN	OM	V380	SVV	V9
T 74	JBA	AN	T159	JUJ	49	T191	UEB	H8	V928	FMS	C9	V903	WUB	CA
T 79	JBA	28	T834	JVR	OC	T196	UEB	A3	V723	GGE	D2	V327	XDO	ON
T 84	JBA	C9	T866	JVR	CE	T720	UOS	P1	V 7	GHA	81	V343	XVL	L2
T 85	JBA	C9	T641	JWB	H2	T263	VAW	AX	V 8	GHA	81			
T 86	JBA	C9	T647	JWB	18	T264	VAW	AX	V386	HGG	OG			
T 91	JBA	U3	T192	KDM	8	T209	WGK	34	V387	HGG	BW			
T101	JBA	Y5	T241	KDM	8	T984	WPN	R9	V389	HGG	BW	W751	AAY	31
T102	JBA	Y5	T 1	KET	AJ	T210	WWY	1	V390	HGG	BW	W752	AAY	31
T104	JBA	Y5	T 7	KMP	K7	T 7	WYS	ON	V949	HKW	OG	W753	AAY	31
T105	JBA	Y5	T263	KOB	AX	T686	XUY	AX	V291	JDM	AD	W761	AAY	T5
T106	JBA	Y5	T264	KOB	AX	T687	XUY	AX	V209	JLG	CC	W774	AAY	D5
T107	JBA	Y5	T956	LBV	21	T688	XUY	AX	V210	JLG	CC	W365	ABD	AN
T108	JBA	Y5	T958	LBV	21	T689	XUY	AX	V211	JLG	CC	W 5	ACL	55
T109	JBA	Y5	T757	LFM	D3	T690	XUY	AX	V212	JLG	CC	W100	ACL	55
T110	JBA	Y5	T758	LFM	D3	T691	XUY	AX	V213	JLG	CC	W 9	ALP	F9
T111	JBA	2	T759	LFM	D3	T692	XUY	AX	V214	JLG	CC	W 10	ANT	17
T112	JBA	Y5	T760	LFM	D3	T129	XVT	D2	V215	JLG	CC	W 2	ARV	11
T113	JBA	Y5	T502	LNT	AX	T146	YET	W1	V216	JLG	CC	W764	BAW	Y6
T114	JBA	Y5	T669	LNT	AN				V217	JLG	CC	W 4	BLU	28
T115	JBA	Y5	T942	LNT	OG				V218	JLG	CC	W 5	BLU	28
T116	JBA	Y5	T943	LNT	Y6				V 2	JON	M6	W 6	BLU	28
T117	JBA	Y5	T584	LPP	OC	V254	BNV	AN	V 2	JPT	BW	W 17	BLU	28
T118	JBA	Y5	T274	MAW	30	V261	BNV	AN	V 3	JPT	77	W885	BNA	Y8
T119	JBA	Y5	T696	MAW	Y6	V262	BNV	AN	V343	JTO	K1	W658	BOE	AX
T120	JBA	Y5	T233	MBA	48	V263	BNV	AN	V509	KAW	Y6	W659	BOE	AX
T122	JBA	Y5	T749	MBV	ON	V264	BNV	AN	V368	KLG	56	W822	BOM	31
T124	JBA	Y5	T 9	MCL	T5	V268	BNV	AN	V369	KLG	56	W533	BOV	OG
T125	JBA	Y5	T878	MKL	68	V 5	BUS	L9	V370	KLG	56	W172	CDN	R9
T126	JBA	Y5	T737	MNE	OG	V331	CVV	AN	V371	KLG	56	W176	CDN	BJ
T127	JBA	Y5	T417	MNH	H8	V971	DAU	R1	V372	KLG	56	W177	CDN	BJ
T128	JBA	Y5	T801	MNH	OG	V211	DBX	OG	V373	KLG	56	W178	CDN	BJ
T129	JBA	Y5	T802	MNH	H6	V258	DCC	Y7	V374	KLG	56	W187	CDN	8
T130	JBA	Y5	T 52	MOA	AC	V689	DDC	OC	V392	KVY	R9	W195	CDN	87
T131	JBA	Y5	T344	NBV	Y8	V608	DHC	V1	V393	KVY	R9	W217	CDN	J3
T132	JBA	Y5	T625	NMJ	OG	V125	DJA	N5	V394	KVY	R9	W226	CDN	Y3
T197	JBA	Y5	T982	OGA	BL	V126	DJA	N5	V 56	KWO	L1	W537	CDN	AW
T198	JBA	Y5	T810	OGB	OR	V127	DJA	N5	V252	LKM	T1	W235	COM	OG
T199	JBA	Y5	T131	ONG	OS	V128	DJA	N5	V993	LLG	D3	W106	CYG	AD
T882	JBC	K2	T 3	ONH	Y5	V129	DJA	N5	V994	LLG	D3	W677	DDN	81
T884	JBC	T5	T407	OWA	48	V434	DJF	R1	V995	LLG	D3	W538	DWC	C6
T695	JBU	Y2	T459	PCK	OG	V 12	DJS	J4	V437	LMA	AM	W201	EAG	K9
T522	JCA	W1	T254	POA	X9	V899	DNB	Y3	V107	LVH	T2	W207	EAG	5
T 72	JCC	K7	T 75	PRJ	U2	V944	DNB	28	V651	LWT	BJ	W211	EAG	74
T849	JFU	31	T476	RCE	OG	V946	DNB	28	V652	LWT	BJ	W 7	EJS	J9
T718	JHE	F6	T 7	RDC	M4	V264	DTE	N2	V654	LWT	BJ	W327	EON	43
T723	JHE	13	T427	REL	OS	V938	ECU	OG	V655	LWT	BJ	W641	EUB	Y5
T741	JHE	E1	T 59	RJL	OC	V544	EHE	OG	V660	LWT	E3	W642	EUB	Y5
T742	JHE	E1	T291	ROF	BL	V548	EHE	OG	V728	LWU	45	W643	EUB	Y5
T811	JHN	81	T814	RTL	31	V141	EJR	8	V227	MNM	T7	W644	EUB	Y5
T853	JJA	X8	T812	SBB	M8	V 7	EJS	J9	V237	MNM	13	W645	EUB	Y5
T854	JJA	X8	T520	SBX	76	V361	EKY	L1	V405	MOA	OG	W646	EUB	Y5
T855	JJA	X8	T 11	SLT	C9	V806	ENT	Y6	V260	NAY	83	W647	EUB	Y5
T856	JJA	X8	T 6	STM	AN	V807	ENT	Y6	V261	NAY	83	W648	EUB	Y5
T375	JJC	Y7	T 7	STM	AN	V116	ESL	D2	V664	NUM	OS	W649	EUB	Y5
T601	JJC	J5	T193	SUT	31	V117	ESL	D2	V 14	NYA	L7	W651	EUB	Y5
T486	JJV	31	T194	SUT	31	V 42	EUJ	91	V200	OER	91	W287	EYG	H8
T868	JKE	OC	T105	SVK	OC	V940	EUJ	77	V359	POB	31	W293	EYG	H8
T346	JLD	65	T100	TAY	58	V 32	EUX	L1	V 11	RBT	W4	W301	EYG	H8
T347	JLD	65	T973	TBA	C9	V151	EVR	OC	V471	RDN	OR	W304	EYG	H8
T434	JLD	65	T974	TBA	C9	V 51	EWB	DF	V477	RDN	1	W768	FOL	OR
T435	JLD	65	T980	TPT	83	V 52	EWB	DF	V489	RDN	OC	W657	FRN	BU
T320	JRH	OC	T489	TUP	47	V224	FAL	47	V 22	SLT	C9	W682	FRN	BU
T580	JTD	41	T448	UCH	E4	V245	FEC	OC	V 33	SLT	C9	W606	FUM	31

W607	FUM	31		W116	MWG	A1		W539	WRV	ON		X256	DEP	L7		Y212	BBA	OR
W633	FUM	31		W 84	NDW	R6		W736	XCE	A3		X609	DJA	1		Y213	BGB	Y9
W635	FUM	31		W781	NFG	56		W739	XCE	OS		X331	DKV	ON		Y 8	BLU	28
W636	FUM	31		W782	NFG	56		W761	XCE	OM		X 92	DNT	ON		Y341	BWP	C6
W804	GEJ	BD		W783	NFG	56		W591	XDM	BF		X186	DNT	T5		Y 15	CCL	14
W604	GUG	AC		W784	NFG	56		W601	XDM	OM		X 5	DTS	U1		Y502	CCY	U4
W244	HBX	OS		W785	NFG	56		W609	XDM	Y2		X521	EBU	OG		Y868	CGN	OG
W424	HBX	C6		W681	NTG	A1		W816	XEE	31		X479	EEB	ON		Y276	DCC	K2
W564	HNH	OG		W296	NWG	OR		W985	XFM	D3		X687	EJE	69		Y277	DCC	K2
W634	HNH	OG		W 2	OVC	BP		W986	XFM	D3		X111	ELS	OG		Y735	EAJ	OM
W399	HOB	AE		W 3	OVC	BP		W987	XFM	D3		X199	FOR	J4		Y458	EDA	96
W413	HOB	K2		W487	PNT	OM		W906	XKJ	OC		X352	FVE	ON		Y864	GDV	BX
W492	HOB	ON		W701	PNT	Y6		W166	XTM	OM		X313	FVV	AN		Y896	GDV	E4
W 11	JBA	2		W702	PNT	Y6		W179	XTM	K6		X 9	GHA	81		Y942	GEU	AN
W 81	JBN	N5		W703	PNT	Y6		W379	XVE	OM		X817	HCT	14		Y619	GFM	CC
W 83	JBN	N5		W294	PTD	OG		W451	XVE	OM		X294	HEE	N4		Y621	GFM	CC
W201	JBN	Y5		W296	PTD	ON		W211	YAP	82		X838	HEE	L2		Y622	GFM	CC
W202	JBN	Y5		W663	PTD	42		W187	YBN	C9		X849	HEE	30		Y623	GFM	CC
W204	JBN	Y5		W664	PTD	42		W586	YDM	AP		X959	HFU	L2		Y624	GFM	CC
W207	JBN	Y5		W671	PTD	42		W235	YVE	AY		X804	HNV	66		Y626	GFM	CC
W208	JBN	Y5		W672	PTD	42						X493	JCK	OM		Y627	GFM	CC
W209	JBN	Y5		W673	PTD	42						X936	JDS	AD		Y628	GFM	CC
W211	JBN	Y5		W674	PTD	42						X626	JGE	K4		Y629	GFM	CC
W212	JBN	Y5		W675	PTD	42		X722	AAK	BX		X754	KBO	ON		Y631	GFM	CC
W213	JBN	Y5		W676	PTD	42		X665	ABN	U6		X168	LFV	OG		Y 2	HMC	5
W214	JBN	Y5		W677	PTD	42		X683	ABN	A1		X721	LUY	AX		Y297	HUA	87
W215	JBN	Y5		W678	PTD	42		X463	ABU	Y2		X722	LUY	AX		Y298	HUA	87
W216	JBN	Y5		W684	PTN	BR		X464	ABU	Y2		X823	MFL	OG		Y467	HUA	Y3
W217	JBN	Y5		W689	PTN	U6		X465	ABU	Y2		X835	MFL	68		Y468	HUA	Y3
W218	JBN	Y5		W929	RET	Y3		X466	ABU	Y2		X837	MFL	OG		Y469	HUA	Y3
W219	JBN	Y5		W187	RRE	OS		X467	ABU	Y2		X108	MGN	CP		Y475	HUA	Y3
W221	JBN	Y5		W215	RRE	AD		X468	ABU	Y2		X282	MSP	D2		Y476	HUA	Y3
W223	JBN	Y5		W 82	RRU	64		X469	ABU	Y2		X939	NBU	42		Y148	HWE	62
W224	JBN	Y5		W129	SBA	OC		X471	ABU	Y2		X752	NUG	OS		Y159	HWE	U1
W226	JBN	Y5		W307	SBC	H5		X472	ABU	Y2		X539	NWT	M2		Y486	HWE	ON
W227	JBN	Y5		W319	SBC	OM		X 5	ACL	55		X662	NWY	31		Y546	HWE	14
W228	JBN	Y5		W651	SJF	AL		X475	ADB	H8		X882	OBA	C9		Y701	HWT	Y5
W229	JBN	Y5		W662	SJF	OG		X476	ADB	W3		X883	OBA	C9		Y702	HWT	Y5
W282	JBN	Y5		W663	SJF	79		X477	ADB	W3		X 7	OPC	U1		Y703	HWT	Y5
W283	JBN	Y5		W 58	SJH	OG		X799	ADT	AD		X391	RBD	31		Y704	HWT	Y5
W284	JBN	Y5		W871	SKH	W1		X905	AEN	OS		X812	RCC	J5		Y705	HWT	Y5
W285	JBN	Y5		W 19	SLT	C9		X924	AEN	3		X338	SKJ	H8		Y706	HWT	Y5
W286	JBN	Y5		W 20	SLT	C9		X926	AEN	3		X 80	SLT	C9		Y707	HWT	Y5
W287	JBN	Y5		W 44	SLT	C9		X927	AEN	3		X 1	STM	AN		Y708	HWT	Y5
W288	JBN	Y5		W 55	SLT	C9		X928	AEN	3		X 11	STM	AN		Y709	HWT	BU
W427	JBU	N5		W516	SVF	U8		X929	AEN	3		X702	UKS	77		Y711	HWT	BU
W428	JBU	N5		W118	TJF	R6		X945	AEN	3		X703	UKS	BW		Y712	HWT	P1
W216	JND	CA		W291	TNV	OG		X946	AEN	3		X706	UKS	77		Y713	HWT	P1
W564	JVV	T5		W237	TRX	51		X 10	ALP	F9		X965	ULG	D3		Y714	HWT	P1
W575	JVV	OG		W199	TUJ	91		W977	ANC	OG		X966	ULG	D3		Y715	HWT	P1
W576	JVV	OG		W682	TUJ	91		X708	ANW	OG		X967	ULG	D3		Y718	HWT	Y5
W915	KBD	66		W875	UGY	N8		X208	APY	OG		X968	ULG	D3		Y719	HWT	Y5
W259	KDO	AW		W218	UMM	N8		X585	ATE	Y4		X284	VDY	CD		Y721	HWT	Y5
W594	KFE	M4		W697	UUH	ON		X598	ATE	CU		X 91	WYG	OG		Y722	HWT	Y5
W614	KFE	OG		W471	VMA	D3		X349	AUX	77		X263	XBX	OG		Y723	HWT	Y5
W799	KVL	31		W756	WAD	U4		X117	BFJ	OC		X816	XCK	P3		Y724	HWT	Y5
W300	LCT	K5		W711	WAK	OS		X132	BHR	OG		X817	XCK	P3		Y726	HWT	Y5
W394	MDT	OG		W199	WDM	D4		X 7	BLU	28		X818	XCK	P3		Y727	HWT	Y5
W636	MKY	CE		W984	WDS	41		X177	BNH	X8		X821	XCK	Y9		Y731	HWT	Y5
W645	MKY	18		W173	WFM	DC		X638	BPY	DF		X822	XCK	Y9		Y732	HWT	Y5
W646	MKY	E9		W379	WGE	OG		X117	BUJ	L1						Y733	HWT	Y5
W 2	MTE	63		W381	WGE	U4		X848	BVN	1						Y734	HWT	Y5
W 3	MTE	63		W383	WGE	AT		X100	CBC	M5						Y735	HWT	Y5
W 4	MTE	63		W384	WGE	CT		X319	CBT	81		Y591	ANV	OG		Y736	HWT	Y5

Y737	HWT	Y5	Y836	NAY	22	GD51	GPD	82	BD02	HDX	BT	GX02	AOD	BD
Y738	HWT	Y5	Y976	NBV	D4	GN51	YHF	T2	BD02	HYS	OM	HJ02	OPX	OS
Y751	HWT	Y5	Y288	NHJ	CR	GO51	LCT	L6	BD02	ODK	66	JP02	OLY	R7
Y752	HWT	Y5	Y208	OEE	H8	HX51	LPF	J4	BD02	RWE	OS	KU02	YUA	K3
Y753	HWT	Y5	Y773	OEE	AN	HX51	LSL	T9	BL02	XYC	OG	LG02	ZRN	98
Y643	HWY	T9	Y 7	OPC	U1	JB51	BUS	AJ	BT02	LCT	L6	LG02	ZVA	OG
Y784	HYG	ON	Y202	PFM	D3	JC51	BFC	J6	BU02	FWV	BP	LV02	LLJ	C7
Y 11	JBA	2	Y203	PFM	D3	KE51	CEU	P8	BU02	WVT	Y4	LV02	LLK	C7
Y201	JPM	OG	Y204	PFM	D3	KP51	SXX	2	BU02	XON	1	LV02	ODW	CA
Y812	JPM	OG	Y207	PFM	D3	KP51	SXZ	AN	CE02	SDO	Y6	MA02	BLU	28
Y816	JPM	OC	Y337	PNW	X8	KP51	SYA	AN	CE02	SEV	Y6	MB02	BLU	28
Y 2	JPT	BW	Y 1	RDE	99	KP51	SYC	AN	CT02	LCT	L6	MC02	BLU	28
Y 3	JPT	BW	Y379	RVU	T5	KP51	SYE	AN	CX02	EBU	T1	MD02	BLU	28
Y365	JUJ	30	Y174	RVY	Y5	KP51	SYR	AN	CX02	EBV	T1	MK02	HDA	ON
Y945	JUJ	CR	Y 66	SLT	C9	KP51	UFJ	2	CX02	ELH	H5	MK02	HGA	ON
Y301	KBN	Y5	Y 77	SLT	C9	KV51	KZD	77	CX02	KDV	BP	MK02	VFM	AP
Y302	KBN	Y5	Y221	SNB	OG	KV51	KZF	77	CX02	KEJ	BP	MK02	VUL	42
Y303	KBN	Y5	Y296	SNB	H6	LF51	EHJ	OG	DA02	KPL	OG	ML02	KCY	C2
Y304	KBN	Y5	Y326	SNB	OM	LN51	TCV	86	DA02	PUF	Y3	ML02	PLU	1
Y307	KBN	Y5	Y692	TNC	E5	MA51	BYO	ON	DA02	PUX	D3	ML02	RWF	Y2
Y308	KBN	Y5	Y477	TSU	CA	MA51	CVC	T5	DA02	PUY	D3	MM02	WKC	ON
Y309	KBN	Y5	Y486	TSU	Y9	MF51	OAL	U2	DA02	PVP	Y3	MM02	WKW	P6
Y311	KBN	Y5	Y152	TVV	E1	MU51	FHV	C2	DB02	ANT	17	MV02	UBP	CK
Y312	KBN	Y5	Y798	UDT	M4	MU51	HHM	OG	DE02	URX	CC	MV02	ULK	Y5
Y313	KBN	Y5	Y799	UDT	M4	MX51	EOV	OM	DF02	EHY	D3	MV02	ULL	Y5
Y314	KBN	Y5	Y356	UOE	36	NK51	OKH	C3	DF02	EKC	D3	MV02	ULM	Y5
Y315	KBN	Y5	Y134	UOM	AX	NX51	GOJ	OS	DG02	WXT	D3	MV02	ULN	Y5
Y317	KBN	Y5	Y136	UOM	AX	OV51	HGZ	W1	DG02	WXU	D3	MV02	ULO	Y5
Y319	KBN	Y5	Y643	UOV	AW	PJ51	XCK	E7	DG02	WXV	D3	MV02	ULP	Y5
Y385	KBN	Y5	Y783	WHH	22	PO51	OLT	AT	DG02	WYB	8	MV02	ULR	Y5
Y386	KBN	Y5	Y843	XBN	75	PO51	WZC	OC	DU02	AXD	Y6	MV02	ULS	Y5
Y387	KBN	Y5	Y 83	XBU	57	SF51	WPZ	U8	DU02	UYY	L1	MV02	ULT	Y5
Y388	KBN	Y5	Y795	XEW	A3	SN51	GBO	AC	DY02	BJU	OG	MV02	ULU	Y5
Y389	KBN	Y5	Y743	XHG	C6	SN51	LUE	P4	EM02	ORS	J5	MV02	ULW	Y5
Y391	KBN	Y5	Y236	YAG	K8	SN51	OSJ	OR	EO02	UGL	OS	MV02	ULX	Y5
Y392	KBN	Y5	Y805	YBC	31	VO51	RLY	C3	FM02	HPY	OC	MV02	ULY	Y5
Y366	KCB	OG	Y806	YBC	31	VX51	RBY	BH	FM02	HRD	OC	MV02	ULZ	Y5
Y633	KDP	M4	Y807	YBC	31	YE51	UDB	OR	FN02	HGG	31	MV02	UMA	Y5
Y262	KJA	OG	Y808	YBC	31	YJ51	EKM	Y3	FN02	HGJ	31	MV02	UMB	Y5
Y184	KNB	AN	Y809	YBC	31	YJ51	EKX	Y3	FN02	HGK	31	MV02	UMC	Y5
Y185	KNB	AN	Y679	YNA	OG	YJ51	EKY	Y3	FN02	HGM	31	MV02	UMD	Y5
Y191	KNB	N3				YJ51	EKZ	Y3	FN02	HGU	31	MV02	UME	Y5
Y192	KNB	N3				YJ51	EOB	OM	FN02	HGX	31	MV02	UMF	Y5
Y193	KNB	N3				YL51	ZTM	H8	FN02	HGY	31	MV02	UMG	Y5
Y194	KNB	N3	BP51	LOJ	Y6	YN51	AJO	DC	FN02	HGZ	U1	MV02	UMH	Y5
Y195	KNB	N3	BV51	EKR	OG	YN51	HKF	OR	FN02	RXJ	18	MV02	UMJ	Y5
Y196	KNB	N3	BV51	ENL	CA	YN51	KGV	BD	FN02	RXK	V1	MV02	UMK	Y5
Y301	KNB	8	BX51	ZWY	OG	YN51	MHM	60	FP02	YKM	OG	MV02	UML	Y5
Y302	KNB	8	CX51	EZJ	K7	YN51	XMM	11	FY02	LCX	L2	MV02	UMM	Y5
Y623	KNC	1	CX51	FKO	K5	YT51	AXO	AX	FY02	LDC	E9	MV02	UMO	Y5
Y624	KNC	1	DA51	GBA	81	YT51	AXP	AX	FY02	WHB	14	MV02	UMR	Y5
Y644	KNC	A1	DA51	XTC	77	YX51	DVK	CE	GA02	ASH	12	MV02	UMS	Y5
Y646	KNC	R1	DA51	XTD	77	YX51	LZT	K6	GK02	NVU	W1	MV02	UMT	Y5
Y653	KNC	V9	DA51	XTE	77	YX51	MBU	OM	GT02	BUS	Y5	MV02	UMU	Y5
Y701	KNC	D4	DE51	CPU	OG				GT02	BUZ	Y5	MV02	UMW	Y5
Y197	KNF	OR	DE51	EWJ	77				GT02	WAG	Y5	MV02	UMX	Y5
Y558	KUX	91	DK51	LTU	CA				GT02	WAM	Y5	MV02	ZKZ	D4
Y679	LCF	OG	DN51	YAO	91	AA02	GHA	81	GT02	WAP	Y5	NU02	OSG	83
Y651	LCK	L4	EK51	KXO	OG	AB02	ANT	17	GT02	WAR	Y5	OV02	WCX	CA
Y100	LCT	L6	FE51	RHO	31	AD02	HAA	OG	GT02	WAS	Y5	OV02	YNG	7
Y899	LDP	OG	FP51	EUL	BU	AF02	RYW	OR	GT02	WAX	Y5	OY02	YFN	W3
Y346	LFR	L9	FP51	FUM	BU	AF02	SGV	OC	GT02	WAY	Y5	PG02	YWA	5
Y664	NAY	31	FX51	BUU	OG	AT02	LCT	L6	GT02	WAZ	Y5	PJ02	RGZ	AN
Y753	NAY	18	FX51	TFN	T8	BD02	HCZ	C3	GX02	AHN	U5	SA02	ASH	12

SA02	LHC	BP	YR02	PYF	7	DE52	OJV	H8	YG52	DHE	Y6	FJ03	MSV	Y6
SK02	TYS	V7	YR02	PYG	7	DE52	URZ	D3	YM52	TPO	17	FJ03	VNC	42
SK02	UFG	M4	YR02	PYV	L1	DE52	USB	D3	YM52	TPU	56	FJ03	VND	42
SL02	GYD	77	YR02	RBZ	7	DE52	USC	D3	YM52	TPV	56	FX03	ECE	AP
SL02	GYE	77	YR02	YRU	76	DF52	ABU	CC	YM52	TPX	56	GB03	ACL	55
SL02	HRF	H8	YR02	YRV	76	DF52	AXG	CC	YM52	TPY	56	GN03	CKU	Y6
VA02	NTK	Y3	YR02	YTK	H8	DG52	TYP	77	YP52	BPE	CA	GN03	ZPX	ON
VU02	TSY	AP	YR02	ZZE	82	DG52	TYS	77	YP52	BPF	CA	GT03	AAA	Y5
VU02	TTY	76	YR02	ZZJ	D9	DG52	TYT	77	YP52	BPK	CA	GT03	BBB	Y5
VU02	ZXD	AX	YR02	ZZK	D9	DG52	TYU	77	YP52	BPO	Y3	GT03	CCC	Y5
VU02	ZXE	AX	YR02	ZZL	D9	DS52	AXF	Y6	YP52	BPU	Y3	GT03	DDD	Y5
VU02	ZXX	AX	YR02	ZZM	D9	DU52	HFY	U5	YP52	BRV	W3	GT03	EEE	Y5
VU02	ZXY	AX	YR02	ZZN	D9	DU52	MBO	OR	YP52	BRX	W3	GT03	FFF	Y5
VU02	ZXZ	AX	YR02	ZZO	D9	DY52	DZE	P1	YR52	UNB	OR	GT03	GGG	Y5
WK02	VBB	Y6	YR02	ZZP	D9	DY52	DZF	P1	YR52	WNB	W3	GT03	HHH	Y5
WK02	VBD	Y6	YR02	ZZS	D9	DY52	GYO	L1	YR52	WNC	W3	GT03	JJJ	Y5
WK02	VBJ	Y6	YS02	UCB	76	FE52	HFS	62	YR52	WND	W3	GT03	KKK	Y5
YC02	CFJ	Y5	YS02	UCC	76	FE52	HFV	J2	YR52	ZKK	11	GT03	LLL	Y5
YC02	CFK	Y5	YS02	UCD	76	FG52	WRO	46				GT03	MMM	Y5
YC02	CFL	Y5	YS02	UCE	76	FN52	GUD	OC				GT03	PPP	Y5
YC02	CFM	Y5	YS02	XDW	N5	FN52	GVC	E7				GT03	SSS	Y5
YC02	CFO	Y5	YS02	XDX	N5	FN52	HRL	82	AF03	BKU	E7	GT03	TTT	Y5
YC02	CFP	Y5	YS02	YYE	91	FN52	MZX	N2	AF03	BUJ	E7	GT03	VVV	Y5
YC02	CFU	Y5	YU02	GPV	76	FY52	GNP	F3	AT03	LCT	L6	GT03	WWW	Y5
YC02	CFV	Y5	YU02	GPX	76	FY52	LEU	14	BJ03	FMM	OG	KE03	JYN	X8
YC02	CFX	Y5	YU02	GPY	76	FY52	RZC	AP	BJ03	JRZ	AX	MF03	BLU	28
YC02	CHD	Y5				GU52	HHE	45	BJ03	JUK	29	MH03	RHE	DF
YC02	CHF	Y5				KF52	UAG	BH	BJ03	OTX	Y2	MH03	RHF	DF
YC02	CHG	Y5				KF52	UAH	X8	BJ03	OTY	Y2	MR03	WTR	X2
YC02	CHH	Y5	AA52	GHA	81	KF52	UAM	X8	BJ03	OUD	61	MW03	FTU	CK
YC02	CHJ	Y5	AK52	LVZ	OS	KN52	NFM	61	BJ03	OUU	Y2	MW03	KHU	CL
YC02	CHK	Y5	AK52	LWE	47	ME52	BLU	28	BJ03	OUV	Y2	MW03	TKN	OG
YC02	DFJ	Y5	AT52	LCT	L6	MF52	HDN	OC	BJ03	OUW	Y2	MX03	AAE	Y5
YC02	DFK	Y5	BA52	GHA	81	MF52	RZJ	BD	BK03	YPY	ON	MX03	AAF	Y5
YC02	DFL	Y5	BF52	JFG	1	MK52	ORU	CK	BT03	LCT	L6	MX03	AAK	Y5
YC02	DFN	Y5	BF52	JFJ	1	MK52	PDO	Y2	BU03	SXJ	T8	MX03	AAN	Y5
YC02	DFP	Y5	BF52	JFK	1	MK52	PDU	Y2	BU03	UJF	AX	MX03	AAU	Y5
YC02	DFV	Y5	BF52	JFV	1	MK52	PDX	Y2	BW03	ZMV	Y2	MX03	AAV	Y5
YC02	DFX	Y5	BF52	JFX	CU	MK52	RNJ	P3	CT03	LCT	L6	MX03	AAY	Y5
YC02	DFZ	Y5	BF52	KJK	BT	MK52	RNN	P3	CX03	DYP	Y7	MX03	AAZ	Y5
YC02	DGE	Y5	BF52	KJN	BT	MK52	UGL	P6	CX03	EFS	K2	MX03	ABF	Y5
YC02	DGF	Y5	BF52	VRM	ON	MK52	XDW	D4	CX03	JVC	K2	MX03	ABK	Y5
YC02	DGO	Y5	BL52	OVK	Y4	MK52	XKA	D4	DF03	BUY	W1	MX03	ABN	Y5
YC02	DHK	Y5	BN52	BBJ	OR	MK52	YCN	AP	DF03	NTE	H8	MX03	ABU	Y5
YC02	DHL	Y5	BT52	LCT	L6	MK52	YCO	AP	DK03	CWX	H8	MX03	ABV	Y5
YC02	DHM	Y5	BU52	JON	M6	MK52	YCP	AP	DK03	CWY	H8	MX03	ABZ	Y5
YC02	DHO	Y5	BU52	LEE	AJ	MK52	ZVZ	Y2	DK03	CWZ	H8	MX03	ACF	Y5
YC02	DHP	Y5	CE52	WJM	OG	MK52	ZWA	Y2	DK03	NTD	D3	MX03	ACJ	Y5
YC02	DHV	Y5	CT52	LCT	L6	MK52	ZWB	Y2	DK03	NTE	D3	MX03	ACU	Y5
YC02	DHX	Y5	CX52	VLA	F9	MK52	ZWC	Y2	DK03	PXM	OG	MX03	ACV	Y5
YC02	DHZ	Y5	CX52	VRK	J5	MW52	PZC	BP	DK03	TNL	D3	MX03	ACY	Y5
YC02	DJD	Y5	CX52	WCZ	ON	MW52	UCC	E3	DK03	TNN	D3	MX03	ACZ	Y5
YC02	DJE	Y5	DA52	ZVK	CC	MW52	UCS	BU	DT03	LCT	L6	MX03	ADU	Y5
YC02	DJF	Y5	DA52	ZVL	CC	SA52	AXV	BU	DX03	XEA	P1	MX03	ADV	Y5
YC02	DJJ	Y5	DA52	ZVM	CC	SA52	MYR	2	DX03	XEB	P1	MX03	ADZ	Y5
YC02	DJK	Y5	DE52	NWY	Y3	SA52	MYS	2	DX03	XEC	P1	MX03	AEA	Y5
YC02	DJU	Y5	DE52	NXU	Y3	SG52	VFO	4	ED03	GHA	81	MX03	AEB	Y5
YC02	DJX	Y5	DE52	NXV	Y3	SG52	VFP	2	EM03	OEM	J5	MX03	AEC	Y5
YD02	RCO	87	DE52	NYW	Y3	VU52	UEG	8	ET03	LCT	L6	MX03	AED	Y5
YD02	RCU	87	DE52	NYX	Y3	VU52	UEH	8	FD03	YAU	CD	MX03	AEE	Y5
YD02	RHE	R9	DE52	NYY	Y3	VU52	UEJ	8	FD03	YAV	CD	MX03	AEF	Y5
YF02	XVX	E9	DE52	OJS	H8	VU52	UEK	8	FD03	YOY	62	MX03	AEG	Y5
YG02	KZX	OG	DE52	OJT	H8	VU52	UEM	76	FG03	JCV	T5	MX03	AEJ	Y5
YG02	KZY	OG	DE52	OJU	H8	YD52	RNA	DC	FG03	JDU	Y8	MX03	AEK	Y5

```
MX03 AEL  Y5    YJ03 VOH  Y5    DX53 YPY  P1    YN53 VCJ  Y3    MV04 CBY  X5
MX03 AEM  Y5    YJ03 VOK  Y5    DX53 YUG  L1    YN53 ZWH  AN    MV04 CDE  Y3
MX03 AEN  Y5    YJ03 VOM  Y5    FJ53 KZK  N2    YN53 ZWJ  AN    MV04 GNZ  CK
MX03 AEP  Y5    YJ03 VOP  Y5    FX53 FRC  V1    YX53 CYZ  CA    MV04 HKT  OG
MX03 AET  Y5    YJ03 VOT  Y5    FX53 JWC  30                    MV04 KUR  J5
MX03 AEU  H5    YJ03 VOY  Y5    GN53 UJC  H8                    MV04 KVS  OG
MX03 AEV  Y5    YJ03 VPA  Y5    GN53 UJD  H8                    MX04 AAE  AP
MX03 AEW  Y5    YK03 HKM  OG    GN53 UJE  H8    AA04 GHA  81    MX04 AEA  Y5
MX03 EHD  R8    YM03 EOV  M4    KE53 HGP  AK    AE04 WLN  OC    MX04 AEB  Y5
MX03 KDN  N5    YM03 EPE  Y1    KE53 HGU  AK    AP04 ALP  F9    MX04 AEC  Y5
MX03 KZP  N5    YN03 AWA  T8    KE53 HGX  AK    AT04 LCT  L6    MX04 AED  Y5
MX03 OYT  ON    YN03 DDK  N5    KE53 HGY  AK    BA04 GHA  81    MX04 AEE  Y5
MX03 PUF  BH    YN03 LSX  L2    MD53 WKT  AY    BT04 LCT  L6    MX04 AEF  Y5
MX03 PUH  BH    YN03 LVK  OG    MG53 BLU  28    BU04 CCF  C6    MX04 AEG  Y5
MX03 WNZ  L2    YN03 LVL  OG    MH53 BLU  28    BV04 AFA  48    MX04 AEJ  Y5
MX03 WPE  Y3    YN03 UYA  76    MJ53 BLU  28    BX04 NAU   7    MX04 AEK  Y5
MX03 YCY  A1    YN03 UYB  76    MK53 BLU  28    BX04 VKL  X9    MX04 AEL  Y5
MX03 YDA  A1    YN03 UYC  76    ML53 BLU  28    CA04 GHA  81    MX04 AEM  Y5
MX03 YDE  A1    YN03 UYD  76    MM53 BLU  28    CN04 HGJ  V1    MX04 AEN  Y5
PG03 YYW  D3    YN03 UYE  76    MV53 ENE  E4    CT04 LCT  L6    MX04 AEP  Y5
PG03 YYX  D3    YN03 UYF  76    MV53 ENX  58    CX04 CVF  J5    MX04 AET  Y5
PG03 YYZ  D3    YN03 UYG  W3    MX53 FDF  76    CX04 CWA  H5    MX04 AEU  Y5
PX03 EKD  OM    YN03 UYH  W3    MX53 FDJ  25    CX04 DFE  Y7    MX04 AEV  Y5
RY03 FSA  OG    YN03 WRW  N5    MX53 FDU  76    DA04 GHA  81    MX04 AEW  Y5
SF03 SDV  K9    YN03 YBB  J5    MX53 FDY  76    DE04 XEZ  L5    MX04 AEY  Y5
SK03 BGK  OC    YN03 ZWM  77    MX53 FPO  CK    DE04 YNB  CC    MX04 AEZ  Y5
UK03 ACL  55    YS03 ZHZ  N5    MX53 FSJ  CK    DE04 YNC  CC    MX04 AFA  Y5
YE03 VSM  94    YV03 MVS  71    NK53 HKE  AX    DE04 YND  CC    MX04 AFE  Y5
YE03 VSN  94    YV03 MVT  71    PJ53 VNW  49    DE04 YNF  CC    MX04 AFF  Y5
YE03 VSP  30    YX03 BJK  Y3    PO53 VNP  CA    DE04 YNG  CC    MX04 AFJ  Y5
YJ03 PHA  F2    YX03 HRU  OG    RB53 ANT  17    DE04 YNH  CC    MX04 AFK  Y5
YJ03 PLF  R9                    RX53 LMJ  AX    DK04 AEZ  71    MX04 AFN  Y5
YJ03 PPY  Y3                    RX53 LMK  AX    DK04 MKE  D3    MX04 AFU  Y5
YJ03 PPZ  Y3                    RX53 RYZ  H8    DK04 MKF  D3    MX04 CDF  Y3
YJ03 PSX  87    AA53 GHA  81    SJ53 AWX  K9    DK04 MKG  D3    MX04 LFM  H9
YJ03 PSY  87    AE53 ZPD  43    SN53 ETJ   8    DK04 MKJ  D3    MX04 MYW  42
YJ03 PSZ  87    AF53 MMF  ON    VX53 AUY  OG    DK04 NNB  L5    MX04 MYY  42
YJ03 VMH  Y5    BH53 HAY  E4    VX53 VDJ  AX    DK04 SUH  H8    MX04 UBH  OC
YJ03 VMK  Y5    BU53 AXD  C3    VX53 VDK  AX    DK04 SUU  H8    MX04 VBU  OG
YJ03 VML  Y5    BU53 DJS  J4    VX53 WHV  AX    DK04 UMW  V7    MX04 VLP  H8
YJ03 VMM  Y5    BU53 JON  M6    VX53 WHZ  AX    DK04 UUF  ON    MX04 VLU  76
YJ03 VMP  Y5    BU53 PNE  56    VX53 WJA  AX    DX04 WVR  77    MX03 YMY  CU
YJ03 VMR  Y5    BU53 PNF  56    YJ53 CFF  E9    DX04 XMS  77    MX04 YNM  CK
YJ03 VMT  Y5    BU53 PNJ  56    YJ53 VDN  Y3    EM04 ORS  J5    MX04 YWC  CK
YJ03 VMU  Y5    BU53 PNK  56    YJ53 VDO  Y3    FA04 LJU  V7    NA04 GHA  81
YJ03 VMW  Y5    BU53 PNL  56    YJ53 VEA  D2    FA04 LJU  V7    PL04 NTS  U5
YJ03 VMX  Y5    BU53 PNN  56    YJ53 VEB  D2    FJ04 ETR  P1    PN04 UXH  OC
YJ03 VMY  Y5    BU53 PNO  56    YK53 BTU  X6    FJ04 ETU  U1    SA04 ASH  12
YJ03 VMZ  Y5    BU53 PNV  56    YN53 CRV  D7    FN04 FSK  18    SF04 HXR  K9
YJ03 VNA  Y5    BU53 RBT  W4    YN53 EJL  P1    GA04 GHA  81    SF04 HXV  K9
YJ03 VNB  Y5    BU53 TNK  AY    YN53 ELV  77    GB04 ACL  55    SF04 RGY  CA
YJ03 VNC  Y5    BU53 TNL  AY    YN53 EMF  CA    GT04 AGT  Y5    SF04 ZXD  K9
YJ03 VND  Y5    BU53 ZXE   7    YN53 EMJ  77    GT04 BGT  Y5    SN04 LFG  OG
YJ03 VNE  Y5    CA53 GHA  81    YN53 EMK  77    GT04 CGT  Y5    YJ04 BJE  87
YJ03 VNF  Y5    CX53 FBJ  J5    YN53 EMV  77    GT04 DGT  Y5    YJ04 BJK  87
YJ03 VNG  Y5    DG53 CMY  L5    YN53 EMX  77    GT04 EGT  Y5    YJ04 BOV  Y5
YJ03 VNS  Y5    DG53 FJU  CC    YN53 ENK  H6    GT04 NNN  Y5    YJ04 BYH  Y3
YJ03 VNV  Y5    DG53 FJV  CC    YN53 EWH  94    GT04 RRR  Y5    YJ04 BZD  D2
YJ03 VOA  Y5    DG53 FJX  CC    YN53 GFJ  N5    GT04 UUU  Y5    YJ04 GYG  F2
YJ03 VOB  Y5    DG53 FJY  CC    YN53 PCV  N5    GT04 YYY  Y5    YJ04 GYP  30
YJ03 VOC  Y5    DG53 FLH  CC    YN53 SVT  77    GT04 ZZZ  Y5    YJ04 HHB  Y5
YJ03 VOD  Y5    DG53 FLJ  CC    YN53 SVY   2    JP04 OLY  R7    YJ04 HHC  Y3
YJ03 VOF  Y5    DX53 MXP  P1    YN53 SVZ   2    MH04 HCK  22    YJ04 HHT  89
YJ03 VOG  Y5    DX53 MXR  P1    YN53 VBJ  Y3    MP04 BLU  28    YK04 FWE  62
```

163

YK04	FWF	94	FN54	AVX	V7	BA05	GHA	81	MX05	AHU	Y5	YN05	HDJ	E4
YK04	FWG	94	KX54	NKE	V9	BB05	BLU	28	MX05	AHV	Y5	YN05	HFD	62
YN04	AFX	N5	KX54	NKF	V9	BT05	LCT	L6	MX05	AHY	Y5	YN05	HFM	31
YN04	AFY	N5	KX54	NKG	V9	BU05	KFK	OS	MX05	AHZ	Y5	YN05	HFO	31
YN04	AUK	T8	KX54	NKH	V9	BX05	AHL	OG	MX05	AJO	Y5	YN05	HFP	31
YN04	AUL	T8	LT54	DMS	M4	BX05	UWF	K2	MX05	AJU	Y5	YN05	HVK	AP
YN04	AUU	T8	MV54	AOC	E3	BX05	VNO	M6	MX05	AJV	Y5	YN05	HVU	74
YN04	AVP	T8	MV54	AOD	E3	CA05	GHA	81	MX05	AJY	Y5	YN05	UUX	91
YN04	AVV	11	MV54	BLU	28	CC05	BLU	28	MX05	AKF	Y5	YN05	UVA	4
YN04	AXF	94	MV54	EEN	17	CT05	LCT	L6	MX05	CRF	DF	YN05	UVB	P1
YN04	AXG	94	MV54	EEO	28	CX05	AFJ	K5	MX05	ELV	BH	YN05	VRX	N2
YN04	GPZ	N5	MW54	BLU	28	CX05	AHU	T1	MX05	EMJ	BH	YN05	VRZ	74
YN04	HHU	H8	MX54	BLU	28	CX05	AHV	T1	MX05	EMK	BH	YN05	VSU	C2
YN04	LXK	M2	MX54	FWE	41	CX05	AJY	K5	MX05	MGV	OG	YN05	WSU	AP
YN04	WTE	91	MX54	FWF	41	CX05	ARZ	K5	MX05	OFP	42	YN05	XZG	T5
YN04	XZM	76	MX54	KXY	BH	DK05	FWB	8	MX05	OFR	42	YX05	DXK	74
YU04	XJL	DC	MX54	KYJ	AN	DT05	LCT	L6	PL05	NTS	U5	YX05	FFY	77
YX04	AWU	U5	MX54	YRG	P4	DX05	HXU	P1	PN05	CZH	63	YX05	FNT	77
YX04	DMU	M7	PO54	MFX	1	DX05	HXV	P1	PN05	PZR	CK			
YX04	FVZ	M8	PO54	MJJ	OM	DX05	OMB	77	PN05	PZU	OC			
			PO54	MJU	CK	EM05	ORS	J5	PN05	SYG	D3			
			PO54	MJY	P4	ET05	LCT	L6	PN05	SYH	D3	AA55	GHA	81
			SA54	UWN	OG	FH05	OXS	Y6	PN05	SYJ	D3	CX55	DMO	F9
AE54	JPX	W3	SF54	KHP	K9	FH05	OXT	Y6	PN05	SYO	D3	CX55	EMS	J5
AE54	JPY	W3	SF54	OVB	K9	FH05	OXU	Y6	RS05	EUR	OG	CY55	MRU	J5
AJ54	AMJ	28	SF54	OVC	K9	FH05	OXV	Y6	SN05	HHF	OG	DK55	HMF	CC
AT54	LCT	L6	SG54	GAS	AL	FH05	OXW	Y6	UK05	ACL	55	DK55	HMG	CC
BU54	ALL	CA	SN54	KYK	91	FH05	OYB	Y6	YJ05	FXX	F2	DK55	HMH	CC
BU54	MCA	OC	VX54	CLU	AN	FH05	OYC	Y6	YJ05	JWY	M1	DK55	HMJ	CC
BU54	PLT	U5	YJ54	BSX	77	FJ05	AOE	U1	YJ05	JXP	77	DK55	HMO	CC
BU54	RBT	W4	YJ54	BSY	77	FJ05	HYK	N3	YJ05	JXR	77	DK55	HMU	CC
BX54	AEP	L1	YJ54	BSZ	77	FJ05	HYL	N3	YJ05	JXS	77	DX55	HRE	Y1
BX54	EBA	Y8	YJ54	CEY	D2	FJ05	HYM	N3	YJ05	JXW	U3	FJ55	KMV	42
BX54	FRV	CE	YJ54	CFA	D2	FT05	LCT	L6	YJ05	JXX	J4	FJ55	KMX	42
BX54	VTL	CE	YJ54	CFD	Y3	JB05	ANT	17	YJ05	PVX	87	FJ55	KMY	79
BX54	VTM	40	YJ54	CKO	87	JP05	OLY	R7	YJ05	PVY	87	FJ55	KMZ	5
BX54	VUB	40	YJ54	EXD	DC	KE05	GTZ	A6	YJ05	PVZ	Y3	FJ55	KNA	5
BX54	VUC	40	YJ54	EXG	AA	KX05	AYM	C5	YJ05	PWE	Y3	FJ55	KNB	79
BX54	VUD	40	YJ54	EXL	94	MX05	AFU	Y5	YJ05	PWF	Y3	HX55	EZF	CA
BX54	VUE	T5	YJ54	UBD	77	MX05	AFV	Y5	YJ05	WCK	H3	MX55	BYC	AN
BX54	VUF	40	YJ54	ZYA	77	MX05	AFY	Y5	YJ05	XMX	2	MX55	BYD	AN
CX54	BDU	T1	YJ54	ZYB	77	MX05	AFZ	Y5	YJ05	XNX	2	MX55	BYF	AN
DK54	JPJ	D3	YJ54	ZYC	77	MX05	AGO	Y5	YJ05	XWO	94	MX55	EUW	4
DK54	JPO	D3	YJ54	ZYD	77	MX05	AGU	Y5	YJ05	XWP	94	MY55	TAR	OM
DK54	JPU	D3	YJ54	ZYE	77	MX05	AGV	Y5	YJ05	XWR	94	PO55	GGK	63
DK54	JYV	N7	YJ54	ZYF	77	MX05	AGY	Y5	YJ05	XWS	94	SN55	DVF	Y9
DX54	RVZ	Y6	YN54	AED	OG	MX05	AGZ	Y5	YK05	CAO	T2	SN55	DVG	Y9
DX54	RWE	Y6	YN54	APY	31	MX05	AHA	Y5	YK05	CBY	W4	SN55	DVH	N3
FD54	DHJ	V7	YN54	APZ	31	MX05	AHC	Y5	YN05	ASV	A8	SN55	DVJ	N3
FD54	DHK	V7	YN54	JTX	94	MX05	AHD	Y5	YN05	BVV	11	SN55	DVK	N3
FD54	EMX	22	YN54	WWA	74	MX05	AHE	Y5	YN05	BWA	T8	SN55	DVL	N3
FD54	ENC	22	YX54	BGO	L1	MX05	AHF	Y5	YN05	BWB	T8	SN55	DVM	N3
FD54	ENE	5	YX54	BHV	4	MX05	AHG	Y5	YN05	BWC	T8	SN55	DVO	N3
FJ54	LOD	Y6				MX05	AHJ	Y5	YN05	BWD	T8	SN55	DVP	Y9
FJ54	WLA	D4				MX05	AHK	Y5	YN05	GZV	P1	YJ55	EYU	U1
FJ54	ZCL	P1				MX05	AHL	Y5	YN05	GZX	42	YJ55	EYV	Y8
FJ54	ZCN	P1	AA05	BLU	28	MX05	AHN	Y5	YN05	GZY	42	YN55	NJY	N7
FJ54	ZCO	P1	AA05	GHA	81	MX05	AHO	Y5	YN05	GZZ	42	YX55	ANP	AR
FJ54	ZDN	P1	AP05	ALP	F9	MX05	AHP	Y5	YN05	HDH	E4	YX55	BGY	CA
FJ54	ZDO	P1	AT05	LCT	L6									

TRADING NAMES OF INDEPENDENT OPERATORS

A1	F7	DIAMOND AIRPORT TRAVEL	R1
A1 COACHES	67	I.P. DOBSON	84*
A & J TRAVEL	AD	R.E. DOBSON	84*
AAB TRAVEL	A3	M.T.G. & M. DUNSTAN	28*
ABACAB MINI COACHES	J2	E & F MINI COACHES	88
ACCESS TRAVEL	49	EAGLE TRAVEL	K6
ACORN	X6	EAGLES & CRAWFORD	86
ADAMS TRAVEL	M9	EASIDRIVE	P7
AIMEEs COACHES	C6	EAZI BUS	A1
AINTREE COACHLINE	55	EIFIONs MINI COACHES	H5
ALCO MINI TRAVEL	CW	ELLISONs TRAVEL	94
JOHN ALEXANDER COACHES	X1	EURO BUSES OF STOKE	P8
ALMIN TRAVEL	F1	EVANS LLANIESTYN	97
ALPINE TRAVEL	F9	EVANS TAXIS & MINICOACHES	98
AMBER TRAVEL	N1	EXPRESS MOTORS	J5
ANDREWs TRAVEL	58	FAIRBROTHERs LTD	A2*
ANTHONYs TRAVEL	17	FAIRBROTHERs OF WARRINGTON	A2
APPLEBYs COACH TRAVEL	31	F.E. FINCH COACHES	A4
APTSL	W1	JOHN FLANAGAN MINI COACH	A6
ARROWEBROOK	T9	FLETCHERs COACHES	A9
ASHALLs COACHES	K9	FONETAX MINI BUS	P3
H.D. ASHTON	H2*	FORDIES MINI COACHES	C1
AVON BUSES	Y9	FORMBY COACHES	W2
AVON COACHES	Y9	FOUR GIRLS	BA
AW COACHES	CH	FREEBIRD	79
B & D COACHES LTD	C9*	FRESHFIELD COACHES	AA
B & D TRAVEL	A8	GHA COACHES	81
BAKERs COACHES	D2	M. GILBERT	Y4*
BBT CANNON TRAVEL	15	GILBERTs OF RHYL	24
E.A. BECK SPECIALIST	21	GOLD STAR SERVICES	CR
BELLE VUE COACH HIRE	12	GOODSIR COACHES	H3
BENNETTs OF WARRINGTON	23	GPD TRAVEL	82
BLUE BUSES	Y1	GRAHAMs MINI TRAVEL	L4
BLUE LINE TRAVEL	48	GREATER MANCHESTER BUSES	BJ*
BLUEBIRD BUS & COACH	28	GREEN BUS SERVICE	CF
M. BOYDON & SONS	32	GREYHOUND TRAVEL	CJ
JIM BRADY TRAVEL	35	A. GRIFFITHS	D1*
BRIDLEWAY TRAVEL	43	GRIFFITHS COACHES	D1
G.H. BROOKFIELD	AA*	HEFIN GRIFFITHS	D1
BROWNs COACHES	38	GROSVENOR EXECUTIVE TRAVEL	39
BSS COACHES	29	GWYLIAU CAELLOI HOLIDAYS	K5
BYSUS LEWIS-Y-LLAN	L7	GWYNFOR COACHES	H2
CAMBRACO TRAVEL	34	HALTON TRAVELLER	H1
CARING HANDS GROUP	D6	L. & L.C. HAMPSON	D6
CARMINDER 2	V9	HARTLEY TRAVEL	58
CARSVILLE COACHES LTD	92*	HATTONs TRAVEL	E3
CARVERs	50	HAYTONs COACHES	E4
CASS COACHES	51	HDA COACHES	H2
CASTLE BUSES	P9	E. HEALING & SONS	E5
CASTLE COACHES	20	HEBBLE TRAVEL	74
CELTIC TRAVEL	K1	HELMS COACHES LTD	55*
CERBYDAU BERWYN COACHES	J1	HILTONs TRAVEL	E9
CERBYDAU CARREGLEFN COACHES	L8	HOLLINS TRAVEL	C7
CHALLINOR TRAVEL	53	HOLMES GROUP TRAVEL	F3
CHASE ACADEMY PARTNERS	95	HOME JAMES TRAVEL LTD	AN*
CHOICE TRAVEL	77	HOPPA SHOPPA	59
CJs TRAVEL	U2	J. HORNE TRAVEL	F4
CLWYDIAN	99	HORROCKs COACHES	F5
B. COLEMAN	68*	HTL BUSES	H8
J.M. COLEMAN	68*	JACK HUGGINS COACHES	F8
COMMUNITY 2000	CD	HURSTs COACHES	78
COMPASS COACHES	AN	H.D. HUTCHINSON & SON	H6
CRANBERRY COMMERCIALS	25	HUXLEY HOLIDAYS	H7
CRAVEN ARMS TAXIS	R4	HUYTON MINI COACHES	BF
W.S. CURRIE	1*	J & S TRAVEL	E8
DAVIDs HANDY RIDER	H9	JACKs OF NORTON	CA
DAWLEY & TELFORD HIRE	M6	JAY JAYs TRAVEL	66

JEFFS COACHES GROUP LTD	31*		PG COACHES	C2
JOHNs COACHES	90		PIONEER	CL
JOHNs OF ANGLESEY	V5		PMJ TRANSPORT SERVICES	K4
D. JONES & SON BUS & COACH	J4		PRESTIGE TAXIS	65
E. JONES & SONs	J9		T. PRICE & SON	V4
JONES MOTOR SERVICES	J3		K.L. PRINCE	CK*
JONES OF RHOSLLANERCHRUGOG	J9		PROFESSIONAL CHAUFFEUR	P6
W.E. JONES & SON	J7		R & B	W4
JP EXECUTIVE TRAVEL	BW		R & J TRAVEL	69
JST INTERNATIONAL	9		RED KITE TRAVEL	W8
K-MATT COACHES	R3		REGENT TRAVEL	BV
D. KAY	62*		RHANDIR GARAGE	X2
KENMORE COACHES	CX		ROADLINER TRAVEL	DA
LADYLINE COACHES	M3		ROADRUNNER TRAVEL	CM
LAMBs COACHES	L3		W.T. ROBERTS MINI COACHES	X2
K. LEE	1*		ROBIN HOOD COACHES	X3
M. LEE	1*		ROCKET MINI COACHES	M5
LEEWAY BUS COMPANY	L5		ROGERS COACHES	X4
LETS TRAVEL	CN		ROTHWELLs SUPER TRAVEL	U9
P. & O. LLOYD	M2		ROYTON MINIBUSES	27
LLOYDs COACHES	M1		RS TRAVEL	AF
M.L. LOUGHRAN	M5*		RYANs TRAVEL	X7
W.V. LUMLEY	15*		SALFORD COMMUNITY TRANSPORT	61
LYNCH PRIVATE HIRE	AM		SCHOOL TRANSPORT SERVICES	BV
M & H TRAVEL	5		SHIRE TRAVEL	C3
M & H TRAVEL	T2		SOLUS COACHES	AC
ROY McCARTHY COACHES	N2		SOUTH LANCS TRAVEL	C9
MAGHULL COACHES	W6		MICKEY SPILLANEs TRAVEL	U6
MAJESTIC TRAVEL	F6		STAFFORDIAN TRAVEL LTD	D9*
MALBANK MINI COACHES	CU		STANWAYs COACHES	AU
MAYNE COACHES LTD	N5*		STATION TRAVEL	K8
MAYPOLE COACHES	BC		JIM STONES COACHES	AJ
MD TRAVEL	E7		STRAFFORD COACHES	AL
MEMORY LANE COACHES	93		STRATOS TRAVEL	T5
B.L. MEREDITH & SON	N7		SUREWAY TRAVEL	59
MERSEYPRIDE TRAVEL	D8		SWALLOW COACHES	AH
METRO TAXIS	43		TANAT VALLEY COACHES	P2
METRO TAXIS	M9		TAXICO	C6
METRO TRAVEL OF BOLTON	13		M.S. TAYLOR	1*
MIKRO COACHES OF CREWE	N6		TERRYs	44
MILLMANs OF WARRINGTON	N9		T.J. THELWELL	AY*
MITCHELLs COACHES	AN		TIMEWELLs TRAVEL	U4
GAVIN MURRAY LTD	94*		TOP TRAVEL INTERNATIONAL	DD
L.M. NASH	R1*		TOWN & COUNTRY TRAVEL	P4
NATIONAL HOLIDAYS	Y5		TOWN LYNX	L5
NEFYN COACHES	T1		TOWN LYNX BUSES (ST HELENS)	E2
M. NEWALL	R3*		TRAFALGAR TRAVEL	D5
NEWPORT CARS	F3		TRAVEL WOOD	36
NIDDRIEs CONTINENTAL	R5		TRAVELRITE	X5
NIP-ON TRANSPORT SERVICES	E3		VALE TRAVEL	BK
NORTON COACHES	U8		VIKING COACHES	BY
NOVA SCOTIA TRAVEL	C4		WALKERS MINI-BUS HIRE	BR
OAKWOOD TRAVEL	AE		WALLACE ARNOLD	Y5
OAREs OF HOLYWELL	R8		J. WALSH	BV*
DAVID OGDEN TRAVEL LTD	R9*		D. & A.L. WARD	N1*
OLYMPIA COACHES	L9		WARDLE TRANSPORT	CA
OLYMPIC TRAVEL	R7		WARRINGTON & DISTRICT	F7
ORION TRAVEL	W1		B. & E. WHITE	CJ*
OWENs RHIWLAS	T3		WIGAN COACHWAYS	78
P & C TRAVEL	U7		IEUAN WILLIAMS COACHES	CT
PADARN COACHES	V2		WILLIAMS OF CRICCIETH	CP
H.F. PARR	58*		WINGATES TOURS	BC
PAULINEs CARS	AY		WINTs COACHES	CV
PAULINEs OF WEM	AY		WOOLLEYs COACHES	CY
PAULs	85		WORTHEN MOTORS	V8
PCS	P6		WREXHAM TAXIS	65
PENTRE MOTORS	99		J.M.M. WRIGHT	F4*
PEOPLEs BUS	52		YORKs COACHES	31

OTHER BOOKS FROM THE PUBLISHERS

MAJOR BUS & COACH FLEETS SERIES:

1:LONDON: 14375+ Vehicles	£15.00
2:SOUTHERN ENGLAND: 7750+ Vehicles	£12.00
3:SOUTH WEST ENGLAND: 7600+ Vehicles	£12.00
4:EAST ANGLIA: 8700+ Vehicles	£14.00
5:WEST MIDLANDS: 9400+ Vehicles	£14.00
6:WALES: 5700+ Vehicles	£10.00
7:EAST MIDLANDS: 7750+ Vehicles	£ *
8:NORTH WEST ENGLAND: 11875+ Vehicles	£14.00
9:NORTH EAST ENGLAND: 8800+ Vehicles	£14.00
10:SCOTLAND: 9500+ Vehicles	£15.00

INDEPENDENT OPERATORS SERIES:

6:NORTH MIDLANDS & NORTH WALES: 5900+ Vehicles	£14.00

MAJOR OPERATORS SERIES:

1:A-E: 9650+ Vehicles	£10.00
2:F-M: 15200+ Vehicles	£13.00
3:N-Z: 13275+ Vehicles	£ *

The above books with prices are available from us,those marked * being sold out.
Please add £1 postage on one volume,two or more post free,orders to:

TAG PUBLICATIONS
36 Poole Road
West Ewell
Surrey
KT19 9SH

POST FREE STANDING ORDERS are also available from us if you wish to receive our titles as soon as we get them back from the printers,we'll send them to you and invoice you for the cost.